Bürgergesellschaft und Demokratie

Reihe herausgegeben von

Frank Adloff, Fachbereich Sozialökonomie, Universität Hamburg, Hamburg, Deutschland

Ansgar Klein, Bundesnetzwerk Bürgerschaftliches Engagement, Berlin, Deutschland

Holger Krimmer, ZiviZ gGmbH im Stifterverband, Berlin, Deutschland

Johanna Mair, Organization, Strategy and Leadership, Hertie School, Berlin, Berlin, Deutschland

Britta Rehder, Ruhr-Universität Bochum, Bochum, Deutschland

Simon Teune, Zentrum Technik und Gesellschaft, Technische Universität Berlin, Berlin, Deutschland

Heike Walk, Fachbereich für Wald und Umwelt, HNE Eberswalde, Eberswalde, Deutschland

Annette Zimmer, Institut für Politikwissenschaft, Universität Münster, Münster, Deutschland

Die Buchreihe vereinigt qualitativ hochwertige Bände im Bereich der Forschung über Partizipation und Beteiligung sowie bürgerschaftliches Engagement. Ein besonderer Akzent gilt der politischen Soziologie des breiten zivilgesellschaftlichen Akteursspektrums (soziale Bewegungen, Bürgerinitiativen, Vereine, Verbände, Stiftungen, Genossenschaften, Netzwerke etc.). Die Buchreihe versteht sich als Publikationsort einer inter- und transdisziplinären Zivilgesellschaftsforschung. „Bürgergesellschaft und Demokratie" schließt an die Buchreihe „Bürgerschaftliches Engagement und Non-Profit-Sektor" an.

The book series is conceived as a forum for inter- and transdisciplinary civil society research. "Civil Society and Democracy" builds on the precursory book series "Civic Engagement and the Non-Profit Sector".

Everhard Holtmann · Tobias Jaeck ·
Odette Wohlleben

Länderbericht zum Deutschen Freiwilligensurvey 2019

Springer VS

Everhard Holtmann
Zentrum für Sozialforschung Halle
(ZSH)
Halle, Deutschland

Tobias Jaeck
Zentrum für Sozialforschung Halle
(ZSH)
Halle, Sachsen-Anhalt, Deutschland

Odette Wohlleben
Zentrum für Sozialforschung Halle
(ZSH)
Halle, Sachsen-Anhalt, Deutschland

Thüringer Ehrenamtsstiftung

ISSN 2627-3195　　　　　　　ISSN 2627-3209　(electronic)
Bürgergesellschaft und Demokratie
ISBN 978-3-658-38658-0　　　ISBN 978-3-658-38659-7　(eBook)
https://doi.org/10.1007/978-3-658-38659-7

Die Deutsche Nationalbibliothek verzeichnet diese Publikation in der Deutschen Nationalbibliografie; detaillierte bibliografische Daten sind im Internet über http://dnb.d-nb.de abrufbar.

© Der/die Herausgeber bzw. der/die Autor(en) 2023. Dieses Buch ist eine Open-Access-Publikation.
Open Access Dieses Buch wird unter der Creative Commons Namensnennung 4.0 International Lizenz (http://creativecommons.org/licenses/by/4.0/deed.de) veröffentlicht, welche die Nutzung, Vervielfältigung, Bearbeitung, Verbreitung und Wiedergabe in jeglichem Medium und Format erlaubt, sofern Sie den/die ursprünglichen Autor(en) und die Quelle ordnungsgemäß nennen, einen Link zur Creative Commons Lizenz beifügen und angeben, ob Änderungen vorgenommen wurden.
Die in diesem Buch enthaltenen Bilder und sonstiges Drittmaterial unterliegen ebenfalls der genannten Creative Commons Lizenz, sofern sich aus der Abbildungslegende nichts anderes ergibt. Sofern das betreffende Material nicht unter der genannten Creative Commons Lizenz steht und die betreffende Handlung nicht nach gesetzlichen Vorschriften erlaubt ist, ist für die oben aufgeführten Weiterverwendungen des Materials die Einwilligung des jeweiligen Rechteinhabers einzuholen.
Die Wiedergabe von allgemein beschreibenden Bezeichnungen, Marken, Unternehmensnamen etc. in diesem Werk bedeutet nicht, dass diese frei durch jedermann benutzt werden dürfen. Die Berechtigung zur Benutzung unterliegt, auch ohne gesonderten Hinweis hierzu, den Regeln des Markenrechts. Die Rechte des jeweiligen Zeicheninhabers sind zu beachten.
Der Verlag, die Autoren und die Herausgeber gehen davon aus, dass die Angaben und Informationen in diesem Werk zum Zeitpunkt der Veröffentlichung vollständig und korrekt sind. Weder der Verlag, noch die Autoren oder die Herausgeber übernehmen, ausdrücklich oder implizit, Gewähr für den Inhalt des Werkes, etwaige Fehler oder Äußerungen. Der Verlag bleibt im Hinblick auf geografische Zuordnungen und Gebietsbezeichnungen in veröffentlichten Karten und Institutionsadressen neutral.

Planung/Lektorat: Jan Treibel
Springer VS ist ein Imprint der eingetragenen Gesellschaft Springer Fachmedien Wiesbaden GmbH und ist ein Teil von Springer Nature.
Die Anschrift der Gesellschaft ist: Abraham-Lincoln-Str. 46, 65189 Wiesbaden, Germany

Vorwort zum Länderbericht zum Freiwilligensurvey 2019

Liebe Leserinnen und Leser,
bürgerschaftliches und ehrenamtliches Engagement sind der Kitt, der unsere Gesellschaft zusammenhält. Und Deutschland ist Ehrenamtsland. Knapp 40 % unserer Bürgerinnen und Bürger engagieren sich in verschiedenster Form freiwillig – sei es im Sport- oder Kunstverein, in der Nachbarschafts- oder Geflüchtetenhilfe, in der Jugendbildungsarbeit oder aber auch im Umwelt- und Naturschutz. Gerade in Zeiten multipler Krisen ist diese gelebte Solidarität kostbarer als je zuvor. Als Ministerpräsident des Freistaates Thüringen erfüllt es mich deshalb mit Stolz, dass beinahe die Hälfte aller Thüringerinnen und Thüringer in mindestens einem Verein Mitglied ist, fast ein Viertel davon sogar in zwei oder mehr Vereinen.

Diese Bereitschaft zum Dienst am Nächsten lässt sich nicht verordnen. Sie ist im besten Sinne des Wortes freiwillig, uneigennützig und verdient daher nicht nur Anerkennung und Respekt, sondern auch bestmögliche Unterstützung seitens der politischen Verantwortungsträger in unserem Land.

Um dabei auch zukünftig die richtigen Weichen stellen zu können, bietet der Freiwilligensurvey alle fünf Jahre eine methodisch anspruchsvolle und empirisch gesättigte Bestandsaufnahme des bürgerschaftlichen Engagements in unserer Republik. Er belegt eindrucksvoll, dass es, was das Engagement selbst betrifft, niemals „bessere" oder „schlechtere", sondern immer nur Regionen mit unterschiedlichen Bedarfen und Strukturen gibt. Als besorgniserregend empfinde ich hingegen den Befund, dass das Ausmaß des Engagements mit der Höhe des Einkommens korreliert. Eine Gesellschaft, die Teilhabe und ein gutes Leben für alle Bürgerinnen und Bürger zum Ziel hat, muss sich allein schon daher kritisch selbst befragen, wie auch Menschen mit niedrigerem Einkommen die Möglichkeit erhalten können, sich in Vereine und andere ehrenamtliche Initiativen einzubringen. Ehrenamt heißt nämlich auch Gemeinschaft, Freundschaft und soziale Bindung.

Politik und Verwaltung auf allen Ebenen sind gut beraten, die Rahmenbedingungen für dieses Engagement regelmäßig zu evaluieren und entlang der Bedürfnisse unserer Ehrenamtlichen auszurichten. Bürokratieabbau gehört hier genauso zum Instrumentenkasten wie der Ausbau der Engagement-Infrastruktur über Freiwilligenagenturen, Qualifizierungsangebote uvm. Dass die Bundesländer bereits seit Jahren ihre eigenen Engagementstrategien auflegen und auch der Bund über die Gründung der Deutschen Stiftung für Engagement und Ehrenamt wichtige Pflöcke eingeschlagen hat, kann ich nur nachdrücklich begrüßen.

Auf diesem Weg weiter voranzugehen ist ebenso notwendig wie der Freiwilligensurvey als wichtiger Wegweiser für alle zukünftigen Maßnahmen. Ich danke dem Deutschen Zentrum für Altersfragen (DZA) für die Erhebung der Daten und dem Zentrum für Sozialforschung in Halle für die länderspezifische Auswertung. Dank gilt auch der mittlerweile etablierten Länderrunde der Verantwortlichen für Engagementförderung, die dieses Projekt immer wieder koordiniert.

Ich wünsche Ihnen eine anregende Lektüre.

Bodo Ramelow
Präsident des Bundesrates

Untersuchungsanlage

Der hier vorgelegte Länderbericht basiert auf den Daten des 5. Deutschen Freiwilligensurveys 2019

Grundgesamtheit:
Bevölkerung in Privathaushalten ab 14 Jahren in Deutschland
Stichprobe:
repräsentative Zufallsauswahl
Erhebungsverfahren:
Computergestützte Telefoninterviews (CATI)
Sprachen:
Deutsch, Türkisch, Russisch, Polnisch, Arabisch und Englisch
Fallzahl: $N_{Gesamt} = 27.762$
Erhebungszeitraum:
März bis November 2019
Organisation:
Wissenschaftliche Leitung: Deutsches Zentrum für Altersfragen
Erhebung: infas Institut für angewandte Sozialwissenschaft GmbH
Länderbericht: Zentrum für Sozialforschung Halle e. V. an der Martin-Luther-Universität Halle-Wittenberg

Welle:
5. Erhebungswelle seit 1999 (zwischenzeitlich 2004, 2009, 2014)

Der Länderbericht zum Deutschen Freiwilligensurvey 2019 wurde beauftragt von den Ländern Baden-Württemberg, Bayern, Berlin, Brandenburg, Hamburg, Hessen, Mecklenburg-Vorpommern, Niedersachsen, Nordrhein-Westfalen,

Rheinland-Pfalz, Saarland, Sachsen, Sachsen-Anhalt, Schleswig-Holstein und Thüringen.

Der Deutsche Freiwilligensurvey 2019 wurde gefördert vom Bundesministerium für Familie, Senioren, Frauen und Jugend (BMFSFJ).

Inhaltsverzeichnis

1 **Pandemie- und Kontexteffekte – Aktuelle und strukturelle Einbettung der Daten im Länderbericht zum Deutschen Freiwilligensurvey 2019** 1
   1.1 Vorbemerkung 1
   1.2 Auswirkungen der Coronapandemie auf Aktivität und Engagement 2
   1.3 Kontexteffekte auf Aktivität und Engagement 5

2 **Struktur des Länderberichts** 9
   2.1 Die verschiedenen Indikatoren und Erscheinungsformen zivilgesellschaftlichen Handelns im Länderbericht 11

3 **Landesspezifische Ausprägungen unterschiedlicher Indikatoren und Erscheinungsformen zivilgesellschaftlichen Handelns** 21
   3.1 Öffentlich gemeinschaftliche Aktivitäten 21
      3.1.1 Die Spitzengruppe (Top 5) der Aktivitätsbereiche 23
   3.2 Freiwilliges Engagement 25
      3.2.1 Spitzengruppe (Top 5) der Engagementbereiche 28
      3.2.2 Zeitaufwand für Engagement 29
      3.2.3 Häufigste Motive für Engagement (Top 5) 31
      3.2.4 Häufigste Zielgruppen des Engagements (Top 5) 32
      3.2.5 Organisationsformen des freiwilligen Engagements 34
      3.2.6 Bekundete Verbesserungsbedarfe in Bezug auf die Organisationsebene 35
      3.2.7 Bekundete Verbesserungsbedarfe in Bezug auf Staat und Öffentlichkeit 37

3.2.8	Hinderungsgründe für ein Engagement	38
3.2.9	Genannte Gründe für eine Beendigung früheren Engagements	39
3.3	Engagementbereitschaft	40
3.4	Spendentätigkeit	43
3.5	Mitgliedschaften in Vereinen oder gemeinnützigen Organisationen	45
3.6	Engagement für Geflüchtete	47

4 Landesspezifische Determinanten unterschiedlicher Erscheinungsformen zivilgesellschaftlichen Handelns 49

4.1	Einflussfaktoren von Erscheinungsformen zivilgesellschaftlichen Handelns und deren Operationalisierung	53
4.2	Öffentlich gemeinschaftliche Aktivitäten	54
4.3	Freiwilliges Engagement	67
4.4	Engagementbereitschaft	75
4.5	Spendentätigkeit in den letzten 12 Monaten	85
4.6	Mitgliedschaft in Vereinen oder gemeinnützigen Organisationen	92

5 Die Bedeutung von Lebensumfeldern für freiwilliges Engagement 103

5.1	Analytische Erschließung des Untersuchungsfelds		103
5.2	Kontexteffekte auf der Einstellungsebene: methodisches Vorgehen		105
5.3	Empirische Befunde auf der Einstellungsebene		106
	5.3.1	Lebenszufriedenheit	106
	5.3.2	Kommunale Beteiligung und Mitsprache	107
	5.3.3	Vertrauen in die kommunalen Akteurinnen und Akteure	108
	5.3.4	Verwaltungsvertrauen	109
	5.3.5	Kontextindizes und Engagementquoten nach Bundesländern	111
	5.3.6	Zusammenfassende Einschätzung der Einstellungsdimension	114
5.4	Soziodemografische Kontextfaktoren und freiwilliges Engagement		115
	5.4.1	Konfessionszugehörigkeit und Engagement	115

5.4.2	Regionale Häufigkeit und Effekt engagementstützender Einrichtungen	117
5.4.3	Länderanteile an Migrierten und Engagement für Geflüchtete	118
5.4.4	Ortsgröße und Kreistypus – sozialräumliche Kontexteffekte auf öffentlich gemeinschaftliche Aktivitäten im Bereich Unfall- oder Rettungsdienst und Freiwillige Feuerwehr	120
5.4.5	Kontext und Engagement – kurzes Fazit	120

6 Kurzfassung wichtiger Ergebnisse 123

7 Länderprofile 131
7.1 Einleitende Hinweise 131
7.2 Landesprofil Baden-Württemberg 133
7.3 Landesprofil Bayern 143
7.4 Landesprofil Berlin 154
7.5 Landesprofil Brandenburg 163
7.6 Landesprofil Hamburg 174
7.7 Landesprofil Hessen 184
7.8 Landesprofil Mecklenburg-Vorpommern 195
7.9 Landesprofil Niedersachsen 206
7.10 Landesprofil Nordrhein-Westfalen 217
7.11 Landesprofil Rheinland-Pfalz 228
7.12 Landesprofil Saarland 238
7.13 Landesprofil Sachsen 249
7.14 Landesprofil Sachsen-Anhalt 259
7.15 Landesprofil Schleswig–Holstein 270
7.16 Landesprofil Thüringen 280

Tabellenband 293

Glossar 351

Literatur 355

Über die Autoren

Zentrum für Sozialforschung Halle e. V. (ZSH e. V.) an der Martin-Luther-Universität Halle-Wittenberg:
www.zsh-online.de/

Prof. Dr. Everhard Holtmann Zentrum für Sozialforschung Halle (ZSH) an der Martin-Luther-Universität Halle-Wittenberg
www.zsh-online.de/zsh/mitarbeiter-innen/employee/5-everhard-holtmann

Dipl.-Soz. Tobias Jaeck Zentrum für Sozialforschung Halle (ZSH) an der Martin-Luther-Universität Halle-Wittenberg
www.zsh-online.de/zsh/mitarbeiter-innen/employee/6-tobias-jaeck

Odette Wohlleben Zentrum für Sozialforschung Halle (ZSH) an der Martin-Luther-Universität Halle-Wittenberg
https://www.zsh-online.de/zsh/mitarbeiter-innen/employee/25-odette-wohlleben

Abbildungsverzeichnis

Abb. 2.1	Verschiedene Erscheinungsformen zivilgesellschaftlichen Handelns und ihre Abhängigkeiten untereinander	13
Abb. 2.2	Fallzahlen im Vergleich der 16 Bundesländer seit 1999. (Quellen: Eigene Abbildung und Berechnung, Grundlage: FWS-Datensätze/DZA-Methodenbericht.)	14
Abb. 3.1	Öffentlich gemeinschaftliche Aktivitäten im Vergleich der Bundesländer in Prozent (Anteile *Ja* in % – $Eta^2 = 0{,}005$). (Quelle: Eigene Berechnungen, Grundlage: FWS-Datensatz 2019, gewichtet inkl. Bildung. Länderunterschiede sind auf einem Niveau von ≤ 1 % signifikant.)	22
Abb. 3.2	Zeitverlauf öffentlich gemeinschaftlicher Aktivitäten im Vergleich der Bundesländer in Prozent. (Quelle: Eigene Berechnungen, Grundlage: FWS-Datensätze 1999 bis 2019, gewichtet inkl. Bildung.)	23
Abb. 3.3	Top-5-Aktivitätsbereiche im Vergleich der Bundesländer in Prozent. (Quelle: Eigene Berechnungen, Grundlage: FWS-Datensatz 2019, Länderunterschiede sind auf einem Niveau von ≤ 1 % signifikant.)	24
Abb. 3.4	Freiwilliges Engagement im Vergleich der Bundesländer in Prozent (Anteile *Ja* in Prozent – $Eta^2 = 0{,}005$). (Quelle: Eigene Berechnungen, Grundlage: FWS-Datensatz 2019, gewichtet inkl. Bildung. Länderunterschiede sind auf einem Niveau von ≤ 1 % signifikant.)	26

Abb. 3.5	Zeitverlauf freiwilliges Engagement im Vergleich der Bundesländer in Prozent. (Quelle: Eigene Berechnungen, Grundlage: FWS-Datensätze 1999 bis 2019, gewichtet inklusive Bildung.)	27
Abb. 3.6	Top-5-Engagementbereiche im Vergleich der Bundesländer in Prozent. (Quelle: Eigene Berechnungen, Grundlage: FWS-Datensatz 2019, Länderunterschiede sind auf einem Niveau von ≤ 1 % signifikant.)	28
Abb. 3.7	Zeitaufwand für Engagement im Vergleich der Bundesländer in Stunden pro Woche (Eta^2 = 0,004). (Quelle: Eigene Berechnungen, Grundlage: FWS-Datensatz 2019, gewichtet inkl. Bildung. Länderunterschiede sind auf einem Niveau von ≤ 1 % signifikant.)	30
Abb. 3.8	Zeitverlauf Zeitaufwand für Engagement bis 2 Std. pro Woche im Vergleich der Bundesländer in Prozent. (Quelle: Eigene Berechnungen, Grundlage: FWS-Datensätze 1999 bis 2019, gewichtet inkl. Bildung. 2004 wurde der zeitliche Umfang der freiwilligen Tätigkeit nicht erhoben.)	31
Abb. 3.9	Motivation für Engagement im Vergleich der Bundesländer (Mittelwerte von 1 (*trifft gar nicht zu*) bis 5 (*trifft voll zu*)). (Quelle: Eigene Berechnungen, Grundlage: FWS-Datensatz 2019, gewichtet inkl. Bildung. Länderunterschiede sind auf einem Niveau von ≤ 1 % signifikant.)	32
Abb. 3.10	Zielgruppen des Engagements im Vergleich der Bundesländer in Prozent. (Quelle: Eigene Berechnungen, Grundlage: FWS-Datensatz 2019, gewichtet inklusive Bildung. Länderunterschiede sind auf einem Niveau von ≤ 1 % signifikant.)	33
Abb. 3.11	Organisationsformen des freiwilligen Engagements im Vergleich der Bundesländer in Prozent. (Quelle: Eigene Berechnungen, Grundlage: FWS-Datensatz 2019, Länderunterschiede sind auf einem Niveau von ≤ 1 % signifikant.)	33

Abbildungsverzeichnis

Abb. 3.12	Bekundete Verbesserungsbedarfe in Bezug auf die Organisationsebene im Vergleich der Bundesländer in Prozent (Top 5). (Quelle: Eigene Berechnungen, Grundlage: FWS-Datensatz 2019, Länderunterschiede sind auf einem Niveau von $\leq 1\,\%$ signifikant.)	36
Abb. 3.13	Gewünschte Verbesserungsbedarfe seitens des Staates und der Öffentlichkeit im Vergleich der Bundesländer in Prozent (Top 5). (Quelle: Eigene Berechnungen, Grundlage: FWS-Datensatz 2019, Länderunterschiede sind auf einem Niveau von $\leq 1\,\%$ signifikant.)	37
Abb. 3.14	Top-3-Gründe für Nichtengagement im Vergleich der Bundesländer in Prozent. (Quelle: Eigene Berechnungen, Grundlage: FWS-Datensatz 2019, gewichtet inkl. Bildung. Länderunterschiede sind auf einem Niveau von $\leq 1\,\%$ signifikant.)	39
Abb. 3.15	3 meistgenannte Gründe für die Beendigung früheren Engagements im Vergleich der Bundesländer in Prozent. (Quelle: Eigene Berechnungen, Grundlage: FWS-Datensatz 2019, gewichtet inkl. Bildung. Länderunterschiede sind auf einem Niveau von $\leq 1\,\%$ signifikant.)	40
Abb. 3.16	Bereitschaft für zukünftiges freiwilliges Engagement im Vergleich der Bundesländer in Prozent (Anteile *Ja, sicher* und *Ja, vielleicht* in Prozent – Eta^2 = 0,007). (Quelle: Eigene Berechnungen, Grundlage: FWS-Datensatz 2019, gewichtet inkl. Bildung. Länderunterschiede sind auf einem Niveau von $\leq 1\,\%$ signifikant.)	41
Abb. 3.17	Zeitverlauf Bereitschaft für zukünftiges freiwilliges Engagement im Vergleich der Bundesländer in Prozent. (Quelle: Eigene Berechnungen, Grundlage: FWS-Datensätze 1999 bis 2019, gewichtet nach Alter und Geschlecht.)	42
Abb. 3.18	Spendentätigkeit in den letzten 12 Monaten vor der Befragung im Vergleich der Bundesländer in Prozent (Anteile *Ja* in Prozent – Eta^2 = 0,003). (Quelle: Eigene Berechnungen, Grundlage: FWS-Datensatz 2019, gewichtet inkl. Bildung. Länderunterschiede sind auf einem Niveau von $\leq 1\,\%$ signifikant.)	43

Abb. 3.19	Zeitverlauf Spendentätigkeit in den letzten 12 Monaten im Vergleich der Bundesländer in Prozent. (Quelle: Eigene Berechnungen, Grundlage: FWS-Datensätze 1999 bis 2019, gewichtet inkl. Bildung.)	44
Abb. 3.20	Mitgliedschaft in Verein oder gemeinnütziger Organisation im Vergleich der Bundesländer in Prozent (Anteile *Ja* in % – $Eta^2 = 0,012$). (Quelle: Eigene Berechnungen, Grundlage: FWS-Datensatz 2019, gewichtet inkl. Bildung. Länderunterschiede sind auf einem Niveau von ≤ 1 % signifikant.)	45
Abb. 3.21	Zeitverlauf Mitgliedschaft in Verein oder gemeinnütziger Organisation im Vergleich der Bundesländer in Prozent. (Quelle: Eigene Berechnungen, Grundlage: FWS-Datensätze 2009 bis 2019, gewichtet inkl. Bildung.)	46
Abb. 3.22	Engagement für Geflüchtete in den letzten 5 Jahren im Vergleich der Bundesländer in Prozent (Anteile *Ja* in % – $Eta^2 = 0,003$). (Quelle: Eigene Berechnungen, Grundlage: FWS-Datensatz 2019, Länderunterschiede sind auf einem Niveau von ≤ 1 % signifikant.)	47
Abb. 4.1	Zusammenhang von Geschlecht (w. = 0; m. = 1) und gemeinschaftlichen Aktivitäten im Vergleich zwischen den Bundesländern (Pearson's R). (Quelle: Eigene Berechnungen, Grundlage: FWS-Datensatz 2019, Pearson's R = ist auf einem Niveau von ≤ 1 %** bzw. ≤ 5 %* signifikant)	57
Abb. 4.2	Zusammenhang von Schulbildung (3-stufig) und öffentlich gemeinschaftlichen Aktivitäten im Vergleich zwischen den Bundesländern (Spearman's Rho). (Quelle: Eigene Berechnungen, Grundlage: FWS-Datensatz 2019, Spearman's Rho in allen Ländern (°mit Ausnahme von Saarland und Meck.-V.) auf einem Niveau von ≤ 1 % signifikant)	58
Abb. 4.3	Zusammenhang von Einkommen (5-stufig) und öffentlich gemeinschaftlichen Aktivitäten im Vergleich zwischen den Bundesländern. (Quelle: Eigene Berechnungen, Grundlage: FWS-Datensatz 2019, Spearman's Rho in allen Ländern auf einem Niveau von ≤ 1 % signifikant)	59

Abbildungsverzeichnis XIX

Abb. 4.4	Zusammenhang von Alter und öffentlich gemeinschaftlichen Aktivitäten im Vergleich zwischen den Bundesländern. (Quelle: Eigene Berechnungen, Grundlage: FWS-Datensatz 2019, Spearman's Rho = ist auf einem Niveau von ≤ 1 %** bzw. ≤ 5 %* signifikant)	60
Abb. 4.5	Zusammenhang von Religionszugehörigkeit (ev./kath.) (Nein = 0/Ja = 1) und öffentlich gemeinschaftlichen Aktivitäten im Vergleich zwischen den Bundesländern. (Quelle: Eigene Berechnungen, Grundlage: FWS-Datensatz 2019, Pearson's R = ist auf einem Niveau von ≤ 1 %** bzw. ≤ 5 %* signifikant)	62
Abb. 4.6	Zusammenhang von Kindern (6 bis 18 Jahre) im Haushalt (Nein = 0/Ja = 1) und gemeinschaftlichen Aktivitäten im Vergleich zwischen den Bundesländern. (Quelle: Eigene Berechnungen, Grundlage: FWS-Datensatz 2019, Pearson's R = ist auf einem Niveau von ≤ 1 %** bzw. ≤ 5 %* signifikant)	62
Abb. 4.7	Zusammenhang von Migrationshintergrund (Nein = 0/Ja = 1) und öffentlich gemeinschaftlichen Aktivitäten im Vergleich zwischen den Bundesländern (Pearson's R), Anteile an Personen mit Migrationserfahrung (Anteile in %). (Quelle: Eigene Berechnungen. Grundlage: FWS-Datensatz 2019, Pearson's R = ist auf einem Niveau von ≤ 1 %** bzw. ≤ 5 %* signifikant)	64
Abb. 4.8	Zusammenhang von Exklusionsgefühl (1 min. bis 5 max.) und öffentlich gemeinschaftlichen Aktivitäten im Vergleich zwischen den Bundesländern (Spearman's Rho). (Quelle: Eigene Berechnungen, Grundlage: FWS-Datensatz 2019, Spearman's Rho = ist auf einem Niveau von ≤ 1 %** bzw. ≤ 5 %* signifikant)	65
Abb. 4.9	Öffentlich gemeinschaftliche Aktivitäten nach Stadt und Land im Vergleich zwischen den Bundesländern (Anteile in %). (Quelle: Eigene Berechnungen, Grundlage: FWS-Datensatz 2019. In einzelnen Ländern ist die Stadt-Land-Differenz auf einem Niveau von ≤ 5 %* signifikant (hier ohne Stadtstaaten, Saarland fehlend, da dafür im Datensatz keine Angaben zu ländlichem Raum vorliegen). Sortiert absteigend nach Stadt-Land-Differenz)	66

Abb. 4.10	Zusammenhang von Geschlecht (w. = 0; m. = 1) und freiwilligem Engagement im Vergleich zwischen den Bundesländern. (Quelle: Eigene Berechnungen, Grundlage: FWS-Datensatz 2019, Pearson's R = ist auf einem Niveau von ≤ 1 %** bzw. ≤ 5 %* signifikant)	69
Abb. 4.11	Zusammenhang von Schulbildung (3-stufig) und freiwilligem Engagement im Vergleich zwischen den Bundesländern. (Quelle: Eigene Berechnungen, Grundlage: FWS-Datensatz 2019, Spearman's Rho in allen Ländern auf einem Niveau von ≤ 1 % signifikant)	70
Abb. 4.12	Zusammenhang von Einkommen (5-stufig) und freiwilligem Engagement im Vergleich zwischen den Bundesländern. (Quelle: Eigene Berechnungen, Grundlage: FWS-Datensatz 2019, Spearman's Rho in allen Ländern mit Ausnahme von Bremen (Fallzahl zu gering) auf einem Niveau von ≤ 1 % signifikant)	70
Abb. 4.13	Zusammenhang von Alter (6-stufig) und freiwilligem Engagement im Vergleich zwischen den Bundesländern. (Quelle: Eigene Berechnungen, Grundlage: FWS-Datensatz 2019, Spearman's Rho in allen Ländern auf einem Niveau von ≤ 1 % signifikant)	72
Abb. 4.14	Zusammenhang von Religionszugehörigkeit (ev./kath.) (Nein = 0/Ja = 1) und freiwilligem Engagement im Vergleich zwischen den Bundesländern. (Quelle: Eigene Berechnungen, Grundlage: FWS-Datensatz 2019, Pearson's R = ist auf einem Niveau von ≤ 1 %** bzw. ≤ 5 %* signifikant)	72
Abb. 4.15	Zusammenhang von Kindern (6 bis 18 Jahre) im Haushalt (Nein = 0/Ja = 1) und freiwilligem Engagement im Vergleich zwischen den Bundesländern. (Quelle: Eigene Berechnungen, Grundlage: FWS-Datensatz 2019, Pearson's R = ist auf einem Niveau von ≤ 1 %** bzw. ≤ 5 %* signifikant)	73
Abb. 4.16	Zusammenhang von Migrationshintergrund (Nein = 0/Ja = 1) und freiwilligem Engagement im Vergleich zwischen den Bundesländern. (Quelle: Eigene Berechnungen, Grundlage: FWS-Datensatz 2019, Pearson's R = ist auf einem Niveau von ≤ 1 %** bzw. ≤ 5 %* signifikant)	74

Abb. 4.17	Freiwilliges Engagement nach Stadt und Land im Vergleich zwischen den Bundesländern (sortiert nach Differenz Land/Stadt). (Quelle: Eigene Berechnungen, Grundlage: FWS-Datensatz 2019. In einzelnen Ländern ist die Stadt-Land-Differenz auf einem Niveau von ≤ 1 % ** bzw. ≤ 5 %* signifikant (hier ohne Stadtstaaten, Saarland fehlend, da dafür im Datensatz keine Angaben zu ländlichem Raum vorliegen))	76
Abb. 4.18	Zusammenhang von Gemeindegrößenklasse (7-stufig) und freiwilligem Engagement im Vergleich zwischen den Bundesländern. (Quelle: Eigene Berechnungen, Grundlage: FWS-Datensatz 2019, Spearman's Rho = ist auf einem Niveau von ≤ 1 %** bzw. ≤ 5 %* signifikant)	76
Abb. 4.19	Zusammenhang von Geschlecht (w. = 0; m. = 1) und Engagementbereitschaft im Vergleich zwischen den Bundesländern (Pearson's R). (Quelle: Eigene Berechnungen, Grundlage: FWS-Datensatz 2019, Pearson's R = ist auf einem Niveau von ≤ 1 %** bzw. ≤ 5 %* signifikant)	78
Abb. 4.20	Zusammenhang von Schulbildung (3-stufig) und Engagementbereitschaft im Vergleich zwischen den Bundesländern. (Quelle: Eigene Berechnungen, Grundlage: FWS-Datensatz 2019, Spearman's Rho in allen Ländern (°außer im Saarland) auf einem Niveau von ≤ 1 % signifikant)	79
Abb. 4.21	Zusammenhang von Einkommen (5-stufig) und Engagementbereitschaft im Vergleich zwischen den Bundesländern. (Quelle: Eigene Berechnungen, Grundlage: FWS-Datensatz 2019, Spearman's Rho in allen Ländern (°außer im Saarland, Bremen und Meck.-Pom.) auf einem Niveau von ≤ 1 % signifikant)	80
Abb. 4.22	Zusammenhang von Alter (6-stufig) und Engagementbereitschaft im Vergleich zwischen den Bundesländern. (Quelle: Eigene Berechnungen, Grundlage: FWS-Datensatz 2019, Spearman's Rho in allen Ländern auf einem Niveau von ≤ 1 % signifikant)	80

Abb. 4.23	Zusammenhang von Religionszugehörigkeit (ev./kath.) (Nein = 0/Ja = 1) und Engagementbereitschaft im Vergleich zwischen den Bundesländern. (Quelle: Eigene Berechnungen; Grundlage: FWS-Datensatz 2019, Pearson's R = ist auf einem Niveau von ≤ 1 %** bzw. ≤ 5 %* signifikant)	82
Abb. 4.24	Zusammenhang von Migrationshintergrund (Nein = 0/Ja = 1) und Engagementbereitschaft im Vergleich zwischen den Bundesländern. (Quelle: Eigene Berechnungen, Grundlage: FWS-Datensatz 2019, Pearson's R = ist auf einem Niveau von ≤ 1 %** bzw. ≤ 5 %* signifikant)	84
Abb. 4.25	Engagementbereitschaft nach Stadt und Land im Vergleich zwischen den Bundesländern (sortiert nach Differenz Land/Stadt). (Quelle: Eigene Berechnungen, Grundlage: FWS-Datensatz 2019. In einzelnen Ländern ist die Stadt-Land-Differenz auf einem Niveau von ≤ 1 % ** bzw. ≤ 5 %* signifikant (hier ohne Stadtstaaten, Saarland fehlend, da dafür im Datensatz keine Angaben zu ländlichem Raum vorliegen))	84
Abb. 4.26	Zusammenhang von Gemeindegrößenklasse (7-stufig) und Engagementbereitschaft im Vergleich zwischen den Bundesländern. (Quelle: Eigene Berechnungen, Grundlage: FWS-Datensatz 2019, Spearman's Rho = ist auf einem Niveau von ≤ 1 %** bzw. ≤ 5 %* signifikant)	85
Abb. 4.27	Zusammenhang von Geschlecht (w. = 0; m. = 1) und Spendentätigkeit im Vergleich zwischen den Bundesländern. (Quelle: Eigene Berechnungen, Grundlage: FWS-Datensatz 2019, Pearson's R = ist auf einem Niveau von ≤ 1 %** bzw. ≤ 5 %* signifikant)	87
Abb. 4.28	Zusammenhang von Schulbildung (3-stufig) und Spendentätigkeit im Vergleich zwischen den Bundesländern. (Quelle: Eigene Berechnungen, Grundlage: FWS-Datensatz 2019, Spearman's Rho in allen Ländern auf einem Niveau von ≤ 5 % signifikant)	88

Abb. 4.29	Zusammenhang von Einkommen (5-stufig) und Spendentätigkeit im Vergleich zwischen den Bundesländern. (Quelle: Eigene Berechnungen, Grundlage: FWS-Datensatz 2019, Spearman's Rho in allen Ländern mit Ausnahme °Bremen auf einem Niveau von ≤ 1 % signifikant)	89
Abb. 4.30	Zusammenhang von Alter (6-stufig) und Spendentätigkeit im Vergleich zwischen den Bundesländern. (Quelle: Eigene Berechnungen, Grundlage: FWS-Datensatz 2019, Spearman's Rho in allen Ländern (mit Ausnahme von Hamburg und Bremen) auf einem Niveau von ≤ 1 % signifikant)	90
Abb. 4.31	Zusammenhang von Religionszugehörigkeit (ev./kath.) (Nein = 0/Ja = 1) und Spendentätigkeit im Vergleich zwischen den Bundesländern. (Quelle: Eigene Berechnungen, Grundlage: FWS-Datensatz 2019, Pearson's R = ist in allen Ländern auf einem Niveau von ≤ 1 %** signifikant)	91
Abb. 4.32	Zusammenhang von Migrationshintergrund (Nein = 0/Ja = 1) und Spendentätigkeit im Vergleich zwischen den Bundesländern. (Quelle: Eigene Berechnungen, Grundlage: FWS-Datensatz 2019, Pearson's R = ist auf einem Niveau von ≤ 1 %** bzw. ≤ 5 %* signifikant)	92
Abb. 4.33	Zusammenhang von Geschlecht (w. = 0; m. = 1) und Vereinsmitgliedschaft im Vergleich zwischen den Bundesländern. (Quelle: Eigene Berechnungen, Grundlage: FWS-Datensatz 2019, Pearson's R = ist auf einem Niveau von ≤ 1 %** bzw. ≤ 5 %* signifikant)	94
Abb. 4.34	Zusammenhang von Schulbildung (3-stufig) und Vereinsmitgliedschaft im Vergleich zwischen den Bundesländern. (Quelle: Eigene Berechnungen, Grundlage: FWS-Datensatz 2019, Spearman's Rho in allen Ländern (°bis auf Bayern) auf einem Niveau von ≤ 1 % signifikant)	95

Abb. 4.35	Zusammenhang von Einkommen (5-stufig) und Vereinsmitgliedschaft im Vergleich zwischen den Bundesländern. (Quelle: Eigene Berechnungen, Grundlage: FWS-Datensatz 2019, Spearman's Rho in allen Ländern mit Ausnahme von Bremen auf einem Niveau von ≤ 1 % signifikant)	96
Abb. 4.36	Zusammenhang von Wohndauer am Wohnort und Vereinsmitgliedschaft im Vergleich zwischen den Bundesländern (Spearman's Rho). (Quelle: Eigene Berechnungen, Grundlage: FWS-Datensatz 2019, Pearson's R = ist auf einem Niveau von ≤ 1 %** bzw. ≤ 5 %* signifikant)	97
Abb. 4.37	Zusammenhang von Religionszugehörigkeit (ev./kath.) (Nein = 0/Ja = 1) und Vereinsmitgliedschaft im Vergleich zwischen den Bundesländern. (Quelle: Eigene Berechnungen, Grundlage: FWS-Datensatz 2019, Pearson's R = ist auf einem Niveau von ≤ 1 %** bzw. ≤ 5 %* signifikant)	98
Abb. 4.38	Zusammenhang von Kindern (6 bis 18 Jahre) im Haushalt (Nein = 0/Ja = 1) und Vereinsmitgliedschaft im Vergleich zwischen den Bundesländern. (Quelle: Eigene Berechnungen, Grundlage: FWS-Datensatz 2019, Pearson's R = ist auf einem Niveau von ≤ 1 %** bzw. ≤ 5 %* signifikant)	99
Abb. 4.39	Zusammenhang von Migrationserfahrung (Nein = 0/Ja = 1) und Vereinsmitgliedschaft im Vergleich zwischen den Bundesländern. (Quelle: Eigene Berechnungen, Grundlage: FWS-Datensatz 2019, Pearson's R = ist auf einem Niveau von ≤ 1 %** bzw. ≤ 5 %* signifikant)	100
Abb. 5.1	Beurteilung der Beteiligungs- und Mitsprachemöglichkeiten der Bürgerinnen und Bürger im kommunalen Bereich (*gut* und *sehr gut* in %). (Quelle: Eigene Berechnungen, Grundlage: FWS 2019 und info-Erhebung 2020.)	111
Abb. 5.2	Beurteilung der Beteiligungs- und Mitsprachemöglichkeiten der Bürgerinnen und Bürger im kommunalen Bereich (*schlecht* und *sehr schlecht* in %). (Quelle: Eigene Berechnungen, Grundlage: FWS 2019 und info-Erhebung 2020.)	112

Abb. 5.3	Index aus Beteiligung und Mitsprache *(gut)* + verwaltungs- und kommunalpolitisches Vertrauen *(vertraue)* in Gegenüberstellung des freiwilligen Engagements (in %). (Quelle: Eigene Berechnungen, Grundlage: FWS 2019 und info-Erhebung 2020.)	113
Abb. 5.4	Index aus Beteiligung und Mitsprache *(schlecht)* + verwaltungs- und kommunalpolitisches Vertrauen *(vertraue nicht)* in Gegenüberstellung des freiwilligen Engagements (in %). (Quelle: Eigene Berechnungen, Grundlage: FWS 2019 und info-Erhebung 2020.)	114
Abb. 5.5	Konfessionszugehörigkeit (2018) im Land und freiwilliges Engagement (religiös bzw. kirchlich). (Quelle: Eigene Berechnungen, Grundlage: FWS 2019 und amtliche Statistiken.)	116
Abb. 5.6	Ein Engagement unterstützende Einrichtungen (2015) im Land und freiwilliges Engagement. (Quelle: Eigene Berechnungen, Grundlage: FWS 2019 und Generali Engagementatlas 2015.)	118
Abb. 5.7	Anteil Migrierter (2020) im Land und Engagement für Geflüchtete. (Quelle: Eigene Berechnungen, Grundlage: FWS 2019 und Daten des Statistisches Bundesamts.)	119
Abb. 5.8	Wo man eher öffentlich aktiv ist – Standarddifferenzierung (Kontext) (Unfall- oder Rettungsdienst, Freiwillige Feuerwehr; Angaben *aktiv* in %, Zahlenangaben für Einwohnerinnen und Einwohner). (* Unterschiede sind auf einem Niveau von ≤ 5 % signifikant.)	121
Abb. 7.1	Freiwilliges Engagement: Baden-Württemberg im Vergleich der Bundesländer in % (Eta^2 = 0,005). (Quelle: Eigene Berechnungen, Grundlage:-Datensatz 2019, Länderunterschiede sind auf einem Niveau von ≤ 1 % signifikant)	134
Abb. 7.2	Anteile ehrenamtlich engagierter und öffentlich gemeinschaftlich aktiver Personen in den 14 Bereichen – Baden-Württemberg (Angaben in %). (Quelle: Eigene Berechnungen, Grundlage: FWS-Datensatz 2019)	135

Abb. 7.3	Spendentätigkeit in Baden-Württemberg im letzten Jahr vor der Befragung im Vergleich der Bundesländer in Prozent (Eta^2 = 0,003). (Quelle: Eigene Berechnungen, Grundlage: FWS-Datensatz 2019, Länderunterschiede sind auf einem Niveau von ≤ 1 % signifikant.)	138
Abb. 7.4	Wer ist in Baden-Württemberg ehrenamtlich engagiert? – Standarddifferenzierung (Anteile *engagiert* in %). (Quelle: Eigene Berechnungen, Grundlage: FWS-Datensatz 2019.)	139
Abb. 7.5	Wo ist man ehrenamtlich engagiert? – Standarddifferenzierung (Kontext) für Baden-Württemberg (Anteile *engagiert* in %). (Quelle: Eigene Berechnungen, Grundlage: FWS-Datensatz 2019)	141
Abb. 7.6	Index aus Beteiligung und Mitsprache *(gut)* sowie Verwaltungs- und Kommunalpolitikvertrauen *(vertraue)* in Gegenüberstellung des freiwilligen Engagements (in %). (Quelle: Eigene Berechnungen, Grundlage: FWS 2019 und info-Erhebung 2020.)	142
Abb. 7.7	Freiwilliges Engagement: Bayern im Vergleich der Bundesländer in Prozent (Eta^2 = 0,005). (Quelle: Eigene Berechnungen, Grundlage: FWS-Datensatz 2019, Länderunterschiede sind auf einem Niveau von ≤ 1 % signifikant)	144
Abb. 7.8	Anteile ehrenamtlich engagierter und öffentlich gemeinschaftlich aktiver Personen in den 14 Bereichen – Bayern (Angaben in %). (Quelle: Eigene Berechnungen, Grundlage: FWS-Datensatz 2019)	145
Abb. 7.9	Spendentätigkeit in Bayern im letzten Jahr vor der Befragung im Vergleich der Bundesländer in Prozent (Eta^2 = 0,003). (Quelle: Eigene Berechnungen, Grundlage: FWS-Datensatz 2019, Länderunterschiede sind auf einem Niveau von ≤ 1 % signifikant.)	149
Abb. 7.10	Wer ist in Bayern ehrenamtlich engagiert? – Standarddifferenzierung (Anteile *engagiert* in %). (Quelle: Eigene Berechnungen, Grundlage: FWS-Datensatz 2019.)	150

Abb. 7.11	Wo ist man ehrenamtlich engagiert? – Standarddifferenzierung (Kontext) für Bayern (Anteile *engagiert* in %). (Quelle: Eigene Berechnungen, Grundlage: FWS-Datensatz 2019.)	151
Abb. 7.12	Index aus Beteiligung und Mitsprache *(gut)* sowie Verwaltungs- und Kommunalpolitikvertrauen *(vertraue)* in Gegenüberstellung des freiwilligen Engagements (in %). (Quelle: Eigene Berechnungen, Grundlage: FWS 2019 und info-Erhebung 2020.)	153
Abb. 7.13	Freiwilliges Engagement: Berlin im Vergleich der Bundesländer in Prozent ($Eta^2 = 0{,}005$). (Quelle: Eigene Berechnungen, Grundlage: FWS-Datensatz 2019, Länderunterschiede sind auf einem Niveau von ≤ 1 % signifikant)	155
Abb. 7.14	Anteile ehrenamtlich engagierter und öffentlich gemeinschaftlich aktiver Personen in den 14 Bereichen – Berlin (Angaben in %). (Quelle: Eigene Berechnungen, Grundlage: FWS-Datensatz 2019)	156
Abb. 7.15	Spendentätigkeit in Berlin im letzten Jahr vor der Befragung im Vergleich der Bundesländer in Prozent ($Eta^2 = 0{,}003$). (Quelle: Eigene Berechnungen, Grundlage: FWS-Datensatz 2019, Länderunterschiede sind auf einem Niveau von ≤ 1 % signifikant.)	159
Abb. 7.16	Wer ist in Berlin ehrenamtlich engagiert? – Standarddifferenzierung (Anteile *engagiert* in %). (Quelle: Eigene Berechnungen, Grundlage: FWS-Datensatz 2019)	161
Abb. 7.17	Index aus Beteiligung und Mitsprache *(gut)* sowie Verwaltungs- und Kommunalpolitikvertrauen *(vertraue)* in Gegenüberstellung des freiwilligen Engagements (in %). (Quelle: Eigene Berechnungen, Grundlage: FWS 2019 und info-Erhebung 2020)	162
Abb. 7.18	Freiwilliges Engagement: Brandenburg im Vergleich der Bundesländer in Prozent ($Eta^2 = 0{,}005$). (Quelle: Eigene Berechnungen, Grundlage: FWS-Datensatz 2019, Länderunterschiede sind auf einem Niveau von ≤ 1 % signifikant)	165

Abb. 7.19	Anteile ehrenamtlich engagierter und öffentlich gemeinschaftlich aktiver Personen in den 14 Bereichen – Brandenburg (Angaben in %). (Quelle: Eigene Berechnungen, Grundlage: FWS-Datensatz 2019)	166
Abb. 7.20	Spendentätigkeit in Brandenburg im letzten Jahr vor der Befragung im Vergleich der Bundesländer in Prozent (Eta^2 = 0,003). (Quelle: Eigene Berechnungen, Grundlage: FWS-Datensatz 2019, Länderunterschiede sind auf einem Niveau von ≤ 1 % signifikant)	169
Abb. 7.21	Wer ist in Brandenburg ehrenamtlich engagiert? – Standarddifferenzierung (Anteile *engagiert* in %). (Quelle: Eigene Berechnungen, Grundlage: FWS-Datensatz 2019)	170
Abb. 7.22	Wo ist man ehrenamtlich engagiert? – Standarddifferenzierung (Kontext) für Brandenburg (Anteile *engagiert* in %). (Quelle: Eigene Berechnungen, Grundlage: FWS-Datensatz 2019.)	172
Abb. 7.23	Index aus Beteiligung und Mitsprache *(gut)* sowie Verwaltungs- und Kommunalpolitikvertrauen *(vertraue)* in Gegenüberstellung des freiwilligen Engagements (in %). (Quelle: Eigene Berechnungen, Grundlage: FWS 2019 und info-Erhebung 2020.)	173
Abb. 7.24	Freiwilliges Engagement: Hamburg im Vergleich der Bundesländer in Prozent (Eta^2 = 0,005). (Quelle: Eigene Berechnungen, Grundlage: FWS-Datensatz 2019, Länderunterschiede sind auf einem Niveau von ≤ 1 % signifikant)	176
Abb. 7.25	Anteile ehrenamtlich engagierter und öffentlich gemeinschaftlich aktiver Personen in den 14 Bereichen – Hamburg (Angaben in %). (Quelle: Eigene Berechnungen, Grundlage: FWS-Datensatz 2019)	177
Abb. 7.26	Spendentätigkeit in Hamburg im letzten Jahr vor der Befragung im Vergleich der Bundesländer in Prozent (Eta^2 = 0,003). (Quelle: Eigene Berechnungen, Grundlage: FWS-Datensatz 2019, Länderunterschiede sind auf einem Niveau von ≤ 1 % signifikant)	180

Abb. 7.27	Wer ist in Hamburg ehrenamtlich engagiert? – Standarddifferenzierung (Anteile *engagiert* in %). (Quelle: Eigene Berechnungen, Grundlage: FWS-Datensatz 2019)	181
Abb. 7.28	Index aus Beteiligung und Mitsprache *(gut)* sowie Verwaltungs- und Kommunalpolitikvertrauen *(vertraue)* in Gegenüberstellung des freiwilligen Engagements (in %). (Quelle: Eigene Berechnungen, Grundlage: FWS 2019 und info-Erhebung 2020)	183
Abb. 7.29	Freiwilliges Engagement: Hessen im Vergleich der Bundesländer in Prozent (Eta^2 = 0,005). (Quelle: Eigene Berechnungen, Grundlage: FWS-Datensatz 2019, Länderunterschiede sind auf einem Niveau von ≤ 1 % signifikant)	186
Abb. 7.30	Anteile ehrenamtlich engagierter und öffentlich gemeinschaftlich aktiver Personen in den 14 Bereichen – Hessen (Angaben in %). (Quelle: Eigene Berechnungen, Grundlage: FWS-Datensatz 2019)	187
Abb. 7.31	Spendentätigkeit in Hessen im letzten Jahr vor der Befragung im Vergleich der Bundesländer in Prozent (Eta^2 = 0,003). (Quelle: Eigene Berechnungen, Grundlage: FWS-Datensatz 2019, Länderunterschiede sind auf einem Niveau von ≤ 1 % signifikant)	190
Abb. 7.32	Wer ist in Hessen ehrenamtlich engagiert? – Standarddifferenzierung (Anteile *engagiert* in %). (Quelle: Eigene Berechnungen, Grundlage: FWS-Datensatz 2019)	191
Abb. 7.33	Wo ist man ehrenamtlich engagiert? – Standarddifferenzierung (Kontext) für Hessen (Anteile *engagiert* in %). (Quelle: Eigene Berechnungen, Grundlage: FWS-Datensatz 2019)	193
Abb. 7.34	Index aus Beteiligung und Mitsprache *(gut)* sowie Verwaltungs- und Kommunalpolitikvertrauen *(vertraue)* in Gegenüberstellung des freiwilligen Engagements (in %). (Quelle: Eigene Berechnungen, Grundlage: FWS 2019 und info-Erhebung 2020)	194

Abb. 7.35	Freiwilliges Engagement: Mecklenburg-Vorpommern im Vergleich der Bundesländer in Prozent (Eta^2 = 0,005). (Quelle: Eigene Berechnungen, Grundlage: FWS-Datensatz 2019, Länderunterschiede sind auf einem Niveau von ≤ 1 % signifikant)	197
Abb. 7.36	Anteile ehrenamtlich engagierter und öffentlich gemeinschaftlich aktiver Personen in den 14 Bereichen – Mecklenburg-Vorpommern (Angaben in %). (Quelle: Eigene Berechnungen, Grundlage: FWS-Datensatz 2019)	198
Abb. 7.37	Spendentätigkeit in Mecklenburg-Vorpommern im letzten Jahr vor der Befragung im Vergleich der Bundesländer in Prozent (Eta^2 = 0,003). (Quelle: Eigene Berechnungen, Grundlage: FWS-Datensatz 2019, Länderunterschiede sind auf einem Niveau von ≤ 1 % signifikant)	201
Abb. 7.38	Wer ist in Mecklenburg-Vorpommern ehrenamtlich engagiert? – Standarddifferenzierung (Anteile *engagiert* in %). (Quelle: Eigene Berechnungen, Grundlage: FWS-Datensatz 2019)	203
Abb. 7.39	Wo ist man ehrenamtlich engagiert? – Standarddifferenzierung (Kontext) für Mecklenburg-Vorpommern (Anteile *engagiert* in %). (Quelle: Eigene Berechnungen, Grundlage: FWS-Datensatz 2019)	204
Abb. 7.40	Index aus Beteiligung und Mitsprache *(gut)* sowie Verwaltungs- und Kommunalpolitikvertrauen *(vertraue)* in Gegenüberstellung des freiwilligen Engagements (in %). (Quelle: Eigene Berechnungen, Grundlage: FWS 2019 und info-Erhebung 2020)	205
Abb. 7.41	Freiwilliges Engagement: Niedersachsen im Vergleich der Bundesländer in Prozent (Eta^2 = 0,005). (Quelle: Eigene Berechnungen, Grundlage: FWS-Datensatz 2019, Länderunterschiede sind auf einem Niveau von ≤ 1 % signifikant)	208

Abb. 7.42	Anteile ehrenamtlich engagierter und öffentlich gemeinschaftlich aktiver Personen in den 14 Bereichen – Niedersachsen (Angaben in %). (Quelle: Eigene Berechnungen; Grundlage: FWS-Datensatz 2019)	209
Abb. 7.43	Spendentätigkeit in Niedersachsen im letzten Jahr vor der Befragung im Vergleich der Bundesländer in Prozent (Eta^2 = 0,003). (Quelle: Eigene Berechnungen, Grundlage: FWS-Datensatz 2019, Länderunterschiede sind auf einem Niveau von ≤ 1 % signifikant)	212
Abb. 7.44	Wer ist in Niedersachsen ehrenamtlich engagiert? – Standarddifferenzierung (Anteile *engagiert* in %). (Quelle: Eigene Berechnungen, Grundlage: FWS-Datensatz 2019)	214
Abb. 7.45	Wo ist man ehrenamtlich engagiert? – Standarddifferenzierung (Kontext) für Niedersachsen (Anteile *engagiert* in %). (Quelle: Eigene Berechnungen, Grundlage: FWS-Datensatz 2019)	215
Abb. 7.46	Index aus Beteiligung und Mitsprache *(gut)* sowie Verwaltungs- und Kommunalpolitikvertrauen *(vertraue)* in Gegenüberstellung des freiwilligen Engagements (in %). (Quelle: Eigene Berechnungen, Grundlage: FWS 2019 und info-Erhebung 2020)	216
Abb. 7.47	Freiwilliges Engagement: Nordrhein-Westfalen im Vergleich der Bundesländer in Prozent (Eta^2 = 0,005). (Quelle: Eigene Berechnungen, Grundlage: FWS-Datensatz 2019, Länderunterschiede sind auf einem Niveau von ≤ 1 % signifikant)	219
Abb. 7.48	Anteile freiwillig engagierter und öffentlich gemeinschaftlich aktiver Personen in den 14 Bereichen – Nordrhein-Westfalen (Angaben in %). (Quelle: Eigene Berechnungen, Grundlage: FWS-Datensatz 2019)	220
Abb. 7.49	Spendentätigkeit in Nordrhein-Westfalen im letzten Jahr vor der Befragung im Vergleich der Bundesländer in Prozent (Eta^2 = 0,003). (Quelle: Eigene Berechnungen, Grundlage: FWS-Datensatz 2019, Länderunterschiede sind auf einem Niveau von ≤ 1 % signifikant)	223

Abb. 7.50	Wer ist in Nordrhein-Westfalen ehrenamtlich engagiert? – Standarddifferenzierung (Anteile *engagiert* in %). (Quelle: Eigene Berechnungen, Grundlage: FWS-Datensatz 2019)	224
Abb. 7.51	Wo ist man ehrenamtlich engagiert? – Standarddifferenzierung (Kontext) für Nordrhein-Westfalen (Anteile *engagiert* in %). (Quelle: Eigene Berechnungen, Grundlage: FWS-Datensatz 2019)	226
Abb. 7.52	Index aus Beteiligung und Mitsprache *(gut)* sowie Verwaltungs- und Kommunalpolitikvertrauen *(vertraue)* in Gegenüberstellung des freiwilligen Engagements (in %). (Quelle: Eigene Berechnungen, Grundlage: FWS 2019 und info-Erhebung 2020)	227
Abb. 7.53	Freiwilliges Engagement: Rheinland-Pfalz im Vergleich der Bundesländer in Prozent (Eta^2 = 0,005). (Quelle: Eigene Berechnungen, Grundlage: FWS-Datensatz 2019, Länderunterschiede sind auf einem Niveau von ≤ 1 % signifikant)	229
Abb. 7.54	Anteile ehrenamtlich engagierter und öffentlich gemeinschaftlich aktiver Personen in den 14 Bereichen – Rheinland-Pfalz (Angaben in %). (Quelle: Eigene Berechnungen, Grundlage: FWS-Datensatz 2019)	231
Abb. 7.55	Spendentätigkeit in Rheinland-Pfalz im letzten Jahr vor der Befragung im Vergleich der Bundesländer in Prozent (Eta^2 = 0,003). (Quelle: Eigene Berechnungen, Grundlage: FWS-Datensatz 2019, Länderunterschiede sind auf einem Niveau von ≤ 1 % signifikant)	234
Abb. 7.56	Wer ist in Rheinland-Pfalz ehrenamtlich engagiert? – Standarddifferenzierung (Anteile *engagiert* in %). (Quelle: Eigene Berechnungen, Grundlage: FWS-Datensatz 2019)	235
Abb. 7.57	Wo ist man ehrenamtlich engagiert? – Standarddifferenzierung (Kontext) für Rheinland-Pfalz (Anteile *engagiert* in %). (Quelle: Eigene Berechnungen, Grundlage: FWS-Datensatz 2019)	236

Abb. 7.58	Index aus Beteiligung und Mitsprache *(gut)* sowie Verwaltungs- und Kommunalpolitikvertrauen *(vertraue)* in Gegenüberstellung des freiwilligen Engagements (in %). (Quelle: Eigene Berechnungen, Grundlage: FWS 2019 und info-Erhebung 2020)	237
Abb. 7.59	Freiwilliges Engagement: Saarland im Vergleich der Bundesländer in Prozent (Eta^2 = 0,005). (Quelle: Eigene Berechnungen, Grundlage: FWS-Datensatz 2019, Länderunterschiede sind auf einem Niveau von $\leq$ 1 % signifikant)	240
Abb. 7.60	Anteile ehrenamtlich engagierter und öffentlich gemeinschaftlich aktiver Personen in den 14 Bereichen – Saarland (Angaben in %). (Quelle: Eigene Berechnungen, Grundlage: FWS-Datensatz 2019)	241
Abb. 7.61	Spendentätigkeit im Saarland im letzten Jahr vor der Befragung im Vergleich der Bundesländer in Prozent (Eta^2 = 0,003). (Quelle: Eigene Berechnungen, Grundlage: FWS-Datensatz 2019, Länderunterschiede sind auf einem Niveau von $\leq$ 1 % signifikant)	244
Abb. 7.62	Wer ist im Saarland ehrenamtlich engagiert? – Standarddifferenzierung (Anteile *engagiert* in %). (Quelle: Eigene Berechnungen, Grundlage: FWS-Datensatz 2019)	245
Abb. 7.63	Wo ist man ehrenamtlich engagiert? – Standarddifferenzierung (Kontext) für das Saarland (Anteile *engagiert* in %). (Quelle: Eigene Berechnungen, Grundlage: FWS-Datensatz 2019)	246
Abb. 7.64	Index aus Beteiligung und Mitsprache *(gut)* sowie Verwaltungs- und Kommunalpolitikvertrauen *(vertraue)* in Gegenüberstellung des freiwilligen Engagements (in %). (Quelle: Eigene Berechnungen, Grundlage: FWS 2019 und info-Erhebung 2020)	248
Abb. 7.65	Freiwilliges Engagement: Sachsen im Vergleich der Bundesländer in Prozent (Eta^2 = 0,005). (Quelle: Eigene Berechnungen FWS-Datensatz 2019, Länderunterschiede sind auf einem Niveau von $\leq$ 1 % signifikant)	250

Abb. 7.66 Anteile ehrenamtlich engagierter und öffentlich gemeinschaftlich aktiver Personen in den 14 Bereichen – Sachsen (Angaben in %). (Quelle: Eigene Berechnungen, Grundlage: FWS-Datensatz 2019) 251

Abb. 7.67 Spendentätigkeit in Sachsen im letzten Jahr vor der Befragung im Vergleich der Bundesländer in Prozent (Eta^2 = 0,003). (Quelle: Eigene Berechnungen, Grundlage: FWS-Datensatz 2019, Länderunterschiede sind auf einem Niveau von $\leq$ 1 % signifikant) 254

Abb. 7.68 Wer ist in Sachsen ehrenamtlich engagiert? – Standarddifferenzierung (Anteile *engagiert* in %). (Quelle: Eigene Berechnungen, Grundlage: FWS-Datensatz 2019) 255

Abb. 7.69 Wo ist man ehrenamtlich engagiert? – Standarddifferenzierung (Kontext) für Sachsen (Anteile *engagiert* in %). (Quelle: Eigene Berechnungen, Grundlage: FWS-Datensatz 2019) 257

Abb. 7.70 Index aus Beteiligung und Mitsprache *(gut)* sowie Verwaltungs- und Kommunalpolitikvertrauen *(vertraue)* in Gegenüberstellung des freiwilligen Engagements (in %). (Quelle: Eigene Berechnungen, Grundlage: FWS 2019 und info-Erhebung 2020) 258

Abb. 7.71 Freiwilliges Engagement: Sachsen-Anhalt im Vergleich der Bundesländer in Prozent (Eta^2 = 0,005). (Quelle: Eigene Berechnungen, Grundlage: FWS-Datensatz 2019, Länderunterschiede sind auf einem Niveau von $\leq$ 1 % signifikant) 261

Abb. 7.72 Anteile ehrenamtlich engagierter und öffentlich gemeinschaftlich aktiver Personen in den 14 Bereichen – Sachsen-Anhalt (Angaben in %). (Quelle: Eigene Berechnungen, Grundlage: FWS-Datensatz 2019) 262

Abb. 7.73 Spendentätigkeit in Sachsen-Anhalt im letzten Jahr vor der Befragung im Vergleich der Bundesländer in Prozent (Eta^2 = 0,003). (Quelle: Eigene Berechnungen, Grundlage: FWS-Datensatz 2019, Länderunterschiede sind auf einem Niveau von $\leq$ 1 % signifikant) 265

Abbildungsverzeichnis XXXV

Abb. 7.74 Wer ist in Sachsen-Anhalt ehrenamtlich engagiert? – Standarddifferenzierung (Anteile *engagiert* in %). (Quelle: Eigene Berechnungen, Grundlage: FWS-Datensatz 2019) 266

Abb. 7.75 Wo ist man ehrenamtlich engagiert? – Standarddifferenzierung (Kontext) für Sachsen-Anhalt (Anteile *engagiert* in %). (Quelle: Eigene Berechnungen, Grundlage: FWS-Datensatz 2019) 268

Abb. 7.76 Index aus Beteiligung und Mitsprache *(gut)* sowie Verwaltungs- und Kommunalpolitikvertrauen *(vertraue)* in Gegenüberstellung des freiwilligen Engagements (in %). (Quelle: Eigene Berechnungen, Grundlage: FWS 2019 und info-Erhebung 2020) 269

Abb. 7.77 Freiwilliges Engagement: Schleswig–Holstein im Vergleich der Bundesländer in Prozent (Eta^2 = 0,005). (Quelle: Eigene Berechnungen, Grundlage: FWS-Datensatz 2019, Länderunterschiede sind auf einem Niveau von ≤ 1 % signifikant) 271

Abb. 7.78 Anteile ehrenamtlich engagierter und öffentlich gemeinschaftlich aktiver Personen in den 14 Bereichen – Schleswig–Holstein (Angaben in %). (Quelle: Eigene Berechnungen, Grundlage: FWS-Datensatz 2019) 272

Abb. 7.79 Spendentätigkeit in Schleswig–Holstein im letzten Jahr vor der Befragung im Vergleich der Bundesländer in Prozent (Eta^2 = 0,003). (Quelle: Eigene Berechnungen, Grundlage: FWS-Datensatz 2019, Länderunterschiede sind auf einem Niveau von ≤ 1 % signifikant) 276

Abb. 7.80 Wer ist in Schleswig–Holstein ehrenamtlich engagiert? – Standarddifferenzierung (Anteile *engagiert* in %). (Quelle: Eigene Berechnungen, Grundlage: FWS-Datensatz 2019) 277

Abb. 7.81 Wo ist man ehrenamtlich engagiert? – Standarddifferenzierung (Kontext) für Schleswig–Holstein (Anteile *engagiert* in %). (Quelle: Eigene Berechnungen, Grundlage: FWS-Datensatz 2019) 278

Abb. 7.82 Index aus Beteiligung und Mitsprache *(gut)* sowie Verwaltungs- und Kommunalpolitikvertrauen *(vertraue)* in Gegenüberstellung des freiwilligen Engagements (in %). (Quelle: Eigene Berechnungen, Grundlage: FWS 2019 und info-Erhebung 2020) 279

Abb. 7.83 Freiwilliges Engagement: Thüringen im Vergleich der Bundesländer in Prozent (Eta^2 = 0,005). (Quelle: Eigene Berechnungen, Grundlage: FWS-Datensatz 2019, Länderunterschiede sind auf einem Niveau von ≤ 1 % signifikant) 282

Abb. 7.84 Anteile ehrenamtlich engagierter und öffentlich gemeinschaftlich aktiver Personen in den 14 Bereichen – Thüringen (Angaben in %). (Quelle: Eigene Berechnungen, Grundlage: FWS-Datensatz 2019) 283

Abb. 7.85 Spendentätigkeit in Thüringen im letzten Jahr vor der Befragung im Vergleich der Bundesländer in Prozent (Eta^2 = 0,003). (Quelle: Eigene Berechnungen, Grundlage: FWS-Datensatz 2019, Länderunterschiede sind auf einem Niveau von ≤ 1 % signifikant) 286

Abb. 7.86 Wer ist in Thüringen freiwillig engagiert? – Standarddifferenzierung (Anteile *engagiert* in %). (Quelle: Eigene Berechnungen, Grundlage: FWS-Datensatz 2019) 287

Abb. 7.87 Wo ist man eher ehrenamtlich engagiert? – Standarddifferenzierung (Kontext) für Thüringen (Anteile *engagiert* in %). (Quelle: Eigene Berechnungen, Grundlage: FWS-Datensatz 2019) 289

Abb. 7.88 Index aus Beteiligung und Mitsprache *(gut)* sowie Verwaltungs- und Kommunalpolitikvertrauen *(vertraue)* in Gegenüberstellung des freiwilligen Engagements (in %). (Quelle: Eigene Berechnungen, Grundlage: FWS 2019 und info-Erhebung 2020) 290

Tabellenverzeichnis

Tab. 2.1	Problematik bei der Messung von Einstellungen und tatsächlichem Verhalten	18
Tab. 4.1	Öffentlich gemeinschaftliche Aktivität in den letzten 12 Monaten – lineare Regression (Standardisierte Steigungskoeffizienten β)	56
Tab. 4.2	Migrationserfahrung 5-stufig und Aktivität (Angaben in %)	64
Tab. 4.3	Freiwilliges Engagement – lineare Regression (Standardisierte Steigungskoeffizienten β)	68
Tab. 4.4	Bereitschaft für zukünftiges Engagement – lineare Regression (standardisierte Steigungskoeffizienten β)	77
Tab. 4.5	Spendentätigkeit in den letzten 12 Monaten – lineare Regression (standardisierte Steigungskoeffizienten β)	87
Tab. 4.6	Mitgliedschaften in Vereinen und Organisationen – lineare Regression (standardisierte Steigungskoeffizienten β)	93
Tab. 4.7	Wohndauer nach Jahren (6-stufig) und Vereinsmitgliedschaft (Angaben in %)	97
Tab. 4.8	Migrationserfahrung (5-stufig) und Vereinsmitgliedschaft (Angaben in %)	100
Tab. 5.1	Zufriedenheit mit dem Leben insgesamt	106
Tab. 5.2	Beteiligungs- und Mitspracheöglichkeiten der Bürgerinnen und Bürger im kommunalen Bereich (auf Gemeinde- bzw. Stadtteilebene)	107
Tab. 5.3	Länderrangfolge bei Bewertung von kommunaler Beteiligung	108

Tab. 5.4	Vertrauen in die kommunalpolitischen Akteurinnen und Akteure in Stadt/Gemeinde	108
Tab. 5.5	Länderrangfolge bei Vertrauen in kommunalpolitische Akteurinnen und Akteure	109
Tab. 5.6	Vertrauen in die Akteurinnen und Akteure der öffentlichen Verwaltung	110
Tab. 5.7	Länderrangfolge bei Verwaltungsvertrauen	110
Tab. A1.1a	Anteile öffentlich gemeinschaftlich aktiver Personen, 2019 (in %)	294
Tab. A1.1b	Anteile öffentlich gemeinschaftlich aktiver Personen, 2019 (in %)	296
Tab. A1.1c	Anteile öffentlich gemeinschaftlich aktiver Personen, 2019 (in %)	298
Tab. A1.2a	Anteile freiwillig engagierter Personen, 2019 (in %)	299
Tab. A1.2b	Anteile freiwillig engagierter Personen, 2019 (in %)	301
Tab. A1.2c	Anteile freiwillig engagierter Personen, 2019 (in %)	303
Tab. A1.3a	Engagementbereitschaft *(ja, sicher)* nichtengagierter Personen, 2019 (in %)	305
Tab. A1.3b	Engagementbereitschaft *(ja, sicher)* nichtengagierter Personen, 2019 (in %)	307
Tab. A1.3c	Engagementbereitschaft *(ja, sicher)* nichtengagierter Personen, 2019 (in %)	309
Tab. A1.4a	Anteile von Personen, die Geld gespendet haben, 2019 (in %)	311
Tab. A1.4b	Anteile von Personen, die Geld gespendet haben, 2019 (in %)	313
Tab. A1.4c	Anteile von Personen, die Geld gespendet haben, 2019 (in %)	315
Tab. A1.5a	Anteile von Personen, die Mitglieder in Vereinen oder gemeinnützigen Organisationen sind, 2019 (in %)	317
Tab. A1.5b	Anteile von Personen, die Mitglieder in Vereinen oder gemeinnützigen Organisationen sind, 2019 (in %)	319
Tab. A1.5c	Anteile von Personen, die Mitglieder in Vereinen oder gemeinnützigen Organisationen sind, 2019 (in %)	321
Tab. A1.6a	Beendet: *Der zeitliche Aufwand war zu groß*, 2019 (in %)	322

Tab. A1.6b	Beendet: *Der zeitliche Aufwand war zu groß*, 2019 (in %)	323
Tab. A1.6c	Beendet: *Der zeitliche Aufwand war zu groß*, 2019 (in %)	325
Tab. A1.7a	Beendet: *Aus familiären Gründen*, 2019 (in %)	326
Tab. A1.7b	Beendet: *Aus familiären Gründen*, 2019 (in %)	328
Tab. A1.7c	Beendet: *Aus familiären Gründen*, 2019 (in %)	330
Tab. A1.8a	Beendet: *Aus beruflichen Gründen*, 2019 (in %)	331
Tab. A1.8b	Beendet: *Aus beruflichen Gründen*, 2019 (in %)	333
Tab. A1.8c	Beendet: *Aus beruflichen Gründen*, 2019 (in %)	335
Tab. A1.9a	Grund für Nichtengagement: Zeitliche Gründe, 2019 (in %)	336
Tab. A1.9b	Grund für Nichtengagement: Zeitliche Gründe, 2019 (in %)	338
Tab. A1.9c	Grund für Nichtengagement: Zeitliche Gründe, 2019 (in %)	340
Tab. A1.10a	Grund für Nichtengagement: Berufliche Gründe, 2019 (in %)	341
Tab. A1.10b	Grund für Nichtengagement: Berufliche Gründe, 2019 (in %)	343
Tab. A1.10c	Grund für Nichtengagement: Berufliche Gründe, 2019 (in %)	345
Tab. A1.11a	Grund für Nichtengagement: *Will keine Verpflichtung eingehen*, 2019 (in %)	346
Tab. A1.11b	Grund für Nichtengagement: *Will keine Verpflichtung eingehen*, 2019 (in %)	348
Tab. A1.11c	Grund für Nichtengagement: *Will keine Verpflichtung eingehen*, 2019 (in %)	350

1 Pandemie- und Kontexteffekte – Aktuelle und strukturelle Einbettung der Daten im Länderbericht zum Deutschen Freiwilligensurvey 2019

1.1 Vorbemerkung

Grundlage der vorliegenden Länderauswertung ist der Deutsche Freiwilligensurvey (FWS) 2019. Nur kurze Zeit nach Abschluss der Feldphase des FWS erreichte die Coronapandemie Deutschland. Dieser Umstand hatte, bis der Krieg in der Ukraine ab Februar 2022 das politische Geschehen abermals tiefgreifend veränderte, erhebliche Auswirkungen auf alle wichtigen Politikfelder und Lebensbereiche. Angesichts dessen stellt sich für die aktuelle Einordnung der aus dem Jahr 2019 stammenden Daten die Frage, ob zumindest vorübergehend pandemiebedingte Veränderungen in den Randbedingungen öffentlich gemeinschaftlicher Aktivitäten beziehungsweise freiwilligen Engagements erkennbar werden. Zur Klärung dieser Frage werden im Folgenden einleitend die Befunde ausgewählter empirischer Studien herangezogen. Die Analyse erfolgt unter der Annahme, dass es sich bei ihr um keine abschließende Betrachtung handelt, da die Coronapandemie und der Krieg in der Ukraine nach Abschluss des Manuskripts weiterhin andauern.

Ebenfalls in dieser Einleitung wird in einer Vorschau auf das Teilkapitel 5 begründet, weshalb sich die Autorinnen und Autoren dieses Länderberichts dazu entschlossen haben, die Daten des Freiwilligensurveys 2019 strukturell und kulturell in Kontextfaktoren einzubetten, welche die politisch-kulturellen Einstellungen sowie die Wahrnehmung der sozialräumlichen Gegebenheiten des näheren Lebensumfelds der Befragten erschließen. Dieses Vorgehen gründet in der Erwartung, dass die einbezogenen Kontextfaktoren auch im Bereich gemeinschaftlicher Aktivität und freiwilligen Engagements verhaltenswirksam sind.

Die beiden in unsere Betrachtung einbezogenen Größen, Pandemieeffekte und Prägungen des Umfelds, unterscheiden sich nach Zeitlichkeit und Evidenz: *Ob* sich Engagement pandemiebedingt verändert, kann nur vermutet werden, und *wie lange* etwaige Veränderungen anhalten, ist nach jetzigem Kenntnisstand ungewiss. Demgegenüber ist in der Sozialforschung unbestritten, dass strukturell und kulturell dauerhaft erfahrene Lebensumfelder (Kontexte) individuelles und soziales Verhalten generell beeinflussen.

1.2 Auswirkungen der Coronapandemie auf Aktivität und Engagement

Zur Klärung der Frage nach möglichen Auswirkungen der Coronapandemie auf öffentliche gemeinschaftliche Aktivitäten beziehungsweise freiwilliges Engagement eröffnet die hierfür herangezogene Literatur zwei Zugänge. Neben Daten, welche das Engagement in den Jahren 2020 und 2021 direkt messen, stehen Befunde, die Veränderungen in den für (potenziell) Engagierte bedeutsamen Rahmenbedingungen untersuchen und somit Hinweise auf mögliche mittelbare Effekte liefern, die Engagement hemmen oder befördern könnten.

Zum Stand der Literatur: Auf der Basis von Daten des Sozio-ökonomischen Panels (SOEP) analysierten Michaela Kreyenfeld und Sabine Zinn, inwieweit sich das Zeitbudget, welches Mütter und Väter für die Betreuung ihrer Kinder aufwenden, im Zuge der heraufziehenden Pandemie zwischen 2019 und dem Frühjahr 2020 veränderte (Kreyenfeld und Zinn 2020). Überprüft wurde dabei die Hypothese, dass die Pandemie einer Retraditionalisierung der innerfamilialen Rollenteilung tendenziell Vorschub leiste. Träfe diese Annahme zu, hätte dies möglicherweise zur Folge, dass sich Frauen noch weniger als zuvor öffentlich gemeinnützig einbringen oder freiwillig engagieren.

Im Ergebnis dieser Untersuchung wurde diese Hypothese jedoch nicht eindeutig bestätigt. Vielmehr stellte sich heraus, dass Väter *und* Mütter während der Coronakrise die Betreuungszeit ihrer Kinder ausweiteten. Es waren gerade Männer mit mittlerer oder geringer Bildung, welche Kindern mehr Zeit widmeten. Ob dies jedoch einen Spill-over-Effekt zugunsten stärkeren freiwilligen Engagements auslöst und den dort wirksamen Bildungsbias abschwächt, bleibt abzuwarten. Frauen trugen dieser SOEP-Studie zufolge nämlich nach wie vor die höhere Betreuungslast („the bulk of child care tasks" – ebd., S. 1), was einer künftig stärkeren Erschließung weiblichen Engagementpotenzials eher entgegenstehen dürfte.

Sind Menschen allgemein mit ihrem Leben zufrieden, ist eine für Engagement günstige Grundvoraussetzung gegeben. In dieser Hinsicht wirkt sich die Pandemie

1.2 Auswirkungen der Coronapandemie auf Aktivität und Engagement

dämpfend aus. Wie die Daten des vom Deutschen Institut für Wirtschaftsforschung (DIW) erstellten FamilienMonitor Corona zeigen, ging die Zufriedenheit mit dem Leben allgemein von einem Mittelwert von 7 im Mai 2020 auf 6,5 (auf einer Skala von 0 [min.] bis 10 [max.]) bis Ende März/Mitte April 2021 kontinuierlich zurück. Dabei bekundeten Mütter ein geringeres Wohlbefinden als Väter.[1]

Eine DIW-Studie ging schon im Vorjahr 2020 speziell der Frage nach, ob sich das Wohlbefinden von Familien in Zeiten von Corona nachteilig verändert habe. Sie kam zu dem Ergebnis, dass gerade Eltern von jungen Kindern vergleichsweise starke Einbußen an Lebenszufriedenheit erfuhren (vgl. Huebener et al. 2020). Insbesondere Eltern mit Kindern im Kita- und Grundschulalter empfanden ihr Wohlbefinden als beeinträchtigt, und darunter wiederum vor allem Mütter beziehungsweise Eltern mit höherem Bildungsniveau (vgl. ebd.). 52 % der Mütter, die von Kitaschließungen betroffen waren, nahmen die Coronamaßnahmen als sehr einschränkend wahr (vgl. ebd.).

Auf die Agenda des freiwilligen Engagements bezogen lassen die Befunde zwei gegenläufige Trendannahmen denkbar erscheinen: Einesteils könnte Corona trotz sinkender Lebenszufriedenheit gleichwohl partiell zu einem Aufwuchs gemeinschaftlich und solidarisch organisierter, frühkindlicher beziehungsweise schulischer Betreuungsleistungen führen. Anderenteils könnten diese der Pandemie geschuldeten familiären Notdienste ein bereits praktiziertes Engagement in anderen Bereichen reduzieren.[2] Ob die eine oder die andere Option tatsächlich gezogen und gar zum Dauerzustand wird, wird erst die Zukunft zeigen.

Für freiwilliges Engagement sind *soziale Kontakte* unverzichtbar. Da Abstandsgebote beziehungsweise temporäre Kontaktverbote im Repertoire staatlicher Pandemiebekämpfung und -prävention zentrale Bedeutung haben, wäre zu erwarten, dass sich diese sozialen Restriktionen dämpfend auf das allgemeine Engagement auswirken. Tatsächlich zeigen Daten des CoronaCompass von infratest dimap, dass die seitens der Bevölkerung praktizierte Geselligkeit den Wellenbewegungen der Pandemie gefolgt ist. Im April/Mai 2020 vermieden demnach um die 90 % der Befragten vollständig, sehr stark oder stark Kontakte zu Menschen außerhalb der eigenen Familie. Nach einem Rückgang auf je nach Altersgruppe 40 bis 70 % im Sommer des Jahres stieg die Kurve im Frühjahr 2021 erneut stark an (auf 70 bis über 80 %), um bis zum Jahresende wieder deutlich abzufallen. Es

---

[1] Angaben nach DIW-Familienmonitor, infratest dimap Compass 19.04.2021 und DIW aktuell Nr. 59, 17. Februar 2021.
[2] Der Einfluss von Kindern im Haushalt auf Engagement ist Teil der Analysen in Kap. 4 und wird ebenso in den Länderprofilen berücksichtigt.

waren insbesondere über 65-Jährige, dicht gefolgt von den 40- bis 64-Jährigen, welche ihre sozialen Kontakte einschränkten.

Eine weitere, als ZiviZ Policy Paper im Mai 2021 veröffentlichte Studie analysiert die im Verlauf der Pandemie bereits erkennbaren Effekte aus der Binnenperspektive der im Engagementbereich tätigen Organisationen (Hoff et al. 2021; für Reaktionen auf Unternehmensseite vgl. Stifterverband 2021). Hierfür wurde eine mehrfache quantitative Befragung unter Stakeholderinnen und Stakeholdern sowie lokalen Organisationen durchgeführt. Die Autorinnen und Autoren fassen wesentliche Erkenntnisse ihrer Untersuchung wie folgt zusammen: Akteurinnen und Akteure, welche sich selbst finanzieren, kämpfen am häufigsten mit finanziellen Problemen. Von hauptamtlich Engagierten getragene Organisationen sorgen sich häufiger um den Fortbestand ihrer Arbeit als rein ehrenamtliche Einrichtungen. Im ländlichen Raum[3] fällt es schwerer, ein von Organisationen getragenes Engagement während der Pandemie aufrechtzuerhalten. Auch bisher regelmäßig aktive Mitglieder ziehen sich aus dem Engagement zurück (vgl. ebd., S. 2).

„Die deutlichsten Rückgänge betreffen selbsterwirtschaftete Mittel. 82 % der befragten Organisationen vermeldeten hier einen Einnahmerückgang" (ebd., S. 4). Diese Reduktion sei vornehmlich auf die Vielzahl abgesagter Veranstaltungen zurückzuführen. „Jede zweite befragte Organisation beobachtete zudem Rückgänge von Spenden und Kollekten" (ebd., S. 4). Die klare Mehrheit der befragten Organisationen befinde sich „in einer Art Krisenmodus: Ihre Aufmerksamkeit gilt vor allem dem Halten von Engagierten und Mitgliedern […] und der monetären Stabilisierung" (ebd., S. 8).

Ein Vergleich der Daten des Freiwilligensurveys 2019 und einer bundesweiten Erhebung der Info GmbH von 2020 zeigt, dass die Gesamtquote des Engagements innerhalb des Zeitraums zwischen beiden Feldphasen (März bis Dezember 2019 und August/September 2020), der den Ausbruch der Coronapandemie sowie das Abflauen ihrer ersten Welle umfasst, konstant geblieben ist. Zugleich wird dabei aber ersichtlich, dass sich in Engagementbereichen, die im Freiwilligensurvey zu den wichtigsten gezählt werden, Verschiebungen ergeben haben.[4] Insgesamt engagierten sich 2019 rund 66 % (FWS 2019) beziehungsweise im Spätsommer/Herbst 2020 (Info GmbH 2020) 65 % der Befragten. Im Bereich *Sport/Bewegung* ging der Anteil, nicht überraschend, von 40 % (FWS

---

[3] Analysen den ländlichen bzw. städtischen Raum betreffend werden ebenfalls in Kap. 4 und den Länderprofilen untersucht.

[4] Wir danken der Geschäftsführung der Info GmbH für die Erlaubnis zur Nutzung der Umfragedaten im Rahmen dieses Länderberichts. Bei vergleichender Betrachtung beider Datensätze ist zu beachten, dass es sich um unterschiedliche Stichproben handelt.

2019) auf 32 % (Info GmbH 2020) zurück. Zuwächse verzeichneten hingegen von 2019 auf 2020 die Bereiche *Kultur und Musik* (+ 3 %), *soziale Aktivitäten* (+ 13 %), *Schule oder Kindergarten* (+ 5 %) sowie bemerkenswerterweise auch *Freizeit/Geselligkeit* (+ 7 %).[5] Ein allgemeiner Rückgang freiwilliger Aktivitäten ist demzufolge zumindest für die Phase der ersten Coronapandemiewelle nicht festzustellen. Die sektoralen Verschiebungen verweisen auf pandemiebedingte Beweggründe, sie treten also möglicherweise nur vorübergehend auf.

Dem Tenor dieser Studien zufolge lassen sich pandemiebedingte Effekte auf freiwilliges Engagement nicht ausschließen, und zwar tendenziell stärker solche, die dasselbe abschwächen. Dafür ist insbesondere der Rückgang der allgemeinen Lebenszufriedenheit ein Indiz. Belastbare Rückschlüsse auf die zukünftige Entwicklung nach Abebben der Coronapandemie lassen die hier einbezogenen Umfragen naturgemäß nicht zu.

1.3 Kontexteffekte auf Aktivität und Engagement

Die Orientierungen und das Handeln von Einzelnen und Gruppen werden fortwährend durch Umwelten beeinflusst. Im Modell der Systemtheorie werden diese Umwelteinflüsse als *Environment* bezeichnet (vgl. Easton 1965). Umwelten beziehungsweise Umfelder gesellschaftlichen und politischen Handelns werden in der Literatur allgemein unter dem Begriff *Kontext* subsumiert (vgl. Holtmann 2019, S. 57). Je nach ihrer Beschaffenheit können Kontexte *er*mutigend *(Empowerment)* oder *ent*mutigend *(Depression)* auf Einstellungen und Handlungen abstrahlen. *Empowerment* oder *Depression* sind damit gleichermaßen wesentlich kontextbedingt.

Naturgemäß ist auch Engagement kontextuell eingebettet. So kann ein näheres Umfeld, das viel Sozialkapital und eine aufgeschlossene lokale Administration aufweist, freiwillige Partizipation stützen und fördern. Andererseits belegen die oben referierten neueren empirischen Befunde, dass eine außergewöhnliche Herausforderung (wie zum Beispiel die gegenwärtige Coronapandemie) einen Außendruck aufbauen kann, der die Organisationsgrundlagen und die Handlungsspielräume von Engagement wenigstens temporär empfindlich einschränkt.

Um Faktoreffekte, wie sie in Normalzeiten auftreten, genauer zu bestimmen, bedarf der Begriff *Kontext* einer Schärfung. Grob unterteilt lassen sich zum

---

[5] Die von der Info GmbH für ehrenamtliches Engagement erhobenen Daten werden hier den Daten des Freiwilligensurveys für öffentlich gemeinschaftliche Aktivität gegenübergestellt, da dieser Bereich mit dem Wortlaut der von der Info GmbH gestellten Frage bezüglich der erfassten Bandbreite übereinstimmt.

einen soziodemografische und soziokulturelle Kontextdimensionen identifizieren. Hierzu gehören etwa Alter, Geschlecht, Einkommen, Konfession, Stellung im Beruf sowie zum Beispiel zwischenmenschliches Vertrauen, persönlich verinnerlichte Selbstwirksamkeit oder auch soziale Anerkennung und Wertschätzung (vgl. Kap. 4). Zum anderen ist, wie auch Hoff et al. hervorheben, auch der „siedlungsstrukturelle Kontext" eine für die Untersuchung von Art, Umfang und Breite von Engagement wichtige externe Kategorie (vgl. Kap. 5 sowie Hoff et al. 2021, S. 2).

Soziodemografische Kennungen wie die soeben erwähnten beschreiben zunächst individuelle Ausstattungsmerkmale. Statistisch zusammengefasst bilden sie jeweils Gruppenmerkmale ab, deren Auswirkungen auf Engagement, wie hier in Kap. 5 dargestellt, erhoben werden können. Die Gestalt von strukturellen Kontextbedingungen nehmen solche individuellen Merkmale jedoch erst dort an, wo sie in den Lebensfeldern der Menschen gehäuft auftreten, sich also *sozialräumlich verdichten* und objektive Lebenslagen und subjektive Lebenssichten entsprechend prägen.[6]

Solche Kontexteffekte hat die neuere Partizipations- und Wahlforschung wiederholt nachgewiesen. So hat Armin Schäfer auf der Grundlage von Wahldaten auf der Ebene der Stadtbezirke den Zusammenhang zwischen lokalen Milieus und der sozialen Schieflage der Wahlbeteiligung bei Bundestagswahlen herausgearbeitet (Schäfer 2012 und 2015, ferner Schäfer et al. 2013; vgl. auch Schäfer und Schmitt-Beck 2017). Eine für Sachsen-Anhalt vorgelegte Regionalanalyse, die speziell Nichtwählerinnen und Nichtwähler in den Blick nimmt, weist nach, dass sich Befragte sowohl in Stimmbezirken mit einer unter- als auch solchen mit einer überdurchschnittlichen Beteiligung bei den vorausgegangenen Landtagswahlen hinsichtlich ihrer Entscheidung, nicht wählen zu gehen, häufiger unsicher sind (Holtmann und Jaeck 2015). Dies lässt sich deuten als das Wirksamwerden eines sublokalen Konformitätsdrucks, der je nach Kontext unterschiedlich ausfällt.

Wie sich lokale Umfelder eines spezifischen sozialräumlichen Zuschnitts außerhalb der Wahlbeteiligung auf freiwilliges Engagement auswirken, haben die Autorinnen und Autoren dieses Länderberichts in einer früheren Studie auf der Gemeindeebene in Sachsen-Anhalt untersucht und anhand einer Typologie dokumentiert, welche lokale Struktur- mit Einstellungsdaten verknüpft (Heyme et al. 2018). Aufgezeigt werden konnte hier, dass in wirtschaftlich angespannten,

---

[6] Eine der ersten soziologischen Schriften, die diesen Kontexteffekt betrachtete, war die Selbstmord-Studie von Durkheim (1897), die aufzeigte, dass nicht allein der individuelle Glaube einer Person (katholisch oder protestantisch) den untersuchten Suizid beeinflusste, sondern auch, ob das Umfeld katholisch oder protestantisch geprägt war. Eine niedrigere Suizidrate unter Katholikinnen und Katholiken erklärte Durkheim mit stärkerer sozialer Kontrolle und einer stärkeren sozialräumlichen Integration (vgl. Durkheim 1983).

1.3 Kontexteffekte auf Aktivität und Engagement

abgelegenen, alternden, zentrumsnahen, pendlerverflochtenen, durchschnittlichen und wirtschaftlich starken Gemeinden Stand und Potenzial bürgerschaftlicher Beteiligung jeweils unterschiedlich ausfallen. Beispielsweise stellte sich heraus, dass in alternden Gemeinden, die durch einen hohen Alters- und niedrigen Jugendquotienten ausgewiesen sind, weniger Bewohnerinnen und Bewohner als im Landesdurchschnitt engagiert sind. Seltener bekundet wird dort zudem die Absicht, künftig ein Engagement zu beginnen beziehungsweise bisheriges Engagement fortzusetzen (vgl. ebd., S. 131 f.). Im Rahmen einer anderen Studie mit dem Schwerpunkt Wahlverhalten und Kontexteffekte bei Landtagswahlen konnte der Einfluss vergleichbarer Umfeldfaktoren – hier unterschiedlicher Strukturmerkmale der Kreisebene – für Brandenburg, Sachsen und Sachsen-Anhalt ebenfalls nachgewiesen werden (Brachert et al. 2020).

Im hier vorgelegten Länderbericht sind Kontextbezüge mehrfach Teil der Analyse: Zum einen werden FWS-Einstellungsdaten zu Stand und Potenzial des Engagements mit dort ebenfalls abrufbaren siedlungsstrukturellen Zuordnungen (Kreiskategorien, Ortsgrößenklassen der Gemeinden) im Zusammenhang betrachtet (vgl. Kap. 4). Zum anderen werden aus der Info-GmbH-Bevölkerungsumfrage 2020 sowie verschiedenen amtlichen Statistiken und weiteren hier bedeutsamen Studien zusätzliche Kontextvariablen gebildet. Sie geben unter anderem Aufschluss über das Vertrauen der Befragten in die Institutionen und über die wahrgenommene Beteiligungsoffenheit des lokalen politisch-administrativen Systems (vgl. hierzu Kap. 5).

Open Access Dieses Kapitel wird unter der Creative Commons Namensnennung 4.0 International Lizenz (http://creativecommons.org/licenses/by/4.0/deed.de) veröffentlicht, welche die Nutzung, Vervielfältigung, Bearbeitung, Verbreitung und Wiedergabe in jeglichem Medium und Format erlaubt, sofern Sie den/die ursprünglichen Autor(en) und die Quelle ordnungsgemäß nennen, einen Link zur Creative Commons Lizenz beifügen und angeben, ob Änderungen vorgenommen wurden.

Die in diesem Kapitel enthaltenen Bilder und sonstiges Drittmaterial unterliegen ebenfalls der genannten Creative Commons Lizenz, sofern sich aus der Abbildungslegende nichts anderes ergibt. Sofern das betreffende Material nicht unter der genannten Creative Commons Lizenz steht und die betreffende Handlung nicht nach gesetzlichen Vorschriften erlaubt ist, ist für die oben aufgeführten Weiterverwendungen des Materials die Einwilligung des jeweiligen Rechteinhabers einzuholen.

Struktur des Länderberichts 2

Der hier vorgelegte Länderbericht basiert auf den Daten des Fünften Deutschen Freiwilligensurveys (FWS 2019) und seiner Vorgängerstudien von 1999, 2004, 2009 und 2014. Der Deutsche Freiwilligensurvey ist eine vom Bundesministerium für Familie, Senioren, Frauen und Jugend (BMFSFJ) geförderte repräsentative Studie zum Stand des freiwilligen und ehrenamtlichen (wird im Länderbericht synonym verwendet) Engagements in Deutschland. Aufgrund seiner hohen und seit 1999 kontinuierlich steigenden Fallzahl (vgl. Abb. 2.2) sind neben bundesweiten (vgl. Simonson et al. 2021) auch länderspezifische Analysen möglich. Mit dem aktuellen Länderbericht werden die Daten des Freiwilligensurveys seit 2014 zum zweiten Mal in einem Vergleich über die 16 verschiedenen Bundesländer hinweg analysiert. Erstellt werden(mit Ausnahme Bremens) 15 Länderprofile.[1]

Ziel dieses Länderberichts ist die Darstellung der unterschiedlichen Engagementformen und des Engagementpotenzials im Vergleich der Bundesländer. Dazu zählen die öffentlich gemeinschaftlichen Aktivitäten, das freiwillige Engagement, die Engagementbereitschaft von Nichtengagierten, die Spendenaktivität im letzten Jahr, die Mitgliedschaft in Organisationen und das Engagement für Geflüchtete (2014 bis 2019). Diese Sachverhalte werden sowohl in ihren aktuellen Verteilungen als auch im zeitlichen Verlauf – soweit die Daten vorhanden sind – seit 1999 im direkten Ländervergleich abgebildet und beschrieben (Kap. 3). Zusätzlich wurden zwei globale Indikatoren über alle Formen des hier untersuchten Engagements erstellt und in einem Bundesländerranking aufbereitet. Dabei wird aufgezeigt, wie sich Engagement anteilig verteilt, aber auch, wie das Engagement oder die Aktivität ausgeübt wird. Im Fall der öffentlich gemeinschaftlichen Aktivitäten werden die 5 häufigsten Bereiche für die Länder aufgeschlüsselt.

---

[1] Auf ein gesondertes Landesprofil für Bremen wird verzichtet, da der Stadtstaat sich an der zusätzlichen Aufstockung der Stichprobe nicht beteiligt hat.

Beim tatsächlichen freiwilligen Engagement, das über bloße Aktivität hinausgeht, werden neben den häufigsten Engagementbereichen zusätzlich der Zeitaufwand, die Motivationen, die Zielgruppen und die jeweilige organisationale Rahmung des Engagements im Bundesländervergleich betrachtet. Hinzu kommen wahrgenommene Verbesserungsbedarfe, und zwar erstens in Bezug auf die Ebene der Organisation (interne Dimension) und zweitens in Bezug auf die Ebene von Staat und Öffentlichkeit (externe Dimension). In Relation dazu werden Hinderungsgründe für die Aufnahme eines Engagements sowie für die Beendigung eines solchen betrachtet. Diese Faktoren werden ebenfalls nach Ländern aufgeschlüsselt dargestellt.

In einem weiteren Kapitel werden die hauptsächlichen Einflussfaktoren der hier untersuchten Engagementformen aufgezeigt und anschließend im Ländervergleich analysiert. Ziel ist es dabei, landesspezifische Zusammenhänge herauszuarbeiten und abzubilden (Kap. 4). Als mögliche Determinanten des Engagements werden individuelle Faktoren, die dem Forschungsstand zufolge in Kontexten verdichtet auftreten können, in die Analyse mit einbezogen. Dazu gehören klassische sozioökonomische Faktoren wie Bildung, Einkommen und Erwerbsstatus, aber auch Migrationserfahrung, Geschlecht, Alter, Wohndauer am Wohnort und der Haushaltsstatus, wobei hier das Vorhandensein von Kindern im Haushalt von besonderer Bedeutung ist. Weitere einstellungsbezogene und vor allem sozialkapitalaffine Differenzierungskriterien stellen die Religionszugehörigkeit, die Bewertung des sozialen Zusammenhalts und ein daraus resultierendes Zugehörigkeitsgefühl dar.

Im anschließenden Kapitel werden die landesspezifischen Ergebnisse in umfeldbedeutsame Kontexte eingebettet (Kap. 5). Dieser Untersuchungsschritt soll, wie in der Einleitung bereits ausgeführt, dazu beitragen, Unterschiede zwischen den Bundesländern besser einordnen und Erklärungsansätze nachvollziehen zu können. Indikatoren für jene strukturellen und kulturellen Tatbestände, aus denen ein Kontext erwächst, sind Lebenszufriedenheit, kommunale Beteiligungsmöglichkeiten, Vertrauen in die kommunale Politik und Verwaltung sowie die konkrete Beurteilung von Beteiligungsmöglichkeiten (Einstellungsdimension). Von den soziodemografischen Kontextfaktoren werden die Konfessionsverteilung, Anteile an Personen mit Migrationshintergrund, siedlungsstrukturelle Kreistypen und Gemeindegrößen, ergänzt durch eine engagementstützende Infrastruktur (Einrichtungen), herangezogen.

Im Anschluss an das Kontextkapitel werden die Ergebnisse in einer Kurzzusammenfassung nochmals konzentriert dargestellt (Kap. 6). Für einen genauen Überblick der Verteilung und Ausgestaltung, der Zusammenhänge und Einflussfaktoren der einzelnen Bundesländer werden in Kap. 6 die **Länderprofile** für alle

Bundesländer (außer Bremen) nochmals detailliert aufbereitet und in den Bericht integriert. Diese Länderprofile enthalten Informationen zur Verteilung der abhängigen Variablen, wobei das betreffende Bundesland stets im Verhältnis zu den übrigen Bundesländern dargestellt wird. Die Darstellung umfasst die jeweiligen Zeitverläufe von Aktivität und Engagement, die Verteilung aller 14 Engagementbereiche (aktiv/engagiert), die bekundeten Adressatinnen und Adressaten freiwilliger Tätigkeit, ferner die anteilig unterschiedlichen Engagementformen im Ost-West-Vergleich und bundesweit, die wahrgenommenen Verbesserungsbedarfe (Organisation/Staat) sowie die Verteilung gemäß den Differenzierungskriterien (Geschlecht, Alter, Bildung, Einkommen, Erwerbsstatus, Konfession, Kinder im Haushalt, Migrationserfahrung) für alle Engagementformen.

Ein noch weiter differenziertes vergleichendes Bild bietet in Kap. 7 eine Tabellenübersicht, welche die 5 Formen von Engagement sowie die Gründe für dessen Beendigung und ein Nichtengagement in Abhängigkeit von Geschlecht, 6 Altersgruppen, Schulbildung, 5 Einkommensgruppen, Erwerbsstatus, Kindern im Haushalt, Religion, Migrationserfahrung, Kreistypus und Gemeindegröße darstellt und nach Bundesländern und Gesamtdeutschland abbildet.

Im Folgenden wird vor dem Eintritt in die ländervergleichende Darstellung kurz das Erhebungsinstrument vorgestellt. Aus Gründen der Übersichtlichkeit beschränken wir uns auf die für den Bericht grundlegenden Variablen, nämlich öffentlich gemeinschaftliche Aktivitäten, freiwilliges Engagement, Bereitschaft für ein zukünftiges Engagement, Spendenaktivität (Geld) und Mitgliedschaft in Vereinen und gemeinnützigen Organisationen.

2.1 Die verschiedenen Indikatoren und Erscheinungsformen zivilgesellschaftlichen Handelns im Länderbericht

Im Freiwilligensurvey werden verschiedene Erscheinungsformen, -potenziale und Möglichkeiten zivilgesellschaftlichen Handelns betrachtet. Im Rahmen des hier vorgelegten Länderberichts liegt das Hauptaugenmerk auf den folgenden 5 Erscheinungsformen:

- öffentlich gemeinschaftliche Aktivitäten
- freiwilliges Engagement
- Bereitschaft zur Aufnahme eines Engagements
- Spendentätigkeit (Geld gespendet im letzten Jahr)
- Mitgliedschaft in Vereinen oder einer gemeinnützigen Organisationen

Öffentlich gemeinschaftliche Aktivitäten: Ob eine Person öffentlich gemeinschaftlich aktiv ist, wurde im FWS 2019 mit folgender Fragestellung gemessen (1. Stufe):

> *„Es gibt vielfältige Möglichkeiten, **außerhalb von Beruf und Familie** irgendwo mitzumachen, beispielsweise in einem Verein, einer Initiative, einem Projekt oder einer Selbsthilfegruppe. Ich nenne Ihnen verschiedene Bereiche, die dafür in Frage kommen. Wenn Sie an die letzten 12 Monate denken: Haben Sie sich in einem oder mehreren dieser Bereiche aktiv beteiligt… Sind Sie oder waren Sie irgendwo aktiv…"*

Anschließend wurden den Befragten folgende 14 Bereiche aufgezählt, in welchen die Befragten ihre (potentielle) Aktivität mit Ja oder Nein verorten konnten:

1. Sport und Bewegung, zum Beispiel in einem Sportverein oder in einer Bewegungsgruppe,
2. Kultur und Musik, zum Beispiel in einer Theater- oder Musikgruppe, einem Chor, einer kulturellen Vereinigung oder einem Förderverein,
3. sozialer Bereich, zum Beispiel in einem Wohlfahrtsverband oder einer anderen Hilfsorganisation, in der Nachbarschaftshilfe oder einer Selbsthilfegruppe,
4. Freizeit und Geselligkeit, zum Beispiel in einem Kleingartenverein oder einem Spieletreff,
5. Schule oder Kindergarten, zum Beispiel in der Elternvertretung, der Schülervertretung oder einem Förderverein,
6. berufliche Interessenvertretung (extern),
7. außerschulische Jugendarbeit oder Bildungsarbeit für Erwachsene, zum Beispiel Betreuung von Kinder- und Jugendgruppen oder Durchführung von Bildungsveranstaltungen,
8. Umwelt, Naturschutz, Tierschutz, zum Beispiel in einem entsprechenden Verband oder Projekt,
9. kirchlicher beziehungsweise religiöser Bereich, zum Beispiel in der Kirchengemeinde, einer religiösen Organisation oder Gemeinschaft,
10. Politik und politische Interessenvertretung, zum Beispiel in einer Partei, im Gemeinderat oder Stadtrat, in politischen Initiativen oder Solidaritätsprojekten,
11. Gesundheitsbereich, zum Beispiel als Helferin oder Helfer in der Krankenpflege oder bei Besuchsdiensten, in einem Verband oder einer Selbsthilfegruppe,
12. Unfall- oder Rettungsdienst, Freiwillige Feuerwehr,
13. Justiz und Kriminalität, zum Beispiel als Schöffin beziehungsweise Schöffe oder als Ehrenrichterin oder Ehrenrichter, in der Betreuung von Straffälligen oder Verbrechensopfern,

2.1 Die verschiedenen Indikatoren und Erscheinungsformen ...

14. Sonstiges, zum Beispiel in Bürgerinitiativen oder Arbeitskreisen zur Orts- und Verkehrsentwicklung, aber auch in Bürgerclubs und anderen in der Umfrage nicht aufgeführten Initiativen.

Wenn die befragte Person angab, sich in einem oder mehreren dieser Bereiche in den letzten 12 Monaten beteiligt zu haben, gilt sie als aktiv. Die Schwelle für öffentlich gemeinschaftliche Aktivität liegt damit unterhalb jener des freiwilligen Engagements. Öffentlich gemeinschaftliche Aktivität kann aber Anschlussmöglichkeiten zum freiwilligen Engagement hin bieten (vgl. auch Abb. 2.1).

Freiwilliges Engagement: Sofern eine Person in mindestens einem Bereich eine öffentlich gemeinschaftliche Aktivität angegeben hatte, folgte anschließend die Frage nach freiwillig übernommenen Aufgaben oder Arbeiten in diesem oder diesen Bereichen (2. Stufe).

Die Fragestellung lautete:

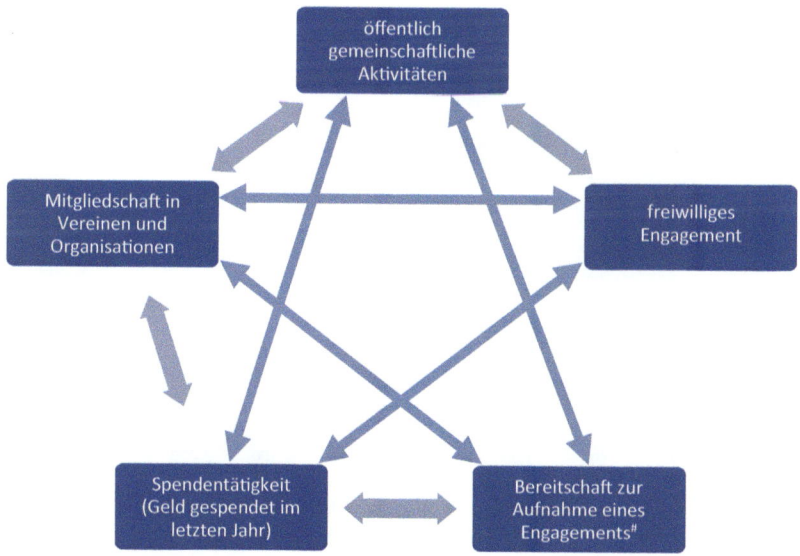

Abb. 2.1 Verschiedene Erscheinungsformen zivilgesellschaftlichen Handelns und ihre Abhängigkeiten untereinander

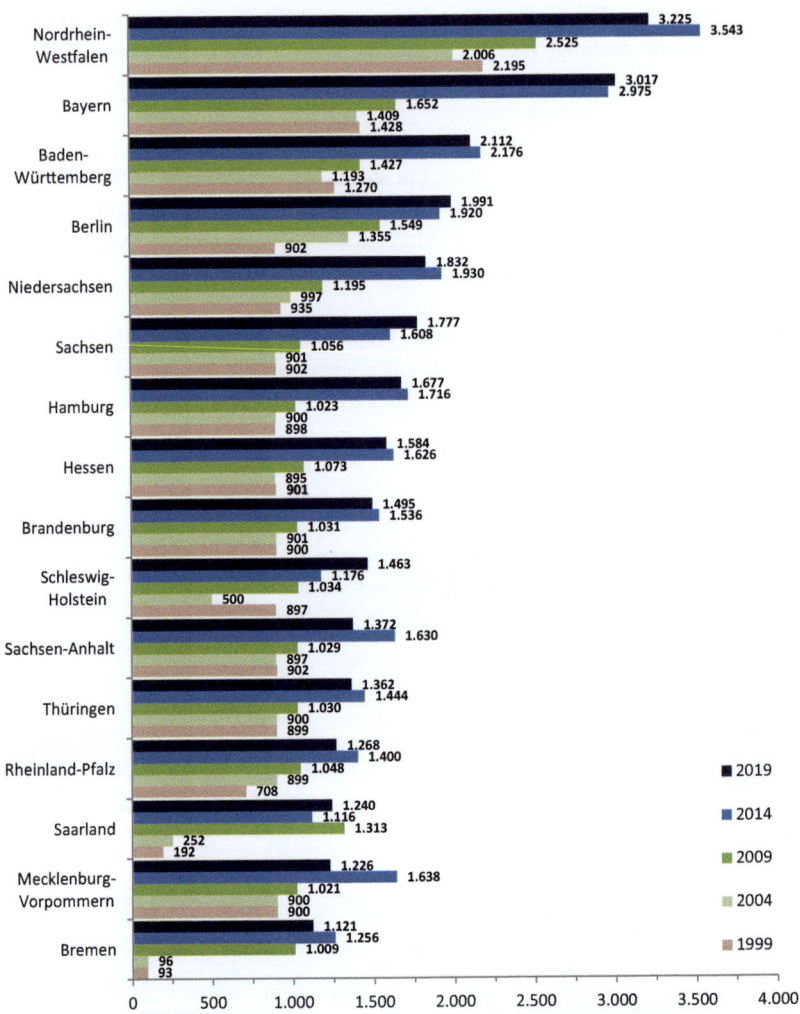

Abb. 2.2 Fallzahlen im Vergleich der 16 Bundesländer seit 1999. (Quellen: Eigene Abbildung und Berechnung, Grundlage: FWS-Datensätze/DZA-Methodenbericht.)

2.1 Die verschiedenen Indikatoren und Erscheinungsformen ...

> *„Uns interessiert nun, ob Sie in den Bereichen, in denen Sie aktiv sind, auch ehrenamtliche Tätigkeiten ausüben oder in Vereinen, Initiativen, Projekten oder Selbsthilfegruppen engagiert sind. Es geht um freiwillig übernommene Aufgaben und Arbeiten, die man unbezahlt oder gegen geringe Aufwandsentschädigung ausübt. [...] Wenn Sie an die letzten 12 Monate denken: Haben Sie in diesem Bereich auch Aufgaben oder Arbeiten übernommen, die Sie freiwillig oder ehrenamtlich ausüben?"*

Im Rahmen des Freiwilligensurveys fallen unter freiwilliges Engagement also Tätigkeiten, die freiwillig und gemeinschaftsbezogen ausgeübt werden, im öffentlichen Raum stattfinden und nicht auf materiellen Gewinn ausgerichtet sind.

Bereitschaft zur Aufnahme eines Engagements: Wer zurzeit nicht oder nicht mehr engagiert ist, aber darüber nachdenkt, in Zukunft eventuell oder sicher ein freiwilliges Engagement aufzunehmen, wird im Rahmen der Studie als engagementbereit eingeordnet. Die Engagementbereitschaft stellt gewissermaßen das ungenutzte Potenzial freiwilligen Engagements dar. Im Wortlaut wurde gefragt:

> *„Wären Sie bereit, sich zukünftig zu engagieren und freiwillig oder ehrenamtlich Aufgaben zu übernehmen? Würden Sie sagen: ‚Ja, sicher‘, ‚ja, vielleicht‘ oder ‚nein‘?"*

Dabei werden die Antworten *Ja, sicher* und *ja, vielleicht* summiert als Bereitschaft gerechnet. Bei dem Indikator der Bereitschaft, sich zukünftig zu engagieren, handelt es sich somit nicht um eine Form von Engagement, sondern um das Engagementpotenzial.

Spendentätigkeit (Geld gespendet im letzten Jahr): Die Spendentätigkeit (Geld) im letzten Jahr vor der Befragung wurde über die folgende Frage gemessen:

> *„Wir haben nun die meisten Fragen besprochen. Ich habe jetzt noch ein paar weitere Fragen, die ich Ihnen gerne stellen möchte. Manche Menschen leisten gelegentlich oder regelmäßig Geldspenden für soziale oder gemeinnützige Zwecke. Haben Sie in den letzten 12 Monaten solche Spenden geleistet?"*

Das Spenden stellt unter den hier vorgestellten Erscheinungsformen zivilgesellschaftlichen Handelns eine besondere Form dar, da es auch gänzlich ohne soziale Kontakte auskommt und eine vergleichsweise niedrigschwellige Möglichkeit[2] einer

---

[2] Die Möglichkeit, Geld zu spenden, ist in Deutschland auch im Alltag mittlerweile fast ubiquitär vorhanden. So besteht die Möglichkeit, an Pfandautomaten Pfand zu spenden. An zahlreichen Kassen stehen Spendenboxen für wohltätige Zwecke bereit. Des Weiteren beteiligt sich eine Vielzahl von Unternehmen des Einzelhandels beispielsweise an Aktionen wie

sozial ausgerichteten Beteiligung bietet. Zudem kann eine Spende mittlerweile fast ausnahmslos ortsunabhängig erfolgen. Spenden werden in der Regel für bestimmte Zwecke direkt eingesetzt.

Mitgliedschaft in einem Verein oder einer gemeinnützigen Organisation: Die Mitgliedschaft in einem Verein oder einer gemeinnützigen Organisation kann als eine gute Voraussetzung für ein weiterführendes freiwilliges Engagement angesehen werden. Über Vereins- oder Organisationsmitgliedschaft eröffnet sich dafür eine Vielzahl von Möglichkeiten und Gelegenheitsstrukturen, zum Beispiel durch Übernahme von Verantwortung. Der Fragewortlaut war:

„Sind Sie Mitglied in einem Verein oder einer gemeinnützigen Organisation?"

In der folgenden Abbildung ist das für den Länderbericht als Grundlage dienende Beziehungsmuster dieser Erscheinungsformen zivilgesellschaftlichen Handelns untereinander grafisch dargestellt. Dabei ist zu beachten, dass sich die einzelnen Formen wechselseitig verstärken können. Die Intensität, mit welcher das geschieht, ist den Korrelationen unter der Abbildung zu entnehmen. Diese tendieren gegen + 1, wenn ein vollständig positiver Zusammenhang besteht, und sie nehmen den Wert 0 an, wenn keine Beziehung zwischen den Konstrukten existiert. Bei einer negativen Abhängigkeit ändert sich das Vorzeichen in ein Minus.

Am Beispiel von Aktivität und Engagement ist der abgebildete Wert von + 0,582 wie folgt zu interpretieren: Gemeinschaftlich öffentliche Aktivitäten und die Ausübung freiwilligen Engagements hängen stark miteinander zusammen. Das heißt, wenn eine Person aktiv ist, steigt die Wahrscheinlichkeit eines Engagements stark an. Aufgrund der Erhebungsform im FWS kann dieser Zusammenhang auch kausal interpretiert werden, das heißt, Aktivität führt zu Engagement und nicht andersherum, was im Umkehrschluss bedeutet: Jede engagierte Person ist auch aktiv, aber nicht jede aktive Person ist auch ehrenamtlich engagiert.

Bei den anderen in den Bericht aufgenommenen Erscheinungsformen zivilgesellschaftlichen Handelns ist dies nicht der Fall. So kann beispielsweise nicht klar festgestellt werden, ob ein ausgeprägtes Spendenverhalten Vereinsmitgliedschaften befördert und vice versa. Immerhin kann dargestellt werden, wie stark die Indikatoren von Engagement miteinander korrelieren (vgl. Abb. 2.1).

Deutschland rundet auf u. ä. Zudem bietet das Internet mannigfache Möglichkeiten für verschiedenste Spendentätigkeiten, die durch einen wachsenden bargeldlosen Zahlungsverkehr noch verstärkt werden. Nicht erfasst im Rahmen des FWS werden Patenschaften zum Beispiel für Kinder, Tiere, Bäume und anderes mehr.

2.1 Die verschiedenen Indikatoren und Erscheinungsformen ...

Korrelationskoeffizient Pearson's R von − 1 bis + 1	Aktivitäten	Engagement°	Engagement-bereitschaft	Spendentätigkeit	Mitgliedschaft in V. und Org
Aktivität	1	,582**	,097**	,170**	,429**
Engagement	−	1	#	,139**	,450**
Engagement bereitschaft	−	−	1	− 0,20*	,010
Spende	−	−	−	1	,159**
Mitgliedschaft in Verein	−	−	−	−	1

° Freiwilliges Engagement wird aus öffentlich gemeinschaftlicher Aktivität generiert (vgl. die Ausführungen im vorigen Abschnitt). Folglich fällt dieser Zusammenhang sehr hoch aus.
Engagementbereitschaft wird nur für Nichtengagierte erhoben, folglich kann für Engagement und Engagementbereitschaft kein Zusammenhang ausgewiesen werden.
** Korrelationen sind auf einem Niveau von $\leq$ 1 % signifikant, * $\leq$ 5 %.

Für den Freiwilligensurvey 2019 wurde erstmals eine neue, die individuelle Bildung der Befragten berücksichtigende Gewichtung vorgenommen. In Anbetracht des viel diskutierten Für und Widers der Einführung einer nachträglichen Gewichtung in eine als Längsschnitt angelegte Studie sei hier auf die Ausführungen des DZA verwiesen. Die vorliegende Auswertung des Fünften Deutschen Freiwilligensurveys verwendet ebenfalls die aktuelle Gewichtung des DZA:

„Erstmals werden die Ergebnisse für alle Erhebungswellen des Freiwilligensurveys nach Bildung gewichtet dargestellt. Dies ist notwendig, da Menschen mit höherer Bildung in Befragungsstudien häufig stärker vertreten sind, als es ihrem Anteil an der Bevölkerung entspricht, und sie gleichzeitig zu größeren Anteilen freiwillig engagiert sind als Menschen mit niedriger oder mittlerer Bildung. Die nun durchgängig nach Bildung gewichteten Ergebnisse repräsentieren die Verhältnisse in der Bevölkerung angemessener als bisher. Die Engagementquoten fallen für alle Erhebungswellen nach der jetzigen Gewichtung um drei bis vier Prozentpunkte geringer aus als die bislang ohne diese Gewichtung berechneten Quoten. Bei der Betrachtung der Engagementquoten über die Zeit ändert sich somit das Niveau, der Trend des Anstiegs der Engagementquote über die letzten zwanzig Jahre bleibt jedoch im Wesentlichen bestehen." (Simonson et al. 2021a, S. 10 f.)

Die Gewichtung nach Bildung in den Daten des Freiwilligensurveys dient also dazu, ein weniger verzerrtes Bild des freiwilligen Engagements der Bevölkerung zu erhalten. Nachgewiesen ist, dass in Bevölkerungsumfragen Personen mit höherer Bildung in der Regel antwortbereiter und deshalb überrepräsentiert sind, während bei Befragten mit niedriger Bildung überproportionale Antwortausfälle verzeichnet werden. Daher werden erstere Personen geringer und letztere stärker gewichtet.

Tab. 2.1 Problematik bei der Messung von Einstellungen und tatsächlichem Verhalten

Kognition/ Wissen	Evaluation/ Wertung	Konation/ Willensbildung	Manifestation/ Handeln
Spezifisches Themenwissen	Einstellungen zum Thema	Handlungsbereitschaften, Intentionen	Verhalten Formen zivilgesellschaftlichen Handelns

Eigene Abbildung.

Ohne die Berücksichtigung des Faktors Bildung bei der Gewichtung wären die Engagementquoten verzerrt und würden folglich überschätzt.[3]

Bevor im Anschluss die Auswertung der Daten präsentiert wird, sei noch kurz auf ein grundsätzliches Problem von Erhebungsdaten hingewiesen, welche implizit ein Verhalten messen möchten (vgl. Tab. 2.1). In der Regel kann mit Befragungen nur herausgefunden werden, welche Voraussetzungen bei den Probandinnen und Probanden für bestimmte Verhaltensweisen vorhanden sind. So kann das ‚zu untersuchende Verhalten' mehr oder weniger genau vorhergesagt werden. Im Fall des freiwilligen Engagements wären das beispielsweise das Wissen (kognitive Komponente) über, die Bewertung oder Einstellung (evaluative Komponente) zum freiwilligen Engagement und der Wille oder die Bereitschaft dazu (konative Komponente). Das tatsächliche Verhalten kann durch Befragung nicht erhoben, sondern nur als Eintrittswahrscheinlichkeit eingeschätzt werden. Dabei wird die Kluft zwischen Einstellung und Verhalten vor allem durch die ‚Kosten' determiniert. Diese können beispielsweise durch zeitlichen Aufwand oder auch finanzielle Aufwendungen entstehen. Hierbei gilt: Je höher die Kosten, desto größer die Lücke zwischen Einstellung und Verhalten.

Eine weitere Problematik bei der Vorhersage beziehungsweise Messung von berichtetem Verhalten auf der Basis von Befragungsdaten ist struktureller Natur. Es besteht immer ein gewisses Maß an Unsicherheit bezüglich der tatsächlichen Aussagekraft der Ergebnisse. Dieses Unsicherheitsmaß ist stets dann besonders groß, wenn ein als sozial erwünscht konnotiertes Verhalten abgefragt wird, wie beispielsweise die Beteiligung an allgemeinen Wahlen. Deshalb überschätzen Umfragen in

---

[3] Dies ist für den Freiwilligensurvey insofern von besonderer Bedeutung, da Engagement stark durch Bildung beeinflusst wird (vgl. dazu später Kap. 4).

2.1 Die verschiedenen Indikatoren und Erscheinungsformen ...

der Regel die tatsächliche Wahlbeteiligung deutlich.[4] Bei der Messung freiwilligen Engagements kann davon ausgegangen werden, dass der tatsächliche Wert ebenfalls leicht überschätzt wird, da auch hier nach einem sozial eher erwünschten Verhalten gefragt wird.[5] Eine erste Korrektur wird zweifelsfrei mit der Berücksichtigung des Faktors Bildung bei der Gewichtung der Daten vorgenommen. Diese Gewichtung beeinflusst aber nicht die Effekte des Faktors sozial erwünschtes Verhalten. Eine mögliche Verbesserung der Aussagekraft verheißt die Berücksichtigung der in Tab. 1 dargestellten Einstellungsdimensionen bei der Planung und Erstellung des Erhebungsinstrumentes.

Im Folgenden kommen wir zu den Stichproben- und Fallzahlen für die einzelnen Bundesländer, diese haben sich im Fortgang des FWS kontinuierlich verändert. In der folgenden Abbildung sind die unterschiedlichen Entwicklungen zusammenfassend dargestellt.

Mit der Auswertung beginnend starten wir im nachfolgenden Kap. 3 zunächst rein deskriptiv dargestellt mit einer Betrachtung von landesspezifischen Ausprägungen der unterschiedlichen Erscheinungsformen zivilgesellschaftlichen Handelns auf der Datenbasis des deutschen Freiwilligensurveys 2019. Zudem werden die jeweiligen Zeitverläufe über alle Bundesländer hinweg betrachtet und analysiert.

---

[4] So gaben zum Beispiel 85 % der Befragten beim Allbus 2018 an, bei der letzten Bundestagswahl gewählt zu haben. Die tatsächliche Wahlbeteiligung lag allerdings etwa 10 Prozentpunkte darunter.

[5] An dieser Stelle sei auf einen Diskussionspunkt bei der Vorabpräsentation der Ergebnisse der Surveydaten verwiesen: Der Freiwilligensurvey ist aufgrund des Erhebungsinstruments nicht in der Lage zu unterscheiden, ob es sich bei dem berichteten Engagement um ein sozialmoralisch ‚erwünschtes' oder ‚unerwünschtes' Verhalten handelt.

Open Access Dieses Kapitel wird unter der Creative Commons Namensnennung 4.0 International Lizenz (http://creativecommons.org/licenses/by/4.0/deed.de) veröffentlicht, welche die Nutzung, Vervielfältigung, Bearbeitung, Verbreitung und Wiedergabe in jeglichem Medium und Format erlaubt, sofern Sie den/die ursprünglichen Autor(en) und die Quelle ordnungsgemäß nennen, einen Link zur Creative Commons Lizenz beifügen und angeben, ob Änderungen vorgenommen wurden.

Die in diesem Kapitel enthaltenen Bilder und sonstiges Drittmaterial unterliegen ebenfalls der genannten Creative Commons Lizenz, sofern sich aus der Abbildungslegende nichts anderes ergibt. Sofern das betreffende Material nicht unter der genannten Creative Commons Lizenz steht und die betreffende Handlung nicht nach gesetzlichen Vorschriften erlaubt ist, ist für die oben aufgeführten Weiterverwendungen des Materials die Einwilligung des jeweiligen Rechteinhabers einzuholen.

Landesspezifische Ausprägungen unterschiedlicher Indikatoren und Erscheinungsformen zivilgesellschaftlichen Handelns

3.1 Öffentlich gemeinschaftliche Aktivitäten

In der folgenden Abbildung sind die prozentualen Anteile öffentlich gemeinschaftlich aktiver Personen, gemessen an der Bevölkerung in Privathaushalten ab 14 Jahren in Deutschland im Erhebungsjahr 2019, aufgeschlüsselt nach Bundesländern abgebildet.

Die Aktivitätsquoten der Bundesländer liegen relativ dicht beieinander (vgl. Abb. 3.1). Die Differenz zwischen Schleswig–Holstein mit der höchsten Aktivitätsquote von etwa 71 % und Sachsen-Anhalt mit der niedrigsten von rund 59 % beträgt annähernd 12 Prozentpunkte. Der Bundesdurchschnitt liegt bei 66 %. Darüber liegen neben Schleswig–Holstein auch Niedersachsen, Baden-Württemberg, Thüringen, Bayern und Berlin. Den Durchschnittswert unterschreiten Rheinland-Pfalz, Hamburg, Mecklenburg-Vorpommern, Brandenburg, Nordrhein-Westfalen, das Saarland und Sachsen, letzteres mit 3 % Abstand zu seinem Nachbarland Sachsen-Anhalt.

Betrachtet im Hinblick auf den Zeitverlauf[1] haben sich die Zahlen zur regionalen Entwicklung der Aktivitätsquoten über die Bundesländer hinweg einander deutlich angenähert (vgl. Abb. 3.2). Im Rahmen dieser konvergenten Entwicklung fallen einige Besonderheiten auf: Mecklenburg-Vorpommern hatte bis 2009 stets die geringste Aktivitätsquote aller Bundesländer, liegt seit 2014 aber im

---

[1] Die hier und im Folgenden betrachteten Zeitverläufe dienen primär der Darstellung unterschiedlicher Entwicklungsverläufe der einzelnen Bundesländer im Verhältnis zueinander seit Beginn des Surveys 1999. Der Vergleich der jeweiligen Anteilswerte ist in den Balkendiagrammen jeweils im Querschnitt bezogen auf die Bundesländer für das Jahr 2019 dargestellt.

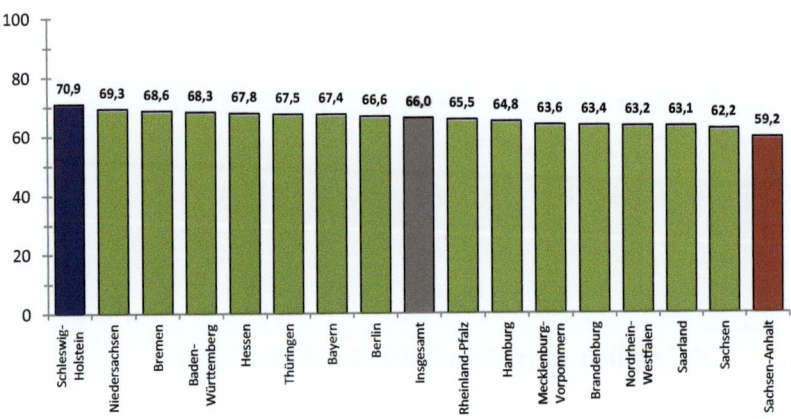

Abb. 3.1 Öffentlich gemeinschaftliche Aktivitäten im Vergleich der Bundesländer in Prozent (Anteile *Ja* in % – Eta^2 = 0,005). (Quelle: Eigene Berechnungen, Grundlage: FWS-Datensatz 2019, gewichtet inkl. Bildung. Länderunterschiede sind auf einem Niveau von ≤ 1 % signifikant.)

Mittelfeld. Und in Brandenburg konnte bis 2014 eine steil aufsteigende Aktivitätsquote beobachtet werden, wenngleich sich hier zuletzt aber wieder eine sinkende Tendenz zeigt.

Nimmt man den gesamten Zeitraum der Erhebungswellen des Freiwilligensurveys in den Blick, werden Anstiege bei den Aktivitätsquoten insbesondere in den östlich gelegenen Bundesländern und Berlin erkennbar. Berlin sticht dabei insofern besonders hervor, als die Anzahl öffentlich gemeinschaftlich aktiver Personen von 1999 auf 2004 um 10 Prozentpunkte zunahm, dann bis 2009 wieder geringfügig abnahm, seit 2014 aber erneut stieg, um 2019 schließlich einen Rangplatz im Mittelfeld einzunehmen. In diesem Bereich lag 1999 und 2004 ebenfalls noch Schleswig–Holstein, seit 2009 verzeichnet das nördliche Bundesland aber die höchste Aktivitätsquote aller Bundesländer. Große Schwankungen im Zeitverlauf verzeichnen das Saarland und auch Rheinland-Pfalz. In letzterem Bundesland nahm die Aktivitätsquote von 1999 auf 2004 sprunghaft zu und war die höchste aller Bundesländer. Sie sinkt seither jedoch wieder kontinuierlich und unterschritt 2019 knapp den Bundesdurchschnitt.

Betrachtet man die Differenz der Aktivitätsquoten von 1999 und 2019, wird ersichtlich, dass die Anteile nicht in allen Ländern gleich stark beziehungsweise überhaupt zugenommen haben. Die Aktivitätsquoten im Saarland, in

3.1 Öffentlich gemeinschaftliche Aktivitäten

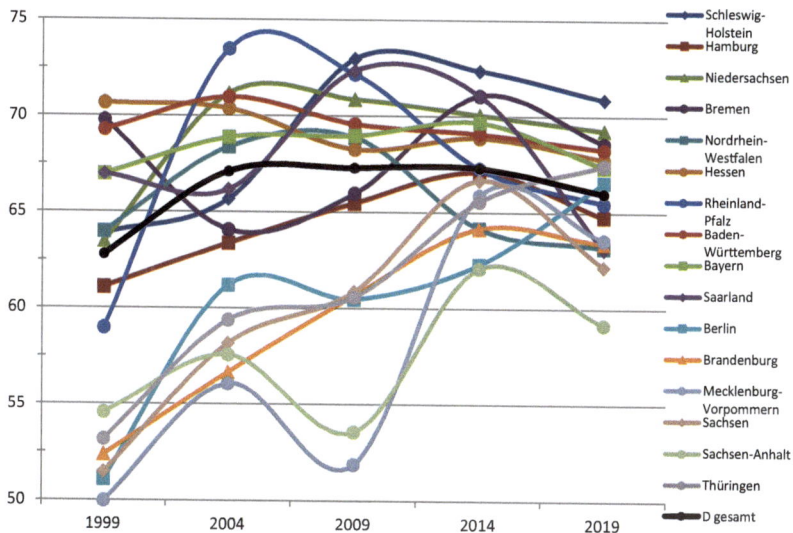

Abb. 3.2 Zeitverlauf öffentlich gemeinschaftlicher Aktivitäten im Vergleich der Bundesländer in Prozent. (Quelle: Eigene Berechnungen, Grundlage: FWS-Datensätze 1999 bis 2019, gewichtet inkl. Bildung.)

Hessen, Baden-Württemberg und Nordrhein-Westfalen sind sogar leicht gefallen. Demgegenüber haben die Anteile öffentlich gemeinschaftlich Aktiver in Berlin, Thüringen, Mecklenburg-Vorpommern, Brandenburg und Sachsen – also mit Ausnahme Sachsen-Anhalts, wo der Anstieg etwas moderater verlief als in allen anderen ostdeutschen Ländern – gut 10 bis 15 Prozentpunkte zugelegt. Folglich kann für öffentlich gemeinschaftliche Aktivität ein gesamtdeutscher langfristiger Trend der Konvergenz festgestellt werden, welcher sich vor allem aus der positiven Entwicklung der ostdeutschen Bundesländer bei gleichzeitig stagnierenden Zahlen der westdeutschen Bundesländer speist.

3.1.1 Die Spitzengruppe (Top 5) der Aktivitätsbereiche

Im nächsten Schritt wird die jeweilige Spitzengruppe (Top 5) der Aktivitätsbereiche im Jahr 2019 im Bundesländervergleich dargestellt.

Über alle Bundesländer hinweg ist die überwiegende Mehrheit der befragten Personen im Bereich *Sport und Bewegung* aktiv (vgl. Abb. 3.3). Hier liegen die Anteile zwischen 47 % und 34 %. Der Bundesdurchschnitt beträgt 40 %. Mit großem Abstand zum Bereich *Sport und Bewegung* sind die Befragten am zweithäufigsten im Bereich *Kultur und Musik* aktiv. Die Unterschiede bei den Aktivitätsquoten in diesem Bereich fallen zwischen den Bundesländern eher gering aus. Die Befragten in Baden-Württemberg und Bremen sind mit einem Anteil von 22 % *kulturell und musikalisch* am aktivsten. In Hessen gibt es 20 % Aktive in diesem Bereich, in Rheinland-Pfalz 19 %. Im Bundesdurchschnitt sowie auch in Bayern, Berlin, Niedersachsen und Schleswig–Holstein gibt es 18 % Aktive im Bereich *Kultur und Musik,* in Hamburg, Mecklenburg-Vorpommern, Nordrhein-Westfalen sowie dem Saarland sind es 17 %. Vergleichsweise weniger Aktivität in diesem Bereich wird für Thüringen gemessen (15 %), ebenso für Sachsen (14 %), Brandenburg (13 %) und Sachsen-Anhalt (11 %).

Bundesweit fast gleichauf mit jeweils etwa 15 % liegen auf dem dritten und vierten Aktivitätenrang die Bereiche *Freizeit und Geselligkeit* sowie der *soziale Bereich*. In Brandenburg, dem Saarland, Sachsen, Thüringen, Sachsen-Anhalt und Mecklenburg-Vorpommern sind die befragten Personen im Bereich *Freizeit und Geselligkeit* sogar aktiver als im kulturellen und musikalischen Bereich.

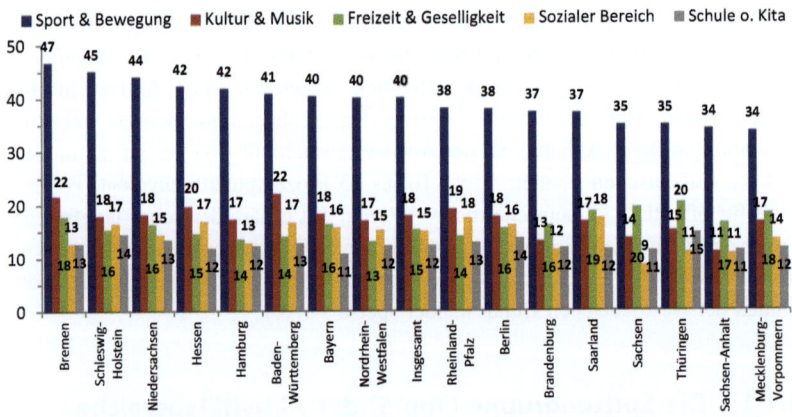

Abb. 3.3 Top-5-Aktivitätsbereiche im Vergleich der Bundesländer in Prozent. (Quelle: Eigene Berechnungen, Grundlage: FWS-Datensatz 2019, Länderunterschiede sind auf einem Niveau von ≤ 1 % signifikant.)

Sachsen und Thüringen sind mit etwa 20 % Aktiven in diesem Bereich die Spitzenreiter. Ein Blick auf die Mitgliederzahlen des Bundesverbandes Deutscher Gartenfreunde (BDG) legt nahe, dass dies auf Aktivitäten im Kleingartenverein zurückgeführt werden kann, welche in den ostdeutschen Bundesländern besonders ausgeprägt sind.[2]

In Schleswig–Holstein, Hessen, Baden-Württemberg, Nordrhein-Westfalen, Rheinland-Pfalz und Berlin sind etwas mehr Menschen im *sozialen Bereich* aktiv als im Bereich *Freizeit und Gesellschaft*. Den letzten Platz der Top-5-Aktivitätsbereiche belegt der Bereich *Schule oder Kindergarten*, worunter etwa Elternvertretung, Schülervertretung oder Fördervereine zählen können. Hier gibt es zwischen 11 und 15 % an Aktiven. Thüringen weist dabei den größten Anteil auf: Dort übersteigt die Aktivitätsquote dieses Bereiches sogar jene im *sozialen Bereich*. Auch in Sachsen ist dies der Fall, der prozentuale Unterschied ist dort aber noch etwas geringer als in Thüringen. In Brandenburg und Sachsen-Anhalt gibt es annähernd gleich viele Aktive im *sozialen Bereich* und im Bereich *Schule oder Kindergarten*.[3]

3.2 Freiwilliges Engagement

Wie bereits in Kap. 2 festgehalten zeichnet sich ein freiwilliges Engagement dadurch aus, dass über eine öffentlich gemeinschaftliche Aktivität hinaus noch weitere Aufgaben und Tätigkeiten freiwillig übernommen werden. Die prozentualen Anteile freiwillig engagierter Personen in Deutschland stellen sich im Erhebungsjahr 2019 im Vergleich der Bundesländer wie folgt dar:

Im Bundesdurchschnitt beträgt die Quote des freiwilligen Engagements annähernd 40 % (vgl. Abb. 3.4). 9 Bundesländer weisen eine unterdurchschnittliche Engagementquote auf, 7 Länder, darunter im Osten Thüringen, liegen über dem Durchschnitt. Insgesamt liegen die Engagementquoten nahe beieinander; der Faktor Bundesland erklärt folglich relativ wenig Variation des Faktors Engagement. Immerhin trennen das Bundesland mit der höchsten und dasjenige mit der niedrigsten Engagementquote 11 Prozentpunkte. Die meisten freiwillig Engagierten zählt Baden-Württemberg, hier beträgt die Engagementquote rund 46 %. Schleswig–Holstein folgt mit 3,5 Prozentpunkten weniger auf dem zweiten Platz. Mit

---

[2] Vgl. https://www.kleingarten-bund.de/de/bundesverband/zahlen-und-fakten/ (abgerufen am 10.10.2021).

[3] Die regionalen Anteile der Aktivität in den hier aufgeführten Bereichen sowie den weiteren 9 Bereichen sind im Anhang in den Länderprofilen für jedes Bundesland dargestellt.

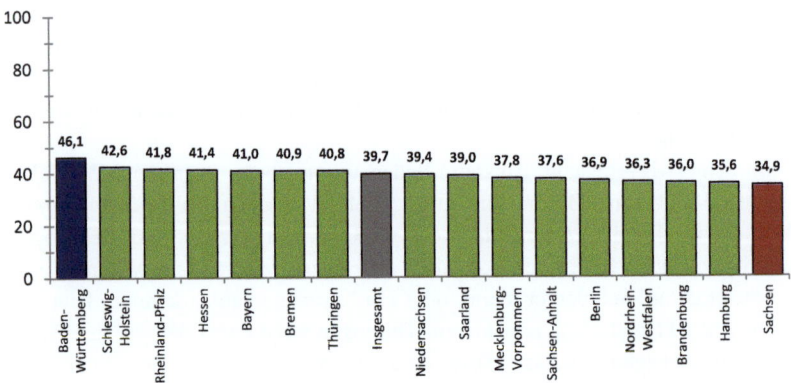

Abb. 3.4 Freiwilliges Engagement im Vergleich der Bundesländer in Prozent (Anteile *Ja* in Prozent – Eta^2 = 0,005). (Quelle: Eigene Berechnungen, Grundlage: FWS-Datensatz 2019, gewichtet inkl. Bildung. Länderunterschiede sind auf einem Niveau von ≤ 1 % signifikant.)

etwa 35 % engagieren sich die Menschen in Sachsen am seltensten freiwillig. Während Thüringen wie erwähnt als einziges Bundesland im Osten über dem Bundesdurchschnitt liegt, beläuft sich der Anteil freiwillig Engagierter in Niedersachsen, dem Saarland, Berlin, Nordrhein-Westfalen und Hamburg sowie in den 4 übrigen ostdeutschen Bundesländern auf Werte unter dem Bundesdurchschnitt. Hamburg belegt vor Sachsen den vorletzten Platz: Dort gibt es mit annähernd 36 % etwas mehr Engagierte als in Sachsen und 0,4 % weniger als in Brandenburg.

Auch hier ist die Auswertung der Engagementquoten des Freiwilligensurveys im Längsschnittvergleich der Bundesländer aufschlussreich (vgl. Abb. 3.5). Ähnlich wie bei den öffentlich gemeinschaftlichen Aktivitäten lässt sich auch beim freiwilligen Engagement sowohl eine leichte Niveauanhebung als auch eine Annäherung (Konvergenz) der Länderquoten im Zeitverlauf erkennen. Im Vergleich zur gemessenen öffentlich gemeinschaftlichen Aktivität schwanken die Werte des freiwilligen Engagements jedoch weniger stark. Auch verläuft die Entwicklung in den Bundesländern deutlich gleichförmiger und konstanter. Freiwilliges Engagement scheint insgesamt also etwas stabiler ausgeprägt zu sein als die öffentlich gemeinschaftlichen Aktivitäten.

Beim freiwilligen Engagement verzeichnen die ostdeutschen Bundesländer von 2009 zu 2014 einen deutlichen Aufwärtstrend, was zur zunehmenden regionalen Konvergenz von freiwilligem Engagement zwischen den Bundesländern

3.2 Freiwilliges Engagement

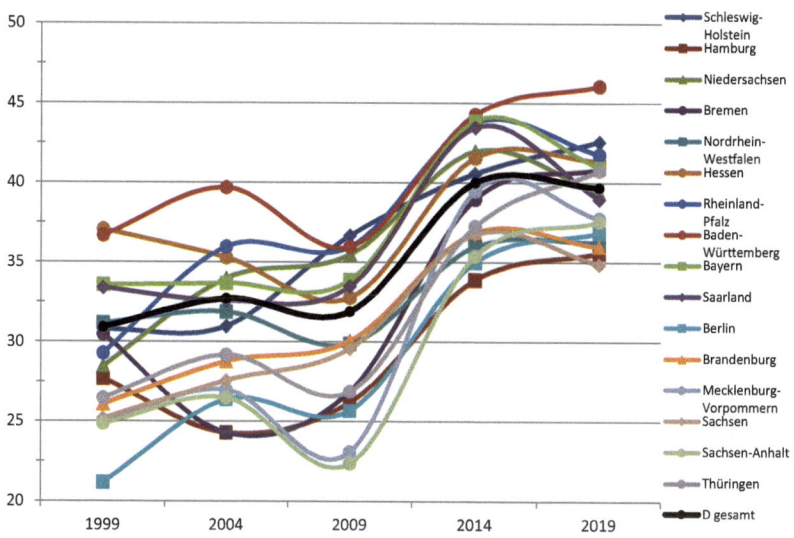

Abb. 3.5 Zeitverlauf freiwilliges Engagement im Vergleich der Bundesländer in Prozent. (Quelle: Eigene Berechnungen, Grundlage: FWS-Datensätze 1999 bis 2019, gewichtet inklusive Bildung.)

beigetragen hat. In Thüringen und Sachsen-Anhalt hat sich dieser Trend auch 2019 fortgesetzt, wohingegen die Engagementquoten 2019 im Vergleich zu 2014 in Brandenburg geringfügig und in Sachsen und Mecklenburg-Vorpommern etwas stärker gesunken sind.

Bildet man eine Langzeitdifferenz der Engagementquoten von 1999 und 2019, so erweist sich Berlin als das Bundesland mit dem deutlichsten Anstieg derselben, gefolgt von Thüringen, Mecklenburg-Vorpommern, Sachsen-Anhalt und Rheinland-Pfalz. Auch Schleswig–Holstein und Niedersachsen verzeichnen im Zeitverlauf einen vergleichsweise hohen Zuwachs in der Engagementquote. Im Vergleich der Bundesländer fällt der Zuwachs von 1999 zu 2019 insbesondere in Hessen, Nordrhein-Westfalen und dem Saarland mit etwa 5 Prozentpunkten etwas geringer aus.

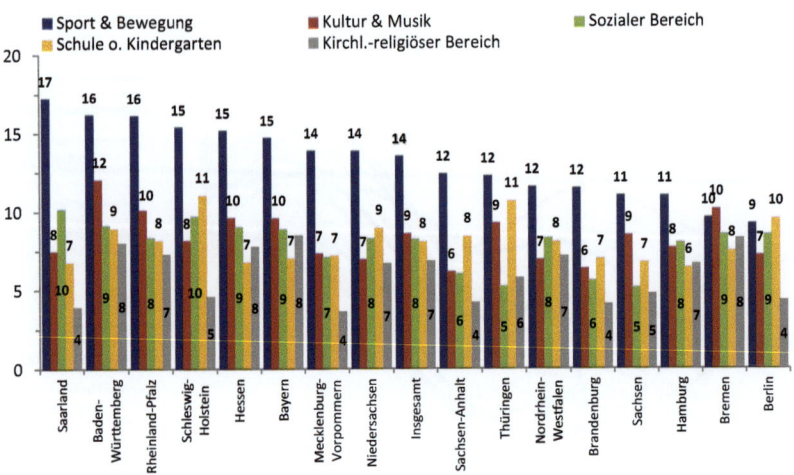

Abb. 3.6 Top-5-Engagementbereiche im Vergleich der Bundesländer in Prozent. (Quelle: Eigene Berechnungen, Grundlage: FWS-Datensatz 2019, Länderunterschiede sind auf einem Niveau von ≤ 1 % signifikant.)

3.2.1 Spitzengruppe (Top 5) der Engagementbereiche

Wie bereits bei den öffentlich gemeinschaftlichen Aktivitäten ist beim freiwilligen Engagement der Bereich *Sport und Bewegung* mit 9 bis 17 % der Engagierten das – meist mit Abstand – am häufigsten bevorzugte Engagementfeld (vgl. Abb. 3.6). Einzig in Berlin engagieren sich die Befragten noch geringfügig häufiger im Bereich *Schule oder Kindergarten*. Die Rangplätze 2 *(Kultur und Musik)*, 3 *(sozialer Bereich)* und 4 *(Schule oder Kindergarten)* liegen, bundesweit betrachtet, nahe beieinander; regional fallen hingegen einige Unterschiede auf, auch in der Rangfolgenverteilung[4].

In den Bundesländern Baden-Württemberg und Rheinland-Pfalz ist der Vorsprung freiwilligen Engagements im Bereich *Kultur und Musik* klar erkennbar. Im *sozialen Bereich* engagiert man sich dort ähnlich häufig, wenngleich geringfügig häufiger als in *Schule oder Kindergarten*, während es im *kirchlich-religiösen Bereich* jeweils etwa 1 % weniger Engagierte als in den anderen Bereichen gibt. In Mecklenburg-Vorpommern verteilen sich die Engagierten fast zu gleichen Teilen auf *Kultur und Musik,* den *sozialen Bereich* und *Schule oder Kindergarten,*

---

[4] Näheres dazu in den Länderprofilen, vgl. Kap. 7.

während es im *kirchlich-religiösen Bereich* deutlich weniger als bei den anderen Bereichen sind.

In Hessen und Bayern stimmen jeweils die ersten drei Rangplätze der Engagementbereiche mit dem Bundesdurchschnitt überein. Dort engagieren sich die Menschen im kirchlich-religiösen Bereich aber etwas häufiger als in *Schule oder Kindergarten*. In Sachsen ist *Kultur und Musik* der zweithäufigste Engagementbereich, gefolgt von *Schule oder Kindergarten*. Dort wie auch in Thüringen gibt es ähnlich viele Engagierte im *sozialen* wie im *kirchlich-religiösen Bereich*. In Thüringen wiederum ist das Engagement in *Schule oder Kindergarten* etwas ausgeprägter als das in *Kultur und Musik*. Dort wie auch in Schleswig-Holstein, Niedersachsen, Brandenburg und Sachsen-Anhalt nimmt ein Engagement in *Schule oder Kindergarten* den zweiten Rangplatz ein.

Im Saarland, in Hamburg und Nordrhein-Westfalen kommt freiwilliges Engagement im *sozialen Bereich* am zweithäufigsten vor, in Hamburg dicht gefolgt von *Kultur und Musik*, in Nordrhein-Westfalen von *Schule oder Kindergarten*. In letzterem Bundesland wiederum liegen *Kultur und Musik* ebenso wie in Niedersachsen fast gleichauf mit dem *kirchlich-religiösen Bereich*, in welchem sich jeweils rund 7 % der Befragten engagieren, während es im *sozialen Bereich* und in *Schule oder Kindergarten* noch etwas mehr sind.

3.2.2 Zeitaufwand für Engagement

Die Zeit, die die Befragten für die von allen betrachteten Aktivitätsformen zeitintensivste Ausprägung des freiwilligen Engagements aufwandten, wurde zwecks übersichtlicherer Vergleichbarkeit in 3 Kategorien unterteilt: *bis zu 2 h pro Woche, 3 bis 5 h pro Woche* und *6 und mehr Stunden pro Woche* (vgl. Abb. 3.7).

Über alle Bundesländer hinweg wendet die Mehrheit der Befragten lediglich bis zu 2 Stunden pro Woche für ihr freiwilliges Engagement auf. Im Schnitt trifft dies auf 60 % aller Engagierten zu, wobei 7 Bundesländer oberhalb dieses Durchschnitts liegen.

Im Bundesdurchschnitt ist die Gruppe der Engagierten, welche sich 3 bis 5 Wochenstunden engagieren, mit 23 % am zweithäufigsten vertreten (vgl. ebd.). In Nordrhein-Westfalen, Hamburg, Niedersachsen, Hessen und Sachsen liegen diese Anteile deutlich über dem Durchschnitt. Die wenigsten Engagierten gaben an, 6 und mehr Stunden in ihr Ehrenamt zu investieren (17 %). Dieser Anteil liegt in den meisten Bundesländern auf einem ähnlichen Niveau. Heraus sticht hier vor allem das Saarland, wo sich noch 27 % der Befragten – laut eigener Aussage – in diesem zeitlichen Ausmaß ehrenamtlich betätigen. Ob sich dieses

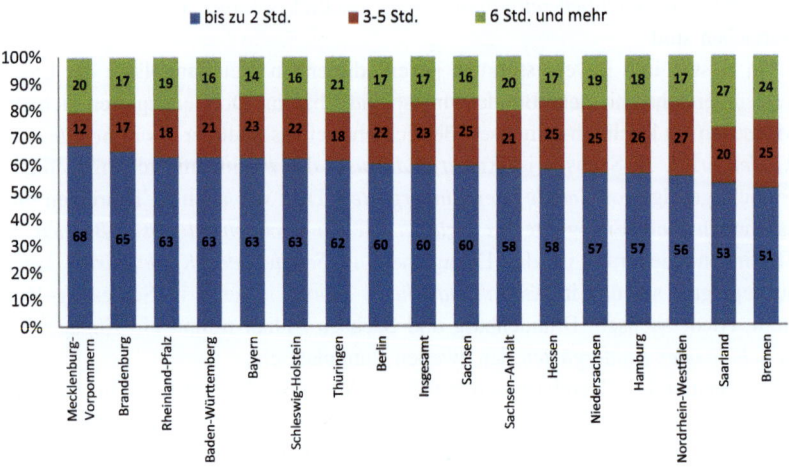

Abb. 3.7 Zeitaufwand für Engagement im Vergleich der Bundesländer in Stunden pro Woche (Eta^2 = 0,004). (Quelle: Eigene Berechnungen, Grundlage: FWS-Datensatz 2019, gewichtet inkl. Bildung. Länderunterschiede sind auf einem Niveau von ≤ 1 % signifikant.)

Verhältnis des Zeitaufwandes seit 1999 verändert hat, wird im Anschluss mithilfe eines Längsschnittvergleichs dargestellt.

Betrachtet man die Anteile derer, die sich lediglich bis zu 2 h pro Woche engagieren, zeigt sich in der Zeitreihe ein bundesweit ansteigender Trend in dieser Kategorie (vgl. Abb. 3.8). Während sich 1999 im Schnitt noch rund die Hälfte der Engagierten bei diesem Zeitbudget einordnete, sind es 20 Jahre später schon 60 %. Insofern ist die Engagementquote zwar gestiegen, gleichzeitig wenden aber offenbar immer mehr Freiwillige immer weniger Zeit für ihr Ehrenamt auf. Das heißt, es engagieren sich zwar im Schnitt immer mehr Menschen, aber diese wenden gleichzeitig immer weniger Zeit für Engagement auf. Dieser Befund spiegelt sich auch in den Hinderungsgründen für die Aufnahme eines Engagements wieder *(zeitliche Gründe)*[5], und Gleiches gilt bei der Betrachtung der Ursachen für die Beendigung eines Engagements *(zu großer zeitlicher Aufwand)*[6]. Die Entwicklungen in den einzelnen Bundesländern im Zeitverlauf über die Jahre hinweg fallen dabei recht verschieden aus und unterliegen zum Teil starken Schwankungen (vgl.

---

[5] Vgl. im folgenden Abschn. 3.2.8, Abb. 16.
[6] Vgl. im folgenden Abschn 3.2.9, Abb. 17.

3.2 Freiwilliges Engagement

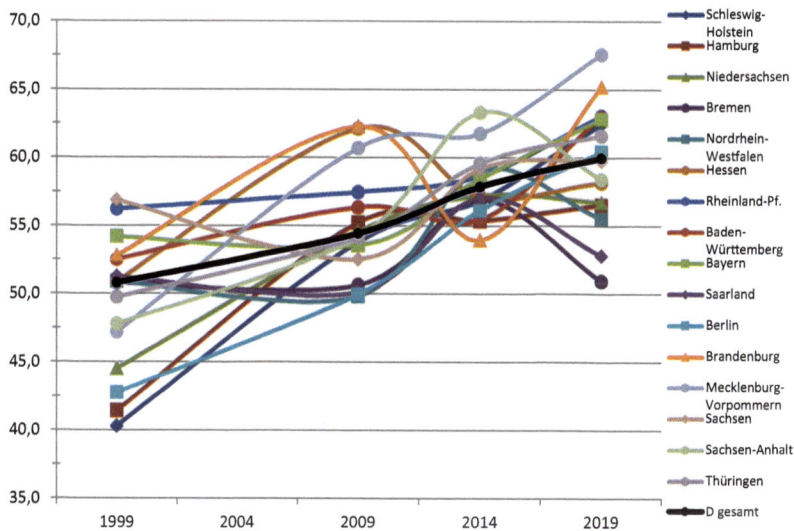

Abb. 3.8 Zeitverlauf Zeitaufwand für Engagement bis 2 Std. pro Woche im Vergleich der Bundesländer in Prozent. (Quelle: Eigene Berechnungen, Grundlage: FWS-Datensätze 1999 bis 2019, gewichtet inkl. Bildung. 2004 wurde der zeitliche Umfang der freiwilligen Tätigkeit nicht erhoben.)

Abb. 3.8). Ungeachtet dessen wächst der Anteil dieser Kategorie in allen Ländern seit 1999 an, im Saarland allerdings am wenigsten (vgl. Abb. 10).

3.2.3 Häufigste Motive für Engagement (Top 5)

Hinsichtlich ihrer Motivation zu freiwilligem Engagement stimmen die Befragten weitestgehend überein. Die Unterschiede zwischen den Bundesländern fallen recht gering aus. In der nachfolgenden Abbildung (Abb. 3.9) sind die 5 häufigsten Motive für Engagement aufgeführt. *Spaß am Engagement* ist in allen Bundesländern die Hauptmotivation. Es folgen, mit teilweise wechselnden Rangplätzen, als Motive, *anderen helfen zu wollen* sowie *etwas für das Gemeinwohl zu tun*. Mit Abstand dazu werden auch die *Mitgestaltung der Gesellschaft* und das *Zusammenkommen mit anderen Menschen* als Motive für Engagement häufig genannt. Es ist festzuhalten, dass es kaum Personen gibt, die den vorgegebenen Motiven nicht zustimmen (vgl. ebd.).

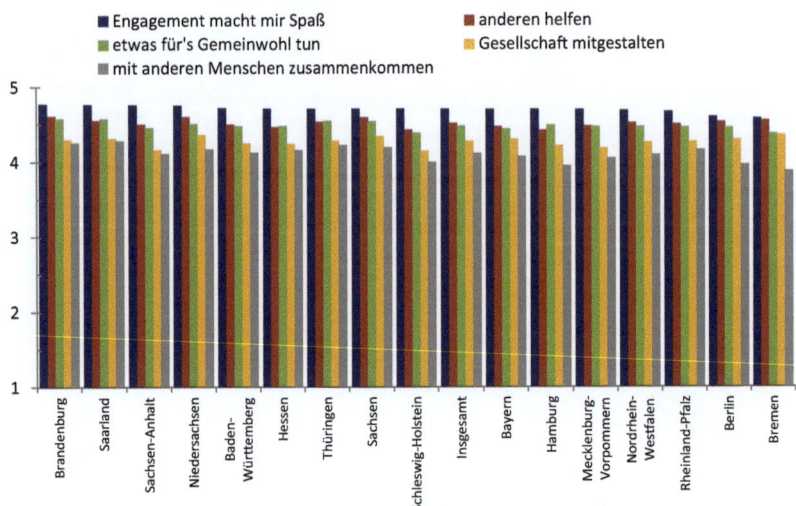

Abb. 3.9 Motivation für Engagement im Vergleich der Bundesländer (Mittelwerte von 1 (*trifft gar nicht zu*) bis 5 (*trifft voll zu*)). (Quelle: Eigene Berechnungen, Grundlage: FWS-Datensatz 2019, gewichtet inkl. Bildung. Länderunterschiede sind auf einem Niveau von ≤ 1 % signifikant.)

Ferner (hier nicht abgebildet) wurden von einzelnen Befragten auch noch Motive für freiwilliges Engagement benannt, welche in absteigender Reihenfolge (in Bezug auf Gesamtdeutschland) lauten: *Gutes zurückgeben, weil ich selbst Engagement erfahren habe, Qualifikationen erwerben, Ansehen und Einfluss gewinnen, etwas dazuverdienen.*

3.2.4 Häufigste Zielgruppen des Engagements (Top 5)

Die folgende Abbildung bietet eine Übersicht über die 5 von den Befragten am häufigsten genannten Zielgruppen freiwilligen Engagements in Deutschland und über deren Verteilung auf die einzelnen Bundesländer. Außer im Saarland sind Kinder und Jugendliche die häufigste Zielgruppe, je nach Bundesland mit mehr oder weniger großem Abstand vor anderen Zielgruppen. In Hamburg, Berlin, Bayern, Hessen, Rheinland-Pfalz, Nordrhein-Westfalen, Schleswig–Holstein und Baden-Württemberg liegen sie als Adressatinnen und Adressaten von Engagement zwischen 19 und 11 Prozentpunkten vor der jeweils zweithäufigsten Zielgruppe.

3.2 Freiwilliges Engagement

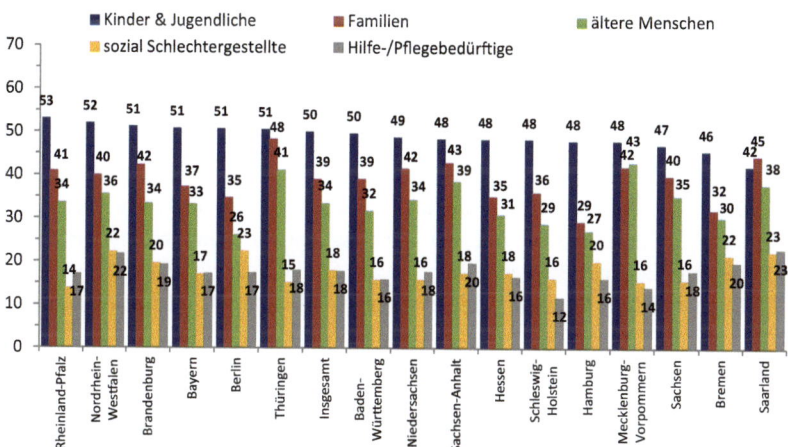

Abb. 3.10 Zielgruppen[7] des Engagements im Vergleich der Bundesländer in Prozent. (Quelle: Eigene Berechnungen, Grundlage: FWS-Datensatz 2019, gewichtet inklusive Bildung. Länderunterschiede sind auf einem Niveau von ≤ 1 % signifikant.)

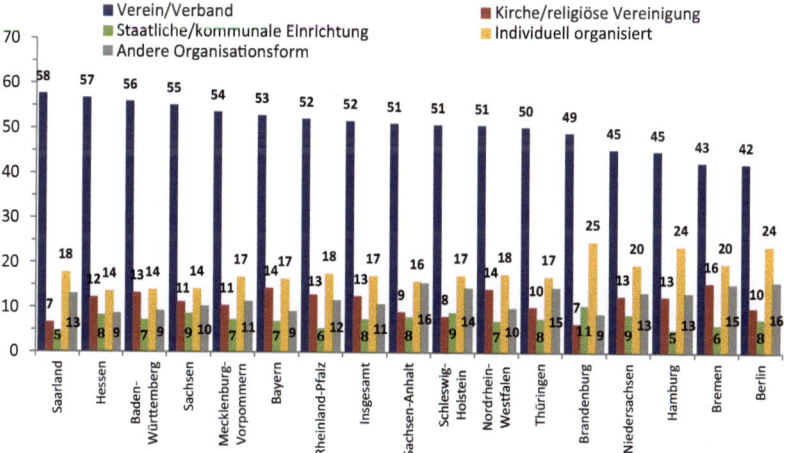

Abb. 3.11 Organisationsformen des freiwilligen Engagements im Vergleich der Bundesländer in Prozent. (Quelle: Eigene Berechnungen, Grundlage: FWS-Datensatz 2019, Länderunterschiede sind auf einem Niveau von ≤ 1 % signifikant.)

Dabei betragen die Abstände zwischen diesen jeweils ersten beiden Zielgruppen in Niedersachsen und sämtlichen ostdeutschen Bundesländern weniger als 9 %, in Thüringen nur etwas mehr als 2 %.

In den meisten Bundesländern sind Familien die zweitgrößte Zielgruppe für freiwilliges Engagement. In Mecklenburg-Vorpommern ist ein solches Engagement für ältere Menschen, welche die insgesamt drittgrößte Zielgruppe darstellen, etwas häufiger als dasjenige für Familien. Wie auch in anderen ostdeutschen Bundesländern schlagen hierbei offenbar die ausgeprägten Alterungseffekte durch (vgl. Destatis 2021a). Bundesweit an vierter Stelle steht die Zielgruppe sozial schlechtergestellter Menschen, für welche sich zwischen 23 % (im Saarland und Berlin) und 14 % (in Rheinland-Pfalz) engagieren. Ähnlich häufig zielt freiwilliges Engagement auch auf Hilfe- oder Pflegebedürftige ab. Sowohl bundesweit als auch in Baden-Württemberg, Bayern, Brandenburg, Nordrhein-Westfalen und dem Saarland gibt es ähnlich viele Engagierte für diese Zielgruppe wie für sozial Schlechtergestellte. Auch in Hessen und Mecklenburg-Vorpommern sind die Unterschiede relativ gering. In Schleswig–Holstein und Hamburg engagieren sich 4 % und damit deutlich mehr Befragte für sozial Schlechtergestellte als für Hilfe- und Pflegebedürftige. Demgegenüber ist das Engagement für Hilfe- und Pflegebedürftige in Rheinland-Pfalz, Thüringen, Niedersachsen, Sachsen und Sachsen-Anhalt etwas stärker ausgeprägt als jenes für sozial Schlechtergestellte.

Das Saarland und auch Mecklenburg-Vorpommern stechen hinsichtlich der Verteilung der freiwillig Engagierten auf verschiedene Zielgruppen insofern hervor, als sich dort das freiwillige Engagement auf die drei am häufigsten adressierten Zielgruppen stärker konzentriert als anderswo.

3.2.5 Organisationsformen des freiwilligen Engagements

Die nachfolgende Abbildung zeigt, wie sich freiwilliges Engagement auf verschiedene Organisationsformen in den Bundesländern verteilt. Mit Abstand am häufigsten wird freiwilliges Engagement in Vereinen oder Verbänden ausgeübt. Deutschlandweit engagiert sich rund die Hälfte der Befragten innerhalb dieses Organisationsspektrums. In Bayern, Rheinland-Pfalz, Sachsen-Anhalt, Schleswig–Holstein, Nordrhein-Westfalen, Thüringen und Brandenburg erreicht organisationsgebundenes Engagement die gleiche Größenordnung; in Mecklenburg-Vorpommern, Sachsen, Baden-Württemberg, Hessen und dem Saarland liegt der Anteil leicht darüber. In Niedersachsen, Hamburg und Berlin wird durch Organisationsbindungen weniger als die Hälfte der Engagierten erfasst. In Berlin sind es nur 42 %. Andererseits ist Berlin eines der Bundesländer mit den meisten individuell organisierten Freiwilligen, welche über alle Bundesländer hinweg die zweitgrößte Form von Engagement repräsentieren. Der Anteil individuell organisierten Engagements stieg seit Beginn des Surveys kontinuierlich an und löste den religiösen Bereich dann seit 2014 als zweitgrößten ab.

In die Rubrik *individuell organisiert* zählen unter anderem Nachbarschaftshilfe, Selbsthilfegruppen, Initiativen oder Projektarbeiten und selbstorganisierte Gruppen. In Brandenburg trifft dies auf ein Viertel der Ehrenamtlichen zu. In Hamburg sind es ebenso wie in Berlin mit rund 24 % kaum weniger, in Niedersachsen engagiert sich etwa jeder bzw. jede Fünfte im individuell organisierten Rahmen. Nordrhein-Westfalen, Rheinland-Pfalz, das Saarland, Thüringen, Bayern und Mecklenburg-Vorpommern liegen mit 18 beziehungsweise 17 % im Bundesdurchschnitt der Anzahl an individuell organisierten Freiwilligen. Sachsen-Anhalt befindet sich im Hinblick auf diesen Aspekt mit 16 % knapp, Hessen, Baden-Württemberg und Sachsen mit 14 % liegen deutlicher unter dem deutschlandweiten Schnitt. Bundesweit sowie in den Ländern Bayern, Nordrhein-Westfalen, Rheinland-Pfalz, Baden-Württemberg, Hessen und Sachsen folgen kirchliche oder religiöse Vereinigungen als Anlaufpunkte für Engagement auf dem dritten Rangplatz.

In Berlin, Sachsen-Anhalt, Thüringen, Schleswig–Holstein, dem Saarland und in Mecklenburg-Vorpommern suchen Engagierte sich häufiger andere Organisationsformen, zu denen Gewerkschaften, Parteien, private Einrichtungen, Stiftungen sowie sonstige Träger zählen. In diesem Bereich sind im Ländervergleich die wenigsten Freiwilligen in Hessen und Baden-Württemberg zu finden.

Durchschnittlich am seltensten wird freiwilliges Engagement in staatlichen oder kommunalen Einrichtungen ausgeübt, am wenigsten mit 5 beziehungsweise 6 % im Saarland, in Hamburg und in Rheinland-Pfalz.

3.2.6 Bekundete Verbesserungsbedarfe in Bezug auf die Organisationsebene

Auch im Freiwilligensurvey 2019 wurde erfasst, welche Verbesserungsmaßnahmen bezüglich der Organisation von den Befragten als geeignet erachtet werden, um freiwilliges Engagement zu fördern oder zu unterstützen. Die 5 am häufigsten genannten Vorschläge werden nachstehend aufgeführt (vgl. Abb. 3.12). Im Bundesdurchschnitt wie auch in der überwiegenden Mehrheit der Länder werden die Bereitstellung von Räumen und die Ausstattung zur Ausführung des Ehrenamtes am häufigsten als verbesserungswürdig betrachtet. In Thüringen gaben dies 54 %

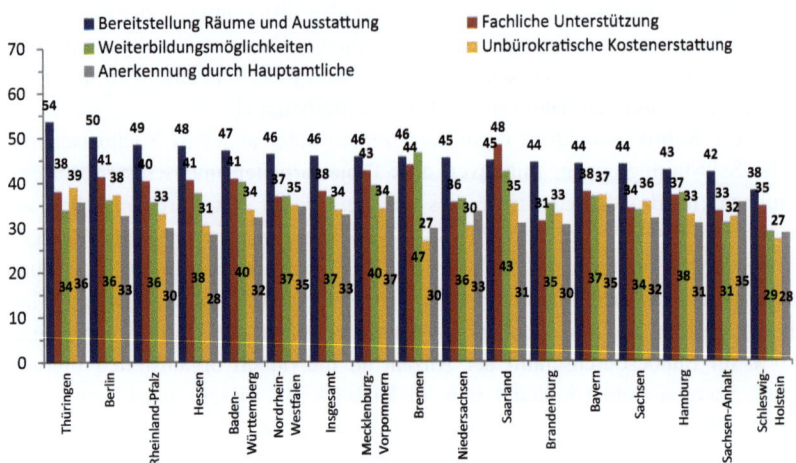

Abb. 3.12 Bekundete Verbesserungsbedarfe in Bezug auf die Organisationsebene im Vergleich der Bundesländer in Prozent (Top 5). (Quelle: Eigene Berechnungen, Grundlage: FWS-Datensatz 2019, Länderunterschiede sind auf einem Niveau von ≤ 1 % signifikant.)

der Freiwilligen an, womit dieser Bedarf dort um 15 beziehungsweise 16 Prozentpunkte vor den Wünschen nach unbürokratischer Kostenerstattung und fachlicher Unterstützung liegt. Im Saarland wird hingegen fachliche Unterstützung häufiger als verbesserungswürdig erachtet als die Bereitstellung von Räumen und Ausstattung.

In Schleswig–Holstein nennen fast gleich große Anteile der Befragten, aber gleichwohl die wenigsten im Bundesvergleich Weiterbildungsmöglichkeiten, Anerkennung durch Hauptamtliche sowie unbürokratische Kostenerstattung als gewünschte Verbesserungsmaßnahmen seitens der Organisation. Der größte Verbesserungsbedarf hinsichtlich unbürokratischer Kostenerstattung wird in Thüringen, Berlin und Bayern angemahnt, hingegen die Anerkennung durch Hauptamtliche am häufigsten in Mecklenburg-Vorpommern, knapp vor Thüringen, Sachsen-Anhalt und Nordrhein-Westfalen. Summiert man die Anteilswerte der Top-5-Verbesserungsbedarfe bezüglich der organisationsseitigen Angebote, so

---

[7] Als weitere, in der Abbildung nicht ausgewiesene Zielgruppen konnten die Befragten auch Menschen mit Migrationshintergrund, Frauen, Männer, Menschen mit Behinderung sowie eine andere Zielgruppe angeben.

ergibt sich der größte Verbesserungsbedarf im Saarland, dicht gefolgt von Thüringen, der geringste hingegen mit deutlichem Abstand in Schleswig–Holstein (vgl. Abb. 3.12).

3.2.7 Bekundete Verbesserungsbedarfe in Bezug auf Staat und Öffentlichkeit

Neben gewünschten Verbesserungsmaßnahmen, die von Organisationen erwartet werden, gibt es auch solche Wünsche, die sich an den Staat und die Öffentlichkeit richten. In folgender Abbildung sind davon wiederum die Top 5 aufgeführt (vgl. Abb. 3.13). Länderbezogene Gesamtübersichten über alle Verbesserungsbedarfe sind im Anhang dieses Länderberichts zu finden.

Im Vergleich zu den Verbesserungsmaßnahmen, die von Organisationen erwartet werden, liegen die von Staat und Gesellschaft gewünschten einzelnen Maßnahmen auf einem zahlenmäßig höheren Niveau und dichter beieinander. Dabei zeichnen sich in Hamburg, Schleswig–Holstein und Hessen Information und Beratung mit 7 bis 10 Prozentpunkten Vorsprung vor den nächsthäufig genannten Bedarfen als die am nötigsten erachtete Maßnahme ab. Im Saarland,

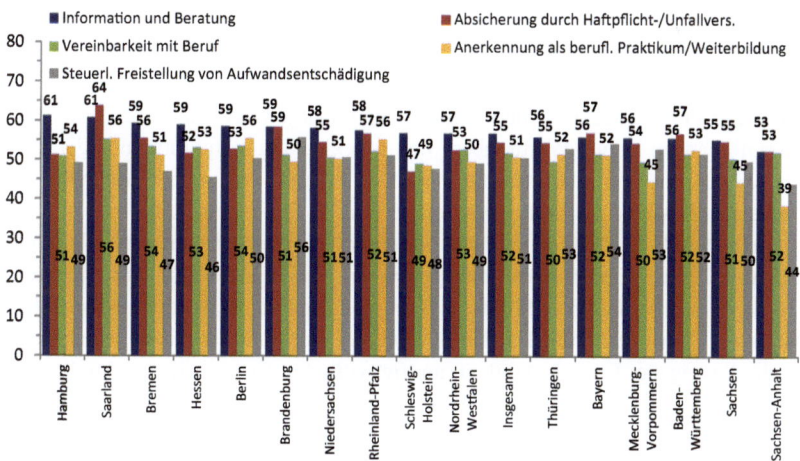

Abb. 3.13 Gewünschte Verbesserungsbedarfe seitens des Staates und der Öffentlichkeit im Vergleich der Bundesländer in Prozent (Top 5). (Quelle: Eigene Berechnungen, Grundlage: FWS-Datensatz 2019, Länderunterschiede sind auf einem Niveau von ≤ 1 % signifikant.)

in Bayern und Baden-Württemberg wurde die Absicherung durch Haftpflicht- beziehungsweise Unfallversicherung noch etwas häufiger genannt. Diese beiden gewünschten Leistungen finden in Brandenburg, Sachsen und Sachsen-Anhalt nahezu gleichgewichtig Fürsprecherinnen und Fürsprecher. In sämtlichen Bundesländern addieren sich diese auf mehr als 50 %.

Fast ebenso häufig wie Information und Beratung sowie die Absicherung durch eine Haftpflicht- oder Unfallversicherung wünschen sich in Sachsen-Anhalt 52 % der freiwillig Engagierten eine bessere Vereinbarkeit des Ehrenamts mit dem Beruf. In der Bandbreite der Bundesländer wird diese Maßnahme von Befragtenanteilen zwischen 56 % im Saarland und 49 % in Schleswig–Holstein genannt. Insgesamt gewünscht wird die Anerkennung als berufliches Praktikum oder Weiterbildung von rund der Hälfte der ehrenamtlich Tätigen, im Saarland, in Berlin und in Rheinland-Pfalz sind es 56 %. Demgegenüber sind es in Mecklenburg-Vorpommern und Sachsen nur jeweils 45 % und in Sachsen-Anhalt 39 %.

3.2.8 Hinderungsgründe für ein Engagement

Die Gründe, die aus Sicht der Befragten gegen die Aufnahme eines freiwilligen Engagements sprechen, sind unterschiedlich. Die 3 am häufigsten genannten Gründe veranschaulicht die folgende Abbildung (vgl. Abb. 3.14).

Über alle Bundesländer hinweg werden zeitliche Gründe mit deutlichem Abstand als am meisten hinderlich für freiwilliges Engagement angegeben. In Rheinland-Pfalz, Thüringen und Hessen gaben das jeweils rund zwei Drittel der Befragten an, in Baden-Württemberg und Mecklenburg-Vorpommern sogar rund drei Viertel. Im Bundesdurchschnitt sind es etwa 71 %, in der Mehrheit der Bundesländer streut der Wert zwischen 70 und 73 Prozentpunkten.

Auch berufliche Gründe sind ein wesentlicher Hinderungsgrund, welche der Aufnahme eines Ehrenamtes entgegenstehen. In Brandenburg und Sachsen-Anhalt ist dies bei fast der Hälfte der Befragten der Fall. In Nordrhein-Westfalen, Hamburg, Thüringen und Rheinland-Pfalz sieht sich rund jede bzw. jeder Vierte durch die eigene Erwerbstätigkeit an freiwilligem Engagement gehindert. In Berlin, Sachsen, Schleswig–Holstein, Baden-Württemberg, Bayern und dem Saarland sind es noch etwas mehr, in Hessen, Mecklenburg-Vorpommern und Niedersachsen etwas weniger Befragte.

Ähnlich häufig begründen in einigen Ländern Nichtengagierte ihre Abstandshaltung auch mit einer Scheu davor, Verpflichtungen einzugehen. Dies wurde häufiger als familiäre und gesundheitliche Gründe (hier nicht abgebildet) benannt.

3.2 Freiwilliges Engagement

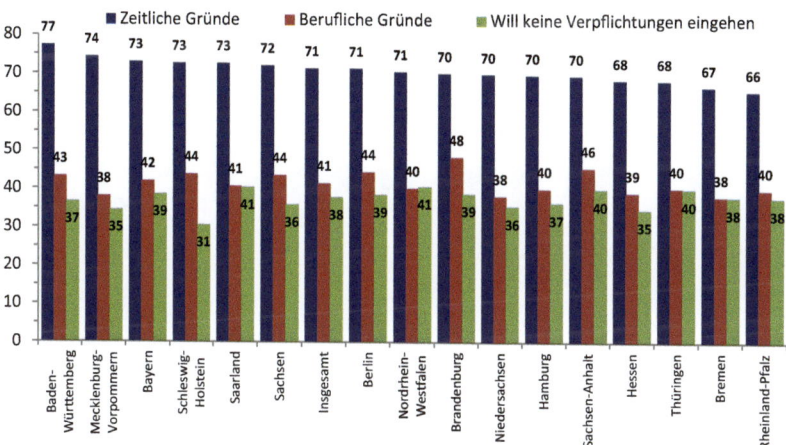

Abb. 3.14 Top-3-Gründe für Nichtengagement im Vergleich der Bundesländer in Prozent. (Quelle: Eigene Berechnungen, Grundlage: FWS-Datensatz 2019, gewichtet inkl. Bildung. Länderunterschiede sind auf einem Niveau von $\leq 1\,\%$ signifikant.)

Da die Zurückhaltung gegenüber Verpflichtungen gemäß dem gesellschaftlichen Wertekanon eher wenig geschätzt wird, ist das ein bemerkenswertes Ergebnis.

3.2.9 Genannte Gründe für eine Beendigung früheren Engagements

Weniger deutlich als die angegebenen Hinderungsgründe an der Aufnahme freiwilligen Engagements unterscheiden sich die 2 am häufigsten genannten Motive für die Beendigung eines früheren Engagements (vgl. Abb. 3.15). Im Bundesdurchschnitt wie auch in den meisten Ländern wurden berufliche Gründe als ausschlaggebend für das Aufgeben eines freiwilligen Engagements genannt. Ähnlich häufig bewog ein zu großer zeitlicher Aufwand die Befragten zur Beendigung ihres Ehrenamtes. In Rheinland-Pfalz und Hessen war dies etwas häufiger ausschlaggebend dafür, das Engagement aufzugeben, als berufliche Gegebenheiten. Am seltensten wurde Zeitknappheit in Hamburg und Brandenburg angeführt.

Hamburg ist auch das Bundesland, in dem familiäre Gründe – insgesamt der am dritthäufigsten genannte Beweggrund – im Ländervergleich der seltenste Anlass für die Beendigung eines Engagements gewesen sind; nur 15 % der

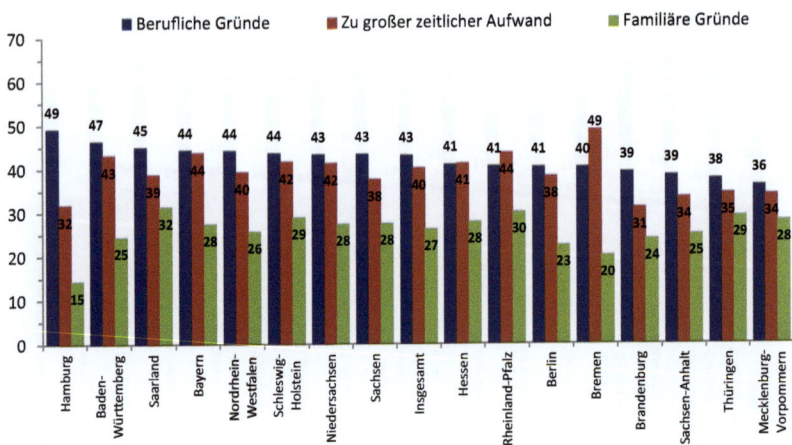

Abb. 3.15 3 meistgenannte Gründe für die Beendigung früheren Engagements im Vergleich der Bundesländer in Prozent. (Quelle: Eigene Berechnungen, Grundlage: FWS-Datensatz 2019, gewichtet inkl. Bildung. Länderunterschiede sind auf einem Niveau von ≤ 1 % signifikant.)

Befragten gaben dies dort an. In allen anderen Ländern waren es mindestens 5 Prozentpunkte mehr. Am häufigsten beendeten die Menschen im Saarland ihr früheres Engagement aus familiären Gründen.

Auch die Beweggründe für die Beendigung früherer Engagements können anhand des Tabellenbandes im Anhang hinsichtlich weiterer potenzieller Einflussfaktoren eingeordnet werden.

3.3 Engagementbereitschaft

Sofern Befragte nicht bereits freiwillig aktiv sind, wurden sie im Rahmen des Freiwilligensurveys 2019 gefragt, ob sie bereit wären, sich zukünftig zu engagieren. Die Anteile der Personen, die sich dies *sicher* oder *vielleicht* vorstellen konnten, sind in nachstehender Abbildung (Abb. 3.16) im Vergleich der Bundesländer dargestellt.

Die Spannweite der Engagementbereitschaft unter diesen Befragten reicht von gut 66 % in Berlin bis etwa 47 % in Thüringen und fällt damit im Vergleich zum tatsächlichen freiwilligen Engagement und zu realen öffentlich gemeinschaftlichen Aktivitäten recht groß aus. Durchschnittlich können sich knapp 59 % der

3.3 Engagementbereitschaft

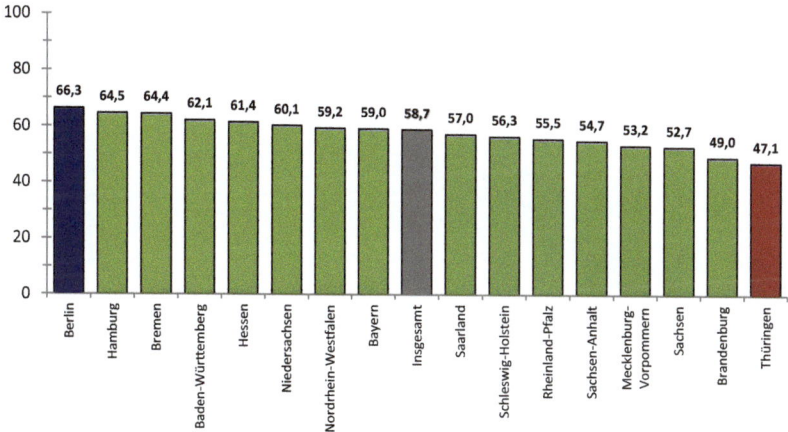

Abb. 3.16 Bereitschaft für zukünftiges freiwilliges Engagement im Vergleich der Bundesländer in Prozent (Anteile *Ja, sicher* und *Ja, vielleicht* in Prozent – Eta^2 = 0,007). (Quelle: Eigene Berechnungen, Grundlage: FWS-Datensatz 2019, gewichtet inkl. Bildung. Länderunterschiede sind auf einem Niveau von ≤ 1 % signifikant.)

nichtengagierten Befragten ab 14 Jahren vorstellen, künftig ein Engagement zu übernehmen.

Diese im Vergleich zum ausgeübten Engagement recht hohe Bereitschaft verweist auf das Potenzial für eine weiter steigende oder zumindest konstant bleibende Engagementquote in den kommenden Jahren. Mit Ausnahme Berlins ist die Engagementbereitschaft in Ostdeutschland etwas niedriger. Dass dabei Thüringen hinsichtlich der Engagementbereitschaft den letzten Platz einnimmt, könnte darin begründet liegen, dass eben dort bereits viele Menschen tatsächlich engagiert sind. In den 3 Stadtstaaten ist die Bereitschaft für künftiges Engagement am höchsten.

Werfen wir nun einen Blick auf die Engagementbereitschaft im Zeitverlauf. Hier wird erkennbar, dass die Entwicklung der Engagementbereitschaft bis einschließlich der dritten Welle des Freiwilligensurveys 2009, abgesehen von einzelnen Ausreißern, sehr gleichförmig und deutlich ansteigend verlief. Ab beziehungsweise nach 2009 zeichnen sich dann eher divergente Entwicklungsmuster ab, die Varianz zwischen den Bundesländern vergrößert sich wieder zusehends (vgl. Abb. 3.17).

Beginnend mit dem Jahr 2014 zeichnen sich weniger konstante beziehungsweise gleichförmigere Verläufe ab. Insgesamt zeigt sich gleichwohl ein starker

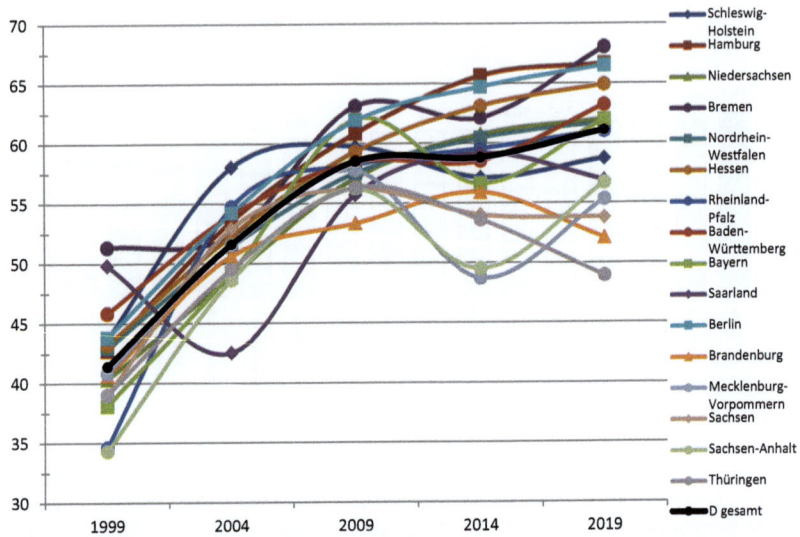

Abb. 3.17 Zeitverlauf Bereitschaft für zukünftiges freiwilliges Engagement im Vergleich der Bundesländer in Prozent. (Quelle: Eigene Berechnungen, Grundlage: FWS-Datensätze 1999 bis 2019, gewichtet nach Alter und Geschlecht.[8])

Anstieg des Engagementpotenzials seit 1999 – und dies *obwohl* gleichzeitig auch die Engagementquoten seit 2014 deutlich angestiegen sind und somit weniger Personen die Frage nach zukünftigem Engagement überhaupt gestellt wurde.

Es fällt auf, dass die Engagementbereitschaft im Saarland 2004 weit unter jene der anderen Bundesländer abgesunken, im Erhebungsjahr 2009 aber wieder stark angestiegen war. Auffällig ist auch der Einbruch der Engagementbereitschaft in Sachsen-Anhalt und Mecklenburg-Vorpommern 2014, welcher sich zur letzten Erhebungswelle des Freiwilligensurveys 2019 jedoch wieder ausglich. Dagegen sinkt die Bereitschaft in Thüringen seit 2009 kontinuierlich. In den meisten anderen Bundesländern konnten sich 2019 etwas mehr Personen ein zukünftiges Engagement vorstellen als noch 5 Jahre zuvor.

---

[8] Da die neu eingeführte Bildungsgewichtung für die Daten zur Engagementbereitschaft nicht für alle Jahre verfügbar war, werden hier die Daten ohne Bildungsgewicht im Zeitverlauf für alle Bundesländer dargestellt. Somit ändert sich zwar das Niveau, aber am jeweiligen hier fokussierten Trend der Verlaufskurven ändert sich dadurch nichts (vgl. Abschn. 2.1, S. 30). Die aktuellen Anteilswerte sind mit der Bildungsgewichtung in Abb. 18 für alle Länder aufgeführt.

3.4 Spendentätigkeit

Bei der Spendentätigkeit innerhalb der letzten 12 Monate liegen das Bundesland mit dem höchsten Wert (Bayern mit annähernd 56 %) und jenes mit dem geringsten Wert (Sachsen-Anhalt mit 44 %) rund 12 Prozentpunkte auseinander (vgl. Abb. 3.18). Im Bundesdurchschnitt hat 2019 mehr als die Hälfte der Befragten im letzten Jahr vor der Befragung Geld für soziale oder gemeinnützige Zwecke gespendet.

Abermals belegen die ostdeutschen Bundesländer die hinteren Rangplätze. Dieser Befund dürfte das regional geringere Durchschnittseinkommen mit schmaleren finanziellen Spielräumen für Spendentätigkeit wiederspiegeln. Die Werte Sachsen-Anhalts fallen hier etwas deutlicher ab. Wie im Zeitverlauf (vgl. Abb. 3.19) erkennbar wird, lag die Spendentätigkeit in diesem Land 1999 noch deutlich höher, sank dann aber bis 2009 und steigt seither wieder moderat an.

Verglichen mit den Zeitverläufen der bisher dargestellten Bereiche zeigt sich bei dem der Spendentätigkeit anhand des von 2004 bis 2014 deutlich sinkenden Spendenaufkommens ein konträres Bild. Eine Erklärung hierfür dürfte die Finanz- und Wirtschaftskrise 2008/2009 liefern, die bei vielen Haushaltseinkommen zu

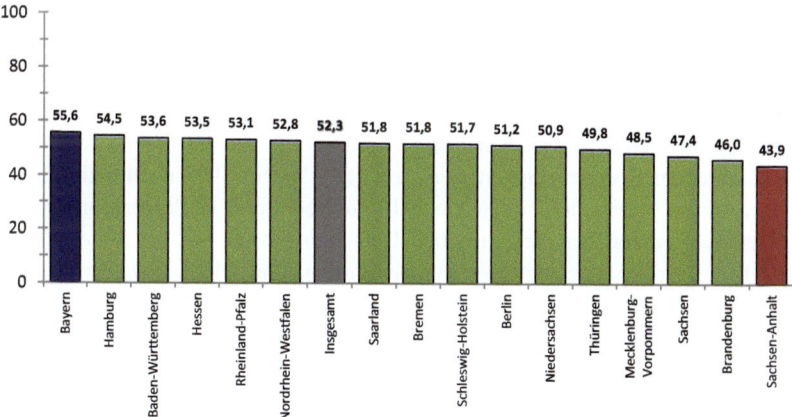

Abb. 3.18 Spendentätigkeit in den letzten 12 Monaten vor der Befragung im Vergleich der Bundesländer in Prozent (Anteile *Ja* in Prozent – Eta^2 = 0,003). (Quelle: Eigene Berechnungen, Grundlage: FWS-Datensatz 2019, gewichtet inkl. Bildung. Länderunterschiede sind auf einem Niveau von $\leq$ 1 % signifikant.)

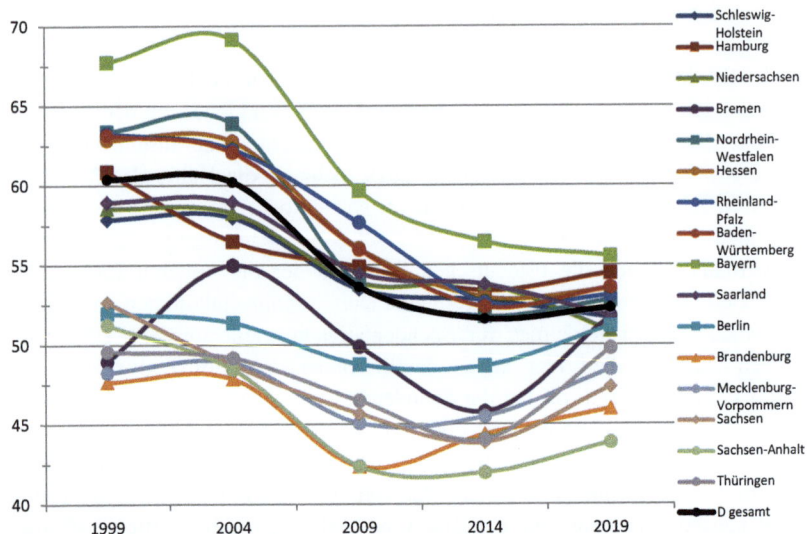

Abb. 3.19 Zeitverlauf Spendentätigkeit in den letzten 12 Monaten im Vergleich der Bundesländer in Prozent. (Quelle: Eigene Berechnungen, Grundlage: FWS-Datensätze 1999 bis 2019, gewichtet inkl. Bildung.)

Einbußen führte. Seit 2014 steigt die Spendentätigkeit in den meisten Bundesländern wieder leicht an. Auch werden im Zeitverlauf im Bundesdurchschnitt überwiegend gleichförmige, zunehmend konvergente Trends sichtbar. Während die Varianz der Spendentätigkeit zwischen den Ländern 1999 noch mehr als 20 Prozentpunkte ausmachte, beträgt sie 2019 nur noch rund 12 Prozentpunkte.

Deutlich werden bei der grafischen Darstellung nach wie vor Unterschiede zwischen west- und ostdeutschen Bundesländern, obwohl die Spendentätigkeit in Ostdeutschland von 2014 auf 2019 stärker als in Westdeutschland angestiegen ist. Bayern ist bei der Spendentätigkeit kontinuierlich Spitzenreiter über alle Jahre hinweg, wenngleich diese auch dort insgesamt über die Jahre gesunken ist.

3.5 Mitgliedschaften in Vereinen oder gemeinnützigen Organisationen

Die Befragten des Freiwilligensurveys werden seit 2009 gefragt, ob sie Mitglied in einem Verein oder einer gemeinnützigen Organisation sind, wobei

3.5 Mitgliedschaften in Vereinen oder gemeinnützigen Organisationen

die Mitgliedschaft in einer Kirche beziehungsweise einer Religionsgemeinschaft aufgrund der Fragestellung hier nicht miterfasst wird. Einer Vereins- beziehungsweise Organisationsbindung kann eine Brückenfunktion für die Aufnahme von Engagement zugeordnet werden. Mit 17 Prozentpunkten Unterschied ist die Spannbreite zwischen dem Bundesland mit den meisten Vereinsmitgliedern (Bayern, 47 %) und demjenigen mit den wenigsten (Berlin, 31 %) recht groß (vgl. Abb. 3.20).

Im Bundesdurchschnitt waren 2019 etwa 41 % der Befragten Mitglieder in Vereinen oder gemeinnützigen Organisationen. In den östlichen Bundesländern sind die Bürgerinnen und Bürger im Schnitt etwas weniger vereins- oder verbandsförmig organisiert, wobei Thüringen dem Bundesmittel noch am nächsten kommt.

Im Zeitverlauf betrachtet stellt sich die Entwicklung der Zahlen zur Mitgliedschaft in Vereinen oder gemeinnützigen Organisationen für alle Bundesländer relativ gleichförmig dar (vgl. Abb. 3.21). Von 2009 bis 2019 erfolgte insgesamt eine leichte Annäherung über die Länder hinweg. Ferner wird ein insgesamt leicht steigendes Mitgliedschaftsniveau seit 2009 erkennbar, obwohl die Anteile der Vereinsmitgliedschaften von 2014 zu 2019 in den meisten Bundesländern wieder etwas gesunken sind. Ausnahmen bilden hier Baden-Württemberg und Berlin,

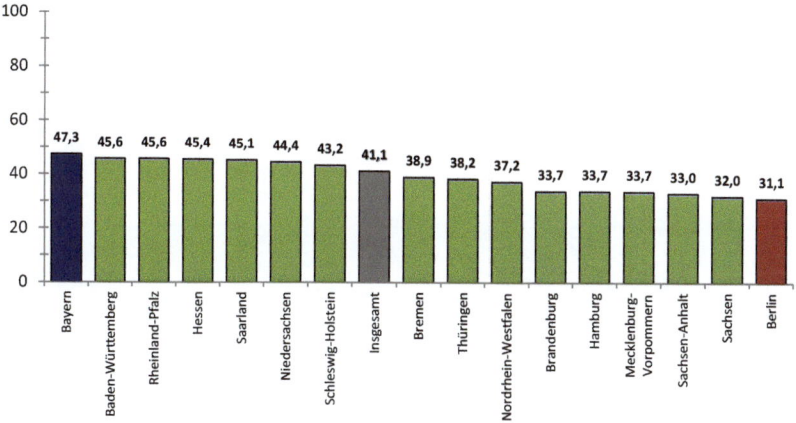

Abb. 3.20 Mitgliedschaft in Verein oder gemeinnütziger Organisation im Vergleich der Bundesländer in Prozent (Anteile *Ja* in % – Eta^2 = 0,012). (Quelle: Eigene Berechnungen, Grundlage: FWS-Datensatz 2019, gewichtet inkl. Bildung. Länderunterschiede sind auf einem Niveau von ≤ 1 % signifikant.)

wo die Zahlen der Vereinsmitglieder seit 2009 kontinuierlich zunehmen, sowie Thüringen und Sachsen-Anhalt, wo die Zahlen nahezu konstant geblieben sind.

Den vergleichsweise stärksten Vereinsmitgliederschwund haben mit rund 5 % von 2014 zu 2019 das Saarland, Rheinland-Pfalz und Mecklenburg-Vorpommern zu verzeichnen. Während Berlin trotz steigender Zahlen noch immer die wenigsten Vereins- und Organisationsmitglieder im Ländervergleich vorzuweisen hat, behauptet Bayern seine Spitzenposition 2019 vor allem aufgrund der weniger starken Rückgänge im Vergleich zum Jahr 2014.

Die deskriptiven Analysen abschließend wird im Folgenden noch auf das speziell abgefragte Engagement für Geflüchtete eingegangen.

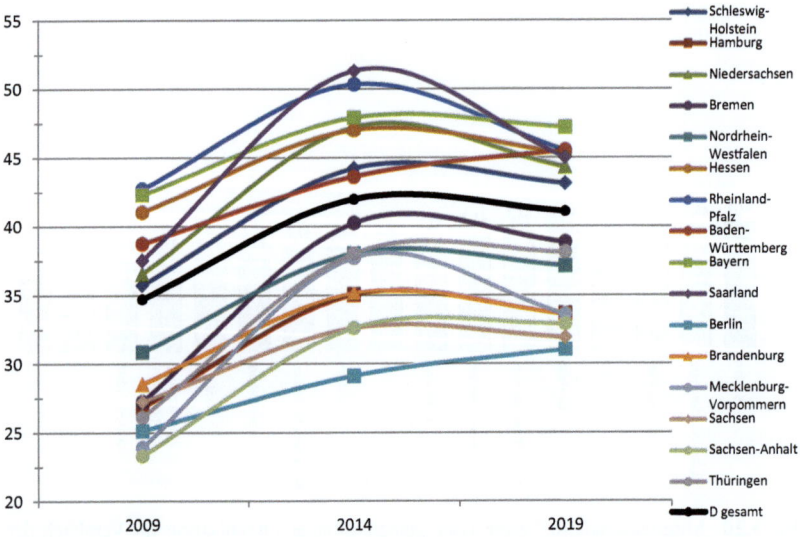

Abb. 3.21 Zeitverlauf Mitgliedschaft in Verein oder gemeinnütziger Organisation im Vergleich der Bundesländer in Prozent. (Quelle: Eigene Berechnungen, Grundlage: FWS-Datensätze 2009 bis 2019, gewichtet inkl. Bildung.)

3.6 Engagement für Geflüchtete

Unabhängig von der Frage nach einem aktuell ausgeübten freiwilligen Engagement oder einer gemeinschaftlich öffentlichen Aktivität wurden die Probandinnen und Probanden des letzten Freiwilligensurveys gefragt, ob sie sich in den Jahren 2014 bis 2019 *(in den letzten fünf Jahren)* für Geflüchtete engagiert haben (vgl. Abb. 3.22). Insgesamt ergibt sich ein bundesweiter Anteil in diesem Feld Engagierter von gut 12 %. Zwischen den Bundesländern schwanken diese Werte allerdings unübersehbar.

Der Anteil derjenigen, die angaben, sich für Geflüchtete engagiert zu haben, fiel für Hamburg am höchsten aus. Auch in Berlin, Hessen, Schleswig–Holstein, Niedersachsen, Nordrhein-Westfalen und Baden-Württemberg liegt dieses besondere Engagement etwas über dem Bundesdurchschnitt. In Sachsen, Thüringen und Sachsen-Anhalt waren es hingegen weniger als 10 %. Die Differenz erklärt sich zum einen aus dem ungleich geringeren Anteil an Geflüchteten in den ostdeutschen Flächenländern. Zum anderen können auch häufiger vorhandene asylkritische Einstellungen als Erklärungsfaktor nicht ausgeschlossen werden (vgl. neuestens Kösman und Wieland 2022).

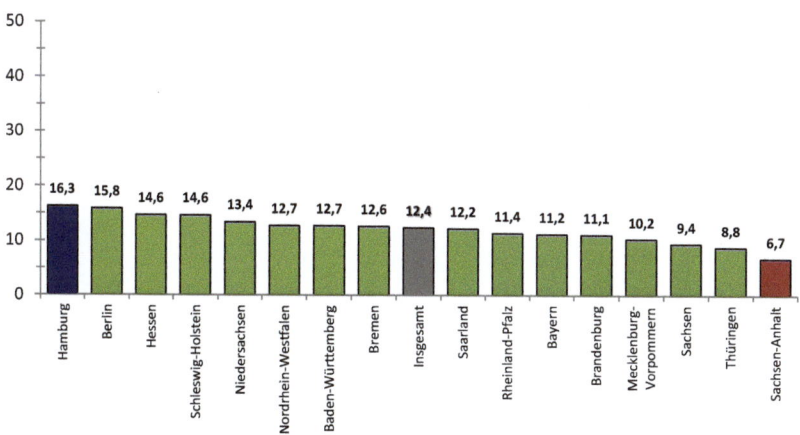

Abb. 3.22 Engagement für Geflüchtete in den letzten 5 Jahren im Vergleich der Bundesländer in Prozent (Anteile *Ja* in % – Eta^2 = 0,003). (Quelle: Eigene Berechnungen, Grundlage: FWS-Datensatz 2019, Länderunterschiede sind auf einem Niveau von ≤ 1 % signifikant.)

Open Access Dieses Kapitel wird unter der Creative Commons Namensnennung 4.0 International Lizenz (http://creativecommons.org/licenses/by/4.0/deed.de) veröffentlicht, welche die Nutzung, Vervielfältigung, Bearbeitung, Verbreitung und Wiedergabe in jeglichem Medium und Format erlaubt, sofern Sie den/die ursprünglichen Autor(en) und die Quelle ordnungsgemäß nennen, einen Link zur Creative Commons Lizenz beifügen und angeben, ob Änderungen vorgenommen wurden.

Die in diesem Kapitel enthaltenen Bilder und sonstiges Drittmaterial unterliegen ebenfalls der genannten Creative Commons Lizenz, sofern sich aus der Abbildungslegende nichts anderes ergibt. Sofern das betreffende Material nicht unter der genannten Creative Commons Lizenz steht und die betreffende Handlung nicht nach gesetzlichen Vorschriften erlaubt ist, ist für die oben aufgeführten Weiterverwendungen des Materials die Einwilligung des jeweiligen Rechteinhabers einzuholen.

4 Landesspezifische Determinanten unterschiedlicher Erscheinungsformen zivilgesellschaftlichen Handelns

In diesem Kapitel werden verschiedene Formen zivilgesellschaftlichen Handelns in den Bundesländern analysiert. Der zentrale Fokus dieser Analysen liegt darauf, fördernde und störende beziehungsweise hemmende Einflussfaktoren auf zivilgesellschaftliches Engagement zu identifizieren und zu beschreiben. Im Folgenden werden die Ergebnisse auf der Ebene der Bundesländer betrachtet. Dabei werden zunächst individuelle Faktoren untersucht, die zivilgesellschaftliches Engagement befördern oder verhindern können.

Anders als im vorangegangenen Länderbericht (Kausmann et al. 2016) werden dafür die sogenannten ‚Standarddifferenzierungen' (Geschlecht, Alter und Bildung) durchgängig um die Indikatoren Religionszugehörigkeit, Migrationshintergrund, Erwerbsstatus, Einkommen und Kinder im Haushalt erweitert. Zudem werden die Einflüsse des Alters differenzierter als 2016 (vgl. ebd.)[1] betrachtet. Ergänzend zum Alter wird ferner untersucht, ob die Wohndauer am aktuellen Wohnort vermittelt über eine höhere regionale Involviertheit und Verbundenheit die Engagementwahrscheinlichkeit beeinflusst. Ebenfalls zusätzlich wird anschließend betrachtet, ob ein Gefühl bekundeter Zugehörigkeit zur Gesellschaft in Deutschland sowie die positive Bewertung des sozialen Zusammenhalts vor Ort soziale Beteiligung fördern.

Die Zugehörigkeit zu verschiedenen Bevölkerungsgruppen ist verbunden mit unterschiedlichen Ausprägungen zivilgesellschaftlichen Engagements (vgl. Kap. 3). Diese Unterschiede können aus verschiedenartigen Interessen und Motivlagen resultieren, aber auch durch ungleich verteilte – teils ressourcenbezogene – Zugangschancen oder -barrieren zu sozialem Kapital (vgl. Putnam

---

[1] Bei der Untersuchung werden die jeweils jüngsten und ältesten Altersgruppen nochmals kleinteiliger klassifiziert (14–29 → in 14–19 und 20–29; >65 → 65 bis 75 und >75).

2000) bedingt sein. In der Partizipationsforschung und in vergleichbaren deutschlandweiten wie regionalen Befragungen (vgl. unter anderem Heyme et. al. 2018; Gensicke und Geiss 2010; Kausmann et al. 2016) haben sich unter anderem das Alter, das Geschlecht, der Erwerbsstatus und der Bildungshintergrund einer Person sowie familiäre Charakteristika (insbesondere das Vorhandensein von Kindern) als bedeutsam erwiesen. Aber auch finanzielle Ressourcen (Einkommen) oder Religionszugehörigkeit können eine Rolle spielen (vgl. ebd.). Weniger oder auch keine Beachtung finden hingegen häufig individuelle Einstellungsmuster, wahrgenommene Normen, subjektive Bedarfsanmeldungen oder auch das unmittelbare Lebensumfeld der Personen, also die Rahmenbedingungen und Kontexte (vgl. Heyme et. al. 2018).

Um diese Einflussfaktoren angemessen untersuchen zu können, müssten bereits bei der Planung des Erhebungsinstruments entsprechende Konstrukte Berücksichtigung finden. Im Rahmen der ‚nachholenden' Sekundäranalyse des vorliegenden Datensatzes auf Länderebene ist dies nur bedingt möglich.

Ergänzend zu den oben beschriebenen individuellen Faktoren werden zusätzlich einzelne umfeldbezogene Indikatoren betrachtet. Neben den hier im Fokus stehenden Bundesländern als übergeordnetem Hauptkontext sind das vor allem urbane und ländliche Räume sowie die Größenklassen der untersuchten Gemeinden. Die Daten des Freiwilligensurveys enthalten dazu verschiedene Möglichkeiten zur Identifikation von Ländlichkeit, welche als erklärende Variablen herangezogen werden können. Je nach Fallzahl kann hier auf 9, 4 oder 3 siedlungsstrukturelle Typen der Raumforschung zurückgegriffen werden. Im Länderbericht konzentrieren wir uns auf insgesamt 3 Indikatoren:

- Ländlichkeit

1. Stadt/Land – der einfachste Indikator differenziert lediglich zwischen Städtisch und Ländlich. Die Stadt-Land-Unterschiede werden hier anhand eines vom Bundesinstitut für Bau-, Stadt- und Raumforschung (BBSR) zur Verfügung gestellten aggregierten Indikators dargestellt. Verwendet werden dafür die Regionstypen *städtischer Raum* und *ländlicher Raum*. Dabei werden alle kreisfreien Großstädte sowie die städtischen Kreise dem städtischen Raum und alle ländlichen Kreise dem ländlichen Raum zugeordnet. So weisen Bundesländer wie Sachsen-Anhalt und Mecklenburg-Vorpommern einen hohen Anteil an ländlichen Räumen auf. Einmal abgesehen von den Stadtstaaten sind andere Regionen wiederum stärker städtisch geprägt (zum Beispiel Rhein-Main in Hessen, das Ruhrgebiet in Nordrhein-Westfalen, die Rhein-Neckar-Region in Baden-Württemberg).

2. Siedlungsstrukturelle Kreistypen – etwas differenzierter unterscheidet diese Typenbildung 4 Siedlungsräume.[2] Dieser Indikator wird für die Erstellung der Länderprofile herangezogen (vgl. Kap. 7).
3. Gemeindegrößenklasse – eine an der Bevölkerungszahl der Orte orientierte Typologie mit 7 Ausprägungen.[3] Bundeslandspezifische Besonderheiten, welche nicht nur auf kumulative individuelle Effekte zurückzuführen sind, können mithilfe dieser ‚ortsscharfen' Variablen genauer betrachtet werden. Die im Folgenden erläuterten Differenzierungsvariablen werden für die nachstehende Analyse verwendet.

- Geschlecht
Das Geschlecht wird als sogenannte Dummy-Variable operationalisiert. Dabei kann diese 2 Werte annehmen, nämlich 1 = Vorhandensein der Eigenschaft und 0 = nicht vorhanden. In den Berechnungen entspricht der Wert 1 dem männlichen Geschlecht und der Wert 0 dem weiblichen.
- Alter (6-stufig, in Jahren, Junge/Alte)
Das Alter der Befragten wird aufgrund seiner unterschiedlichen möglichen Einflussarten über 4 verschiedene Variablen operationalisiert. Alter kann sich als einfacher linearer Alterseffekt auswirken; das hieße zum Beispiel, je älter eine Person wird, desto weniger engagiert sie sich. Ebenfalls denkbar wäre ein Effekt, der von verschiedenen Altersgruppen ausgeht. Zum Beispiel: 14- bis 19-Jährige zeigen eine höhere Engagementbereitschaft als 30- bis 49-Jährige, aber eine geringere als 50- bis 64-Jährige. Hinzu kommen Sondereinflüsse einzelner Altersgruppen: Bei 75-Jährigen zum Beispiel liegt die Spendenbereitschaft überdurchschnittlich hoch, während sich alle anderen Jahrgänge diesbezüglich nicht voneinander unterscheiden. Folglich werden hier 4 Variablen gebildet und verwendet:

1. als metrische Variable in Jahren,
2. über 6 Altersgruppen: 1 = 14 bis 19 Jahre; 2 = 20 bis 29 Jahre; 3 = 30 bis 49 Jahre; 4 = 50 bis 64 Jahre; 5 = 65 bis 74 Jahre und 6 = über 75 Jahre,

---

[2] 1. ländliche Kreise [dünn besiedelt], 2. ländliche Kreise[verdichtet], 3. städtische Kreise und 4. kreisfreie Großstädte.

[3] 1. bis 20.000 Einw., 2. 20.000 bis 50.000 Einw., 3. 50.000 bis 100.000 Einw., 4. 100.000 bis 500.000 Einw. Randbereiche, 5. 100.000 bis 500.000 Einw. Kernbereich, 6. über 500.000 Einw. Randbereiche und 7. über 500.000 Einw. Kernbereich. – Die Zuordnungen *Kernbereich* und *Randbereich* entsprechen der auf Einwohner- bzw. Arbeitsplatzdichte basierenden Klassifikation von Gemeinden, die innerhalb der sog. BIK-Regionen liegen (vgl. https://www.forschungsinformationssystem.de/servlet/is/331220/abgerufen am 23.05.2022).

3. als Dummy-Variable *Alter* > *75,*
4. als Dummy-Variable *Junge* < *20.*

- Wohndauer am Wohnort (Jahre)
  Die Wohndauer am aktuellen Wohnort wird im Länderbericht in Jahren angegeben. Sie dient der Operationalisierung von lokaler Verbundenheit und Involviertheit der Befragten.
- Schulbildung (3- beziehungsweise 4-stufig [inkl. noch in der Schulausbildung])

Die Schulbildung wird über 4 Kategorien abgebildet:

1. noch in der Schulausbildung,
2. Volks- oder Hauptschulabschluss, Abschluss Polytechnische Oberschule (POS) 8. Klasse,
3. Mittlere Reife, Abschluss Polytechnische Oberschule (POS) 10. Klasse, und
4. Fachhochschulreife, Fachabitur, Abitur, Abschluss einer erweiterten Oberschule (EOS).

Für die Regressionen und Zusammenhangsanalysen wurde die 3-stufige ordinale (aufeinander aufbauende) Skala ohne die Kategorie *noch in der Schulausbildung* verwendet. Die 4-stufige Skala findet bei den Anteilsvergleichen in den Länderprofilen Verwendung.

- Haushaltsnettoeinkommen (5-stufig)
  Das Einkommen wird über 5 Kategorien in Euro gemessen: 1 = bis 1000; 2 = 1001 bis 2000; 3 = 2001 bis 3000; 4 = 3001 bis 5000; 5 = über 5000. Die Kategorien sind so gewählt, dass sich Zuwächse in den niedrigeren Einkommensgruppen eher auswirken als in den oberen. Alle Einkommen ab 5000 € werden in der höchsten Gruppe zusammengefasst. Es handelt sich dabei um das Haushaltsnettoeinkommen, also das summierte Einkommen aller im Haushalt lebenden Personen, was nach Abzug von Steuern und Sozialversicherungsbeiträgen noch zur Verfügung steht (inklusive Einnahmen aus Vermietung, Verpachtung und Vermögen).
- Erwerbsstatus (5 Kategorien, Dummy Arbeitslosigkeit)
  Der Erwerbsstatus umfasst 5 Ausprägungen: 1 = erwerbstätig; 2 = arbeitslos; 3 = Rentnerinnen und Rentner; 4 = in Ausbildung und 5 = Heimtätigkeit (Mutterschutz, Elternzeit, Haushaltsführende) und wird in den Länderprofilen

verwendet. Zusätzlich wurde eine Dummy-Variable Arbeitslosigkeit erstellt (0 = Nein; 1 = Ja).
- Kinder im Haushalt (6–18 J., unter 18 J.)
Die Zugehörigkeit von Kindern zum eigenen Haushalt wird als Dummy-Variable gemessen (0 = Nein; 1 = Ja).
- Religionszugehörigkeit (2 beziehungsweise 3 Kategorien)
Die Religionszugehörigkeit wird zum einen als Dummy-Variable (0 = keine; 1 = katholisch/evangelisch) und zum anderen 3-stufig (1 = keine; 2 = katholisch/evangelisch; 3 = andere) operationalisiert. Die 3-stufige Variable wird für die Anteilsvergleiche in den Länderprofilen verwendet.
- Migrationshintergrund (2 Kategorien)
Der Migrationshintergrund wird als Dummy-Variable operationalisiert (0 = Nein; 1 = Ja). Für einzelne Analysen verwenden wir die erweiterte Variable der Migrationserfahrung. Hier werden 5 Kategorien unterschieden: 1 = keine Migrationserfahrung (M.); 2 = Ausländerinnen und Ausländer mit eigener M.; 3 = Deutsche mit eigener M.; 4 = Ausländerinnen und Ausländer mit M. – 2. Generation; 5 = Deutsche mit M. – 2. Generation.
- Bewertung des sozialen Zusammenhalts am Wohnort (5-stufig)
Die Einstellungsvariable Bewertung des sozialen Zusammenhalts wird als 5-stufige ordinale Skala von 1 = sehr gut bis 5 = sehr schlecht gemessen. Mit den dazwischen liegenden Bewertungen konnte die Meinung abgestuft werden.
- Individuelles Zugehörigkeitsgefühl zur Gesellschaft in Deutschland (5-stufig)
Die Einstellungsvariable Zugehörigkeitsgefühl wird ebenfalls über eine 5-stufige ordinale Skala von 1 = voll und ganz zugehörig bis 5 = ganz und gar nicht zugehörig operationalisiert. Mit den dazwischen liegenden Bewertungen konnte die Meinung abgestuft werden.
- Ländlichkeit/Kreistypen (2 beziehungsweise 4 Kategorien)
Wie in Fußnote 21 erläutert.
- Gemeindegrößenklasse (7-stufig)
Wie in Fußnote 22 erläutert.

4.1 Einflussfaktoren von Erscheinungsformen zivilgesellschaftlichen Handelns und deren Operationalisierung

Im Folgenden werden die zuvor aufgeführten Indikatoren in ihrem Einfluss auf die einzelnen Erscheinungsformen zivilgesellschaftlichen Handelns beginnend mit öffentlich gemeinschaftlicher Aktivität untersucht. Dabei ist zu prüfen, ob sich diese Einflussfaktoren in allen Bundesländern gleich auswirken oder ob landesspezifische statistische Zusammenhänge nachweisbar sind. Exemplarisch wird erstens untersucht, ob sich hohe Bildung in allen Bundesländern engagementfördernd oder -hemmend auswirkt, und zweitens, ob diese Zusammenhänge in den einzelnen Ländern gleich intensiv ausfallen. Ferner wird herausgearbeitet, ob sich die identifizierten Einflussfaktoren bei unterschiedlichen Formen des Engagements unterscheiden.

Als Untersuchungsebene dienen hier bedingt durch die Datenverfügbarkeit die Bundesländer, aber auch die zuvor erwähnten unterschiedlichen Siedlungsstrukturen Stadt/Land und Ortsgrößenklassen. Analysiert wird, ob einmal auf Bundesebene identifizierte Zusammenhänge für die hier untersuchten Formen zivilgesellschaftlichen Handelns zwischen den Ländern variieren. Dafür werden die Einflussstärken der herangezogenen Indikatoren auf die unterschiedlichen Formen zivilgesellschaftlichen Handelns für jedes Bundesland einzeln berechnet und vergleichend dargestellt. Hierbei werden sämtliche einzelne Indikatoren nicht immer grafisch abgebildet. Stattdessen liegt der Fokus auf der auch in den Länderprofilen verwendeten und im Tabellenband ausgewiesenen erweiterten Standarddifferenzierung. Liegen besonders abweichende Effekte in einzelnen Ländern vor, werden diese erwähnt. Die Höhe eines ermittelten Einflusses sagt dabei nichts über den tatsächlichen Anteil der Aktiven, Engagierten oder Spendenden im Bundesland,[4] sondern beschreibt lediglich, wie stark dieser Anteil durch den jeweiligen Faktor (Bildung, Einkommen, Migrationshintergrund und weitere) beeinflusst wird.

Um die benannten Zusammenhänge aufzuzeigen, wird für jede Engagementform zunächst eine bundesweite Regressionsanalyse mit den aufgeführten Einflussfaktoren erstellt. Im Nachgang werden einzelne Variablen nochmals für jedes Bundesland gesondert untersucht.

4.2 Öffentlich gemeinschaftliche Aktivitäten

Bei den öffentlich gemeinschaftlich Aktiven (vgl. Kap. 2) handelt es sich um Personen, welche sich außerhalb von Beruf und Familie im öffentlichen Raum beteiligen oder mitmachen, zum Beispiel in Vereinen, Projekten, Selbsthilfegruppen oder anderen Initiativen. Diese Aktivitäten stellen gleichsam die Vorstufe zu

---

[4] Dies gilt äquivalent zu den in Kap. 3 dargestellten Ergebnissen, vgl. daher Kap. 3.

4.2 Öffentlich gemeinschaftliche Aktivitäten

freiwilligem Engagement dar. Im Rahmen der Erhebung wurde darauf geachtet, nur Personen einzubeziehen, deren Aktivität nicht länger als 12 Monate zurückliegt.

Für die Analysen werden im FWS 2019 die 14 erhobenen Aktivitäts- und Engagementbereiche (vgl. ebd.) zu einem einzelnen Indikator zusammengefasst, mit dem dann die durchschnittliche Aktivitäts- und Engagementrate in allen Bereichen für Deutschland insgesamt und die Länder im Einzelnen berechnet werden kann. Demgemäß unterscheiden die nachfolgenden Analysen nicht zwischen sportlichen, kirchlichen, kulturellen, schulischen oder sozialen öffentlich gemeinschaftlichen Aktivitäten beziehungsweise ebensolchen Engagements, sondern messen immer die Einflüsse auf alle Bereiche insgesamt. Hier böte sich Raum für eine anschließende vertiefende Analyse, welche die einzelnen Betätigungsfelder genauer in Augenschein nimmt. Dies könnte aber nur für die am häufigsten genannten Bereiche erfolgen (vgl. Abschn. 3.1.1 und 3.2.1), da sich ansonsten auf der Länderebene Fallzahlenprobleme ergäben.

Um der Vergleichbarkeit willen werden im Folgenden nur die Konstrukte untersucht, welche auch im Hauptbericht Verwendung finden. Für die anderen Formen zivilgesellschaftlichen Handelns, wie die Engagementbereitschaft aktuell nicht engagierter Personen, Spenden und Mitgliedschaften, gilt die Unterteilung in die 14 Bereiche nicht. Dennoch wird auf die Bereiche und ihre Einflussfaktoren an entsprechender Stelle eingegangen.

In der Regressionsanalyse der Aktivität werden die Einflussfaktoren Bildung, Migrationshintergrund, Religionszugehörigkeit und Einkommen besonders deutlich. Dabei wirkt sich die Erfahrung von Migration im Gegensatz zu den anderen genannten Faktoren aktivitätshemmend aus. Das Gefühl, Teil der Gesellschaft zu sein, ein empfundener Zusammenhalt im Wohnumfeld, schulpflichtige Kinder im Haushalt und eine lange Wohndauer vor Ort gehen mit aktivitätssteigernden Wirkungen einher. Des Weiteren erwähnen junge Menschen (<20 Jahren) etwas häufiger Aktivitäten als ältere. Negative Einflüsse ergeben sich außer durch Migrationserfahrung in etwas schwächerem Maße auch durch ein hohes Alter (ab 75 Jahren) und gegenwärtige Arbeitslosigkeit. Das Modell kann etwa 11 % der unterschiedlichen Ausprägungen der öffentlich gemeinschaftlichen Aktivitäten in Deutschland erklären (vgl. Tab. 4.1).[5]

---

[5] Für die einzelnen Aktivitätsbereiche (vgl. Abschn. 2.1 und 3.1.1) haben sich folgende, hier kurz aufgeführte Zusammenhänge ergeben: Der Bereich Sport und Bewegung wird ebenfalls vor allem durch Bildung, Einkommen, Religion und das Zugehörigkeitsgefühl positiv beeinflusst; hemmende Faktoren sind vor allem ein höheres Alter und auch hier der Migrationshintergrund von Befragten. Kulturelle Aktivitäten werden überdurchschnittlich oft vor allem

Tab. 4.1 Öffentlich gemeinschaftliche Aktivität in den letzten 12 Monaten – lineare Regression (Standardisierte Steigungskoeffizienten β)

Öffentlich gemeinschaftliche Aktivität (abhängige Variable; 0/1)		Standardisierte Koeffizienten (β)
Unabhängige Variablen (Standarddifferenzierung)	Bildung (1-3)	,167
	Haushaltseinkommen (1-6)	,096
	Kinder 6-18 im Haushalt (0/1)	,036
	Ev. o. kath. Religion (0/1)	,096
	Migrationshintergrund (0/1)	-,117
	Soz. Zusammenhalt (1-5)	-,043
	Zugehörigkeitsgefühl (1-5)	-,074
	Wohndauer in Jahren	,043
	Alter in Jahren	n.s.
	Alter > 75 (0/1)	-,048
	Alter < 20 (0/1)	,021
	Arbeitslosigkeit (0/1)	-,044
	Geschlecht (0/1)	n.s.
R^2		0,108

Quelle: Eigene Berechnungen. Alle Steigungskoeffizienten sind auf einem Niveau von ≤ 1 % signifikant
n.s. = nicht signifikant

Beim *Einfluss des Geschlechts* zeigt sich bundesweit ein zwar signifikanter, aber praktisch kaum bedeutsamer Zusammenhang zwischen Geschlecht und öffentlich gemeinschaftlicher Aktivität. Frauen sind im Schnitt minimal aktiver als Männer – ein Befund, der sich auf der Länderebene nur marginal und im Zusammenhang mit den anderen Variablen gar nicht bestätigt (vgl. Abb. 4.1, Tab. 4.1). Insgesamt erweisen sich hier die Länderwerte, mit Ausnahme von Niedersachsen und Sachsen, als nicht signifikant. Erkennbar wird aber auch, dass der deutschlandweite Wert nicht für alle Bundesländer in gleichem Maße gilt, sondern länderweise unterschiedlich und teilweise gegenläufig ausfällt.

Insgesamt muss der Einfluss der Geschlechterzugehörigkeit als wenig bis gar nicht relevant für öffentlich gemeinschaftliche Aktivitäten angesehen werden.[6]

---

von höher Gebildeten, Konfessionsgebundenen und Älteren ohne Migrationshintergrund ausgeübt, welche gleichzeitig einen guten Zusammenhalt vor Ort bestätigen. Im schulischen Bereich ist die Aktivität bei Frauen mit Kindern und höherer Bildung stärker ausgeprägt. Im kirchlichen Bereich spielen vor allem die Konfession sowie eine höhere Bildung, erlebter guter Zusammenhalt und höheres Alter eine verstärkende Rolle.

[6] Die Korrelationskoeffizienten (Pearson's R und Spearman's Rho) können Werte von -1 bis $+1$ annehmen. Bei -1 liegt ein vollständig negativer Zusammenhang vor, bei 0 liegt kein Zusammenhang vor und bei 1 liegt ein vollständig positiver Zusammenhang vor. Bei

4.2 Öffentlich gemeinschaftliche Aktivitäten

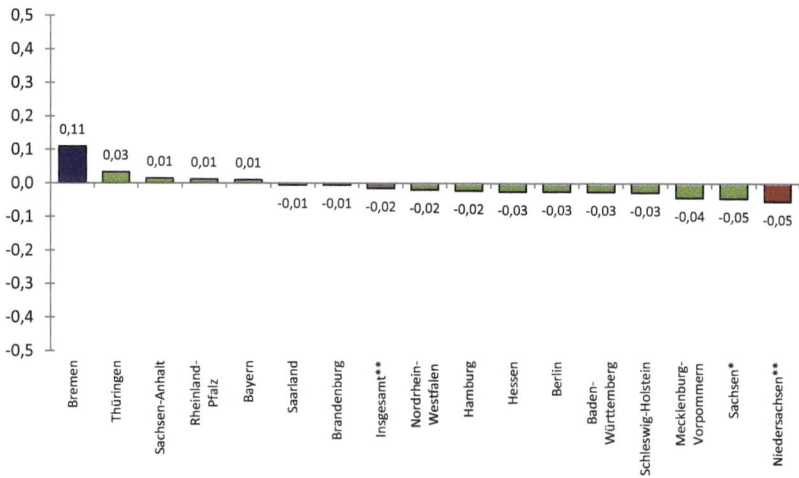

Abb. 4.1 Zusammenhang von Geschlecht (w. = 0; m. = 1) und gemeinschaftlichen Aktivitäten im Vergleich zwischen den Bundesländern (Pearson's R). (Quelle: Eigene Berechnungen, Grundlage: FWS-Datensatz 2019, Pearson's R = ist auf einem Niveau von ≤ 1 %** bzw. ≤ 5 %* signifikant)

Der Zusammenhang mit dem individuellen *Schulabschluss* ist im Vergleich dazu wesentlich stärker ausgeprägt und fällt in allen Bundesländern positiv aus (vgl. Abb. 4.2). Genauer gesagt: Mit einem höheren Schulabschluss steigt auch die Wahrscheinlichkeit öffentlich gemeinschaftlicher Aktivitäten. Mit einem bundesweiten Durchschnittswert von 0,18 sprechen wir von einem niedrigen beziehungsweise moderaten Zusammenhang. Gleichwohl werden hier länderspezifische Differenzen erkennbar. In Hamburg und auch in Sachsen-Anhalt ist dieser Zusammenhang überdurchschnittlich stark ausgeprägt. Hingegen fällt er in Hessen, Bayern, dem Saarland, Niedersachsen und Mecklenburg-Vorpommern deutlich geringer aus und ist teilweise nicht mehr signifikant (vgl. Abb. 4.2).

Es bestätigt sich folglich, dass ein deutschlandweiter Wert allein den landesstaatlich differenzierten Sachverhalt nur unzureichend beschreiben würde, weil dieser Wert landesspezifische Besonderheiten vernachlässigt. Ebenso ist davon auszugehen, dass in Ländern mit einem starken Bildungseinfluss auf Aktivitäten

---

der Interpretation sprechen wir, unabhängig vom Vorzeichen, bei Werten um 0,1 von einem geringen bzw. schwachen, bei Werten um 0,3 von einem mittleren bzw. moderatem und bei Werten um 0,5 von einem großen bzw. starken Zusammenhang (vgl. auch Cohen 1988; Diekmann 2003).

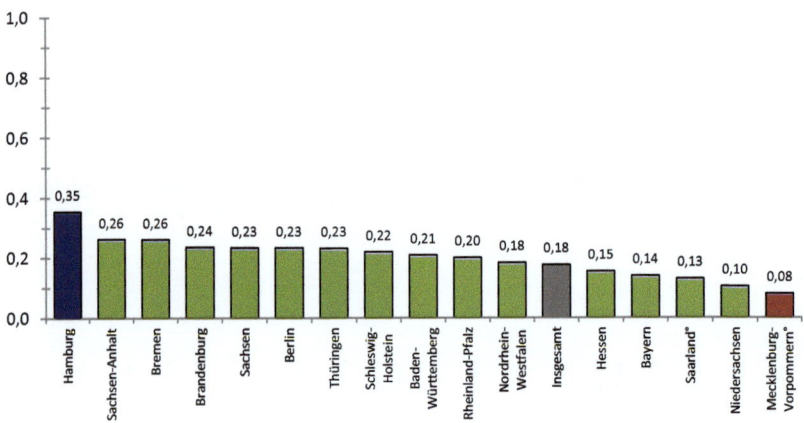

Abb. 4.2 Zusammenhang von Schulbildung (3-stufig) und öffentlich gemeinschaftlichen Aktivitäten im Vergleich zwischen den Bundesländern (Spearman's Rho). (Quelle: Eigene Berechnungen, Grundlage: FWS-Datensatz 2019, Spearman's Rho in allen Ländern (°mit Ausnahme von Saarland und Meck.-V.) auf einem Niveau von $\leq 1\,\%$ signifikant)

auch der Bildungsbias hinsichtlich dieses Indikators größer ausfällt (vgl. ebd.). So berichten beispielsweise in Hamburg über drei Viertel (77 %) der befragten Personen mit allgemeiner Hochschulreife, regelmäßig aktiv zu sein; unter jenen mit niedriger formaler Bildung sind es gerade einmal 34 %. Ein ähnliches Bild ergibt sich für Sachsen-Anhalt (75 % zu 35 %)[7]. Dort beträgt die Differenz zwischen den Bildungsschichten somit gut 40 Prozentpunkte. In Mecklenburg-Vorpommern beträgt die Aktivitätslücke zwischen hohem und niedrigem Bildungsabschluss lediglich 16 Prozentpunkte (70 % zu 54 %). Ansätze zum Gegensteuern böte hier konkret ein erweitertes Angebot niedrigschwelliger Aktivitätsformate, flankiert durch eine Bildungspolitik, welche die Chancen zu einem möglichst gerechten Bildungszugang erhöht. Dies gilt für fast alle hier aufgenommenen Formen zivilgesellschaftlichen Handelns.

Klare Ost-West-Unterschiede lassen sich beim Bildungseffekt indes nicht ausmachen. Gleichwohl zeigen die meisten ostdeutschen Bundesländer mit Ausnahme Mecklenburg-Vorpommerns einen überdurchschnittlichen Einfluss von Bildung auf gemeinschaftliche Aktivitäten.

---

[7] Die genauen Differenzen können dem Tabellenband (Kap. 8) sowie den jeweiligen Foliensätzen zu den Länderprofilen (Kap. 7) entnommen werden.

4.2 Öffentlich gemeinschaftliche Aktivitäten

Das Haushaltseinkommen und der formale Bildungsgrad sind beides Indikatoren des sozioökomischen Status einer Person, welche sich häufig gegenseitig bedingen und in ähnlicher Richtung wirken. Betrachtet man das *Haushaltseinkommen* der Befragten in seiner Wechselwirkung mit öffentlich gemeinschaftlichen Aktivitäten, so ergibt sich ein in Teilen noch stärker ausgeprägtes Bild (vgl. Abb. 4.3).

Deutschlandweit ist der Einfluss des Einkommens für sich betrachtet etwas stärker ausgeprägt als derjenige des Bildungsgrades, variiert aber weniger stark über die Länder hinweg. Alle Länderwerte streuen mehr oder weniger um den gesamtdeutschen Wert von 0,22 (vgl. Abb. 4.4). Einkommensstarke Haushalte beziehungsweise Personen sind im Mittel häufiger aktiv als einkommensschwache. Dies trifft vor allem auf Thüringen, das Saarland und Schleswig-Holstein zu. In Baden-Württemberg und Rheinland-Pfalz spielt das Einkommen als ‚Türöffner' für den Zugang zu öffentlich gemeinschaftlichen Aktivitäten eine weniger wichtige Rolle.

Personen mit einem Haushaltseinkommen von über 5000 € gaben in Thüringen zu über 90 % an, gemeinschaftlich öffentlich aktiv zu sein. Bei Befragten mit einem Budget von weniger als 1000 € waren es noch 42 %. Das einkommensbezogene Aktivitätsgefälle beträgt hier also fast 50 Prozentpunkte. In

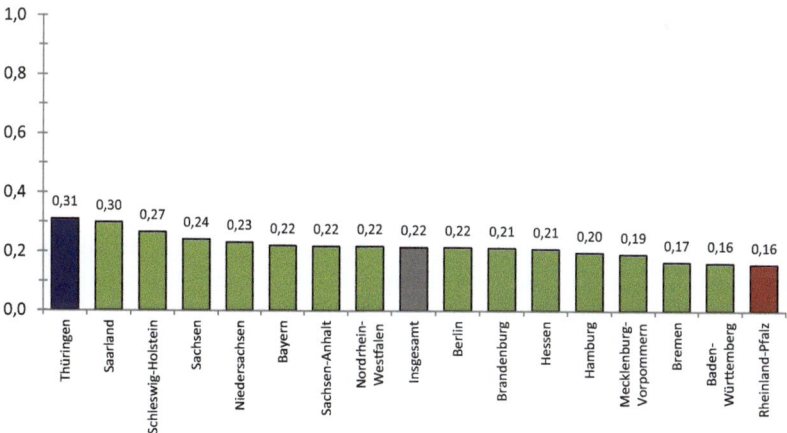

Abb. 4.3 Zusammenhang von Einkommen (5-stufig) und öffentlich gemeinschaftlichen Aktivitäten im Vergleich zwischen den Bundesländern. (Quelle: Eigene Berechnungen, Grundlage: FWS-Datensatz 2019, Spearman's Rho in allen Ländern auf einem Niveau von ≤ 1 % signifikant)

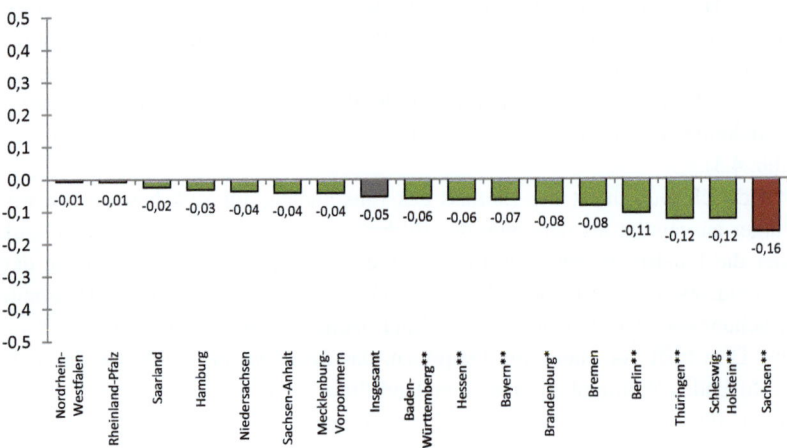

Abb. 4.4 Zusammenhang von Alter und öffentlich gemeinschaftlichen Aktivitäten im Vergleich zwischen den Bundesländern. (Quelle: Eigene Berechnungen, Grundlage: FWS-Datensatz 2019, Spearman's Rho = ist auf einem Niveau von ≤ 1 %** bzw. ≤ 5 %* signifikant)

Rheinland-Pfalz schwächt sich der Einkommensbias zwar deutlich ab, beläuft sich zwischen den beiden Gruppen aber immer noch auf fast 40 Prozentpunkte (81 % bei Einkommen > 5000 €/44 % bei Einkommen < 1000 €). Auch bei diesem Indikator folgt die Verteilung keiner eindeutigen Ost-West-Zuordnung.

Ein eindeutiger linearer *Effekt des Alters* auf gemeinschaftliche Aktivitäten (in dem Sinne: je älter, desto weniger aktiv) ist deutschlandweit nur bedingt feststellbar und liegt mit 0,05 auf einem sehr geringen Niveau (vgl. Abb. 4.4). Dementsprechend erweist sich der Faktor Alter, aufgeschlüsselt nach Bundesländern, bei gut der Hälfte der Fälle als nicht signifikant. In einigen Bundesländern wie Sachsen, Schleswig-Holstein, Thüringen und Berlin schwächen sich die Aktivitätsquoten mit zunehmendem Alter sehr deutlich ab.

Die insgesamt vergleichsweise geringe Wirkung des Alters ist auch dem Umstand geschuldet, dass Alter sich auf (abnehmende) Aktivität nicht einfach linear auswirkt. Erst ab einer bestimmten Altersgruppe (>75 Jahre) fallen die Aktivitätsraten stark ab, dies erfolgt also nicht kontinuierlich mit zunehmendem Alter. Dies ist auch das Ergebnis der bundesweiten Regression (vgl. Tab. 4.1). Der Effekt der unterschiedlichen Altersgruppen ist in den Länderprofilen und dem Tabellenband (vgl. Kap. 7 und 8) detailliert aufgeführt. Während in Sachsen die

4.2 Öffentlich gemeinschaftliche Aktivitäten

Aktivitätsraten mit höherem Alter moderat abfallen, ergeben sich in Nordrhein-Westfalen kaum beziehungsweise keine gleichbleibenden Unterschiede zwischen den untersuchten Altersgruppen (vgl. ebd.). Während unter 14- bis 19-Jährigen in Sachsen 90 % von gemeinschaftlichen Aktivitäten berichten, gilt dies bei über 75-Jährigen nur noch für die Hälfte der Befragten (50 %). In Nordrhein-Westfalen liegen zwischen diesen beiden Gruppen nur 9 Prozentpunkte.

Die *Religionszugehörigkeit* (hier erfasst nach evangelisch/katholisch[8]) geht bei deutschlandweiter Betrachtung in der Regel mit einer höheren Wahrscheinlichkeit gemeinschaftlicher Aktivitäten einher. Mit 0,13 ist der Zusammenhang zwar eher niedrig, aber in den meisten Ländern hoch signifikant. Dennoch treten ebenso deutlich Unterschiede zwischen den Bundesländern zutage (vgl. Abb. 4.5). Nicht überraschend stellen sich im Bereich der Religion augenfällige Ost-West-Unterschiede dar. So liegt die Rate der Religionszugehörigkeit im weitestgehend säkularisierten Osten des Bundesgebiets auf einem ungleich niedrigeren Niveau als im Westen (vgl. Abschn. 5.4.1). Demgemäß fällt der Einfluss dieses Faktors hier auch wesentlich geringer aus und erweist sich in Brandenburg, Sachsen-Anhalt und Mecklenburg-Vorpommern außerdem als nicht signifikant.

Letzterer Effekt tritt unabhängig von der geringeren Zahl konfessionsgebundener ostdeutscher Befragter auf. Das lässt sich so deuten, dass gemeinschaftliche Aktivitäten im Osten stärker als im Westen der Bundesrepublik auch mit einer ‚laizistischen' Grundhaltung einhergehen. So gaben in Mecklenburg-Vorpommern 65 % der konfessionslosen und 67 % der katholischen und protestantischen Personen an, sich gemeinschaftlich zu betätigen. In Bayern hingegen liegt die Aktivitätsrate unter Gläubigen fast 20 Prozentpunkte höher (73 % zu 56 %).

Kinder im Haushalt zwischen 6 und 18 Jahren bewirken bundesweit und auch in den einzelnen Bundesländern zwar eine leicht höhere Aktivität (vgl. Abb. 4.6). Dieser Effekt wirkt sich mit einem Wert von 0,08 aber deutlich weniger stark aus als beim freiwilligen Engagement (vgl. Abschn. 4.3). Im Osten, mit Ausnahme von Sachsen-Anhalt, ist dieser Zusammenhang etwas stärker ausgeprägt als im Rest des Landes (vgl. Abb. 4.6).

In Mecklenburg-Vorpommern und Thüringen gaben 80 beziehungsweise 82 % der Befragten in Haushalten mit Kindern an, öffentlich gemeinschaftlich aktiv zu sein. In Haushalten ohne Kinder waren es 61 beziehungsweise 64 %. In

---

[8] Für die Erklärung von gemeinschaftlichen Aktivitäten spielt es keine Rolle, ob die befragte Person evangelisch oder katholisch ist. Deshalb werden diese beiden Ausprägungen zu einer Kategorie zusammengefasst. Die Fallzahl für andere Religionsgemeinschaften ist für einen Ländervergleich häufig zu niedrig. Zudem wirkt sich die Zugehörigkeit in diesem Fall nicht positiv, sondern negativ auf gemeinschaftliche Aktivitäten aus. Dieser Zusammenhang wird in den Länderprofilen nochmals detaillierter dargestellt (vgl. Länderprofile in Kap. 7).

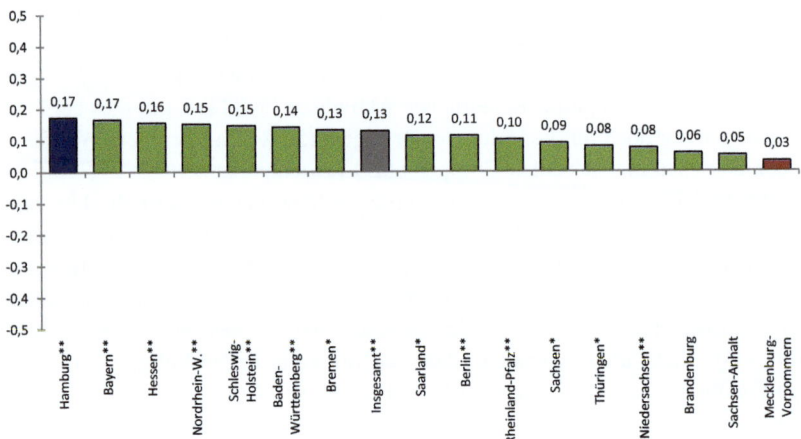

Abb. 4.5 Zusammenhang von Religionszugehörigkeit (ev./kath.) (Nein = 0/Ja = 1) und öffentlich gemeinschaftlichen Aktivitäten im Vergleich zwischen den Bundesländern. (Quelle: Eigene Berechnungen, Grundlage: FWS-Datensatz 2019, Pearson's R = ist auf einem Niveau von ≤ 1 %** bzw. ≤ 5 %* signifikant)

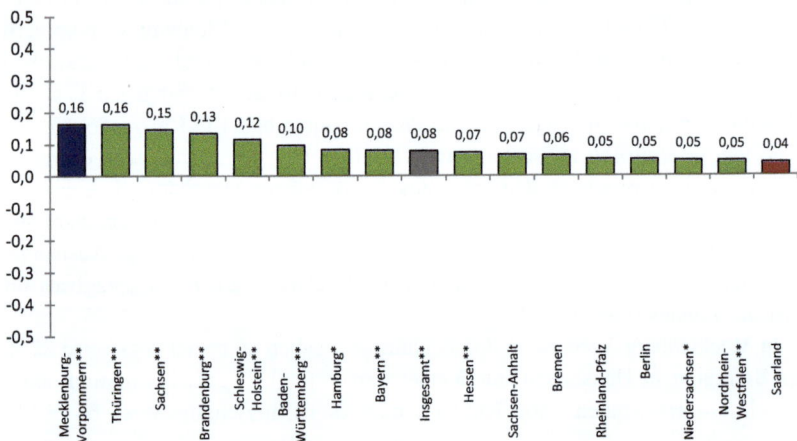

Abb. 4.6 Zusammenhang von Kindern (6 bis 18 Jahre) im Haushalt (Nein = 0/Ja = 1) und gemeinschaftlichen Aktivitäten im Vergleich zwischen den Bundesländern. (Quelle: Eigene Berechnungen, Grundlage: FWS-Datensatz 2019, Pearson's R = ist auf einem Niveau von ≤ 1 %** bzw. ≤ 5 %* signifikant)

4.2 Öffentlich gemeinschaftliche Aktivitäten

Nordrhein-Westfalen beträgt die Differenz zwischen den beiden Gruppen nur 5 Prozentpunkte. Der Einfluss ist zwar aufgrund der hohen Fallzahl auch dort signifikant, aber von geringerer Bedeutung. Ein möglicher Erklärungsfaktor für die Unterschiede zwischen Ost und West sind die kulturell bedingt unterschiedlich geprägten Familienbilder (vgl. Gabriel et al. 2015, S. 93–102). So wird die Vereinbarkeit von Kindern und anderen Aktivitäten, sei es Karriere, Beruf oder Selbstverwirklichung, im Osten traditionell positiver beurteilt.

Menschen mit Migrationshintergrund geben überdurchschnittlich häufig an, sich weniger öffentlich gemeinschaftlich aktiv zu betätigen (vgl. Abb. 4.7). Dieses vergleichsweise niedrigere Aktivitätsniveau findet sich bei allen hier untersuchten Formen zivilgesellschaftlichen Handelns (vgl. nachfolgende Abschnitte). Dabei sind es vor allem Menschen ohne deutsche Staatsbürgerschaft und mit einer eigenen Migrationserfahrung, welche weniger aktiv sind. Der Effekt nimmt ab, wenn die Migrationserfahrung bei Deutschen (also Menschen mit deutscher Staatsbürgerschaft) oder aber in der zweiten Generation auftritt (vgl. Tab. 4.2). Das heißt: Würde man nur die Gruppe der Personen ohne deutsche Staatsbürgerschaft und eigene Migrationserfahrung betrachten, fiele die Zurückhaltung gegenüber Aktivität noch prägnanter aus.

Bei der Einschätzung der Effekte von Migrationserfahrung sollte beachtet werden, dass dieses Merkmal häufig mit anderen hier untersuchten Determinanten von öffentlich gemeinschaftlicher Aktivität verbunden ist, welche ressourcenbezogene Zugangschancen dazu mit bestimmen können. So verfügen Menschen mit Migrationshintergrund häufiger über geringere Einkommen und teilweise auch ein niedrigeres Bildungsniveau als der Durchschnitt der deutschen Bevölkerung ohne Migrationshintergrund. Zudem fühlen sich überdurchschnittlich viele Angehörige dieser Population von der Gesellschaft ausgeschlossen beziehungsweise ihr nicht zugehörig, sind aber andererseits auch wesentlich jünger als der Durchschnitt.

Mit einem Wert von 0,16 ergibt sich deutschlandweit insgesamt ein eher geringer Zusammenhang. Dieser fällt in den Bundesländern unterschiedlich stark ins Gewicht. So bekunden vor allem Menschen mit Migrationshintergrund in Hamburg niedrigere Aktivitätsquoten, während in Brandenburg keine Unterschiede festzustellen sind (vgl. auch Länderprofile, Abschn. 7.6 und 7.5). Insgesamt scheint sich ein Migrationsstatus im Osten weniger stark auf die Aktivitätsraten auszuwirken als in den meisten westlichen Bundesländern (vgl. Abb. 4.7). Dies erscheint insofern von Bedeutung, als in Ostdeutschland auch die Anteile von Menschen mit Migrationserfahrung vergleichsweise niedrig sind. Im Gegensatz dazu ist der Einfluss häufig auch dort hoch, wo der Anteil an Menschen mit Migrationshintergrund höher ist, was vor allem für Hamburg, aber auch für Nordrhein-Westfalen und teilweise auch für Baden-Württemberg und Hessen

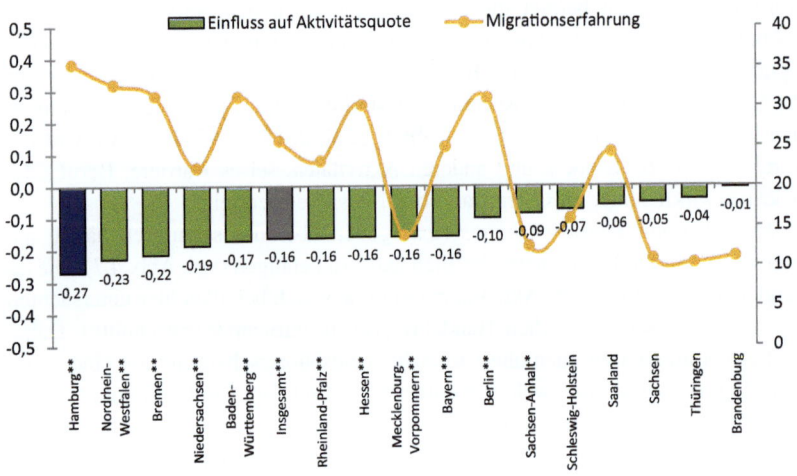

Abb. 4.7 Zusammenhang von Migrationshintergrund (Nein = 0/Ja = 1) und öffentlich gemeinschaftlichen Aktivitäten im Vergleich zwischen den Bundesländern (Pearson's R), Anteile an Personen mit Migrationserfahrung (Anteile in %). (Quelle: Eigene Berechnungen. Grundlage: FWS-Datensatz 2019, Pearson's R = ist auf einem Niveau von ≤ 1 %** bzw. ≤ 5 %* signifikant)

Tab. 4.2 Migrationserfahrung 5-stufig und Aktivität (Angaben in %)

Öffentlich gemeinschaftliche Aktivität	Deutschland (Ø)	Keine Migrationserfahrung (Nein =0)	Migrationserfahrung (Ja = 1)			
			Ausländer mit eigener M.	Deutsche mit eigener M.	Ausländer mit M. – 2. Gen.	Deutsche mit M. – 2. Gen.
Anteil	66,0	70,7	41,8	53,5	57,2	66,1

* Der Einfluss ist auf einem Niveau von ≤ 1 % signifikant
M. = Migrationserfahrung

zutrifft. Gerade weil öffentlich gemeinschaftliche Aktivitäten eine Integrationsmöglichkeit bieten, stellt in den letztgenannten Bundesländern diese Gruppe der Bevölkerung ein Aktivitätspotenzial dar.

Das Gefühl, nicht dazuzugehören, korrespondiert bundesweit mit niedrigeren Aktivitätsquoten (vgl. Tab. 4.1 und Abb. 4.8). Wie schon bei den vorgenannten Indikatoren erkennbar ist, trifft dies nicht für alle Bundesländer in gleichem Maße zu. In Thüringen, Brandenburg und Berlin ist der Zusammenhang gering, wohingegen er im Saarland größere Bedeutung hat. Ein Exklusionsgefühl kann

4.2 Öffentlich gemeinschaftliche Aktivitäten

durch eigene Migrationserfahrungen, Erwerbslosigkeit und niedrige Haushaltseinkommen verstärkt werden. Der Einfluss des sozialen Zusammenhalts (hier nicht dargestellt) zeigt hingegen wenig länderspezifische Differenzen.

Die Darstellung der Aktivitätsraten in der folgenden Abbildung zeigt, dass es deutschlandweit betrachtet in Bezug auf die Aktivitätsquoten keinen Unterschied macht, ob eine Person im urbanen oder ländlichen Kontext lebt (vgl. Abb. 4.9).

Blickt man auf die einzelnen Bundesländer, ergibt sich ein etwas anderes Bild. In Niedersachsen, Hessen, Bayern und Rheinland-Pfalz sind Bürgerinnen und Bürger laut eigener Aussage eher im ländlichen Raum aktiv, in Baden-Württemberg, Brandenburg, Schleswig-Holstein und in Rheinland-Pfalz sowie in Sachsen und Thüringen weisen hingegen die städtischen Räume eine leicht höhere Aktivitätendichte auf (vgl. ebd.). Statistisch signifikant sind die Differenzen aber nur in Niedersachsen, Bayern, Rheinland-Pfalz, Sachsen und Thüringen. Dieser Zusammenhang bestätigt sich teilweise auch bei Betrachtung der Gemeindegrößenklassen (nicht dargestellt). In kleineren Orten erreicht die Aktivität dort im Schnitt ein geringfügig höheres Niveau als in größeren. Im Vergleich zu den sozioökonomischen Faktoren und anderen Individualmerkmalen der Befragten ist

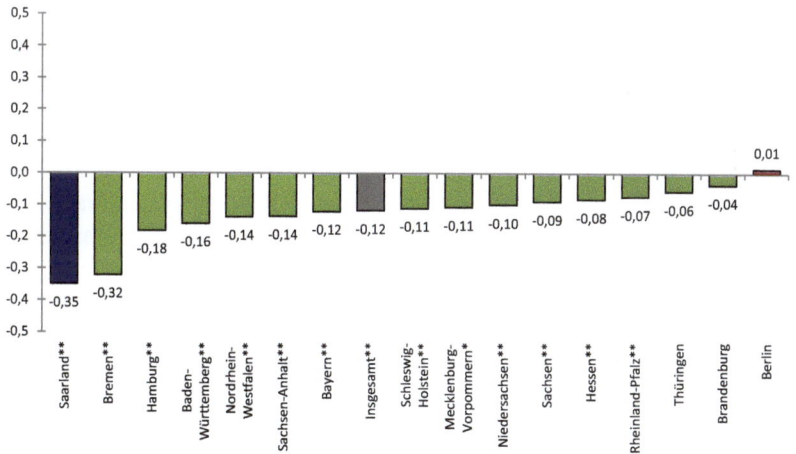

Abb. 4.8 Zusammenhang von Exklusionsgefühl (1 min. bis 5 max.) und öffentlich gemeinschaftlichen Aktivitäten im Vergleich zwischen den Bundesländern (Spearman's Rho). (Quelle: Eigene Berechnungen, Grundlage: FWS-Datensatz 2019, Spearman's Rho = ist auf einem Niveau von ≤ 1 %** bzw. ≤5 %* signifikant)

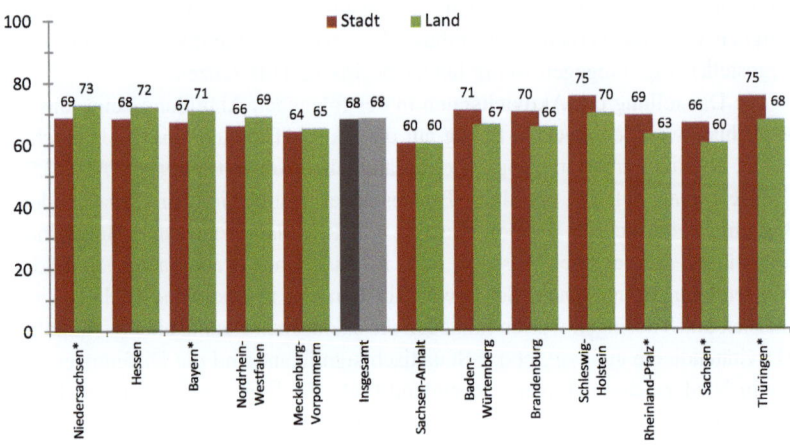

Abb. 4.9 Öffentlich gemeinschaftliche Aktivitäten nach Stadt und Land im Vergleich zwischen den Bundesländern (Anteile in %). (Quelle: Eigene Berechnungen, Grundlage: FWS-Datensatz 2019. In einzelnen Ländern ist die Stadt-Land-Differenz auf einem Niveau von ≤ 5 %* signifikant (hier ohne Stadtstaaten, Saarland fehlend, da dafür im Datensatz keine Angaben zu ländlichem Raum vorliegen). Sortiert absteigend nach Stadt-Land-Differenz)

der durch Ortsgröße bedingte Einfluss aber schwach und nicht in allen Ländern signifikant.

In einem Regressionsmodell aller Differenzierungskriterien (also unter Einbezug aller mit der Standarddifferenzierung erfassten Individualfaktoren – hier nicht abgebildet) zeigen diese Umfeldfaktoren für Deutschland insgesamt keinen signifikanten Einfluss. Zwei Erklärungsmuster lassen sich dafür heranziehen. Erstens erhärtet sich für einige Länder die Annahme, dass im ländlichen Raum das Vereinsleben reger ist und lokale Sozialkontakte das Leben stärker prägen und aktivitätssteigernd wirken können. Zum anderen gibt es auch Bundesländer, tendenziell mehr im Osten Deutschlands, in denen gemeinschaftliche Aktivitäten häufiger einen städtischen Hintergrund haben (vgl. Abb. 4.9). Dies könnte ein Indiz dafür sein, dass sich die vergleichsweise höhere Alterung der Bevölkerung sowie die Ausdünnung der öffentlichen Infrastruktur im ländlichen Raum aktivitätslähmend auswirken und dass insofern ländliche Räume in Ost und West unterschiedliche Voraussetzungen für Aktivitäten bereitstellen.

In den nachfolgenden Abschnitten werden die gleichen Einflussfaktoren bei wechselnden Formen zivilgesellschaftlichen Handelns betrachtet. Um entbehrliche Wiederholungen zu vermeiden, liegt dabei der Fokus auf Ergebnissen, welche

4.3 Freiwilliges Engagement

sich von denjenigen im vorstehenden Kapitel abheben oder neue Einsichten eröffnen.

4.3 Freiwilliges Engagement

Wie bereits in Kap. 2 beschrieben zeichnet sich ein freiwilliges Engagement dadurch aus, dass über eine allgemein öffentliche Aktivität hinaus noch freiwillige und gemeinschaftsbezogene Tätigkeiten ausgeübt werden, die im öffentlichen Raum stattfinden und nicht auf materiellen Gewinn ausgerichtet sind. Ein Engagement stellt gewissermaßen die Erweiterung der öffentlich gemeinschaftlichen Aktivität dar. Dabei gilt: Nicht alle Aktiven sind gleichermaßen engagiert, aber alle Engagierten sind auch öffentlich gemeinschaftlich aktiv. Der Anteil Engagierter fällt, wie die deskriptiven Vergleiche gezeigt haben, in der Regel um gut 25 Prozentpunkte niedriger aus als die Aktivitätsrate (vgl. Kap. 3).

Ein Engagement wird im Großen und Ganzen durch ähnliche Indikatoren gesteuert wie auch die Aktivität. Vor allem Menschen mit hoher formaler Bildung, die katholisch oder evangelisch sind, höhere Haushaltseinkommen erwirtschaften und in Haushalten mit Kindern im Alter von 6 bis 18 Jahren leben, sind engagiert. Ebenfalls positiv wirken sich ein intakter sozialer Zusammenhalt, das Gefühl dazuzugehören und ein konstanter Verbleib am Wohnort aus. Männer geben zudem im Schnitt minimal häufiger als Frauen an, sich zu engagieren, allerdings ist dieser Umstand nur sehr schwach ausgeprägt und lediglich in der Gesamtregression unter Kontrolle der anderen Indikatoren signifikant. Die Engagementquote liegt ebenfalls niedriger unter Menschen mit Migrationserfahrung, Menschen über 75 Lebensjahren und Arbeitslosen. Die Erklärungskraft des Modells liegt mit etwa 12 % etwas über derjenigen des Aktivitätsmodells[9] (vgl. Tab. 4.3).

---

[9] Eine Kurzbetrachtung des Engagements in den einzelnen Bereichen (vgl. Abschn. 2.1 und 3.2.1) zeigt, dass der Bereich *Sport und Bewegung* ebenfalls vor allem durch Bildung, Einkommen und Kinder im Haushalt positiv determiniert wird. Negativ wirken sich insbesondere Alter und Migrationserfahrung auf das dortige Engagement aus. Engagement im Bereich Kultur wird wie schon bei der Aktivität durch Bildung, Religion und Alter jeweils positiv beeinflusst. Sozial Engagierte sind tendenziell eher gebildet, religiös gebunden und unter 75 Jahre alt. Ein Engagement im schulischen Bereich wird hauptsächlich von Frauen mit Kindern ausgeübt, auch hier wirkt sich höhere Bildung zusätzlich engagementfördernd aus. Die Wahrscheinlichkeit eines Engagements im kirchlichen Bereich ist abhängig vom Konfessionsstatus und ebenfalls vom Bildungsgrad der Person.

Tab. 4.3 Freiwilliges Engagement – lineare Regression (Standardisierte Steigungskoeffizienten β)

Freiwilliges Engagement (abhängige Variable; 0/1)		Standardisierte Koeffizienten (β)
Unabhängige Variablen (Standarddifferenzierung)	Bildung (1-3)	,169
	Haushaltseinkommen (1-6)	,092
	Kinder 6-18 im Haushalt (0/1)	,097
	Ev. o. kath. Religion (0/1)	,109
	Migrationshintergrund (0/1)	-,115
	Soz. Zusammenhalt (1-5)	-,054
	Zugehörigkeitsgefühl (1-5)	-,042
	Wohndauer in Jahren	,031
	Alter in Jahren	-
	Alter > 75 (0/1)	-,090
	Alter < 20 (0/1)	n.s.
	Arbeitslosigkeit (0/1)	-,016
	Geschlecht (0/1)	,029
R^2		0,120

Quelle: Eigene Berechnungen. Alle Steigungskoeffizienten sind auf einem Niveau von ≤ 1 % signifikant
n.s. = nicht signifikant

Auch bei der Ausübung eines Ehrenamtes spielt es im Grunde keine Rolle, welchem *Geschlecht* die Befragten angehören. Der Einfluss ist auf Bundesebene nicht, aber in einzelnen Bundesländern durchaus signifikant, und zwar ohne dass der Zusammenhang zwischen Geschlechtsunterschied und Engagement einer klaren Ost-West-Verteilung folgt (dazu Näheres in den Länderprofilen, vgl. Kap. 7). So engagieren sich im Saarland, in Mecklenburg-Vorpommern, Thüringen und Bayern etwas mehr Männer als Frauen, in Niedersachsen verhält es sich jedoch genau andersherum (vgl. Abb. 4.10, zudem auch Länderprofile in Kap. 7). Die großen Stadtstaaten Berlin und Hamburg weisen bei Engagierten eine klare Geschlechterparität auf. Auch hier erweist sich ein Wert für Deutschland insgesamt als unzureichend, um die Variation zwischen den Ländern darzustellen. Insgesamt ist der Einfluss des Faktors Geschlecht zwar statistisch messbar, er hat auf die Erklärung von Engagement aber nur eine minimale und für die Praxis kaum relevante Wirkung.

Gänzlich anders stellt sich der Sachverhalt bei der formalen *Bildung* dar. Hier ist der Effekt für freiwilliges Engagement bundesweit deutlich stärker ausgeprägt und fällt in allen Bundesländern positiv und hochsignifikant aus

4.3 Freiwilliges Engagement

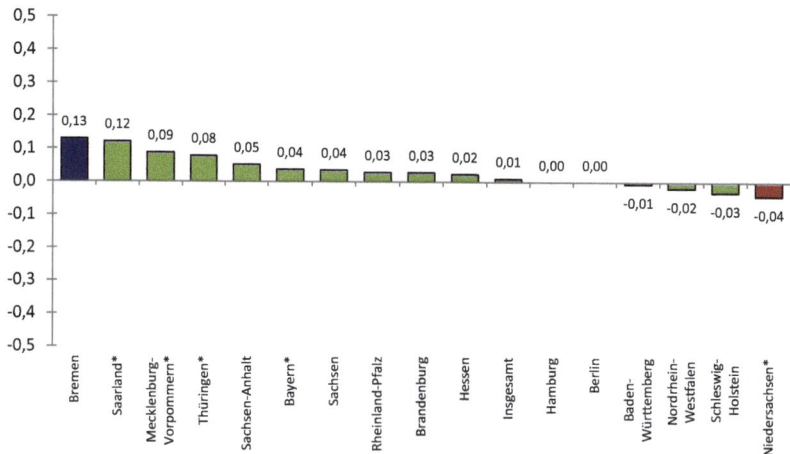

Abb. 4.10 Zusammenhang von Geschlecht (w. = 0; m. = 1) und freiwilligem Engagement im Vergleich zwischen den Bundesländern. (Quelle: Eigene Berechnungen, Grundlage: FWS-Datensatz 2019, Pearson's R = ist auf einem Niveau von ≤ 1 %** bzw. ≤ 5 %* signifikant)

(vgl. Abb. 4.11). Er ist wie schon bei der Aktivität in Hamburg am höchsten und am niedrigsten in Bayern. Der hohe Bildungsbias schlägt sich in Hamburg in Gruppenunterschieden von 35 Prozentpunkten nieder (13 % Hauptschule/48 % Hochschulreife), in Bayern sind es nicht ganz 20 Prozentpunkte (32 % Hauptschule/49 % Hochschulreife). Die ostdeutschen Bundesländer liegen mit Ausnahme von Mecklenburg-Vorpommern über dem deutschlandweiten Durchschnittswert. In diesen Bundesländern hat Bildung demnach einen höheren Effekt auf das Engagement. Insgesamt ist die Differenz zwischen den Ländern eher gering.

Höhere *Einkommen* sind freiwilligem Engagement in allen Bundesländern durchweg förderlich (vgl. Abb. 4.12). Dieser Effekt ist auffallend stark in Thüringen ausgeprägt. Eine große Gruppe von 10 Ländern, darunter 4 im Osten Deutschlands, liegen dicht beieinander gering über dem Durchschnitt. Brandenburg, Rheinland-Pfalz, Baden-Württemberg und Hamburg liegen leicht darunter. Insgesamt fällt die Varianz über die Länder hinweg im Vergleich zur Bildung sehr gering aus.

In Thüringen, dem Land mit dem höchsten Einkommenseinfluss, unterscheiden sich die höchste und die niedrigste Einkommensgruppe hinsichtlich ihrer

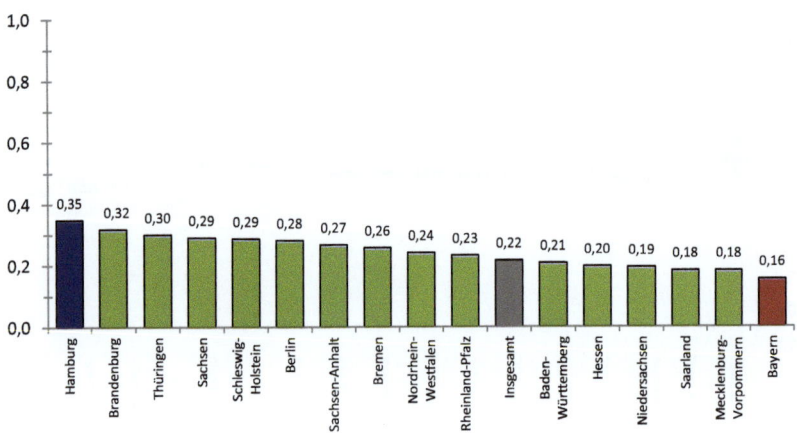

Abb. 4.11 Zusammenhang von Schulbildung (3-stufig) und freiwilligem Engagement im Vergleich zwischen den Bundesländern. (Quelle: Eigene Berechnungen, Grundlage: FWS-Datensatz 2019, Spearman's Rho in allen Ländern auf einem Niveau von ≤ 1 % signifikant)

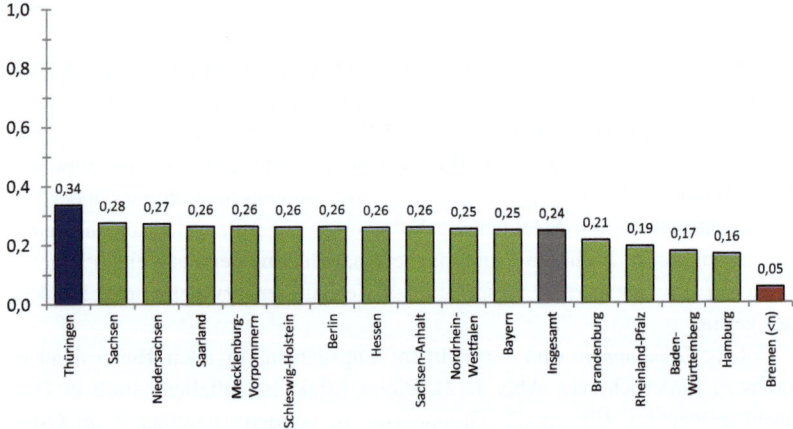

Abb. 4.12 Zusammenhang von Einkommen (5-stufig) und freiwilligem Engagement im Vergleich zwischen den Bundesländern. (Quelle: Eigene Berechnungen, Grundlage: FWS-Datensatz 2019, Spearman's Rho in allen Ländern mit Ausnahme von Bremen (Fallzahl zu gering) auf einem Niveau von ≤ 1 % signifikant)

4.3 Freiwilliges Engagement

Engagementquote um gut 45 Prozentpunkte (unter 1000 € = 19 %/über 5000 € = 65 %). Trotz des stärkeren Bildungseffekts fallen die Differenzen zwischen den Einkommensgruppen in Hamburg mit knapp 30 Prozentpunkten vergleichsweise moderat aus (unter 1000 € = 22 %/über 5000 € = 51 %).

Mit steigendem *Alter* nimmt die Engagementquote in allen Ländern leicht ab (vgl. Abb. 4.13). Dies bestätigen auch Befunde anderer vergleichbarer umfragebasierter Regionalstudien.[10] Sowohl das Bundesland mit dem stärksten (Thüringen) als auch das mit dem schwächsten Zusammenhangswert (Mecklenburg-Vorpommern) liegen im Osten Deutschlands. Jedoch greift hier eine regionale Distinktion nach simplem Ost-West-Muster nicht. Stattdessen erscheint es erforderlich, *landesspezifische* Ursachen näher auszuleuchten, um passgenaue regionale Engagementstrategien zu entwickeln. In Thüringen gehen noch 25 % der über 75-Jährigen einer freiwilligen Betätigung nach, bei den 14- bis 19-Jährigen sind es 57 %. Der Anteil nimmt mit zunehmendem Alter kontinuierlich ab. In Mecklenburg-Vorpommern zeigen sich zwar auch deutliche Altersgruppenunterschiede, allerdings fallen diese im Gegensatz zu Thüringen nicht gleichförmig aus (vgl. Länderprofile in Kap. 7). Die Problematik verschärft sich auch hier, wenn hohe Alterseffekte mit hoher Betroffenheit vom demografischen Wandel einhergehen.

Wie es schon für öffentlich gemeinschaftliche Aktivitäten nachweisbar war (vgl. Abschn. 4.2), spielt die *Konfessionszugehörigkeit* auch beim freiwilligen Engagement eine fördernde Rolle (vgl. Abb. 4.14). Im Schnitt gehen evangelische oder katholische Befragte deutlich häufiger als konfessionslose einem Ehrenamt nach. In Berlin ist dieser Effekt am stärksten ausgeprägt, in Mecklenburg-Vorpommern hingegen mit Abstand am schwächsten und nicht signifikant.

Sämtliche ostdeutsche Bundesländer liegen beim Konfessionseffekt leicht bis moderat unter dem Bundesdurchschnitt. Die ungleich niedrigeren Konfessionsraten im Osten dürften zur Folge haben, dass sich der positive Effekt von Religionszugehörigkeit auch insgesamt abschwächt, da religiös bedingte Strukturen an Bedeutung verlieren oder in ländlichen Gegenden gänzlich wegbrechen. Ist hingegen der Anteil an religiösen Menschen in einem Land und auch der Zusammenhang von Religion und Ehrenamt hoch, kann sich das regional (wie zum Beispiel in Bayern) in einer höheren Engagementquote niederschlagen (vgl. ebd.).

---

[10] So wurde für Sachsen-Anhalt nachgewiesen, dass sich die Bewohnerinnen und Bewohner sogenannter alternder Gemeinden seltener als im Durchschnitt des Landes engagieren, zudem ihr Engagement eher aufgeben werden und sich künftig nicht mehr engagieren (vgl. Heyme et al. 2018, 129–134). Vgl. auch das Folgekapitel zur Engagementbereitschaft.

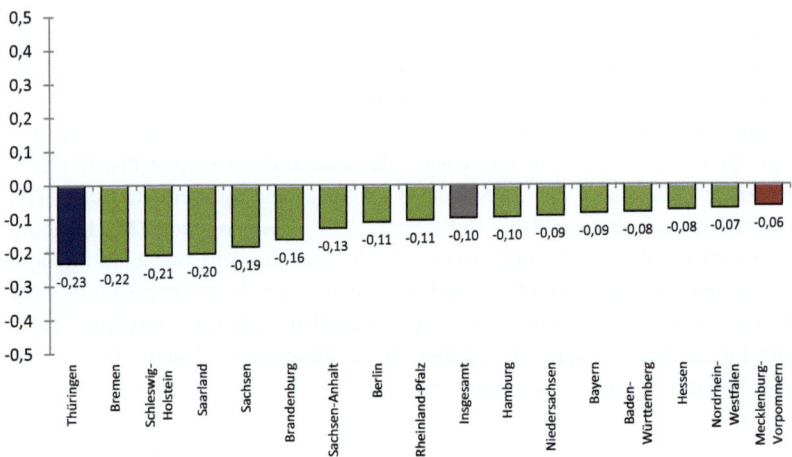

Abb. 4.13 Zusammenhang von Alter (6-stufig) und freiwilligem Engagement im Vergleich zwischen den Bundesländern. (Quelle: Eigene Berechnungen, Grundlage: FWS-Datensatz 2019, Spearman's Rho in allen Ländern auf einem Niveau von ≤ 1 % signifikant)

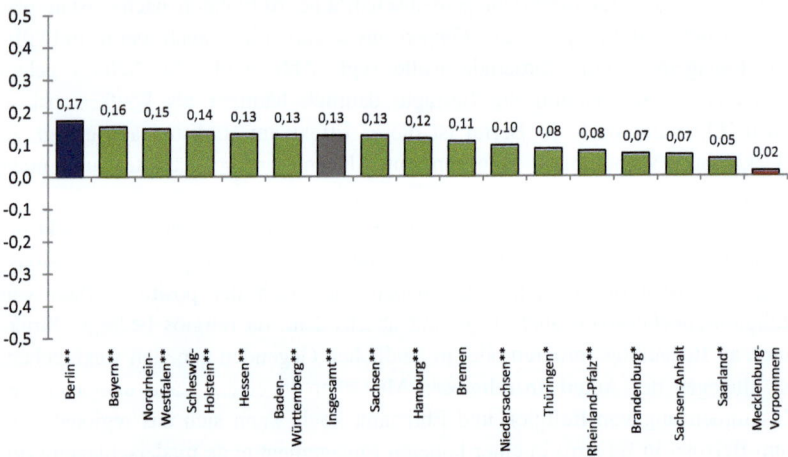

Abb. 4.14 Zusammenhang von Religionszugehörigkeit (ev./kath.) (Nein = 0/Ja = 1) und freiwilligem Engagement im Vergleich zwischen den Bundesländern. (Quelle: Eigene Berechnungen, Grundlage: FWS-Datensatz 2019, Pearson's R = ist auf einem Niveau von ≤ 1 %** bzw. ≤ 5 %* signifikant)

4.3 Freiwilliges Engagement

Die Auswirkung von *Kindern im Haushalt* ist, wie schon an den Regressionen ablesbar, bei keiner anderen Form zivilgesellschaftlichen Handelns so deutlich wie bei der Ausübung eines Ehrenamtes (vgl. Tab. 4.3). Natürlich spiegelt sich darin auch der hohe Einfluss des schulischen Engagements wieder, welcher mit zu den häufigsten Bereichen einer freiwilligen Beschäftigung gehört (vgl. Abschn. 3.2.1). Dieser Effekt ist in allen Bundesländern im Großen und Ganzen ähnlich ausgeprägt. Wie schon bei der betrachteten öffentlich gemeinschaftlichen Aktivität fällt dieser Zusammenhang im Osten des Landes stärker aus. Besonders klar zeigt sich diese Relation in Thüringen, Niedersachsen und Sachsen, eher schwach hingegen in Hamburg und auch im Saarland (vgl. Abb. 4.15). In Niedersachsen und Thüringen liegen zwischen Haushalten mit und ohne Kinder jeweils fast 30 Prozentpunkte (vgl. Länderprofile, Kap. 7).

Wie die Regression schon zeigte, mindert ein *Migrationshintergrund* die Wahrscheinlichkeit eines Ehrenamtes erheblich (vgl. Tab. 4.3). Dieser Effekt tritt bei allen hier untersuchten Formen zivilgesellschaftlichen Handelns auf, außer bei der Bereitschaft, sich engagieren zu wollen. Es sind vor allem Menschen mit eigener Migrationserfahrung, denen der Zugang zum Ehrenamt verstellt scheint

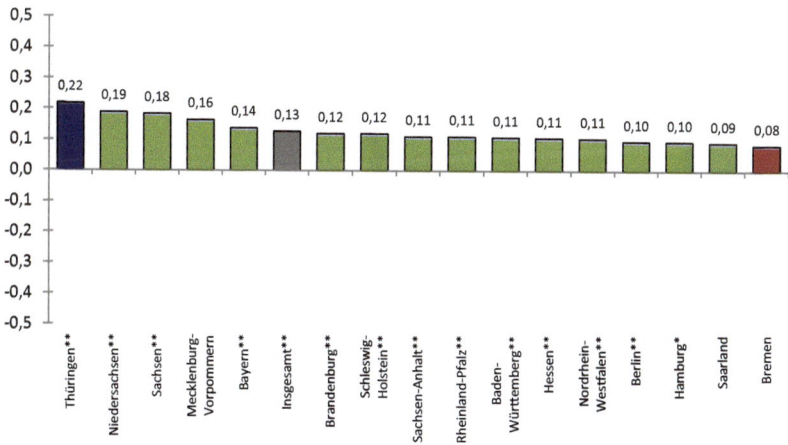

Abb. 4.15 Zusammenhang von Kindern (6 bis 18 Jahre) im Haushalt (Nein = 0/Ja = 1) und freiwilligem Engagement im Vergleich zwischen den Bundesländern. (Quelle: Eigene Berechnungen, Grundlage: FWS-Datensatz 2019, Pearson's R = ist auf einem Niveau von $\leq 1\,\%^{**}$ bzw. $\leq 5\,\%^{*}$ signifikant)

beziehungsweise schwerer fällt. Mit einem Wert von −0,16 registrieren wir deutschlandweit einen eher geringen negativen Einfluss.

Wie bei der Aktivität fällt der Effekt auf freiwilliges Engagement in den Bundesländern unterschiedlich stark und dabei in Ostdeutschland weniger stark aus (vgl. Abb. 4.16). Erneut sind es die Hamburgerinnen und Hamburger mit Migrationserfahrung, welche häufiger als in allen Ländern von einem Ehrenamt absehen. Für Brandenburg ist der geringste Einfluss dieses Faktors nachweisbar.

Daraus ergeben sich die gleichen Schlussfolgerungen wie schon bezüglich der Aktivitäten. Gerade in Hamburg, wo sich die Einflüsse von Bildung und Migrationsstatus bündeln, kann es zu Zugangsbarrieren und doppelten Benachteiligungen für die entsprechende Personengruppe kommen. Das ist von Gewicht, weil, wie zuvor bereits erwähnt, der Anteil an Migrierten dort besonders hoch ist. Nicht einmal ein Fünftel (nämlich nur 19 %) der Migrierten engagiert sich in Hamburg ehrenamtlich. Bei Personen, welche keinen Migrationshintergrund haben, sind es hingegen 45 %.

Wie die nachfolgende Abbildung verdeutlicht, macht es deutschlandweit betrachtet bezogen auf die Engagementquoten nur einen geringen Unterschied, ob Personen in *ländlich oder städtisch geprägten Räumen* leben. Obwohl Menschen

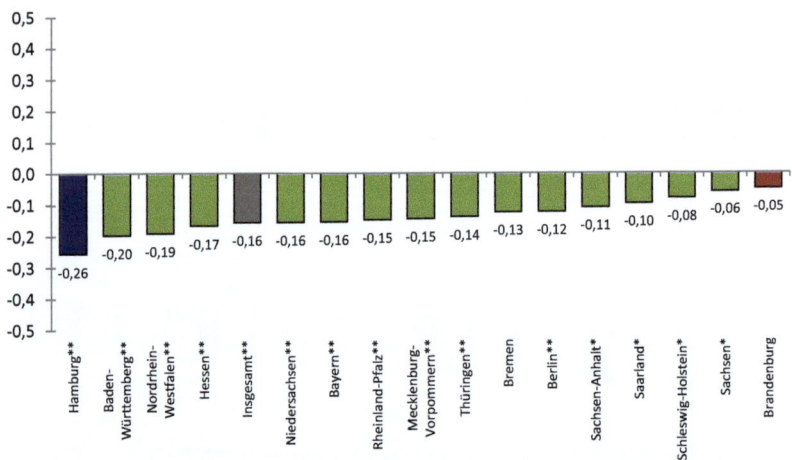

Abb. 4.16 Zusammenhang von Migrationshintergrund (Nein = 0/Ja = 1) und freiwilligem Engagement im Vergleich zwischen den Bundesländern. (Quelle: Eigene Berechnungen, Grundlage: FWS-Datensatz 2019, Pearson's R = ist auf einem Niveau von ≤ 1 %** bzw. ≤ 5 %* signifikant)

auf dem Land angeben, im Schnitt etwas engagierter zu sein, besteht zwischen den beiden räumlich zugeordneten Gruppen ein Unterschied von gerade einmal 2 Prozentpunkten (vgl. ebd.).

Das Bild ändert sich, richtet man das Augenmerk auf die einzelnen Bundesländer. Während man sich in Hessen, Bayern, Rheinland-Pfalz und Niedersachsen im ländlichen Raum eher engagiert, gilt dies in Thüringen und Schleswig-Holstein eher für die urbanen Räume. Im Gegensatz zu den individuellen Faktoren ist dieser Einfluss aber schwach und nur in wenigen Ländern überhaupt signifikant und damit praxisrelevant (vgl. ebd.).

Dieser Befund bestätigt sich teilweise bei der Betrachtung der *Gemeindegrößenklassen* (vgl. Abb. 4.17 und 4.18). In kleineren Gemeinden fällt das Engagement im Schnitt etwas höher aus als in großen Ortschaften. Jedoch erreicht der Einfluss der Gemeindegröße nur in wenigen Ländern (Hessen, Bayern, Nordrhein-Westfalen) ein signifikantes Niveau. Die genauen Auswirkungen auf die Engagementquote sind in den Länderprofilen aufgeschlüsselt (vgl. Kap. 7).

Die Betrachtung der raumstrukturellen Kontexteffekte entspricht zum einen der gängigen Erwartung, dass im ländlichen Raum Beteiligungsstrukturen intakter sind und lokale soziale Netzwerke das Leben stärker prägen, was sich beides offenbar förderlich auf die Übernahme eines Ehrenamts auswirkt. Zum anderen gibt es Bundesländer, und dies mehr im Osten Deutschlands, in denen das Ehrenamt häufiger einen städtischen Hintergrund hat (vgl. Abb. 4.17). Als Erklärung hierfür liegt nahe, dass sich in diesen Regionen die Folgen des demografischen Wandels (vgl. auch den nachfolgenden Abschnitt 4.) gerade in stadtfernen Gegenden nachteiliger bemerkbar machen und städtische Räume umgekehrt die besseren Voraussetzungen für ein Engagement anbieten (vgl. Heyme et al. 2018, S. 121, 135–141).

4.4 Engagementbereitschaft

Die Bereitschaft, zukünftig ein Engagement aufzunehmen, bildet im Freiwilligensurvey das Potenzial freiwilliger Tätigkeiten ab. Dieses Potenzial umfasst Personen, welche zum Zeitpunkt der Befragung nicht oder nicht mehr engagiert waren, aber beispielsweise auch bislang ausschließlich Aktive (vgl. Kap. 2). Im Regressionsmodell zur Engagementbereitschaft für Deutschland wird deutlich, dass die Wahrscheinlichkeit, sich in Zukunft zu engagieren, mit zunehmendem Alter kontinuierlich abnimmt. Dieser negative Alterseffekt erklärt den größten Teil der nachlassenden Bereitschaft für ein zukünftiges Engagement. Demgegenüber steigt sie mit höherer Bildung, einem höheren Einkommen,

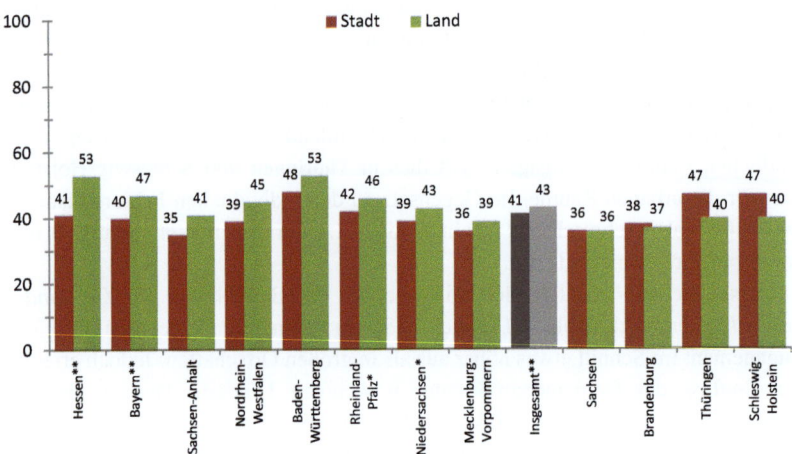

Abb. 4.17 Freiwilliges Engagement nach Stadt und Land im Vergleich zwischen den Bundesländern (sortiert nach Differenz Land/Stadt). (Quelle: Eigene Berechnungen, Grundlage: FWS-Datensatz 2019. In einzelnen Ländern ist die Stadt-Land-Differenz auf einem Niveau von ≤ 1 % ** bzw. ≤ 5 %* signifikant (hier ohne Stadtstaaten, Saarland fehlend, da dafür im Datensatz keine Angaben zu ländlichem Raum vorliegen))

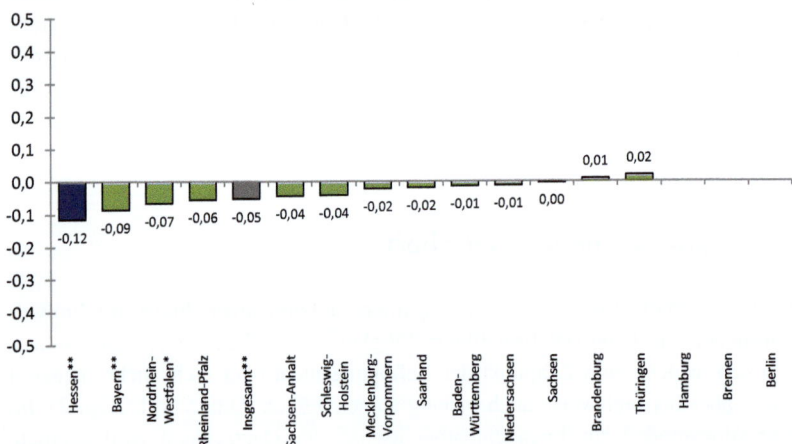

Abb. 4.18 Zusammenhang von Gemeindegrößenklasse (7-stufig) und freiwilligem Engagement im Vergleich zwischen den Bundesländern. (Quelle: Eigene Berechnungen, Grundlage: FWS-Datensatz 2019, Spearman's Rho = ist auf einem Niveau von ≤ 1 %** bzw. ≤ 5 %* signifikant)

4.4 Engagementbereitschaft

Tab. 4.4 Bereitschaft für zukünftiges Engagement – lineare Regression (standardisierte Steigungskoeffizienten β)

Engagementbereitschaft (abhängige Variable; 0/1)		Standardisierte Koeffizienten (β)
Unabhängige Variablen (Standarddifferenzierung)	Bildung (1-3)	,127
	Haushaltseinkommen (1-6)	,070
	Kinder 6-18 im Haushalt (0/1)	-
	Ev. o. kath. Religion (0/1)	n.s.
	Migrationshintergrund (0/1)	n.s.
	Soz. Zusammenhalt (1-5)	n.s.
	Zugehörigkeitsgefühl (1-5)	-,080
	Wohndauer in Jahren	-,073
	Alter in Jahren	-,305
	Alter > 75 (0/1)	n.s.
	Alter < 20 (0/1)	n.s.
	Arbeitslosigkeit (0/1)	,059
	Geschlecht (0/1)	n.s.
R^2		0,194

Quelle: Eigene Berechnungen. Alle Steigungskoeffizienten sind auf einem Niveau von $\leq 1\,\%$ signifikant
n.s. = nicht signifikant

einem stärkeren Zugehörigkeitsgefühl und einer positiven Bewertung des erlebten sozialen Zusammenhalts an. Auch unter arbeitslosen Befragten ist diese Bereitschaft im Zusammenspiel mit den anderen Einflussfaktoren ein wenig höher als im Gesamtdurchschnitt. Die Erklärungskraft des Faktors Arbeitslosigkeit fällt bedingt durch den starken Alterseffekt mit etwa 20 % ($R^2 = 0{,}195$) entsprechend höher aus (vgl. Tab. 4.4).

Wie schon bei den zuvor untersuchten Formen zivilgesellschaftlichen Handelns erklärt das *Geschlecht* nur minimal Unterschiede in der geäußerten Intention, sich engagieren zu wollen. Bei gesamtdeutscher Betrachtung tendiert eine geschlechtsspezifische Engagementbereitschaft Richtung Null und erweist sich auch in der gesamtdeutschen Regression als nicht erklärungskräftig (vgl. Tab. 4.4). Auf der föderalen Vergleichsebene weisen die beiden gegenüberliegenden Pole jedoch auf landesspezifische Besonderheiten hin (vgl. Abb. 4.19). Während das Engagementpotenzial vor allem in Brandenburg (54 % Männer zu 44 % Frauen) und Mecklenburg-Vorpommern (43 % Männer zu 35 % Frauen) unter Männern im Schnitt etwas höher ausfällt, finden sich in Schleswig-Holstein (55 % Männer zu 58 % Frauen) und im Saarland (53 % Männer zu 55 % Frauen; vgl. Tabellenband, Kap. 8) jeweils diametral entgegengesetzte, allerdings

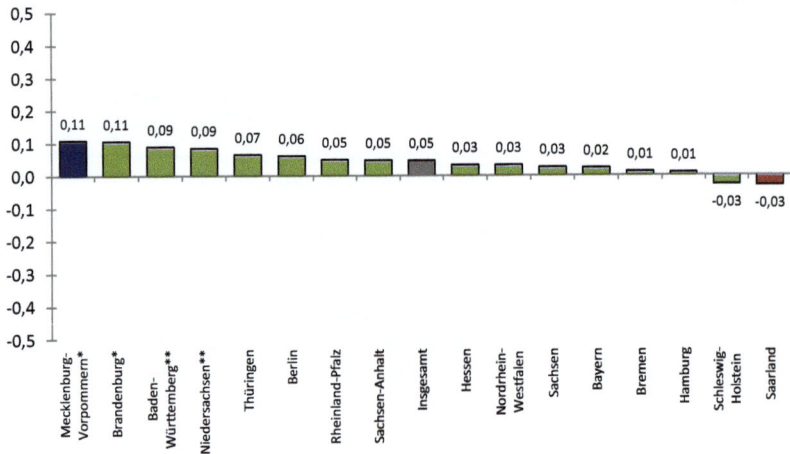

Abb. 4.19 Zusammenhang von Geschlecht (w. = 0; m. = 1) und Engagementbereitschaft im Vergleich zwischen den Bundesländern (Pearson's R). (Quelle: Eigene Berechnungen, Grundlage: FWS-Datensatz 2019, Pearson's R = ist auf einem Niveau von ≤ 1 %** bzw. ≤ 5 %* signifikant)

insignifikante Effekte (vgl. Abb. 4.19). In einigen Ländern bekunden Frauen entgegen dem landesweiten (wenn auch schwach ausgeprägten) Trend eine höhere Bereitwilligkeit zu zukünftiger Beteiligung.

Wie bei allen anderen untersuchten Formen trägt eine höhere formale *Bildung* desgleichen zu einer gesteigerten Bereitschaft für Engagement maßgeblich bei. Das gilt für alle Bundesländer (vgl. Abb. 4.20). Der Korrelationskoeffizient entspricht mit 0,29 einem mittleren Zusammenhang. In Rheinland-Pfalz ist die Absicht zur Aufnahme eines Ehrenamtes stark von der Schulbildung abhängig. Dort gaben 77 % der Abiturientinnen und Abiturienten und nur 34 % der Befragten mit Volks- oder Hauptschulabschluss an, über eine freiwillige Betätigung nachzudenken. Auch in Thüringen ist dieser Effekt, allerdings abgeschwächt, nachweisbar; hier liegen zwischen niedrigem (34 %) und hohem Bildungsgrad (68 %) immer noch mehr als 30 Prozentpunkte. Im Saarland ist der Bildungseffekt nicht signifikant nachweisbar und fällt, wenn überhaupt, sogar negativ aus. Das heißt, dort würde sich eine höhere Bildung eher nachteilig auswirken. Alle anderen Länder gruppieren sich leicht über oder unter dem bundesweiten Mittel.

4.4 Engagementbereitschaft

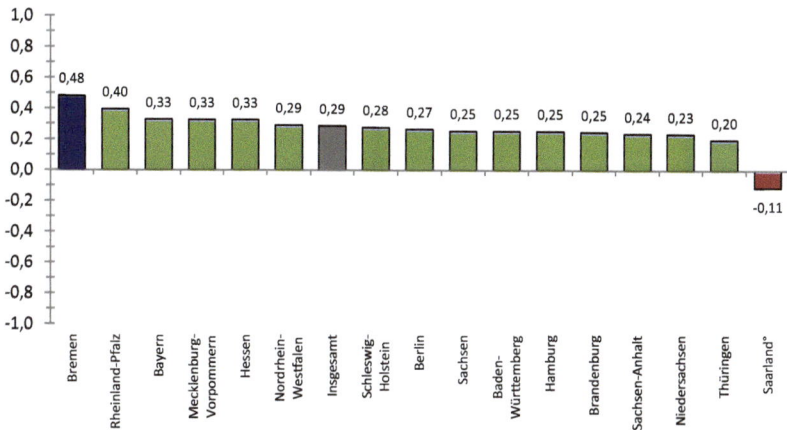

Abb. 4.20 Zusammenhang von Schulbildung (3-stufig) und Engagementbereitschaft im Vergleich zwischen den Bundesländern. (Quelle: Eigene Berechnungen, Grundlage: FWS-Datensatz 2019, Spearman's Rho in allen Ländern (°außer im Saarland) auf einem Niveau von ≤ 1 % signifikant)

Mehrheitlich scheinen die östlichen Bundesländer, abgesehen von Mecklenburg-Vorpommern, einen geringeren Bildungsbias aufzuweisen als die westlichen (vgl. Abb. 4.20).

Wie im Fall der Bildung, wenngleich auf niedrigerem Niveau (0,14), zeigen sich Einflüsse des *Haushaltseinkommens* bei der großen Mehrheit der Bundesländer ähnlich stark (vgl. Abb. 4.21), mit Ausnahme des Saarlands und Mecklenburg-Vorpommerns. Dabei kehrt sich bei letzterem Land der Einfluss um (−0,10), er ist indes nicht signifikant. Das heißt, außer in Mecklenburg-Vorpommern zeigt sich in allen übrigen Ländern bei Personen mit höherem Einkommen auch eine gesteigerte Absicht, sich engagieren zu wollen. Auch hier finden sich leichte Ost-West-Unterschiede. Außer in Mecklenburg-Vorpommern ist für die ostdeutschen Bundesländer eher ein höherer Einkommenseinfluss auf die Engagementbereitschaft kennzeichnend (vgl. Abb. 4.21). Pointiert lässt sich formulieren, dass im Westen eher die Bildung und im Osten eher das Einkommen die Engagementintentionen bestimmen.

Mit zunehmendem *Alter* sinken die bekundete Bereitschaft und die Wahrscheinlichkeit für ein künftiges oder die Wiederaufnahme eines Engagements rapide, und zwar in allen Bundesländern (vgl. Abb. 4.22).

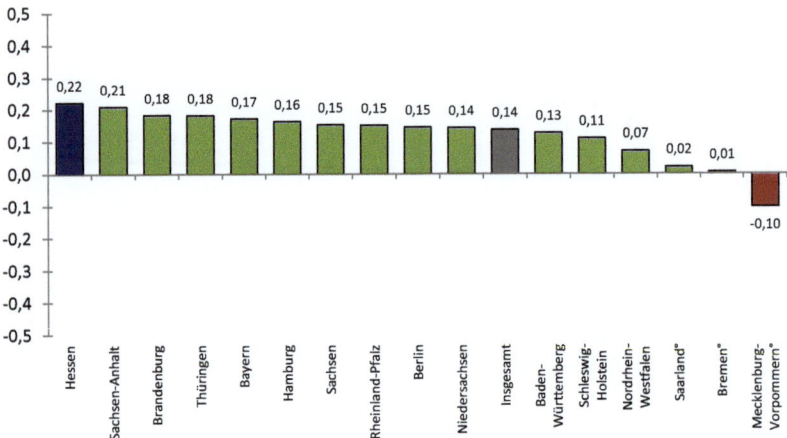

Abb. 4.21 Zusammenhang von Einkommen (5-stufig) und Engagementbereitschaft im Vergleich zwischen den Bundesländern. (Quelle: Eigene Berechnungen, Grundlage: FWS-Datensatz 2019, Spearman's Rho in allen Ländern (°außer im Saarland, Bremen und Meck.-Pom.) auf einem Niveau von ≤ 1 % signifikant)

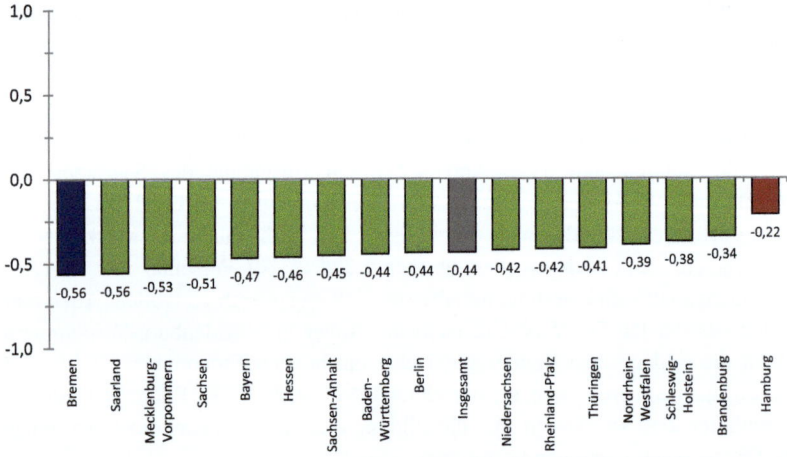

Abb. 4.22 Zusammenhang von Alter (6-stufig) und Engagementbereitschaft im Vergleich zwischen den Bundesländern. (Quelle: Eigene Berechnungen, Grundlage: FWS-Datensatz 2019, Spearman's Rho in allen Ländern auf einem Niveau von ≤ 1 % signifikant)

4.4 Engagementbereitschaft

In Hamburg fällt dieser Effekt mit einem Korrelationswert von −0,22 vergleichsweise moderat aus. Die Werte der anderen Länder streuen mehr oder weniger um den sehr starken Mittelwert von −0,44 (vgl. Abb. 4.22). Wie die Regression schon vermuten lässt, übt das Alter den stärksten Einfluss auf die Bereitschaft zum Ehrenamt aus. Das erscheint insofern bemerkenswert, als etliche Länder, insbesondere – aber nicht nur – im Osten Deutschlands, mit demografischem Wandel und den Folgen der Überalterung stärker zu kämpfen haben. Ungenutzte Potenziale freiwilligen Engagements *altersgerecht* zu erschließen, erscheint in den betroffenen Ländern somit besonders dringlich.

Fallen Überalterung und ein stark negativer Zusammenhang zwischen Alter und Engagementbereitschaft zusammen, kann dies in der Zukunft mit nachteiligen Entwicklungen der Engagementquote verbunden sein. Ausweislich unserer Analyse trifft dies überdurchschnittlich stark auf das Saarland, Mecklenburg-Vorpommern, Sachsen, aber auch auf Hessen und Sachsen-Anhalt zu.[11] Vergleicht man die Anteile potenziell Engagierter nach Altersgruppen im Saarland, ergeben sich außerordentliche Differenzen: 94 % der 14- bis 29-Jährigen würden sich zukünftig *sicher* oder *vielleicht* engagieren, bei den 65- bis 74-Jährigen sind es noch 27 % und bei den über 75-Jährigen nur noch 11 % (vgl. Tabellenband, Kap. 8). Zwischen der jüngsten und der ältesten Altersgruppe liegen in diesem Bundesland somit über 80 Prozentpunkte, in Hamburg beträgt die Differenz immer noch etwa 60 Prozentpunkte.

Dieser Befund tritt nicht nur auf der Ebene der Bundesländer auf. Er lässt sich vielmehr auch auf Regionen anderen räumlichen Zuschnitts, zum Beispiel Quartiere und Strukturwandelregionen, übertragen. Regionen, die sich wachsenden Herausforderungen gegenübersehen, sind Flächenländer mit einem hohen Anteil an ländlich geprägten Räumen. Urbane und wirtschaftsstarke Regionen mit guter Infrastruktur stellen sich als insgesamt widerstandsfähiger dar (vgl. Habekuß 2017; Heyme et. al. 2018).

Während die Zugehörigkeit zu den beiden großen Konfessionen in Deutschland in der Regel zu einem Anstieg des berichteten Engagements führt, verkehrt sich dieser Effekt bei erklärter Bereitschaft Nichtengagierter, sich engagieren zu wollen, ins Gegenteil. Das heißt, bei aktuell nicht engagierten konfessionsgebundenen Menschen geht die Engagementbereitschaft eher zurück, als dass sie steigt. Jedoch erweist sich der Effekt nur in wenigen Ländern als signifikant (vgl. Abb. 4.23).

---

[11] Vgl. hierzu auch https://www.bpb.de/politik/innenpolitik/demografischer-wandel/195358/regionale-auswirkungen, aber auch https://www.thuenen.de/de/thema/laendliche-lebens-shy verhaeltnisse/daseinsvorsorge-zwischen-abbau-umbau-und-aufbau/demographischer-wandel-wer-ist-betroffen/ (abgerufen am 04.10.2021).

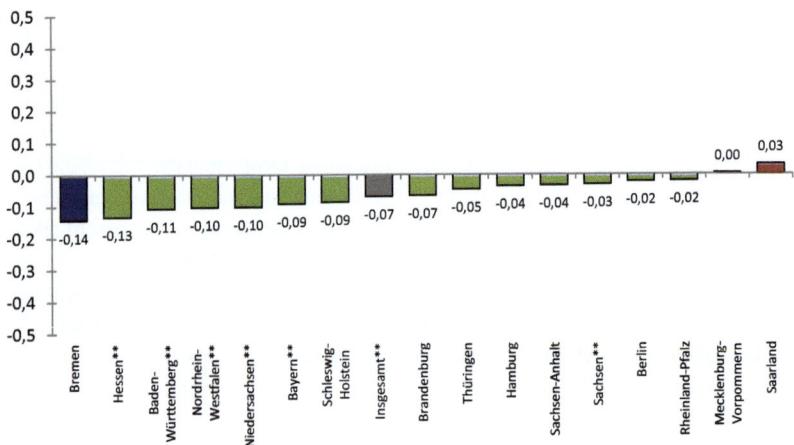

Abb. 4.23 Zusammenhang von Religionszugehörigkeit (ev./kath.) (Nein = 0/Ja = 1) und Engagementbereitschaft im Vergleich zwischen den Bundesländern. (Quelle: Eigene Berechnungen; Grundlage: FWS-Datensatz 2019, Pearson's R = ist auf einem Niveau von ≤ 1 %** bzw. ≤ 5 %* signifikant)

Insgesamt ist dieser Einfluss mit einem Wert von −0,07 aber als schwach einzustufen und, wie die Regression (vgl. Tab. 4.4) schon gezeigt hat, in Verbindung mit den anderen Faktoren nicht erklärungskräftig.

Allerdings kann hier ein indirekter Einfluss des Alters vermutet werden, da Konfessionsgebundenheit und höheres Alter einander positiv verstärken. Von Bedeutung ist dies in Ländern mit einem vergleichsweise hohen Anteil an konfessionsgebundenen Personen, in denen die gemessenen Einflüsse signifikant sind. Das trifft für Hessen, Baden-Württemberg, Nordrhein-Westfalen, Niedersachsen und auch Bayern zu (vgl. auch Abschn. 5.4.1).

Der Einfluss von *Kindern im Haushalt* wird speziell bei der Erklärung der Engagementbereitschaft stark durch das Alter der Befragten verzerrt und wurde aus diesem Grund nicht in die Regressionsanalyse integriert (vgl. Tab. 4.4). Begründbar ist dies zum einen durch den außerordentlich starken Einfluss des Alters (generell und insbesondere der 14- bis 19-Jährigen) auf Engagementbereitschaft und zum anderen dadurch, dass die 14- bis 19-Jährigen häufig selbst zu den Kindern im Haushalt zählen. Zudem ist es gerade die Gruppe der jüngsten Befragten, also der unter 20-Jährigen, bei welcher das tatsächliche Engagement am höchsten ausfällt. Dadurch wirkt sich die Existenz von Kindern im Haushalt

4.4 Engagementbereitschaft

zwar positiv auf die Absicht, ein Ehrenamt zu übernehmen, aus. Dieser Effekt wird im Rahmen der Regression aber zu stark durch das Alter moderiert. Deshalb werden die landesspezifischen Zusammenhänge hier nicht gesondert betrachtet.

Da *Menschen mit Migrationserfahrung* im Schnitt jünger sind als andere Befragte, kann auch für diesen Effekt mit einem überformenden Einfluss durch den Faktor des Alters gerechnet werden. So liegt der Anteil dieser Gruppe unter den 14- bis 19-Jährigen Befragten bei 40 % und unter den 20- bis 29-Jährigen bei 41 % und nimmt mit fortschreitendem Alter sehr stark ab. Damit lässt sich auch teilweise der nur bei der Engagementbereitschaft nachweisbare positive Effekt von Migration erklären. Weil der Anteil Nichtengagierter unter Menschen mit Migrationserfahrung außerordentlich hoch ist, fällt folglich das Potenzial in dieser Gruppe ebenfalls höher aus und sollte engagementstrategisch entsprechend genutzt werden.

Ein direkter Vergleich zum Einfluss des Alters (vgl. Abb. 4.22) macht zudem deutlich, dass nicht alles nur durch das Alter erklärt werden kann. Denn sonst müssten die Einflüsse des Migrationsstatus auch da hoch sein, wo der Alterseffekt stark ist, was aber nur bedingt zutrifft (vgl. ebd. und Abb. 4.24). Insgesamt wirkt sich ein Migrationsstatus auf die Planung eines Ehrenamtes nur gering aus und ist in Verbindung mit den anderen Einflussfaktoren im Gesamtmodell nicht mehr signifikant (vgl. Tab. 4.4).

Dennoch treten auch hier länderspezifische Besonderheiten zutage (vgl. Tabellenband, Kap. 8). Neben dem Saarland[12] und Baden-Württemberg, wo der Einfluss ungleich höher ist, fällt dieser für Brandenburg, Mecklenburg-Vorpommern und Niedersachsen kaum ins Gewicht; alle anderen Länder sind durch den landesweiten Koeffizienten von 0,15 gut repräsentiert. Ost-West-Unterschiede sind nicht erkennbar. Dass Menschen mit diversen Migrationserfahrungen einen wesentlich jüngeren Altersdurchschnitt aufweisen, kann in Anbetracht der hier und auch bei den anderen Formen zivilgesellschaftlichen Handelns aufgezeigten Einflussfaktoren durchaus als Chance für potenzielles Engagement angesehen werden. Erwünscht wäre es, die mit einem Migrationsstatus verbundenen Zugangsbarrieren abzubauen.

In *Städten* ist das Potenzial künftig Engagierter bundesweit etwas höher als auf dem *Land* (vgl. Abb. 4.25). Dieser Befund deckt sich weitestgehend mit den Resultaten zum Alter und dem Bezug zum demografischen Wandel. Unter statistischen Gesichtspunkten ist dieser Zusammenhang für die einzelnen Länder, Bayern ausgenommen, aber nicht belastbar.

---

[12] Bei Bremen und dem Saarland muss der gleichzeitig hohe Einfluss des Alters bei der Interpretation mit berücksichtigt werden.

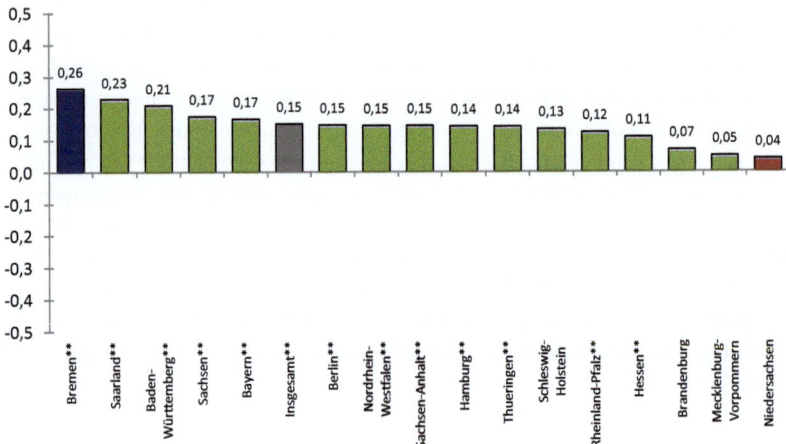

Abb. 4.24 Zusammenhang von Migrationshintergrund (Nein = 0/Ja = 1) und Engagementbereitschaft im Vergleich zwischen den Bundesländern. (Quelle: Eigene Berechnungen, Grundlage: FWS-Datensatz 2019, Pearson's R = ist auf einem Niveau von ≤ 1 %** bzw. ≤ 5 %* signifikant)

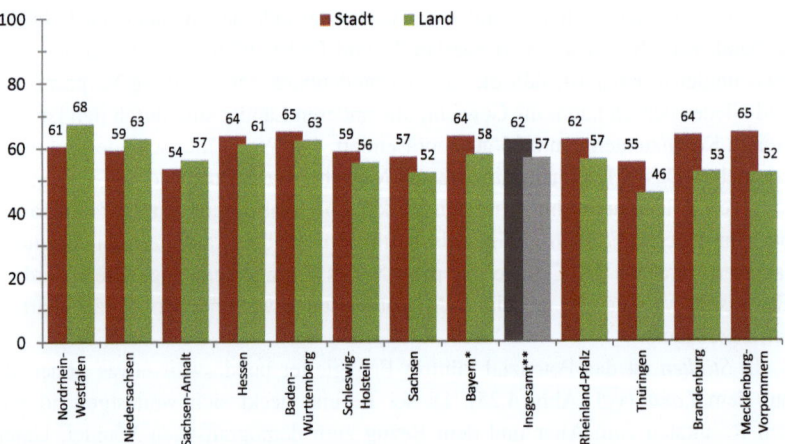

Abb. 4.25 Engagementbereitschaft nach Stadt und Land im Vergleich zwischen den Bundesländern (sortiert nach Differenz Land/Stadt). (Quelle: Eigene Berechnungen, Grundlage: FWS-Datensatz 2019. In einzelnen Ländern ist die Stadt-Land-Differenz auf einem Niveau von ≤ 1 % ** bzw. ≤ 5 %* signifikant (hier ohne Stadtstaaten, Saarland fehlend, da dafür im Datensatz keine Angaben zu ländlichem Raum vorliegen))

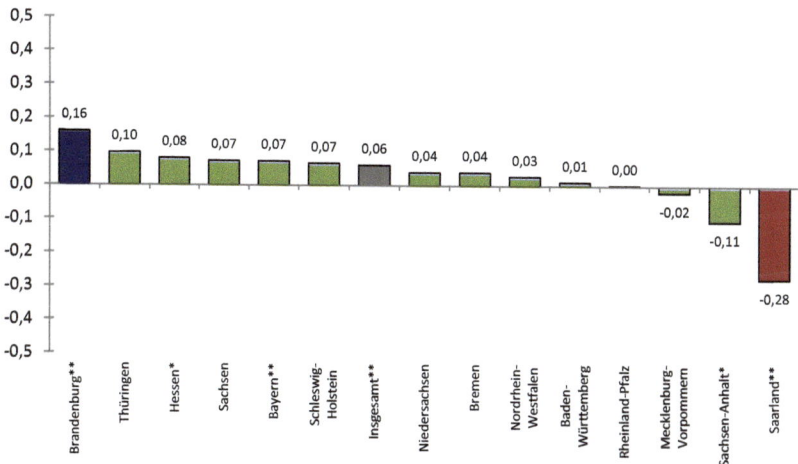

Abb. 4.26 Zusammenhang von Gemeindegrößenklasse (7-stufig) und Engagementbereitschaft im Vergleich zwischen den Bundesländern. (Quelle: Eigene Berechnungen, Grundlage: FWS-Datensatz 2019, Spearman's Rho = ist auf einem Niveau von ≤ 1 %** bzw. ≤ 5 %* signifikant)

Gemessen an der *Gemeindegrößenklasse* gilt: Je größer der Wohnort, desto höher die erwogene Absicht, ein Ehrenamt zu übernehmen (vgl. Abb. 4.26). Der gesamtdeutsche Wert ist statistisch signifikant, fällt mit 0,06 aber eher schwach aus. Stärker ist er unter anderem in Brandenburg, Thüringen, Hessen, Sachsen und Bayern. In Sachsen-Anhalt und vor allem im Saarland sind es dessen ungeachtet aber eher kleinere Gemeinden, in denen die Bereitschaft hoch ausfällt (vgl. Abb. 4.26).

4.5 Spendentätigkeit in den letzten 12 Monaten

Das Spenden stellt unter den hier vorgestellten Formen zivilgesellschaftlichen Handelns eine besondere Form dar, da sie auch gänzlich ohne soziale Kontakte auskommt und eine vergleichsweise niedrigschwellige Möglichkeit[13] eines

---

[13] Die Möglichkeiten, Geld zu spenden, sind in Deutschland auch im Alltag mittlerweile fast ubiquitär vorhanden. So besteht die Möglichkeit, an Pfandautomaten das Pfand zu spenden. An zahlreichen Kassen stehen Spendenboxen für wohltätige Zwecke bereit, des Weiteren

,Engagements' bietet. Zudem kann eine Spende mittlerweile fast vollständig ortsunabhängig erfolgen.

In der folgenden Tabelle sind die hier untersuchten möglichen Einflussfaktoren der Spendentätigkeit in einer Regression für Deutschland insgesamt dargestellt (vgl. Tab. 4.5). Dabei wird ersichtlich, dass Spenden vor allem durch die Faktoren Alter, Haushaltseinkommen und Bildung positiv verstärkt wird. Etwas schwächer, aber durchaus ebenfalls steigernd wirken sich Religionszugehörigkeit, Zugehörigkeitsgefühl und Wohndauer (letztere vermutlich vermittelt über Alter) aus. Der Anteil an Spendenden wird niedriger unter Männern, Arbeitslosen und Menschen mit Migrationserfahrung, jedoch bei wesentlich geringeren Steigungskoeffizienten. Die Erklärungskraft des Modells liegt mit einem R^2 von 0,140 eher niedrig, das heißt, 14 % der Varianz von Spendentätigkeit kann durch die hier untersuchten Variablen erklärt werden. Ein nicht signifikanter Einfluss ist für die Existenz von Kindern im Haushalt sowie die Bewertung des sozialen Zusammenhalts nachweisbar. Nachfolgend werden die einzelnen Einflüsse ein weiteres Mal im Ländervergleich untersucht.

Tatsächlich ist die Spendentätigkeit unter den bisher untersuchten Formen des zivilgesellschaftlichen Handelns die einzige, bei der das *Geschlecht* einen vergleichsweise höheren Einfluss aufweist. In fast allen Bundesländern gaben mehr Frauen als Männer an, im letzten Jahr Geld gespendet zu haben. Im Saarland und in Hamburg ist dieser Zusammenhang nicht signifikant. Die Streuung über die Bundesländer fällt moderat aus und liegt nahe am Mittelwert von −0,08. In Baden-Württemberg, Rheinland-Pfalz und Nordrhein-Westfalen ist die Spendenbereitschaft von Frauen ein wenig höher als in anderen Ländern (vgl. Abb. 4.27). In Anteilen gesprochen heißt das: In Baden-Württemberg stehen, gemessen am Gesamt von Frauen und Männern, 59 % der Frauen knapp der Hälfte (48 %) der Männer gegenüber. In Hamburg ist der Anteil von Männern und Frauen, die im letzten Jahr Geld gespendet haben, gleich hoch (64 % Frauen und 65 % Männer, vgl. Tabellenband, Kap. 8). Ost-West-Muster lassen sich aus der Verteilung nicht ableiten.

Dass der Grad formaler *Bildung* zur Erklärung unterschiedlicher Formen zivilgesellschaftlichen Handelns eine grundlegende Größe darstellt, bestätigt sich ebenfalls beim Spendenverhalten. Auch bei diesem Indikator fällt der Einfluss in allen Bundesländern durchweg positiv aus, allerdings auf einem

---

beteiligt sich eine Vielzahl von Unternehmen des Einzelhandels beispielsweise an Aktionen wie *Deutschland rundet auf* u. ä. Zudem bietet das Internet zahllose Möglichkeiten für verschiedenste Spendentätigkeiten, und diese werden durch wachsende Gelegenheiten bargeldlosen Zahlungsverkehrs noch verstärkt. Nicht erfasst im Rahmen des FWS werden allerdings sogenannte Patenschaften bspw. für Kinder, Tiere, Bäume und anderes mehr.

4.5 Spendentätigkeit in den letzten 12 Monaten

Tab. 4.5 Spendentätigkeit in den letzten 12 Monaten – lineare Regression (standardisierte Steigungskoeffizienten β)

In den letzten 12 Monaten Geld gespendet (abhängige Variable; 0/1)		Standardisierte Koeffizienten (β)
Unabhängige Variablen (Standarddifferenzierung)	Bildung (1-3)	,146
	Haushaltseinkommen (1-6)	,184
	Kinder 6-18 im Haushalt (0/1)	n.s.
	Ev. o. kath. Religion (0/1)	,072
	Migrationshintergrund (0/1)	-,022
	Soz. Zusammenhalt (1-5)	n.s.
	Zugehörigkeitsgefühl (1-5)	,074
	Wohndauer in Jahren	,036
	Alter in Jahren	,241
	Alter > 75 (0/1)	n.s.
	Alter < 20 (0/1)	n.s.
	Arbeitslosigkeit (0/1)	-,024
	Geschlecht (männlich) (0/1)	-,074
R^2		0,140

Quelle: Eigene Berechnungen. Alle Steigungskoeffizienten sind auf einem Niveau von ≤ 1 % signifikant
n.s. = nicht signifikant

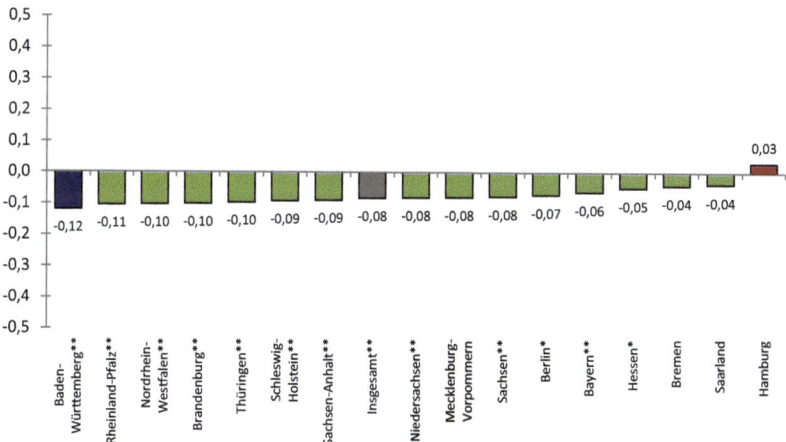

Abb. 4.27 Zusammenhang von Geschlecht (w. = 0; m. = 1) und Spendentätigkeit im Vergleich zwischen den Bundesländern. (Quelle: Eigene Berechnungen, Grundlage: FWS-Datensatz 2019, Pearson's R = ist auf einem Niveau von ≤ 1 %** bzw. ≤ 5 %* signifikant)

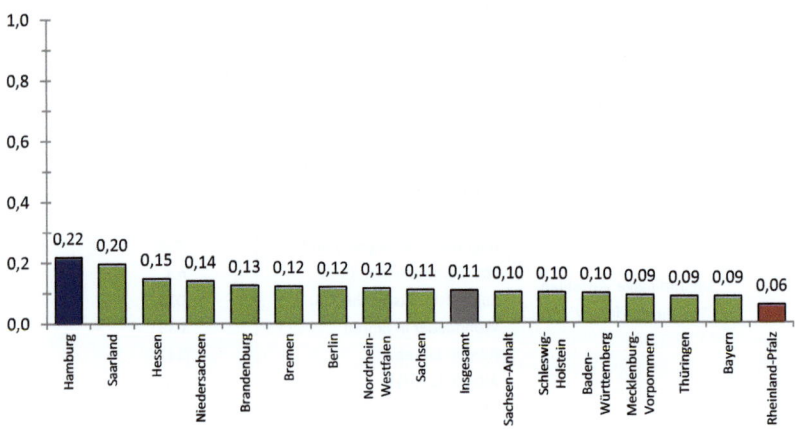

Abb. 4.28 Zusammenhang von Schulbildung (3-stufig) und Spendentätigkeit im Vergleich zwischen den Bundesländern. (Quelle: Eigene Berechnungen, Grundlage: FWS-Datensatz 2019, Spearman's Rho in allen Ländern auf einem Niveau von ≤ 5 % signifikant)

niedrigeren Niveau als bei der öffentlich gemeinschaftlichen Aktivität, dem tatsächlichen Engagement und der Engagementbereitschaft (vgl. Abb. 4.28). Der größte Bildungsbias zeigt sich, wie bei der Aktivität und dem Engagement, mit 0,22 in Hamburg, gefolgt vom Saarland mit 0,20; am niedrigsten fällt er in Rheinland-Pfalz (0,06) aus (vgl. Abb. 4.28).

Gemessen in Anteilen bejahten 65 % der Höhergebildeten in Hamburg die Frage nach von ihnen getätigten Spenden. Unter Befragten mit Haupt- oder Volksschulabschluss lag der Anteil mit 37 % signifikant darunter. In Rheinland-Pfalz wiederum ergeben sich hierbei partiell Abweichungen: Die Spendenbereitschaft war dort unter Menschen mit niedriger Schulbildung höher (54 %) als bei den Realschulabsolventinnen und -absolventen (47 %), jedoch nicht so ausgeprägt wie in der höchsten Bildungsgruppe (62 %; vgl. Tabellenband, Kap. 8). Alle anderen Länder liegen leicht über oder unter dem Mittelwert, ohne dass dabei allgemeingültige Ost-West-Unterschiede erkennbar würden.

Nicht unerwartet führen höhere *Einkommen* in fast allen Bundesländern zu einem signifikant ausgeprägteren Spendenverhalten, als es bei niedrigeren Einkommen der Fall ist. Folglich fällt der entsprechende Korrelationskoeffizient mit 0,21 für die gesamte Bundesrepublik fast doppelt so hoch aus wie für den Bildungseinfluss. Abweichungen zeigen sich in Niedersachsen (0,32), wo der

4.5 Spendentätigkeit in den letzten 12 Monaten

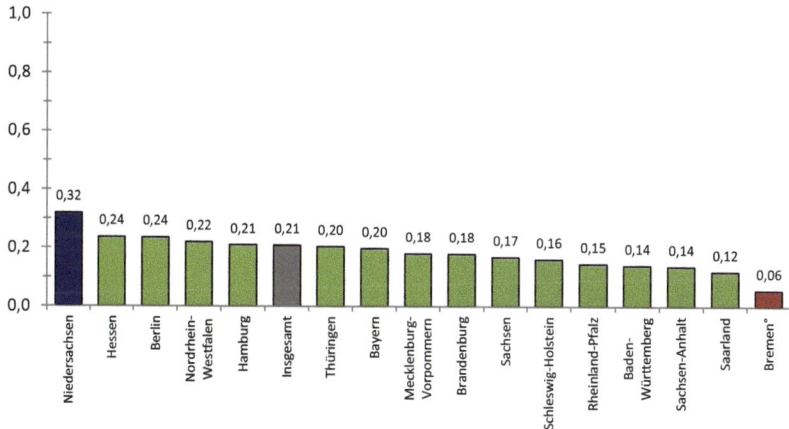

Abb. 4.29 Zusammenhang von Einkommen (5-stufig) und Spendentätigkeit im Vergleich zwischen den Bundesländern. (Quelle: Eigene Berechnungen, Grundlage: FWS-Datensatz 2019, Spearman's Rho in allen Ländern mit Ausnahme °Bremen auf einem Niveau von ≤ 1 % signifikant)

Einfluss außergewöhnlich hoch ist, und in Bremen (0,06), wo er gleichermaßen niedrig wie insignifikant ist. In allen ostdeutschen Bundesländern wird die Spendenbereitschaft unterdurchschnittlich stark durch das Einkommen bestimmt (vgl. Abb. 4.29). Drei Viertel der Menschen in Niedersachsen (75 %), die in Haushalten mit Einkommen von über 5000 € netto im Monat leben, gaben an, in den letzten 12 Monaten Geld gespendet zu haben; in Haushalten mit Einkommen unter 1000 € netto waren es 26 % (vgl. Tabellenband, Kap. 8).

Die Besonderheit von Spendentätigkeit im Rahmen der hier betrachteten Formen zivilgesellschaftlichen Handelns zeigt sich auch am Einfluss des *Alters*, welcher nur hier ausnahmslos positiv ausfällt. Das heißt, in allen Ländern nimmt die Spendentätigkeit mit fortschreitendem Alter unverkennbar zu, allerdings nicht in allen Ländern gleich stark. Der Gesamtwert für Deutschland entspricht mit 0,25 einer moderaten bis großen Zusammenhangstärke und stellt, wie die zuletzt dargestellte Regression gezeigt hat, zusammen mit Einkommen und Bildung den hauptsächlichen Erklärungsfaktor für Spendentätigkeit dar (vgl. Abb. 4.30). In den drei Stadtstaaten ist der Effekt des Alters am wenigsten wirksam. Das heißt, dort wird relativ unabhängig vom Alter gespendet oder auch

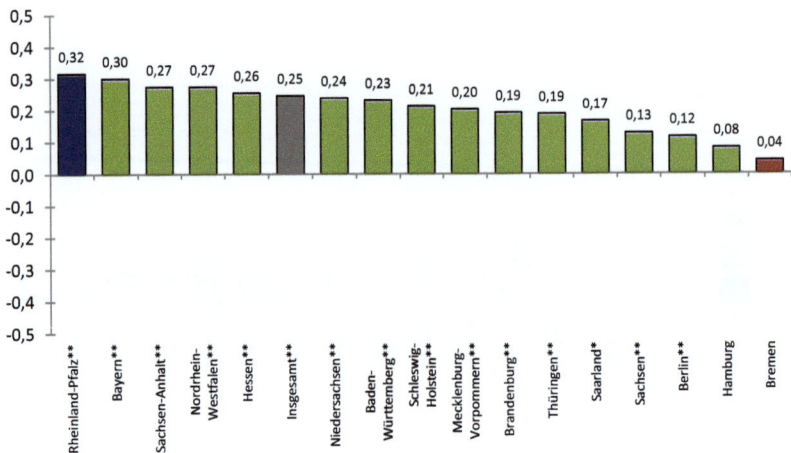

Abb. 4.30 Zusammenhang von Alter (6-stufig) und Spendentätigkeit im Vergleich zwischen den Bundesländern. (Quelle: Eigene Berechnungen, Grundlage: FWS-Datensatz 2019, Spearman's Rho in allen Ländern (mit Ausnahme von Hamburg und Bremen) auf einem Niveau von ≤ 1 % signifikant)

nicht gespendet. Überdurchschnittlich häufig bereit dazu, zu wohltätigen Zwecken von ihrem Einkommen abzugeben, sind Ältere in Rheinland-Pfalz, Bayern, Nordrhein-Westfalen, Hessen und Sachsen-Anhalt.

Die *Religionszugehörigkeit* ist ein Merkmal, welches sich durchweg positiv auf die verschiedenen Formen zivilgesellschaftlichen Handelns auswirkt, und das im Falle der Spendenaktivität in allen Bundesländern (vgl. Abb. 4.31). Im Osten Deutschlands, wo die Anteile Konfessionsgebundener viel geringer ausfallen, ist dieser Einfluss im Schnitt stärker ausgeprägt, kommt indes aufgrund der niedrigen Anteile in der Bevölkerung aber statistisch kaum zum Tragen. Demnach äußern sich religiös gebundene Menschen in Ostdeutschland merklich spendenbereiter als Gläubige im Westen des Landes.

Weit weniger stark, aber dennoch signifikant tritt der Zusammenhang von Religionszugehörigkeit und Spendentätigkeit in Rheinland-Pfalz, Berlin und Niedersachsen auf. Etwa zwei Drittel (65 %) der Konfessionsgebundenen in Sachsen-Anhalt gaben an, im letzten Jahr eine Spende getätigt zu haben; unter kirchlich nicht Gebundenen waren es 40 % (vgl. Tabellenband, Kap. 8). In

4.5 Spendentätigkeit in den letzten 12 Monaten

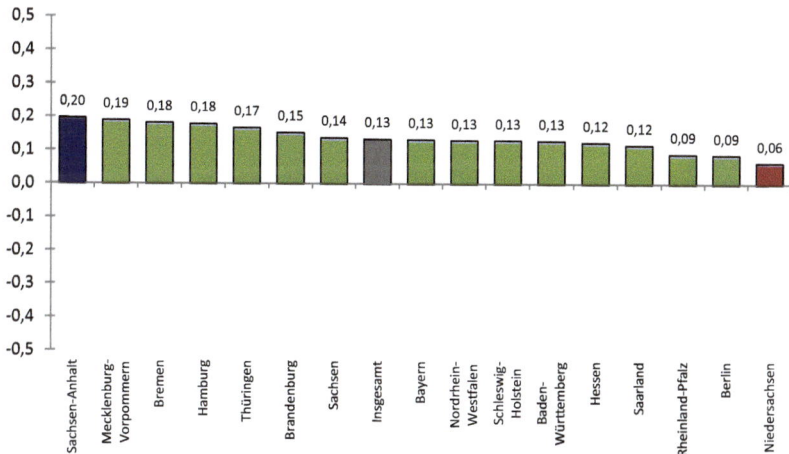

Abb. 4.31 Zusammenhang von Religionszugehörigkeit (ev./kath.) (Nein = 0/Ja = 1) und Spendentätigkeit im Vergleich zwischen den Bundesländern. (Quelle: Eigene Berechnungen, Grundlage: FWS-Datensatz 2019, Pearson's R = ist in allen Ländern auf einem Niveau von ≤ 1 %** signifikant)

Niedersachsen liegt der Anteil der Spendenden unter Befragten mit Konfessionszugehörigkeit dagegen nur 6 Prozentpunkte höher als bei Konfessionslosen (vgl. Abb. 4.31).

Als ähnlich einflussstark – nur in gespiegelter Form – erweist sich die individuelle *Migrationserfahrung*. Mit ihr nimmt in den meisten Ländern die Spendentätigkeit leicht ab. Dieser Zusammenhang tritt im Osten der Bundesrepublik weit weniger stark als im Westen oder gar nicht auf (vgl. Abb. 4.32). Deutliche Evidenz hat er hingegen in Nordrhein-Westfalen, Niedersachsen und Hessen. Mit 0,13 liegt insgesamt ein eher geringer Effekt vor (vgl. Abb. 4.32). Die Differenz beim Anteil von Spendenden in Nordrhein-Westfalen zwischen Menschen mit und ohne Migrationshintergrund beträgt 22 Prozentpunkte, in Sachsen-Anhalt hingegen 5 Prozentpunkte (vgl. Tabellenband, Kap. 8).

Während sich *im Haushalt lebende Kinder* gemeinhin positiv auf das Engagement der Befragten auswirken, fallen sie als Erklärung für die Spendenbereitschaft der Befragten kaum ins Gewicht und sind für eine Vielzahl der Länder darüber hinaus nicht signifikant (nicht dargestellt). Wo in einzelnen Ländern relevante Einflüsse nachweisbar sind, fallen diese negativ aus. Das heißt, Familien mit

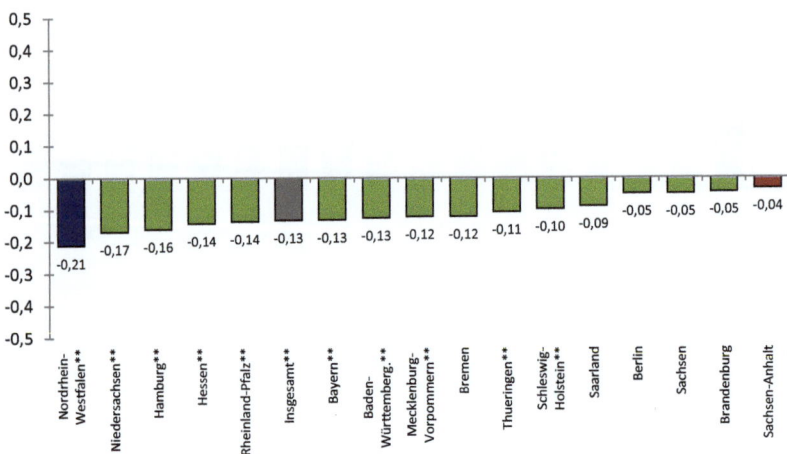

Abb. 4.32 Zusammenhang von Migrationshintergrund (Nein = 0/Ja = 1) und Spendentätigkeit im Vergleich zwischen den Bundesländern. (Quelle: Eigene Berechnungen, Grundlage: FWS-Datensatz 2019, Pearson's R = ist auf einem Niveau von $\leq 1\ \%^{**}$ bzw. $\leq 5\ \%^{*}$ signifikant)

minderjährigen Kindern präferieren eher andere Formen zivilgesellschaftlichen Handelns als das Geldspenden.

Bezüglich der Kontextdimension finden sich hinsichtlich der Spendentätigkeiten kaum Unterschiede zwischen *Stadt* und *Land*. Deutschlandweit liegt der Anteil der Spendenden in urbanen Regionen zwar etwa 3 Prozentpunkte höher als im ländlichen Raum. Das Ergebnis verändert sich jedoch kaum, wenn die *Gemeindegrößenklasse* als Kontrollvariable hinzugezogen wird. Mit steigender Einwohnerzahl der Gemeinde steigt die Spendenbereitschaft zwar minimal an, doch nur in einzelnen Ländern wie Niedersachsen, Hessen und Baden-Württemberg. Von einem typisch urbanen Verhalten kann beim Spenden somit keine Rede sein.

4.6 Mitgliedschaft in Vereinen oder gemeinnützigen Organisationen

Die Klärung der Frage, weshalb die im Freiwilligensurvey befragten Personen in Vereinen oder gemeinnützigen Organisationen Mitglied sind, leitet zur letzten der

4.6 Mitgliedschaft in Vereinen oder gemeinnützigen Organisationen

hier untersuchten Formen zivilgesellschaftlichen Handelns über. Im Großen und Ganzen unterscheiden sich die Einflussfaktoren für die Erklärung der Mitgliedschaften kaum von denen des Engagements und der öffentlich gemeinschaftlichen Aktivitäten. Als Mitgliedschaften fördernd erweisen sich höhere Bildung, höheres Einkommen und Religiosität. Außerdem sind Männer und Eltern mit Kindern eher in Vereinen Mitglied, Frauen sind dort weniger vertreten. Menschen, welche bereits länger am Ort leben, sich dazugehörig fühlen und auch sozialen Zusammenhalt erfahren, sind ebenfalls häufiger in Vereinen organisiert als andere. Eine eigene Migrationsgeschichte zeigt hingegen einen negativen Effekt, ebenso das Alter, wobei der Migrationseffekt stärker ins Gewicht fällt. Die Modellanpassung bleibt auf einem ähnlichen Niveau und erklärt etwa 12 % der unterschiedlichen Ausprägungen von Vereins- und Organisationsmitgliedschaften (vgl. Tab. 4.6).

Wie die Regression zeigt, gaben insgesamt mehr Männer als Frauen an, Vereinen anzugehören. Dies bestätigt sich bei der Zusammenhangsanalyse über die Bundesländer hinweg (vgl. Abb. 4.33). Abermals ist die Einflussstärke des Geschlechts aber nicht hoch und liegt bei 0,06. In Sachsen-Anhalt, Thüringen und Bayern gehören im Schnitt etwas mehr Männer als Frauen gemeinnützigen Organisationen und Vereinen an. 40 % der Männer in Sachsen-Anhalt gaben

Tab. 4.6 Mitgliedschaften in Vereinen und Organisationen – lineare Regression (standardisierte Steigungskoeffizienten β)

Mitgliedschaften in Vereinen und gemeinnützigen Organisationen (abhängige Variable; 0/1)		Standardisierte Koeffizienten (β)
Unabhängige Variablen (Standarddifferenzierung)	Bildung (1-3)	,102
	Haushaltseinkommen (1-6)	,114
	Kinder 6-18 im Haushalt (0/1)	,048
	Ev. o. kath. Religion (0/1)	,117
	Migrationshintergrund (0/1)	-,142
	Soz. Zusammenhalt (1-5)	-,083
	Zugehörigkeitsgefühl (1-5)	-,082
	Wohndauer in Jahren	,088
	Alter in Jahren	-,029
	Alter > 75 (0/1)	n.s.
	Alter < 20 (0/1)	n.s.
	Arbeitslosigkeit (0/1)	n.s
	Geschlecht (0/1)	,095
R^2		0,124

Quelle: Eigene Berechnungen. Alle Steigungskoeffizienten sind auf einem Niveau von 0,1 % signifikant

an, in Vereinen organisiert zu sein (vgl. Tabellenband, Kap. 8), unter den weiblichen Befragten war es mit 27 % nicht ganz ein Drittel. In Niedersachsen, dem Saarland, in Schleswig-Holstein, Hamburg und Sachsen gibt es diesbezüglich keine signifikanten geschlechtsgeprägten Differenzen. Nach eigener Aussage gehören in Niedersachsen sogar mehr weibliche (46 %) als männliche (43 %) Befragte Vereinen an, allerdings ist diese Differenz nicht signifikant (vgl. ebd.). Die östlichen Bundesländer liegen mit Ausnahme von Sachsen alle über dem Durchschnitt. Offensichtlich sind es dort eher Männer, welche sich an Vereine und Organisationen binden.

Aufgrund der Tatsache, dass der Bildungsbias in den einwohnerstärksten Ländern (Bayern und Nordrhein-Westfalen) vergleichsweise am schwächsten ausgeprägt ist, fällt auch der landesweite Wert mit 0,1 entsprechend niedrig aus (vgl. Abb. 4.34). Folglich stellt der Gesamtwert für Deutschland einen wenig repräsentativen Bezugspunkt für alle Bundesländer dar und muss landesspezifisch ausgewertet werden. Das Bild über alle Länder hinweg erweist sich dennoch als wenig differenziert. Mit Ausnahme von Bayern führt ein hoher formaler Bildungsgrad auch zu einer höheren Mitgliedschaftsrate, und das vor allem im

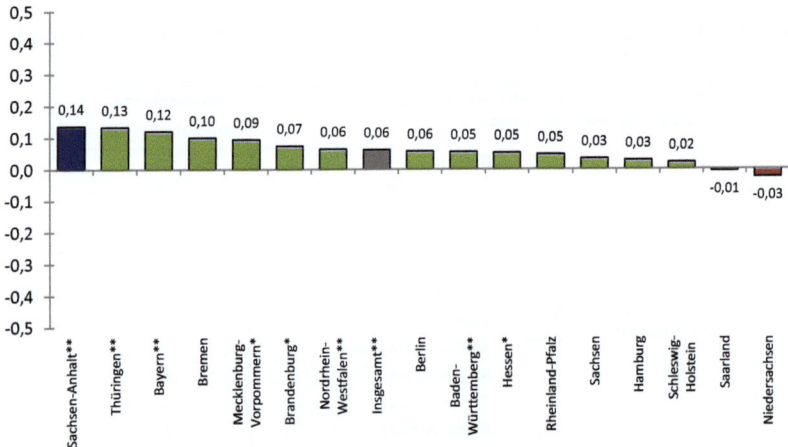

Abb. 4.33 Zusammenhang von Geschlecht (w. = 0; m. = 1) und Vereinsmitgliedschaft im Vergleich zwischen den Bundesländern. (Quelle: Eigene Berechnungen, Grundlage: FWS-Datensatz 2019, Pearson's R = ist auf einem Niveau von ≤ 1 %** bzw. ≤ 5 %* signifikant)

4.6 Mitgliedschaft in Vereinen oder gemeinnützigen Organisationen

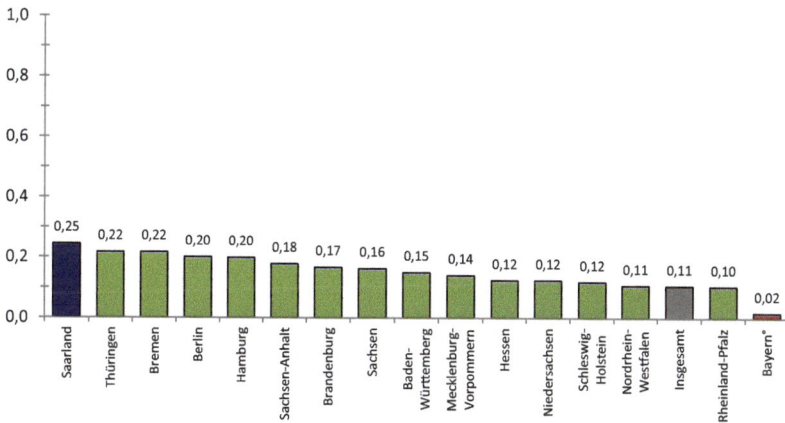

Abb. 4.34 Zusammenhang von Schulbildung (3-stufig) und Vereinsmitgliedschaft im Vergleich zwischen den Bundesländern. (Quelle: Eigene Berechnungen, Grundlage: FWS-Datensatz 2019, Spearman's Rho in allen Ländern (°bis auf Bayern) auf einem Niveau von $\leq 1\,\%$ signifikant)

Saarland und in Thüringen. Damit bestätigt sich einmal mehr ein hoher formaler Bildungsgrad als ein zentraler ‚Zugangsschlüssel' zu *allen* Ausprägungen und Indikatoren zivilgesellschaftlichen Handelns.

Höhere *Haushaltseinkommen* führen mehr oder weniger in allen Bundesländern zu einer signifikant häufigeren Angabe, Mitglied in einem Verein oder einer gemeinnützigen Organisation zu sein. In den ostdeutschen Ländern fällt diese Relation zwar etwas niedriger aus, liegt jedoch nur knapp unter dem bundesweiten Wert von 0,22 (vgl. Abb. 4.35). Besonders deutlich ist die Wechselwirkung von Einkommen und Mitgliedschaften im Saarland, aber auch in Niedersachsen. Am niedrigsten ist sie hingegen in Brandenburg. Gemessen in Anteilen liegen zwischen der niedrigsten und der höchsten Einkommensgruppe im Saarland 40 Prozentpunkte (19 % vs. 59 %[14]), in Brandenburg sind es noch 32 % (vgl. Tabellenband).

Wie die soeben vorangestellte Regression zeigt, sind Menschen, welche bereits lange an ihrem Wohnort leben, eher in Vereinen organisiert (vgl. Tab. 4.6). Die Wohndauer wird gemeinhin vor allem durch das Alter der Befragten beeinflusst,

---

[14] Die größte Differenz findet sich im Saarland, zwischen der zweithöchsten (3000 bis 5000 €) und der niedrigsten Einkommensgruppe, dort beträgt die Prozentsatzdifferenz rund 47 %.

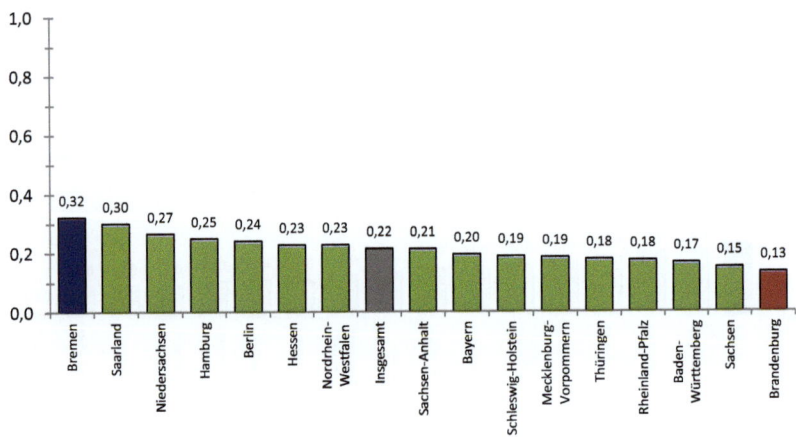

Abb. 4.35 Zusammenhang von Einkommen (5-stufig) und Vereinsmitgliedschaft im Vergleich zwischen den Bundesländern. (Quelle: Eigene Berechnungen, Grundlage: FWS-Datensatz 2019, Spearman's Rho in allen Ländern mit Ausnahme von Bremen auf einem Niveau von ≤ 1 % signifikant)

stellt aber außerdem einen Indikator dafür dar, wie stark eine Person mit ihrem Quartier, ihrer Gemeinde, ihrem Stadtviertel oder eben ihrem Wohnort verwurzelt beziehungsweise verbunden ist. Folglich fällt der Zusammenhang von Wohndauer und Vereinszugehörigkeit auch positiv und nicht, wie beim Alter, negativ aus und ist außerdem vergleichsweise stark ausgeprägt (vgl. ebd.).

Dieses Ergebnis korrespondiert mit der Tatsache, dass – ebenfalls nach den Daten des letzten Freiwilligensurveys 2019 – 90 % des Engagements ausschließlich in der Wohnregion, also in erster Linie lokal stattfinden. Eine längere Wohndauer vor Ort bildet demnach eine gute Voraussetzung für den Vereinsbeitritt. Richtet man den Blick auf die einzelnen Länder, trifft dies aber nicht überall zu. Im Ländervergleich macht sich die mitgliedschaftsfördernde Wirkung der Wohndauer vorwiegend in Westdeutschland bemerkbar (vgl. Abb. 4.36). Im Osten, Mecklenburg-Vorpommern ausgenommen, kann diese Relation nicht nachgewiesen werden. Das ist insofern von Bedeutung, als der positive Effekt von Wohndauer am Ort ab einem bestimmten Lebensabschnitt (älter als 50 Jahre) vom negativen Effekt des Alters überformt wird, sich zunächst abschwächt und letztlich sogar negativ auswirkt (vgl. Tab. 4.7).

Wie schon bei der Engagementbereitschaft (vgl. Abschn. 4.4) sind folglich jene Länder, welche besonders vom demographischen Wandel (Überalterung)

4.6 Mitgliedschaft in Vereinen oder gemeinnützigen Organisationen

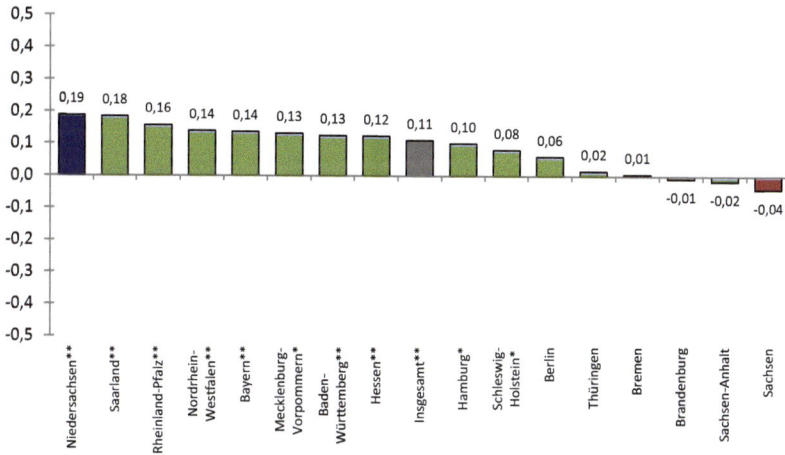

Abb. 4.36 Zusammenhang von Wohndauer am Wohnort und Vereinsmitgliedschaft im Vergleich zwischen den Bundesländern (Spearman's Rho). (Quelle: Eigene Berechnungen, Grundlage: FWS-Datensatz 2019, Pearson's R = ist auf einem Niveau von ≤ 1 %** bzw. ≤ 5 %* signifikant)

Tab. 4.7 Wohndauer nach Jahren (6-stufig) und Vereinsmitgliedschaft (Angaben in %)

Mitgliedschaft in Vereinen und Organisationen	Deutschland (Ø)	Wohndauer in 6 Kategorien					
		Bis 5	6 bis 10	11 bis 30	31 bis 40	41 bis 50	Über 50
Anteil	41,1	31,2	39,0	43,9	48,8	50,3	49,2

* Der Einfluss ist auf einem Niveau von ≤ 1 % signifikant

auch unter dem Aspekt des Wegzuges (negativer Wanderungssaldo) betroffen sind, hinsichtlich der Vereinsmitgliedschaft mit besonderen Herausforderungen konfrontiert.

Wie schon beim Bildungseinfluss wird der bundesweite Wert für den Korrelationskoeffizienten für *Religion* stark durch die einwohnerstärksten Bundesländer verzerrt, da in diesen Ländern auch die Relation zwischen Religionszugehörigkeit und Mitgliedschaft in Vereinen und Organisationen mit am stärksten ausgeprägt ist. Folglich wird der Wert in seiner Bedeutung für Gesamtdeutschland überschätzt. Gleichwohl geht in allen Bundesländern eine Zugehörigkeit zu den christlichen Kirchen mit höheren Mitgliedsraten in Vereinen und Organisationen

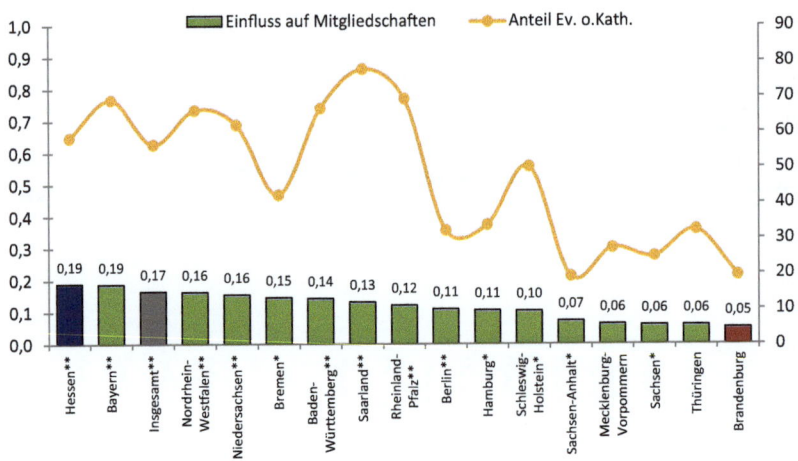

Abb. 4.37 Zusammenhang von Religionszugehörigkeit (ev./kath.) (Nein = 0/Ja = 1) und Vereinsmitgliedschaft im Vergleich zwischen den Bundesländern. (Quelle: Eigene Berechnungen, Grundlage: FWS-Datensatz 2019, Pearson's R = ist auf einem Niveau von $\leq$ 1 %** bzw. $\leq$ 5 %* signifikant)

einher, besonders in Hessen, Bayern, Nordrhein-Westfalen und Niedersachsen.[15] Im weitgehend säkularisierten Osten ist dieser Effekt nur von geringer Bedeutung, sowohl in seinen Einflussstärken als auch aufgrund der ohnehin niedrigeren Anteilswerte. Eine generelle Aussage, der zufolge der Einfluss dort hoch sei, wo der Anteil an katholischen und protestantischen Personen hoch ist, lässt sich nicht fundiert treffen (vgl. Abb. 4.37).

In *Haushalten mit Kindern* berichten Personen häufiger von eigenen Mitgliedschaften als in kinderlosen. Der Einfluss dieses Faktors ist mit 0,13 nicht sonderlich stark, aber in fast jedem Land, mit Ausnahme des Saarlands, fast gleich stark signifikant nachweisbar. Leicht erhöhte Ausprägungen finden sich in Thüringen, Niedersachsen, Sachsen und Mecklenburg-Vorpommern. Im Gesamtbild sind Haushalte mit Kindern im Osten Deutschlands häufiger über Mitgliedschaften organisiert als solche im Westen (vgl. Abb. 4.38).

---

[15] Im Rahmen der Erhebung wurde die Mitgliedschaft in einer Kirche oder Religionsgemeinschaft nicht dazugezählt bzw. wurden die Probandinnen und Probanden gebeten, diese nicht dazuzuzählen.

4.6 Mitgliedschaft in Vereinen oder gemeinnützigen Organisationen

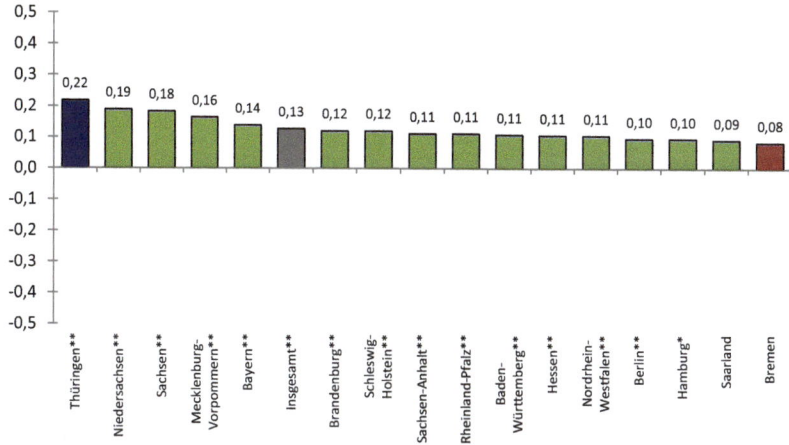

Abb. 4.38 Zusammenhang von Kindern (6 bis 18 Jahre) im Haushalt (Nein = 0/Ja = 1) und Vereinsmitgliedschaft im Vergleich zwischen den Bundesländern. (Quelle: Eigene Berechnungen, Grundlage: FWS-Datensatz 2019, Pearson's R = ist auf einem Niveau von ≤ 1 %** bzw. ≤ 5 %* signifikant)

Migrantinnen und Migranten sind im Schnitt nachweislich in geringerem Maß vereinsförmig organisiert als Menschen ohne *Migrationsbiografien*. Dieser Zusammenhang ist ausnahmslos in allen Ländern signifikant, zeigt aber klare Unterschiede zwischen ihnen auf. Deutlich wird hier nämlich eine Ost-West-Differenz: Im Osten Deutschlands scheint Migration für die Erklärung von Vereinsmitgliedschaften kaum eine Rolle zu spielen, während dieses Merkmal in den westlichen Bundesländern nachweislich eher mit dem Fehlen von Mitgliedschaften einhergeht, wobei die Anteile der Ausländerinnen und Ausländer dort auf einem ungleich höheren Niveau liegen (vgl. Abb. 4.39).

Etwa die Hälfte der Befragten in Nordrhein-Westfalen (48 %) gab an, Mitglied in einem Verein oder einer Organisation zu sein; unter den befragten Menschen mit Migrationserfahrung in diesem Land sind es noch 16 %. In Thüringen hingegen sind 27 % der Migrierten in Vereinen aktiv und 40 % der nichtmigrantischen Bevölkerung, was einer Differenz von 13 Prozentpunkten entspricht; in Nordrhein-Westfalen ist diese Differenz mit 32 Prozentpunkten also mehr als doppelt so groß.

Nimmt man die Migrationserfahrung der Befragten genauer unter die Lupe, verstärken sich die hier aufgezeigten Zusammenhänge noch (vgl. Tab. 4.8).

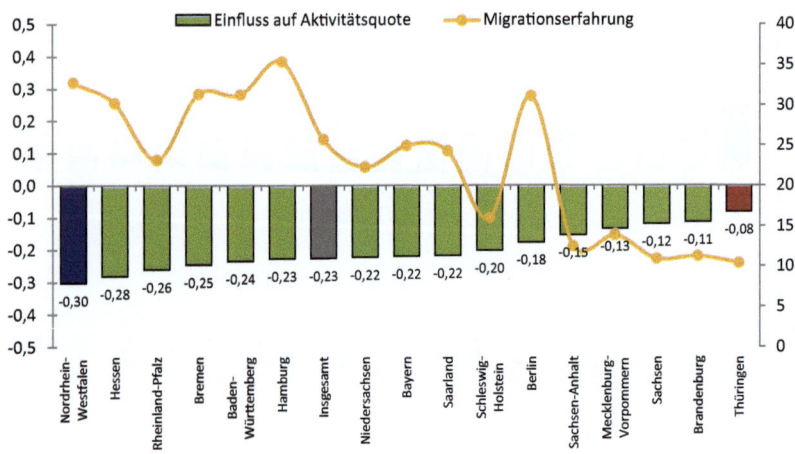

Abb. 4.39 Zusammenhang von Migrationserfahrung (Nein = 0/Ja = 1) und Vereinsmitgliedschaft im Vergleich zwischen den Bundesländern. (Quelle: Eigene Berechnungen, Grundlage: FWS-Datensatz 2019, Pearson's R = ist auf einem Niveau von $\leq 1\ \%{**}$ bzw. $\leq 5\ \%{*}$ signifikant)

Tab. 4.8 Migrationserfahrung (5-stufig) und Vereinsmitgliedschaft (Angaben in %)

Mitgliedschaft in Vereinen und Organisationen	Deutschland (Ø)	Keine Migrationserfahrung (Nein =0)	Migrationserfahrung (Ja =1)			
			Ausländer mit eigener M.	Deutsche mit eigener M.	Ausländer mit M. – 2. Gen.	Deutsche mit M. – 2. Gen.
Anteil	41,1	47,9	12,3	22,7	21,4	33,8

* Der Einfluss ist auf einem Niveau von $\leq 1\ \%$ signifikant

Die Umfeldfaktoren haben auf die Ausgestaltung der Vereinsmitgliedschaften kaum eine Auswirkung. *Städtische* und *ländliche Räume* weisen hier wenig bis gar keine signifikanten Differenzen nach Ländern aus. Die *Gemeindegröße* hat zwar in einigen Ländern einen leicht negativen Effekt, doch auch der ist eigentlich nur in Bayern und Nordrhein-Westfalen überhaupt von Bedeutung. Dort liegt der Anteil an Mitgliedschaften in den großen Städten im Schnitt etwas unter dem der kleineren Gemeinden.

4.6 Mitgliedschaft in Vereinen oder gemeinnützigen Organisationen 101

Open Access Dieses Kapitel wird unter der Creative Commons Namensnennung 4.0 International Lizenz (http://creativecommons.org/licenses/by/4.0/deed.de) veröffentlicht, welche die Nutzung, Vervielfältigung, Bearbeitung, Verbreitung und Wiedergabe in jeglichem Medium und Format erlaubt, sofern Sie den/die ursprünglichen Autor(en) und die Quelle ordnungsgemäß nennen, einen Link zur Creative Commons Lizenz beifügen und angeben, ob Änderungen vorgenommen wurden.

Die in diesem Kapitel enthaltenen Bilder und sonstiges Drittmaterial unterliegen ebenfalls der genannten Creative Commons Lizenz, sofern sich aus der Abbildungslegende nichts anderes ergibt. Sofern das betreffende Material nicht unter der genannten Creative Commons Lizenz steht und die betreffende Handlung nicht nach gesetzlichen Vorschriften erlaubt ist, ist für die oben aufgeführten Weiterverwendungen des Materials die Einwilligung des jeweiligen Rechteinhabers einzuholen.

Die Bedeutung von Lebensumfeldern für freiwilliges Engagement 5

5.1 Analytische Erschließung des Untersuchungsfelds

Dem folgenden Teilkapitel liegt die Annahme zugrunde, dass es die – in der Literatur so apostrophierten – Kontextbedingungen sind, die politisches und soziales Verhalten von Einzelpersonen und sozialen Gruppen wesentlich bestimmen, und hierbei insbesondere auch freiwilliges Engagement. In den vorangegangenen Kapiteln 3 und 4 wurden mittels Zusammenhangsanalysen bereits die Verbindungslinien zwischen ausgewählten Variablen, die auch einen kontextuellen Bezug aufweisen, und den Formen zivilgesellschaftlichen Handelns sichtbar gemacht.

Im folgenden Kapitel wird zusätzlich die Erkenntnis aufgenommen, dass *Kontexte* vor allem als Effekte des näheren Lebensumfelds verhaltenswirksam werden. Ihre Prägekraft, die von Raum zu Raum variieren kann, erhalten die Umfelder der Menschen zum einen durch strukturelle Eigenheiten, wie zum Beispiel Siedlungsstruktur, Wirtschaftskraft, Versorgungsgrad mit öffentlichen Gütern oder Mobilitätsangebote. Zum anderen entspringt sie *gehäuften beziehungsweise verdichteten* soziodemografischen Merkmalen dort lebender Personen, wie zum Beispiel Altersschichtung, Generationenzugehörigkeit, Bildungsniveau, Stellung im Beruf und Einkommensverteilung. In Kontexten formen sich drittens kulturelle Orientierungen aus, die als Einstellungen und Werthaltungen messbar werden; solche Orientierungen nehmen im Alltag als gelebte soziale Beziehungen praktische Gestalt an (vgl. Heyme et al. 2018; Holtmann 2019).

In den Erfahrungsräumen der lokalen Lebensumfelder entwickelt, festigt oder verringert sich auch freiwilliges Engagement. Folgerichtig wurde in den Länderbericht zum Deutschen Freiwilligensurvey 2014 auch der Hinweis auf die bedeutsame Rolle regionaler Kontexte und ihrer Gegebenheiten aufgenommen und dahingehend begründet, „weil sich Menschen in der Regel dort engagieren, wo sie leben oder arbeiten" (DZA 2016, S. 8). Erwähnung fanden in dem Vorgängerbericht von 2016 strukturelle Faktoren wie die Altersstruktur und Bevölkerungsdichte, die durch Präsenz und Vielfalt zivilgesellschaftlicher Organisationen gegebenen Gelegenheitsstrukturen, ferner die Güte der Infrastruktur, die wirtschaftliche Stärke beziehungsweise Schwäche von Regionen sowie die Schlüsselrolle, die Ländern, Kreisen und Gemeinden für die Bereitstellung der Rahmenbedingungen für freiwilliges Engagement zukommt (vgl. ebd., S. 8–9).

Ausführlich arbeitet eine 2017 erschienene empirische Studie kontextbedingte Unterschiede heraus, in welcher auf der Basis von Daten des Sozioökonomischen Panels (SOEP) die langfristige Entwicklung des freiwilligen Engagements seit 1990 untersucht wird. In ländlichen Regionen und insbesondere in kleinen Gemeinden sind demzufolge die Anteile der Engagierten höher. Andererseits halten sich Generationeneffekte demnach in Grenzen. Denn mit dem Renteneintritt scheint sich – mit Ausnahme einer einzigen Generation – das freiwillige Engagement nicht signifikant zu verändern (vgl. Burkhardt 2019; Burkhardt und Schupp 2019).

Eine im Jahr 2018 veröffentlichte, umfragebasierte Analyse lokaler Erscheinungsformen von Engagementkultur kam zu dem Befund, dass die tatsächliche Ausprägung und die vorhandenen Potenziale zivilgesellschaftlichen Engagements auf örtlicher Ebene nach den Strukturen kommunaler Umfelder variieren – je nachdem, ob es sich typischerweise um angespannte, wirtschaftlich starke, abgelegene, alternde oder zentrumsnahe Gemeinden handelt (vgl. Heyme et al. 2018, S. 107–156).

Nachstehend werden Kontextfaktoren betrachtet, welche anders als allgemeine Indikatoren wie etwa Alter oder Geschlecht zu den kennzeichnenden Merkmalen des sozialräumlichen Umfelds der Menschen zählen. Bevor diese nach ihren Kontextbezügen ausgewählten strukturellen und soziodemografischen Hintergründe von Engagement dargestellt werden, wird zunächst auf solche Kontexteffekte eingegangen, die sich auf der Einstellungsebene wiederspiegeln. Hierbei wird bewusst eine analytische Verengung vorgenommen. Der Fokus liegt hier auf solchen Einstellungen, die sich im öffentlichen Raum kleinräumiger Lebenswelten reproduzieren. Konkret wird folgenden Fragen nachgegangen: Welches Maß an generalisiertem Vertrauen bringt die Bevölkerung der kommunalen Politik und Verwaltung entgegen? Und: Wie werden jene Kontakt- und Beteiligungsmöglichkeiten wahrgenommen und bewertet, die seitens der kommunalen Institutionen auf der lokalen Ebene angeboten beziehungsweise bereitgestellt werden? Diese auf das lokale Umfeld bezogenen Einstellungsdimensionen erscheinen dazu geeignet, mögliche Kontexteffekte des politisch-administrativen Sektors, der ja eine wichtige und unmittelbare Bezugsgröße für freiwilliges Engagement ist, zu überprüfen.

5.2 Kontexteffekte auf der Einstellungsebene: methodisches Vorgehen

Zur Kontrolle angenommener Kontexteffekte auf der Einstellungsebene werden im Folgenden Daten einer repräsentativen Bevölkerungsumfrage herangezogen, die vom Institut info (Berlin) von Ende August bis Mitte September 2020 deutschlandweit durchgeführt wurde. Dieser Datenbestand erscheint deshalb als passfähig für den FWS-Länderbericht 2019, weil mit ihm eine der wenigen Bevölkerungsumfragen jüngeren Datums vorliegt, bei welcher die Antworten auch nach Bundesländern aufgeschlüsselt sind. So können zu ausgewählten politischen Einstellungen, für die ein zumindest mittelbarer Zusammenhang mit bürgerschaftlichem Engagement angenommen werden kann, länderspezifische Zusatzinformationen gewonnen werden.

Herangezogen wurden hier folgende 4 Variablen der info-Erhebung, welche vorgängig darauf schließen lassen, dass sie als Kontextbedingungen für Engagement eine Rolle spielen:

- Lebenszufriedenheit
- Bewertung der lokalen Möglichkeiten von Bürgerpartizipation
- Vertrauen in Kommunalpolitikerinnen und -politiker
- Vertrauen in die öffentliche Verwaltung

In einem ersten Schritt werden diese 4 Variablen einzeln in ihrer Länderverteilung dargestellt, unterteilt nach positiven und negativen Bewertungen. Die sich dabei jeweils ergebende Rangfolge der Länder wird sodann zu den länderspezifischen Engagementquoten der Daten des Deutschen Freiwilligensurveys 2019 in Beziehung gesetzt. Da die bekundete Lebenszufriedenheit – jedenfalls bis zum Beginn der Coronapandemie – generell hoch ausfällt und ihre Varianz über die Länder hinweg gering ist, wird in einem weiteren Schritt aus den 3 im engeren Sinne lokalbezogenen Variablen für jedes Bundesland ein additiver Kontextindex gebildet. Diesen Indizes werden wiederum die für die Länder ermittelten Engagementquoten des FWS 2019 gegenübergestellt.

Tab. 5.1 Zufriedenheit mit dem Leben insgesamt[1]

Bundesland	Ø	BB	SN	TH	HH	HB	BW	ST	RP	MV	BE	SL	SH	NW	NI	BY	HE
Box 10-6 zufrieden	81,4	82,4	84,2	78,1	80,5	79,5	82,3	80,1	84,3	78,3	78,7	78,7	80,9	78,3	83,6	83,1	80,6
Box 0-4 unzufrieden	10,0	9,2	8,3	10,9	8,5	12,5	9,6	12,2	6,7	11,3	14,1	13,3	8,3	12,5	9,6	8,4	9,4

Zahlenangaben nach info-Erhebung 2020. Alle Befragten nach Bundesländern, Einstufung auf der Skala von 0 = *sehr unzufrieden* bis 10 = *sehr zufrieden*. Farblich hervorgehoben sind bei *guter* Bewertung (obere Zeile) bzw. bei *schlechter* Bewertung (untere Zeile) der jeweils niedrigste und höchste Wert.

Im zweiten Schritt werden ausgewählte sozialstrukturelle Merkmale (Religionszugehörigkeit, Migriertenanteil) sowie raumbezogene Indikatoren (engagementunterstützende Einrichtungen, Kreistypen ländlich/städtisch, Ortsgröße je Bundesland) zu den Engagementquoten der Bundesländer in Beziehung gesetzt.

Auf dieser Grundlage wird die Ausgangsfrage nach Kontexteffekten freiwilligen Engagements einer zusammenfassenden Einschätzung unterzogen.

5.3 Empirische Befunde auf der Einstellungsebene

5.3.1 Lebenszufriedenheit

Die generelle Lebenszufriedenheit ist bis zu den Wellen der Coronapandemie deutschlandweit hoch ausgeprägt (vgl. Unzicker und Boehnke 2019). Die Spanne zwischen der regional höchsten (gut 84 % in Rheinland-Pfalz) und geringsten positiven Bewertung (rund 78 % in Thüringen) fällt mit gut 6 Prozentpunkten bundesweit vergleichsweise gering aus. Rheinland-Pfalz, das hier die günstigste Benotung vorweisen kann, liegt auch im FWS 2019 bei freiwilligem Engagement in der Spitzengruppe, nämlich auf Platz 3. Andererseits rangiert Thüringen, welches die relativ geringste Lebenszufriedenheit aufweist, bei der Engagementquote mit Rangplatz 7 dicht hinter Rheinland-Pfalz. Eine eindeutige Konvergenz von Lebenszufriedenheit und Engagement lässt sich folglich nicht feststellen. Eine klare Ost-West-Scheidelinie ist bei diesem Datenvergleich ebenfalls nicht erkennbar (vgl. Tab. 5.1).

---

[1] Für diese und die folgenden Tab. 10 bis 16 werden zur Identifizierung der Bundesländer die offiziellen Länderkürzel verwendet (vgl. https://www.destatis.de/DE/Methoden/abkuerzung-bundeslaender-DE-EN.html, abgerufen am 27.04.2022).

5.3.2 Kommunale Beteiligung und Mitsprache

Im Unterschied zur regional nur gering variierenden allgemeinen Lebenszufriedenheit weisen sowohl die *gute* als auch die *schlechte* Bewertung der Beteiligungs- und Mitsprachemöglichkeiten vor Ort nach Bundesländern eine deutlichere Schwankungsbreite auf. Die maximale Differenz bei positiver Benotung beträgt rund 19 Prozentpunkte (zwischen Bayern und Berlin), bei negativer Benotung sind es 14,2 Prozentpunkte (zwischen Baden-Württemberg und Sachsen-Anhalt).

Unterdurchschnittlich *gut* benotet werden die kommunalen Beteiligungs- und Mitsprachemöglichkeiten in den 3 Stadtstaaten, was vermutlich der höheren Komplexität großstädtischer Probleme und Bedarfslagen sowie einem in urbanen Gesellschaften stärker ausgeprägten Partizipationsanspruch und Verlangen nach Responsivität geschuldet ist. Auch in allen ostdeutschen Flächenländern liegt die Bewertung unter dem Bundesdurchschnitt, wobei ihn Brandenburg und Sachsen allerdings nur geringfügig unterschreiten (vgl. Tab. 5.2). Bei *schlechter* Benotung ergibt sich ein etwas anderes regionales Verteilungsbild: Von den 3 Stadtstaaten liegt nur Berlin im oberen Drittel. Von den ostdeutschen Flächenstaaten liegt hierbei lediglich Sachsen leicht unter dem negativen Durchschnittswert.

Im Gesamtbild der Reihung zeigt sich ein deutliches West-Ost-Gefälle (vgl. Tab. 5.3). Bei positiver Bewertung kommunaler Beteiligung und Mitsprache nehmen westdeutsche Länder die ersten 7 Plätze ein. Bei negativer Benotung rangieren ostdeutsche Länder auf den Plätzen 1 bis 5. Das entspricht tendenziell der Länderplatzierung bei den im Freiwilligensurvey 2019 ermittelten Engagementquoten, wo die ostdeutschen Länder – mit Ausnahme Thüringens – in der unteren Hälfte rangieren.

Tab. 5.2 Beteiligungs- und Mitsprachemöglichkeiten der Bürgerinnen und Bürger im kommunalen Bereich (auf Gemeinde- bzw. Stadtteilebene)

Bundesland	Ø	BB	SN	TH	HH	HB	BW	ST	RP	MV	BE	SL	SH	NW	NI	BY	HE
Box 10-6 gut	55,3	54,4	54,1	50,2	51,2	51,8	63,1	46,2	61,0	51,9	45,5	53,9	55,7	59,7	57,8	64,4	55,6
Box 0-4 schlecht	24,7	29,5	24,1	28,5	26,8	25,6	17,2	31,4	22,1	28,1	30,4	24,4	23,7	22,7	18,5	19,8	24,5

Zahlenangaben nach info-Erhebung 2020. Alle Befragten nach Bundesländern, Einstufung auf der Skala von 0 = *sehr schlecht* bis 10 = *sehr gut*. Farblich hervorgehoben sind bei *guter* Bewertung (obere Zeile) bzw. bei *schlechter* Bewertung (untere Zeile) der jeweils niedrigste und höchste Wert.

Tab. 5.3 Länderrangfolge bei Bewertung von kommunaler Beteiligung

Rang	1	2	3	4	5	6	7	8	9	10	11	12	13	14	15	16
Box 10-6 gut	BY	BW	RP	NW	NI	SH	HE	BB	SN	SL	MV	HB	HH	TH	ST	BE
Box 0-4 schlecht	ST	BE	BB	TH	MV	HH	HB	HE	SL	SN	SH	NW	RP	BY	NI	BW

Eigene Abbildung.

5.3.3 Vertrauen in die kommunalen Akteurinnen und Akteure

Insgesamt ist das Vertrauen in die kommunalpolitischen Akteurinnen und Akteure hoch (vgl. Tab. 5.4). Gleichwohl weist die Bandbreite sowohl hohen als auch geringen Vertrauens zwischen den Bundesländern deutliche Schwankungen auf. So beträgt die maximale Differenz bei der ein Vertrauen positiv bekundenden Benotung 19 Prozentpunkte (45 % *gut* in Berlin gegenüber 64 % *gut* in Niedersachsen). Bei der Bejahung von Vertrauensdefiziten sind es gut 13 Prozentpunkte (rund 32 % für Berlin gegenüber 19 % in Niedersachsen).

Unterdurchschnittlich positive Vertrauenszuweisungen in Kommunalpolitikerinnen und -politiker verzeichnen mit Ausnahme Mecklenburg-Vorpommerns die ostdeutschen Flächenländer, aber auch 5 westdeutsche Flächenländer sowie die 3 Stadtstaaten. Die größte Vertrauenslücke klafft in Berlin, und dies sowohl bei erklärter Zuweisung wie dezidierter Versagung von Vertrauen. Allerdings lassen die Daten im Falle Berlins keine klare Abgrenzung zwischen der Landesebene

Tab. 5.4 Vertrauen in die kommunalpolitischen Akteurinnen und Akteure in Stadt/Gemeinde

Bundesland	Ø	BB	SN	TH	HH	HB	BW	ST	RP	MV	BE	SL	SH	NW	NI	BY	HE
Box 10-6 vertraue	58,9	50,6	58,6	57,5	52,4	57,5	62,6	51,6	57,6	59,8	45,3	56,8	52,6	55,6	64,3	60,5	55,5
Box 0-4 vertraue nicht	24,8	31,0	23,4	26,8	28,7	27,5	22,8	27,7	25,0	24,7	32,2	25,2	25,0	24,0	19,0	21,3	30,9

Zahlenangaben nach info-Erhebung 2020. Alle Befragten nach Bundesländern, Einstufung auf der Skala von 0 = *gar nicht* bis 10 = *voll und ganz*. Farblich hervorgehoben sind bei *guter* Bewertung (obere Zeile) bzw. bei *schlechter* Bewertung (untere Zeile) der jeweils niedrigste und höchste Wert.

5.3 Empirische Befunde auf der Einstellungsebene

Tab. 5.5 Länderrangfolge bei Vertrauen in kommunalpolitische Akteurinnen und Akteure

Rang	1	2	3	4	5	6	7	8	9	10	11	12	13	14	15	16
Box 10-6 vertraue	NI	BW	BY	MV	SN	RP	TH	HB	SL	NW	HE	SH	HH	ST	BB	BE
Box 0-4 vertraue nicht	BE	BB	HE	HH	ST	HB	TH	RP	SL	SH	MV	NW	SN	BW	BY	NI

Eigene Abbildung.

und der im engeren Sinne kommunalen Ebene der Bezirke zu. In Niedersachsen wird der Kommunalpolitik das meiste Vertrauen entgegengebracht.

Im regionsübergreifenden Gesamtbild zeigt sich hier ein teilweise ‚durchbrochenes' West-Ost-Gefälle (vgl. Tab. 5.5). Fasst man die Kategorien Vertrauen und Nichtvertrauen jeweils zusammen, weist die Ländertrias Niedersachsen, Baden-Württemberg und Bayern die besten Vertrauenswerte auf; auch Mecklenburg-Vorpommern und Sachsen liegen im oberen Länderdrittel. Ein klar positiver oder negativer Zusammenhang von kommunalem Vertrauenskapital und den im FWS 2019 gemessenen Engagementquoten der Länder ist nicht nachweisbar.

5.3.4 Verwaltungsvertrauen

Das Verwaltungsvertrauen fällt im Allgemeinen höher aus als das Vertrauen in politische Akteurinnen und Akteure (vgl. Gabriel und Neller 2010, S. 105–106; Gabriel und Holtmann 2015, S. 165). Die in Tab. 15 abgetragenen Länderdaten der info-Erhebung 2020 bestätigen einmal mehr den regelmäßig wiederkehrenden empirischen Befund, dass den im engeren Sinne (partei-)politischen Institutionen weniger vertraut wird als den sogenannten rechtsstaatlichen Institutionen, welchen auch die Verwaltung zugerechnet wird. Bei letzteren Institutionen wird traditionell ein neutrales, das heißt unparteiisches Sachhandeln vermutet. Auch wenn bei den hier herangezogenen Daten nicht zwischen Verwaltungsebenen unterschieden wird: Da Verwaltungsstellen und ihre Bediensteten vorrangig als Ansprech- und Kontaktpersonen für bürgerschaftliches beziehungsweise freiwilliges Engagement fungieren, ist Verwaltungsvertrauen ein Indikator für günstige beziehungsweise weniger günstige Rahmenbedingungen für bürgerschaftliches Engagement.

Die Bandbreite sowohl hohen als auch geringen Vertrauens in die Akteurinnen und Akteure der öffentlichen Verwaltung weist zwischen den Bundesländern deutliche Schwankungen auf (vgl. Tab. 5.6). Die maximale Differenz beim Grad des bekundeten Vertrauens beträgt rund 23 Prozentpunkte (bei *vertraue* zwischen 48 % für Berlin und über 71 % für Niedersachsen). Bei der Ausprägung von Vertrauensdefiziten sind es rund 20 Prozentpunkte (zwischen knapp 33 % für Berlin und annähernd 13 % für Niedersachsen).

Unterdurchschnittlich positive Vertrauenszuweisungen in Kommunalpolitikerinnen und -politiker verzeichnen, wiederum mit Ausnahme Mecklenburg-Vorpommerns, die ostdeutschen Flächenländer. Ebenso verhält es sich unter den westdeutschen Flächenländern bei Baden-Württemberg und Nordrhein-Westfalen, ferner bei 2 von 3 Stadtstaaten, nämlich Hamburg und Berlin (vgl. Tab. 5.7). Am größten fällt auch bei diesem Konfidenzwert das Vertrauensdefizit für Berlin aus, und dies sowohl in der erklärten Zuweisung als auch in der dezidierten Versagung von Vertrauen. Abermals wird der Kommunalpolitik Niedersachsens von den Bewohnerinnen und Bewohnern des Bundeslands in beiden Benotungskategorien der beste Vertrauensbonus gewährt. Wie ein Datenvergleich zeigt, weisen die kommunal bezogenen Vertrauensraten und die Engagementquoten beim linearen Trendverlauf für die Länder tendenziell in die gleiche Richtung (vgl. Abb. 5.1 und Abb. 5.2): Höheres Vertrauen korrespondiert mit höherem Engagement, geringeres Vertrauen mit geringerem Engagement.

Tab. 5.6 Vertrauen in die Akteurinnen und Akteure der öffentlichen Verwaltung

Bundesland	Ø	BB	SN	TH	HH	HB	BW	ST	RP	MV	BE	SL	SH	NW	NI	BY	HE
Box 10-6 *vertraue*	62,3	51,1	60,9	55,2	59,6	62,8	61,6	54,2	65,1	63,4	48,1	65,2	63,1	59,2	71,4	68,6	63,8
Box 0-4 *vertraue nicht*	19,8	27,2	21,4	26,8	19,5	18,1	19,6	26,2	20,6	20,2	32,8	17,8	17,1	18,9	12,7	17,0	23,7

Zahlenangaben nach info-Erhebung 2020. Alle Befragten nach Bundesländern, Einstufung auf der Skala von 0 = *gar nicht* bis 10 = *voll und ganz*. Farblich hervorgehoben sind bei *guter* Bewertung (obere Zeile) bzw. bei *schlechter* Bewertung (untere Zeile) der jeweils niedrigste und höchste Wert.

Tab. 5.7 Länderrangfolge bei Verwaltungsvertrauen

Rang	1	2	3	4	5	6	7	8	9	10	11	12	13	14	15	16
Box 10-6 *vertraue*	NI	BY	SL	RP	HE	MV	SH	HB	BW	SN	HH	NW	TH	ST	BB	BE
Box 0-4 *vertraue nicht*	BE	BB	TH	ST	HE	SN	RP	MV	BW	HH	NW	HB	SL	SH	BY	NI

Eigene Abbildung.

5.3 Empirische Befunde auf der Einstellungsebene

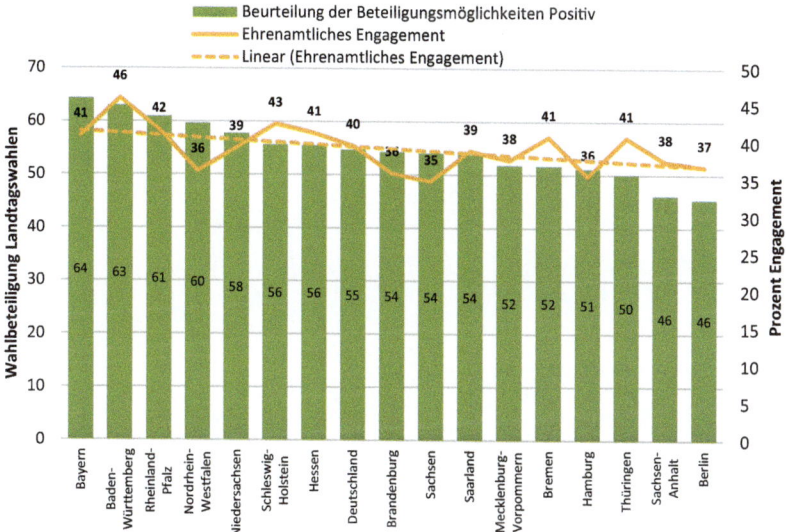

Abb. 5.1 Beurteilung der Beteiligungs- und Mitsprachemöglichkeiten der Bürgerinnen und Bürger im kommunalen Bereich (*gut* und *sehr gut* in %). (Quelle: Eigene Berechnungen, Grundlage: FWS 2019 und info-Erhebung 2020.)

5.3.5 Kontextindizes und Engagementquoten nach Bundesländern

Im nächsten Schritt werden aus den zunächst einzeln vorgestellten 3 lokalbezogenen kontextuellen Einstellungsvariablen additive Kontextindizes gebildet und nach Bundesländern gruppiert. Dafür wurden die pro Variable ermittelten Länderdaten jeweils in 3 Terzile aufgeteilt (oberes Terzil = Wert 3, mittleres Terzil = Wert 2, unteres Terzil = Wert 1) und die entsprechenden 3 Länder-Teilwerte zusammengezählt. In den beiden nachfolgenden Balkendiagrammen (vgl. Abb. 5.3 und Abb. 5.4) ist die entsprechend dem Ergebnis der Addition unterschiedliche Höhe der Länderbalken erkennbar. Abgebildet ist die indexierte Rangfolge der Länder, und zwar einmal nach zusammengefassten positiven Bewertungen (vgl. Abb. 5.3) und einmal nach kumulierten negativen Bewertungen (vgl. Abb. 5.4). Die durchlaufende Linie zeigt das freiwillige Engagement nach Ländern an.

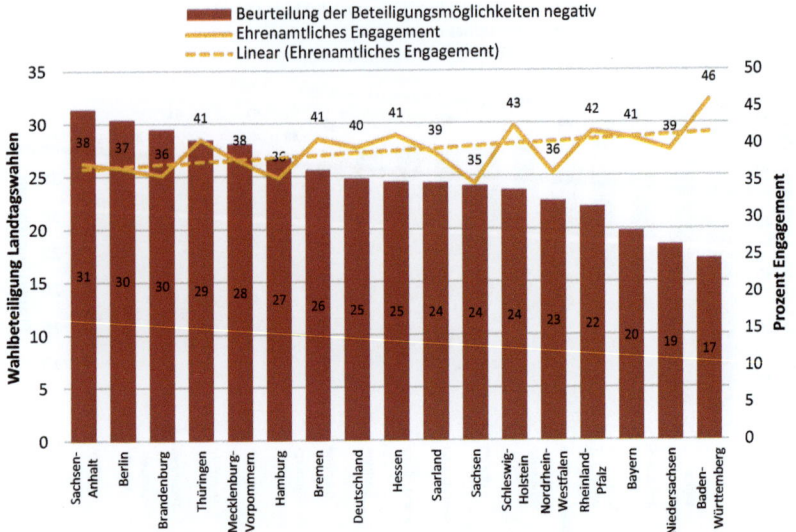

Abb. 5.2 Beurteilung der Beteiligungs- und Mitsprachemöglichkeiten der Bürgerinnen und Bürger im kommunalen Bereich (*schlecht* und *sehr schlecht* in %). (Quelle: Eigene Berechnungen, Grundlage: FWS 2019 und info-Erhebung 2020.)

Bei den positiven Werten nehmen nach der Indexbildung die Länder Bayern und Niedersachsen vor Baden-Württemberg und Rheinland-Pfalz die Spitzenpositionen ein (Abb. 5.3). In der dann folgenden Ranggruppe befinden sich mit Mecklenburg-Vorpommern und Sachsen 2 ostdeutsche Bundesländer. Am Schluss liegen Sachsen-Anhalt und Berlin. Fast spiegelbildlich ist die Platzverteilung bei den Landesindizes der negativen Einstellungen: Hier führen Berlin, Brandenburg und Sachsen-Anhalt, während Bayern und Niedersachsen die letzten Ränge belegen (vgl. Abb. 5.4).

In den beiden Abbildungen wird ebenfalls erkennbar, dass den Kontextindizes der Länder zusätzlich die länderspezifischen Engagementhäufigkeiten des Freiwilligensurvey 2019 zugeordnet werden. Es zeigt sich bei dieser vergleichenden Betrachtung ausweislich der gestrichelt dargestellten linearen Trendlinien der folgende Umstand deutlich: Eine regional positivere Perzeption lokaler Kontextfaktoren und eine regional höhere Engagementquote weisen tendenziell in die gleiche Richtung – und ebenso verhält es sich vice versa bei einer

5.3 Empirische Befunde auf der Einstellungsebene

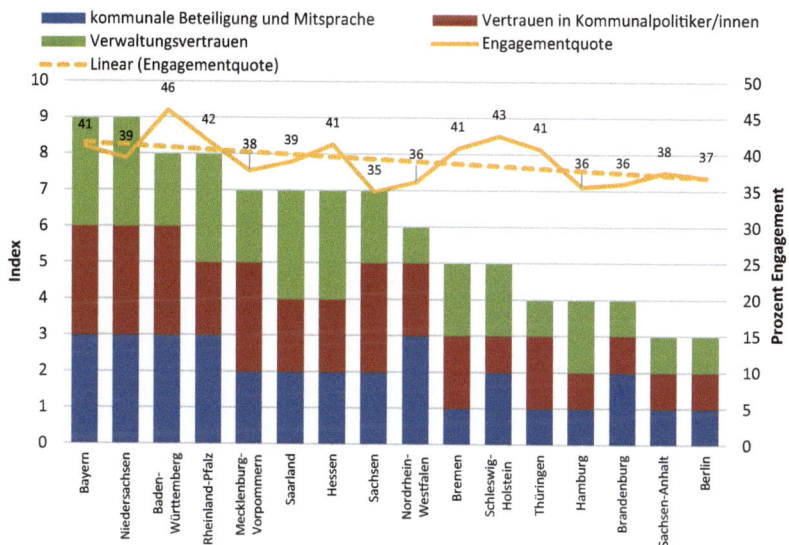

Abb. 5.3 Index aus Beteiligung und Mitsprache *(gut)* + verwaltungs- und kommunalpolitisches Vertrauen *(vertraue)* in Gegenüberstellung des freiwilligen Engagements (in %). (Quelle: Eigene Berechnungen, Grundlage: FWS 2019 und info-Erhebung 2020.)

schlechteren Bewertung lokaler Kontextfaktoren und einer geringer ausfallenden Engagementquote.

Die 4 nach Kontextindex erstplatzierten Länder weisen in den Fällen der *guten* Bewertung mehrheitlich auch überdurchschnittliche Engagementquoten auf (vgl. Abb. 5.3). Hingegen fällt umgekehrt für alle 4 bei diesem positiven Kontextindex letztplatzierten Länder auch das Engagement unterdurchschnittlich aus. Für die negative Perzeption lokaler Kontextfaktoren (vgl. Abb. 5.4) ist dieser Zusammenhang im Einzelfall indes nicht ganz so deutlich. Hier weisen 3 der 4 erstplatzierten Länder auch eine unterdurchschnittliche Engagementquote auf, während bei immerhin 2 von 4 Ländern, die auf der Kontextindex-Skala letzte Plätze einnehmen, das Engagement über dem Durchschnitt liegt.

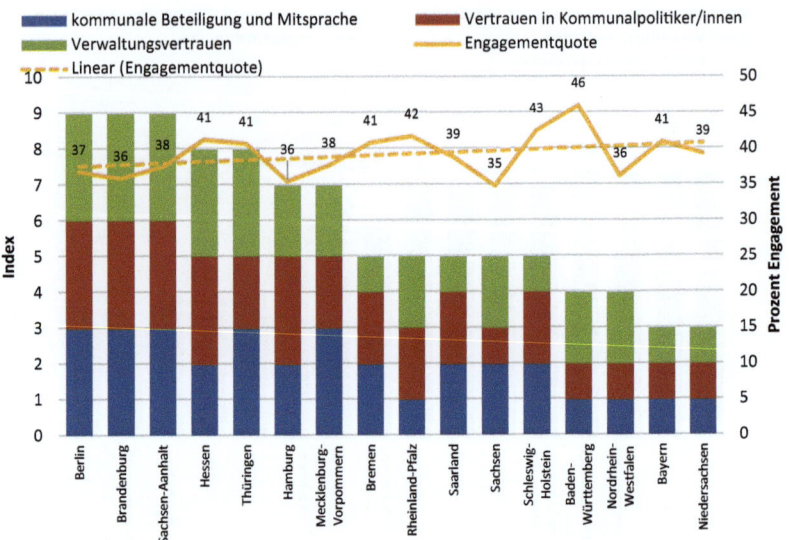

Abb. 5.4 Index aus Beteiligung und Mitsprache *(schlecht)* + verwaltungs- und kommunalpolitisches Vertrauen *(vertraue nicht)* in Gegenüberstellung des freiwilligen Engagements (in %). (Quelle: Eigene Berechnungen, Grundlage: FWS 2019 und info-Erhebung 2020.)

5.3.6 Zusammenfassende Einschätzung der Einstellungsdimension

Bei vergleichender Betrachtung treten diverse regionale Unterschiede zutage, und zwar sowohl bei der länderspezifischen Bewertung der hier ausgewählten und den Kontextfaktoren zugeordneten Einstellungsvariablen als auch bei deren Abgleich mit den Anteilen der Bundesländer am freiwilligen Engagement. Zudem wird bei einem Vergleich der auf Basis der Info-Erhebung 2020 komplexer konstruierten Kontextindizes mit den Daten des Freiwilligensurvey 2019 tendenziell eine Gleichgerichtetheit von positiver Kontexterfahrung und häufigerem Engagement erkennbar.

Die statistischen Zusammenhänge zwischen der Bewertung des politisch-administrativen Umfelds einerseits und den nach Ländern aufgeschlüsselten Daten des Freiwilligensurveys zu den Anteilen freiwilligen Engagements andererseits sind jedoch in einem Sinne nicht eindeutig: Nicht klar nachweisbar ist, dass ein größeres generelles Vertrauen in die Akteurinnen und Akteure öffentlicher Verwaltung und kommunaler Politik in Verbindung mit einer positiven Wahrnehmung lokaler Beteiligungs- und Berücksichtigungschancen generell beziehungsweise ausnahmslos mit erhöhtem Engagement einherginge (und umgekehrt).

Es zeigt sich also: *Context matters,* auch auf der Einstellungsebene – aber eben nicht überall in gleicher Dichte, Verbreitung und Intensität. Offenbar werden der lokale politisch-administrative Sektor einerseits und die Betätigungsfelder freiwilligen Engagements andererseits auch von vielen, möglicherweise auch freiwillig aktiven Menschen als unverbundene Bereiche wahrgenommen.

Eine solche Entkopplung öffentlicher Räume ist indes unspektakulär und sollte unseres Erachtens nicht unbesehen gleichgesetzt werden mit jener „Dichotomie von staatsnah und bürgergetragen" (Ziviz-Survey 2017a, S. 19), die das Selbstverständnis zivilgesellschaftlicher Aktivitäten offenbar häufig kennzeichnet (vgl. ebd., ferner Ziviz-Survey 2017b). Denn zum einen dürfte die in der Literatur erwähnte dichotome Perzeption häufig Ausdruck einer organisationsbezogenen Perspektive sein, die das gesellschaftlich vorhandene Engagement und Engagementpotenzial nicht vollständig abdeckt. Und zum anderen werden offenbar Organisationen mit Bildungsbezug zahlreicher, deren Aktive sich selbst als „Akteure der politischen Willensbildung" (Ziviz-Survey 2017a, S. 13) verstehen beziehungsweise „in der Rolle als Dienstleistungserbringer wohlfahrtsstaatlicher Leistungen" (ebd.) sehen und Kooperation mit dem Staat befürworten. Insofern sind die hier zusätzlich herangezogenen Umfragedaten zu Kontextbezügen auch deshalb aufschlussreich, weil sie auf ein – in den Bundesländern unterschiedlich ausgeprägtes – politisch-kulturelles und sozial-kulturelles Umfeld verweisen, das insbesondere dort, wo es positiv eingeschätzt wird, für eine „Einbindung zivilgesellschaftlicher Akteure in kommunale Bildungslandschaften" (ebd., S. 5) recht günstige Rahmenbedingungen bietet.

5.4 Soziodemografische Kontextfaktoren und freiwilliges Engagement

5.4.1 Konfessionszugehörigkeit und Engagement

Zwischen Kirchennähe und Engagement im kirchlichen beziehungsweise religiösen Bereich besteht ein klarer Zusammenhang. Je größer der Anteil an katholischen und protestantischen Personen in einem Bundesland ist, desto höher fällt, von wenigen ‚Ausreißern' im Länderspektrum abgesehen, auch die Rate des freiwilligen Engagements im konfessionellen Milieu aus (vgl. Abb. 5.5). Während die westdeutschen Flächenländer größere Zahlen kirchlich Gebundener und zugleich zweistellige an kirchliche Angebote angebundene Engagementraten haben, fallen demgegenüber die Stadtstaaten Hamburg und Berlin sowie die ostdeutschen Bundesländer bei diesem doppelten Zahlenvergleich deutlich ab.

In dem diesbezüglich ausgeprägten Ost-West-Unterschied wirkt die vormalige deutsche Teilung nach. Die DDR hatte dem wiedervereinigten Deutschland eine „Kultur der Konfessionslosigkeit" (Pickel 2019) als Legat hinterlassen. 1989 waren fast 70 % der ostdeutschen Bevölkerung konfessionslos, und diese Größenordnung blieb seither gewahrt (vgl. ebd.). Der daraus für freiwilliges Engagement und ebensolche Engagementbereitschaft im kirchlichen beziehungsweise religiösen Segment entspringende, doppelte Kontexteffekt lässt sich folgendermaßen beschreiben: Wenn, wie der Religionssoziologe Gert Pickel anmerkt, Säkularisierung den „sozialen Bedeutungsverlust von Religion" anzeigt, „der sich

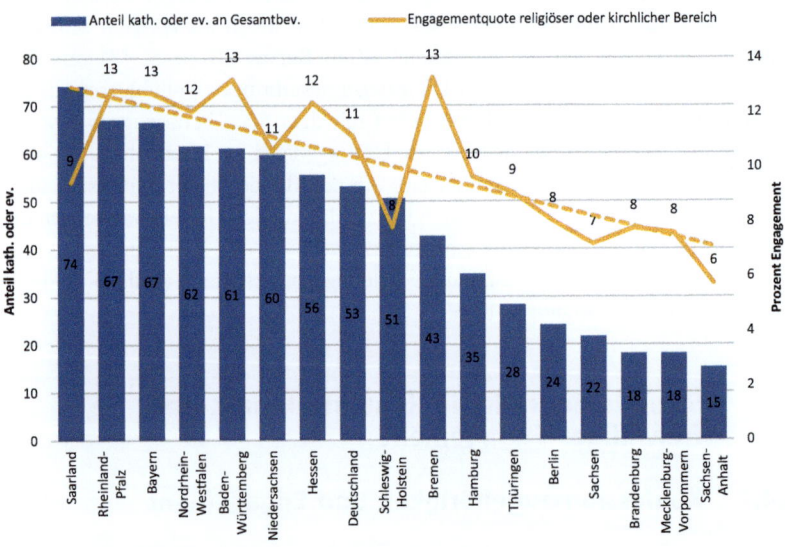

Abb. 5.5 Konfessionszugehörigkeit (2018) im Land und freiwilliges Engagement (religiös bzw. kirchlich). (Quelle: Eigene Berechnungen, Grundlage: FWS 2019 und amtliche Statistiken.)

5.4 Soziodemografische Kontextfaktoren und freiwilliges Engagement

maßgeblich in Entkirchlichungsprozessen äußert" (ebd.), dann fällt folgerichtig zum einen ein in religiöse Sozialisation eingebundenes soziales Engagement schwächer aus; das soziale Umfeld sendet dann kaum oder gar keine religiös unterlegten normativen Impulse. Zum anderen gehen mit der institutionell schwächeren Verankerung der Kirchen und Religionsgemeinschaften weniger Angebote für kirchennahes freiwilliges Engagement einher.

Ob diese spezielle Engagementlücke in Zukunft wenn nicht geschlossen, so doch wenigstens verringert werden kann, ist schwer einzuschätzen. Einerseits ist grundsätzlich vorstellbar, dass auch kirchliche Vorfeldorganisationen, die auf bürgerschaftliches Engagement setzen, in Ostdeutschland im Zuge ihres Um- und Neuaufbaus nach 1990 stärker zweckrationale Züge ausgeformt haben – ähnlich der von Thomas Olk und Holger Backhaus-Maul beschriebenen „Modernisierung der tradierten Verbändewohlfahrt" (Olk und Backhaus-Maul 1995, S. 199). Das könnte es säkular eingestellten Ostdeutschen mit Engagementbereitschaft unter Umständen erleichtern, im Feld konfessioneller Vereine und Verbände aktiv zu werden. Andererseits hat, wie das nachfolgende Abschn. 5.4.2 zeigt, die in einem Bundesland bestehende Dichte von ein Engagement unterstützenden Einrichtungen nur geringen Einfluss auf die regionale Engagementquote.

5.4.2 Regionale Häufigkeit und Effekt engagementstützender Einrichtungen

Das existierende Angebot engagementstützender Einrichtungen[2] variiert zahlenmäßig zwischen den Bundesländern beträchtlich. Die Spannbreite liegt zwischen 2,4 pro 100.000 Einwohnerinnen und Einwohnern in Berlin und 8,4 in Thüringen (vgl. Abb. 5.6). Hierbei ist jedoch die geringere Populationsdichte in den ostdeutschen Flächenländern zu berücksichtigen. Die hier statistisch ausgewiesene institutionalisierte Anreizwirkung für freiwilliges Engagement erreicht folglich einen entsprechend begrenzten Kreis von Adressatinnen und Adressaten. Die Engagementquoten für Thüringen (41 %) und Berlin (37 %) liegen im Übrigen nicht weit auseinander. Im Gesamtbild betrachtet ergeben sich die länderspezifischen Engagementquoten unabhängig von der Zahl der im Land jeweils vorhandenen engagementstützenden Einrichtungen.

---

[2] Zu den ein Engagement stützenden Einrichtungen werden unter anderem Freiwilligenagenturen, Mehrgenerationenhäuser, soziokulturelle Zentren, Müttterzentren und Bürgerstiftungen gezählt (vgl. Generali Engagementatlas 2015, S. 12).

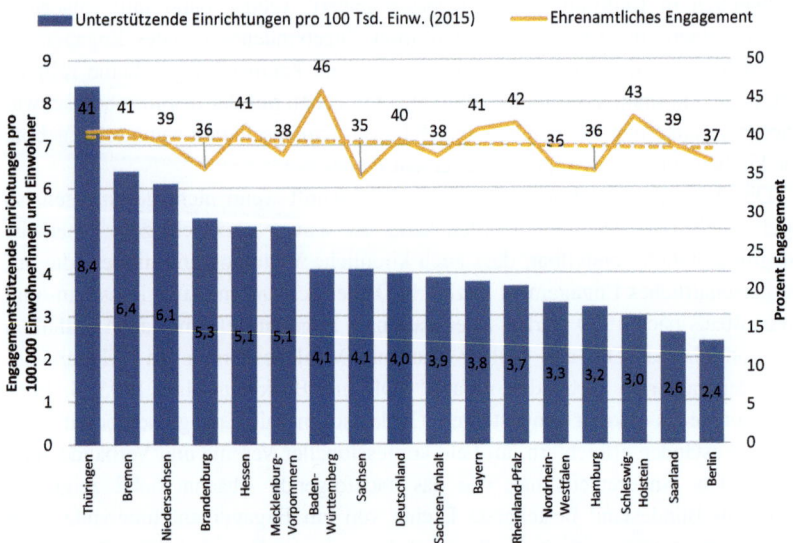

Abb. 5.6 Ein Engagement unterstützende Einrichtungen (2015) im Land und freiwilliges Engagement. (Quelle: Eigene Berechnungen, Grundlage: FWS 2019 und Generali Engagementatlas 2015.)

5.4.3 Länderanteile an Migrierten und Engagement für Geflüchtete

In örtlichen Gemeinschaften stellen – zumal unfreiwillig – Zugewanderte insofern einen Kontextfaktor dar, als diese als ‚Andere' beziehungsweise ‚Fremde' empfundenen Personen seitens der eingesessenen Bevölkerung auf zweierlei Weise wahrgenommen werden können: nämlich entweder als eine positive, sprich bereichernde oder als eine negative, also bedrohliche Herausforderung. Bei Betrachtung der Daten des Freiwilligensurveys 2019 lässt sich folgende Tendenzaussage formulieren: Bewohnerinnen und Bewohner jener Bundesländer, die vergleichsweise höhere Anteile an Migrierten aufweisen, sind überwiegend auch in der freiwilligen Betreuung von Geflüchteten häufiger engagiert (vgl. Abb. 5.7). Hier treten im Ländervergleich abermals Ost-West-Unterschiede zutage. Mit einem Migriertenanteil von 5 % oder wenig darüber bilden die 5 ostdeutschen Bundesländer einen kompakten Block am unteren Ende der Skala. In 3 von ihnen ist das Engagement für Geflüchtete mit am geringsten ausgeprägt.

5.4 Soziodemografische Kontextfaktoren und freiwilliges Engagement

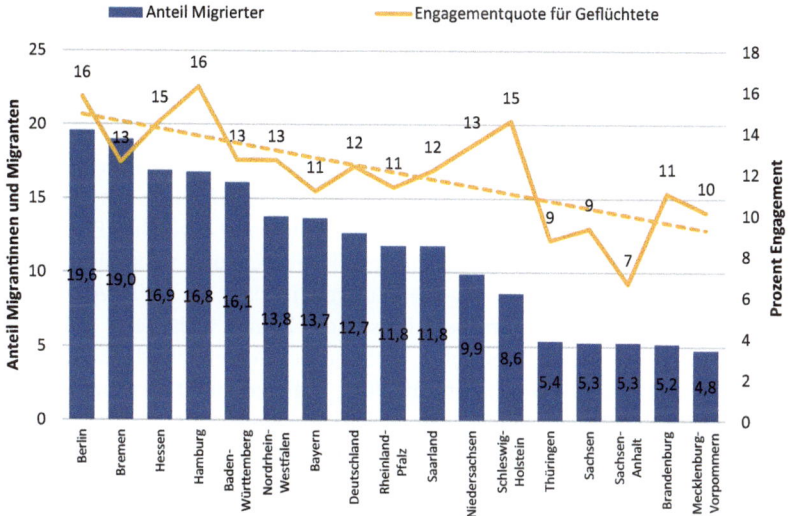

Abb. 5.7 Anteil Migrierter (2020) im Land und Engagement für Geflüchtete. (Quelle: Eigene Berechnungen, Grundlage: FWS 2019 und Daten des Statistisches Bundesamts.)

Diese ostdeutsche Besonderheit kann als Bestätigung der auf Allport und Williams (1954) rückführbaren *Kontakthypothese* genommen werden: Sind Kontakte zwischen verschiedenen Gruppen häufiger möglich, kann dies zur Folge haben, dass Vorurteile und diskriminierende Ansichten über die ‚Fremdgruppe' abgebaut werden – vorausgesetzt, die Kontakte finden auf Augenhöhe statt, also zum Beispiel am Arbeitsplatz, im Bereich Schule oder Kindergarten oder im Verein (vgl. Holtmann et al. 2020, S. 146). Und umgekehrt mangelt es schlicht dort an Gelegenheitsstrukturen für ein Engagement für Geflüchtete, wo deren Zahl im Lebensumfeld der Wohnbevölkerung gering ist und sich zudem über ländliche, dünn besiedelte Räume verteilt.

5.4.4 Ortsgröße und Kreistyp – sozialräumliche Kontexteffekte auf öffentlich gemeinschaftliche Aktivitäten im Bereich Unfall- oder Rettungsdienst und Freiwillige Feuerwehr

Der folgende kurze Unterabschnitt soll wie auch in Teilen schon die vorangegangenen Ausführungen verdeutlichen, dass es einzelne Bereiche von Aktivität und Engagement geben kann (zum Beispiel Religion und Kirche, Freiwillige Feuerwehr), die sich stärker zwischen dem ländlichen und städtischen Raum unterscheiden, obwohl das Engagement insgesamt oder auch die Aktivitäten durch diese Unterschiede kaum beeinflusst sind. Einmal mehr zeigt sich, dass es von Bedeutung ist, auch einzelne Bereiche der Aktivität und des Engagements in den Blick zu nehmen, um mögliche Differenzen zu erkennen, sodass passgenauere Handlungsmöglichkeiten eröffnet werden können.

Wer öffentlich aktiv ist beziehungsweise sich speziell im Bereich der Notdienste und im Katastrophenschutz freiwillig engagiert, tut dies häufiger in ländlichen Kreisen, seien diese dünn besiedelt oder verdichtet, in Gemeinden mittlerer und kleinerer Größe sowie in Randbereichen urbaner Zentren. Demgegenüber erfolgt dies in kreisfreien Großstädten, städtischen Kreisen sowie in den Kernbereichen mittelgroßer und großer Städte weniger (vgl. Abb. 5.8). Ursächlich hierfür ist die verdichtete und professionell ausdifferenzierte Infrastruktur dieser Versorgungsdienste in verstädterten Regionen. Im Kontrast dazu steht nach wie vor die zentrale Funktion Freiwilliger Feuerwehren in ländlichen Räumen: Dort haben sie über ihre ureigene Aufgabe des Löschens und Bergens hinaus für den sozialen Zusammenhalt örtlicher Gemeinschaften eine hohe Bedeutung, die häufig die kommunalpolitische Arena bürgerschaftlichen Engagements dort einschließt, wo Feuerwehren als (nicht selten einzige) Wahllisten bei Kommunalwahlen antreten (vgl. Holtmann et al. 2012, S. 160).

5.4.5 Kontext und Engagement – kurzes Fazit

Wie im vorstehenden Kapitel dargestellt ist freiwilliges Engagement eingebettet in fördernde oder hemmende Bedingungen des nahen sozialräumlichen Umfelds der Menschen. Dieser Kontext bietet sowohl institutionell verfestigte Gelegenheitsstrukturen als auch individuelle Anreize für Engagement, das auf die Bedingungen und Herausforderungen persönlicher Lebenswelten bezogen werden kann. Solche Kontexteffekte ergeben sich folglich aus strukturellen Gegebenheiten und aus psychologischen Beweggründen.

5.4 Soziodemografische Kontextfaktoren und freiwilliges Engagement

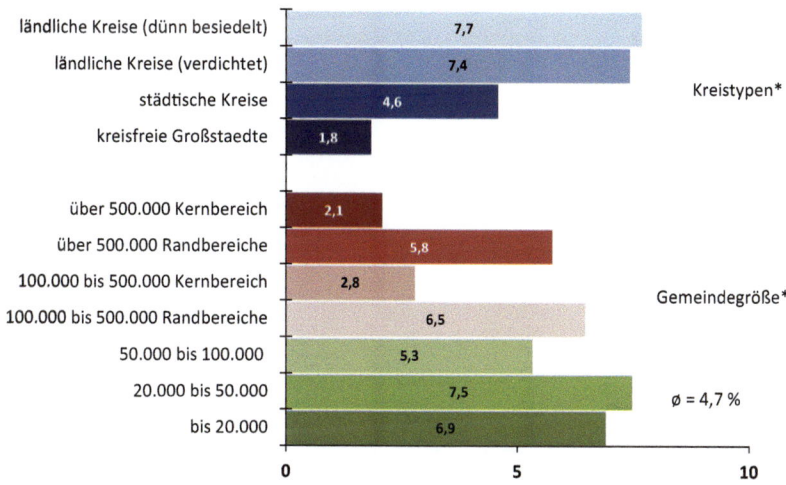

Abb. 5.8 Wo man eher öffentlich aktiv ist – Standarddifferenzierung (Kontext) (Unfall- oder Rettungsdienst, Freiwillige Feuerwehr; Angaben *aktiv* in %, Zahlenangaben für Einwohnerinnen und Einwohner). (* Unterschiede sind auf einem Niveau von ≤ 5 % signifikant.)

Im folgenden Kapitel werden aussagekräftige Ergebnisse des Länderberichts nochmals zusammengefasst.

Open Access Dieses Kapitel wird unter der Creative Commons Namensnennung 4.0 International Lizenz (http://creativecommons.org/licenses/by/4.0/deed.de) veröffentlicht, welche die Nutzung, Vervielfältigung, Bearbeitung, Verbreitung und Wiedergabe in jeglichem Medium und Format erlaubt, sofern Sie den/die ursprünglichen Autor(en) und die Quelle ordnungsgemäß nennen, einen Link zur Creative Commons Lizenz beifügen und angeben, ob Änderungen vorgenommen wurden.

Die in diesem Kapitel enthaltenen Bilder und sonstiges Drittmaterial unterliegen ebenfalls der genannten Creative Commons Lizenz, sofern sich aus der Abbildungslegende nichts anderes ergibt. Sofern das betreffende Material nicht unter der genannten Creative Commons Lizenz steht und die betreffende Handlung nicht nach gesetzlichen Vorschriften erlaubt ist, ist für die oben aufgeführten Weiterverwendungen des Materials die Einwilligung des jeweiligen Rechteinhabers einzuholen.

Kurzfassung wichtiger Ergebnisse 6

1. Seit 1999 ist die Zahl *freiwillig engagierter* Bürgerinnen und Bürger in Deutschland um etwa 9 % gewachsen. Auf einem etwa gleichen Niveau von rund 40 % stagnierte die *Engagementquote* zwischen 2014 und 2019. Auch die Vorstufe zum Engagement, das heißt der Gesamtanteil *öffentlich gemeinschaftlicher Aktivitäten*, hat sich, gemessen am gleichen Ausgangsjahr, innerhalb der vergangenen 2 Jahrzehnte moderat um gut 3 Prozentpunkte auf 66 % erhöht. Im Zeitverlauf wird insbesondere beim freiwilligen Engagement eine Tendenz zu länderübergreifender Konvergenz erkennbar. Doch nach wie vor differiert die real gemessene Engagementfreudigkeit zwischen den Bundesländern.
2. Für die Bestandspflege der Engagementlandschaft und für die Möglichkeiten ihrer Erweiterung ist die erhobene *Engagementbereitschaft* ein aussagekräftiger Indikator. Deutschlandweit können sich annähernd 60 % der Befragten *sicher* oder *vielleicht* vorstellen, sich künftig zu engagieren. Eine solche Absichtserklärung findet in Ostdeutschland weniger Resonanz. Im Zeitverlauf ist das Engagementpotenzial seit 1999 stark angewachsen, nämlich um rund 20 Prozentpunkte von gut 40 auf rund 60 %. Dieser Befund ist insofern bemerkenswert, als im gleichen Zeitraum auch der Anteil der bereits Engagierten gestiegen ist.
3. Das nach Ländern unterschiedliche Aufkommen und Potenzial der verschiedenen Formen zivilgesellschaftlichen Handelns folgt in seiner räumlichen Verteilung auf die Flächenländer – immer noch oder nur noch – teilweise der einigungsbedingten *Ost-West-Trennlinie*. Die öffentlich gemeinschaftlichen Aktivitäten sind in den ostdeutschen Ländern überproportional gestiegen. Umgekehrt fällt dort das Spendenaufkommen geringer aus. Die 3 *Stadtstaaten* nehmen weiterhin eine Sonderstellung ein. In Berlin und Hamburg

© Der/die Autor(en) 2023
E. Holtmann et al., *Länderbericht zum Deutschen Freiwilligensurvey 2019*,
Bürgergesellschaft und Demokratie, https://doi.org/10.1007/978-3-658-38659-7_6

liegt die tatsächliche Engagementquote unter dem Bundesdurchschnitt. Andererseits erreicht in dieser Ländergruppe das Engagementpotenzial, also die grundsätzliche Bereitschaft, ein Engagement künftig in Betracht zu ziehen, die höchsten Ausschläge.
4. Über alle Bundesländer hinweg sind die meisten Befragten im Bereich *Sport und Bewegung* gemeinschaftlich aktiv beziehungsweise freiwillig engagiert. Freiwilliges Engagement wird in der Mehrheit der Länder am zweithäufigsten im Bereich *Kultur und Musik* ausgeübt, gefolgt vom *sozialen Bereich,* von *Schule oder Kindergarten* sowie dem *kirchlichen beziehungsweise religiösen Feld.* Die Rangfolge innerhalb dieses Top-5-Engagementspektrums wechselt nach dem Spitzenreiter *Sport und Bewegung* in einzelnen Bundesländern.
5. Das *Zeitbudget* für freiwilliges Engagement variiert. 6 von 10 Freiwilligen in Deutschland, nämlich genau 60 %, wenden bis zu 2 Stunden pro Woche für ihr Engagement auf, 23 % kommen laut eigener Angabe auf 3 bis 5 Stunden wöchentlich und weitere 17 % nehmen sich 6 und mehr Stunden pro Woche Zeit. Im Zeitverlauf sind die Anteile der Kurzzeitengagierten (bis zu 2 h) im Schnitt der Gesamtheit der Länder angewachsen. Dies legt die Vermutung nahe, dass die insgesamt ausgeweitete Engagementquote auch auf die gewachsene Nachfrage weniger zeitaufwendiger freiwilliger Tätigkeiten zurückzuführen ist.
6. *Spaß am Engagement* wird in allen Bundesländern als Hauptmotiv der Engagierten angegeben. Danach folgen mit je Bundesland teilweise wechselnden Rangplätzen als weitere Beweggründe, *anderen helfen zu wollen* sowie *etwas für das Gemeinwohl zu tun.* Mit einigem Abstand dazu werden ferner die Intention, die *Gesellschaft mitzugestalten,* und der Wunsch, *mit anderen Menschen zusammenkommen,* als *Anreize für Engagement* häufiger genannt.
7. Mit Ausnahme des Saarlands sind Kinder und Jugendliche die häufigste *Zielgruppe* freiwilligen Engagements, und das mit mehr oder weniger großem Abstand vor anderen genannten Adressatinnen und Adressaten. Ferner gilt die bekundete Zuwendung in nennenswertem Ausmaß Familien, älteren Menschen, sozial Schlechtergestellten sowie Hilfe- beziehungsweise Pflegebedürftigen.
8. Im Bundesdurchschnitt waren 2019 etwa 41 % der Befragten *Mitglieder in Vereinen oder gemeinnützigen Organisationen.* Für alle ostdeutschen Länder ist ein unterdurchschnittlicher Organisationsgrad kennzeichnend. Einer persönlichen *Vereins- beziehungsweise Organisationsbindung* kommt für die Aufnahme von Engagement und dessen Verstetigung eine Brückenfunktion zu. Bestätigung findet diese Erkenntnis auch in den Daten des Freiwilligensurveys. Die überwiegende Mehrheit der Freiwilligen engagiert sich in

6 Kurzfassung wichtiger Ergebnisse

Vereinen oder Verbänden. Seit 2014 ist die individuelle Selbstorganisierung die zweitgrößte Organisationsplattform, gefolgt von kirchlichen oder religiösen Vereinigungen und weiteren Organisationsformen. Vergleichsweise seltener wirken Engagierte in staatlichen oder kommunalen Einrichtungen mit.

9. Als förderlich für eine Vereins- oder Verbandsmitgliedschaft erweisen sich vor allem höhere Bildung, höhere Einkommen und Religiosität. Im Schnitt engagieren sich eher Männer und Eltern mit Kindern in Vereinen. Ebenfalls häufiger in Vereinen organisiert sind Menschen, welche bereits länger an ihrem Wohnort leben, die sich dazugehörig fühlen und auch sozialen Zusammenhalt empfinden. Der Impulseffekt eines Migrationshintergrunds ist eher schwach ausgeprägt.

10. Als *Hinderungsgründe für Engagement* werden am häufigsten zeitliche Zwänge genannt. Mit Abstand dahinter folgen berufliche Hindernisse sowie die Scheu vor Verpflichtungen. Zum Teil die gleichen Gründe, nämlich Zeitnot und Berufsausübung, werden angeführt, um das Aufgeben eines früheren Engagements zu erklären. Hierfür wird außerdem familiäre Belastung angegeben.

11. *Organisationsseitige Verbesserungsbedarfe* freiwilligen Engagements werden seitens der Befragten zumeist bei der Bereitstellung von Räumen und Ausstattung gesehen. Aber auch fachliche Unterstützung, Weiterbildungsmöglichkeiten, unbürokratische Modi der Kostenerstattung sowie höhere Anerkennung des Ehrenamtes beziehungsweise der Freiwilligen durch Hauptamtliche zählen zu den Top-5-Verbesserungsbedarfen, die hinsichtlich der organisationsbezogenen Bedingungen angemeldet werden.

12. Noch nachdrücklicher werden *Verbesserungsbedarfe an Staat und Öffentlichkeit* adressiert. Am häufigsten reklamiert wird staatliche und öffentliche Hilfe bei niedrigschwelliger Information und Beratung, aber auch bei der Absicherung durch eine Haftpflicht- oder Unfallversicherung, bei der Vereinbarkeit des Engagements mit dem Beruf, der Anerkennung des Ehrenamtes als berufliches Praktikum oder Weiterbildung sowie bei der steuerlichen Freistellung von Aufwandsentschädigungen.

13. Zwischen 2014 und 2019 *engagierten sich für Geflüchtete* durchschnittlich gut 12 % der Deutschen ab 14 Jahren. Um Zugewanderte kümmern sich die meisten Befragten in Hamburg, Berlin, Hessen und Schleswig–Holstein, deutlich weniger hingegen in Sachsen, Thüringen und Sachsen-Anhalt. Die geringere Betreuungsquote ist wahrscheinlich den geringeren Geflüchtetenzahlen in den ostdeutschen Bundesländern, möglicherweise auch größeren Vorbehalten gegenüber diesen Zuwandernden geschuldet.

14. Aufschluss darüber, welche *individuellen persönlichen Merkmale* freiwilliges Engagement begünstigen oder erschweren, geben die in der Sozialforschung verwendeten sogenannten *Standarddifferenzierungen*. Hierzu zählen insbesondere Geschlecht, Alter, Bildung und Einkommen, ferner die Stellung im Beruf, Konfession und Familienstruktur sowie Faktoren der sozialräumlichen Umgebung wie Gemeindegröße, Wohndauer und subjektiv wahrgenommener gesellschaftlicher Zusammenhalt. Im Ergebnis der Auswertung der Daten des FWS 2019 lassen sich erkennbare Effekte dieser Faktoren auf freiwilliges Engagement (und tendenziell desgleichen für öffentlich gemeinschaftliche Aktivität) wie folgt kurz zusammenfassen: Engagiert sind eher junge Menschen unter 20 Jahren als ältere Personen ab 75 Jahren. Arbeitslosigkeit behindert tendenziell Engagement, ebenso wie ein Migrationshintergrund. Das Gefühl, selbst ein Teil der Gesellschaft zu sein, ein positiv empfundener Zusammenhalt im Wohnumfeld, die Anwesenheit schulpflichtiger Kinder im Haushalt sowie eine längere Wohndauer vor Ort wirken hingegen engagementsteigernd. Eher engagiert sind vor allem Menschen mit hoher formaler Bildung, die katholischen oder evangelischen Glaubens sind, die höhere Haushaltseinkommen erwirtschaften und die in Haushalten mit Kindern in einem Alter von 6 bis 18 Jahren leben. Differenziert nach städtischen und ländlichen Regionen ist die Engagementquote im Bundesdurchschnitt in etwa ausgeglichen, für einzelne Länder fallen die Unterschiede deutlicher aus.
15. Die Wahrscheinlichkeit, sich in Zukunft zu engagieren, nimmt mit höherem Alter kontinuierlich ab. Dieser stark negative Alterseffekt erklärt den größten Teil vorhandener beziehungsweise fehlender Engagementbereitschaft. Höhere Bildung und auskömmlicher Verdienst, soziale Wertschätzung durch die Umgebung sowie ein gelebter Zusammenhalt sind hingegen günstige Randbedingungen dafür, ein Engagement künftig in Erwägung zu ziehen.
16. Die *Bereitschaft, Geld zu spenden,* wird vor allem durch (höheres) Alter, (größeres) Haushaltseinkommen und (höhere) Bildung positiv verstärkt. Etwas schwächer, aber immer noch spendenförderlich wirken sich Religionszugehörigkeit, Gemeinschaftsgefühl und Wohndauer (vermutlich vermittelt über den Faktor Alter) aus. Der Anteil an Spendenden sinkt bei Männern, Arbeitslosen und Menschen mit Migrationserfahrung.
17. Anders fällt der Effekt von Rahmenbedingungen wie *Siedlungsstruktur* und *Gemeindegröße* aus. Wer öffentlich aktiv ist beziehungsweise sich speziell im Bereich der Notdienste und im Katastrophenschutz freiwillig engagiert, tut dies häufiger in ländlichen Kreisen, seien diese dünn besiedelt oder verdichtet, ferner auch in mittleren und kleineren Gemeinden sowie in Randbereichen urbaner Zentren. Weniger tritt diese Form des Engagements in

kreisfreien Großstädten, städtischen Kreisen sowie in den Kernbereichen mittelgroßer und großer Städte auf. Erklärt werden können diese Unterschiede mit der verdichteten und professionell ausdifferenzierten Infrastruktur dieser Versorgungsdienste in verstädterten Regionen. Dem gegenüber steht die nach wie vor zentrale Funktion Freiwilliger Feuerwehren in ländlichen Räumen. Diese haben dort über ihre ureigene Aufgabe des Löschens und Bergens hinaus für den sozialen Zusammenhalt örtlicher Gemeinschaften eine hohe Bedeutung, die häufig die kommunalpolitische Arena bürgerschaftlichen Engagements einschließt.

18. Um wahrgenommene *Kontexteffekte von Engagement* stärker auszuleuchten, als dies auf der Datenbasis des FWS 2019 möglich ist, wurden für diesen Länderbericht zusätzlich Daten einer Bevölkerungsumfrage der Info GmbH aus dem Jahr 2020 herangezogen und ebenfalls nach Bundesländern ausgewertet. Länderspezifische Zusatzinformationen bieten hier 4 Variablen, die als Kontextbedingungen für Engagement vermutlich eine Rolle spielen, nämlich Lebenszufriedenheit, die Bewertung der lokalen Möglichkeiten von Bürgerpartizipation, Vertrauen in Kommunalpolitikerinnen und -politiker sowie Vertrauen in die öffentliche Verwaltung.

19. Da die bekundete Lebenszufriedenheit generell hoch ausfällt und ihre Varianz über die Länder hinweg vor Einbruch der Coronapandemie gering war, wurde lediglich aus den 3 im engeren Sinne lokalbezogenen Variablen für jedes Bundesland ein additiver Kontextindex gebildet. Diesen ländertypischen Indizes, welche die positiven und negativen Einschätzungen der Befragten getrennt abbilden, wurden die für die Länder im FWS 2019 ermittelten Engagementquoten gegenübergestellt.

20. Bei dem Index der positiven Bewertungen nehmen die Länder Bayern und Niedersachsen vor Baden-Württemberg und Rheinland-Pfalz die Spitzenpositionen ein. In der nachfolgenden Ranggruppe befinden sich mit Mecklenburg-Vorpommern und Sachsen 2 ostdeutsche Bundesländer. Am Schluss liegen Sachsen-Anhalt und Berlin. Fast spiegelbildlich ist die Platzverteilung bei den Landesindizes der negativen Bewertungen: Hier führen Berlin, Brandenburg und Sachsen-Anhalt, während Bayern und Niedersachsen die letzten Ränge belegen.

21. Werden den Kontextindizes der Länder dann zusätzlich die länderspezifischen Engagementhäufigkeiten des Freiwilligensurveys 2019 zugeordnet, so zeigt sich bei vergleichender Betrachtung ein bestimmter Umstand: Demnach gehen nämlich eine regional positivere Wahrnehmung lokaler Kontextfaktoren mit einer regional höheren Engagementquote sowie vice versa eine

schlechtere Bewertung lokaler Kontextfaktoren mit eine geringer ausfallenden Engagementquote einher. Beide getrennten Datensätze weisen im Ergebnis ihrer analytischen Verknüpfung folglich tendenziell in die gleiche Richtung.

22. Die 4 beim Kontextindex erstplatzierten Länder weisen bei *guter* Bewertung der Kontextbedingungen mehrheitlich auch überdurchschnittliche Engagementquoten auf. Umgekehrt fällt für alle 4 Länder, die bei diesem positiven Kontextindex letztplatziert sind, auch das Engagement unterdurchschnittlich aus. Für die *schlechte* Perzeption lokaler Kontextfaktoren ist dieser Zusammenhang nach Einzelfallprüfung indes nicht ganz so deutlich. Hier weisen 3 der 4 erstplatzierten Länder auch eine unterdurchschnittliche Engagementquote auf, während bei immerhin 2 von 4 Ländern, die auf der Kontextindex-Skala letzte Plätze einnehmen, das Engagement über dem Durchschnitt liegt.

23. Vergleicht man die auf Basis der Info-Erhebung 2020 konstruierten Kontextindizes mit den Daten des Freiwilligensurveys 2019, wird insgesamt tendenziell eine Gleichgerichtetheit von positiver Kontexterfahrung und häufigerem Engagement erkennbar.

24. Für ausgewählte Standarddifferenzierungen und Gegebenheiten des Umfelds, welche als *individuelle persönliche Merkmale* beziehungsweise aufgrund der persönlichen Wahrnehmung Engagement befördern oder erschweren (vgl. die in dieser Kurzfassung aufgeführten Punkte 14 bis 17), wurde außerdem überprüft, ob sie als *Strukturmerkmale* der Länder Engagement beeinflussen.

25. Was Konfessionszugehörigkeit und Engagement betrifft, besteht zwischen Kirchennähe und Engagement im kirchlichen beziehungsweise religiösen Bereich ein klarer Zusammenhang. Je höher Anteile an katholischen oder protestantischen Einwohnerinnen und Einwohnern ein Bundesland aufweist, desto höher fällt, von wenigen ‚Ausreißern' im Länderspektrum abgesehen, auch die Rate des freiwilligen Engagements im konfessionellen Milieu aus.

26. Bezüglich des Effekts der Angebote engagementunterstützender Einrichtungen und Engagement zeigt sich im Gesamtbild, dass die länderspezifischen Engagementquoten unabhängig von der Zahl der im Land jeweils vorhandenen engagementstützenden Einrichtungen zustandekommen.

27. Bewohnerinnen und Bewohner jener Bundesländer, die vergleichsweise höhere Anteile an Migrierten aufweisen, sind überwiegend auch in der freiwilligen Betreuung von Geflüchteten häufiger engagiert. Hier treten im Ländervergleich Ost-West-Unterschiede zutage. Mit Migriertenanteilen von

4 % oder wenig mehr stellen die 5 ostdeutschen Bundesländer einen kompakten Block am unteren Ende der Skala. In 3 von ihnen ist auch das Engagement für Geflüchtete mit am geringsten ausgeprägt.
28. Die Art des Engagements unterscheidet sich teilweise nach *Ortsgröße* und *Kreistypus*. Wer öffentlich aktiv ist beziehungsweise sich speziell im Bereich der Notdienste und im Katastrophenschutz freiwillig engagiert, tut dies häufiger in ländlichen Kreisen, seien diese dünn besiedelt oder verdichtet, ferner in mittleren und kleineren Gemeinden sowie in Randbereichen urbaner Zentren. Weniger tritt diese Form des Engagements in kreisfreien Großstädten, städtischen Kreisen sowie in den Kernbereichen mittelgroßer und großer Städte auf. Erklärt werden kann dies mit der verdichteten und professionell ausdifferenzierten Infrastruktur dieser Versorgungsdienste in verstädterten Regionen. Demgegenüber steht die nach wie vor zentrale Funktion Freiwilliger Feuerwehren in ländlichen Räumen. Diese haben dort über ihre ureigene Aufgabe des Löschens und Bergens hinaus für den sozialen Zusammenhalt örtlicher Gemeinschaften eine hohe Bedeutung, die häufig die kommunalpolitische Arena bürgerschaftlichen Engagements einschließt.
29. Der im vorliegenden Länderbericht vorgenommene Blickwechsel auf die komplementäre Funktion lokaler Kontexte freiwilligen Engagements öffnet *perspektivisch* neue Wege, um über die bloße Bestandsaufnahme freiwilliger Aktivitäten hinaus ein Engagementpotenzial besser zu erschließen, das bisher noch längst nicht ausgeschöpft ist. Eine Schlüsselgruppe für zukunftsfähige Engagementförderung, die auf die Besonderheiten der Länder abgestimmt ist und auf nachhaltige Wirkungen setzt, werden ältere Menschen über 65 Jahren sein. Dies gilt insbesondere angesichts der dramatischen Alterung der Bevölkerung, die laut Prognosen bis 2035 zu erwarten ist. Viel wird daher davon abhängen, ob es gelingt, die in dieser Altersgruppe verbreitete Abstinenz gegenüber freiwilligem Engagement aufzubrechen. Dazu bedarf es solcher Förderstrategien, die ausgehend von systematischer Beobachtung lokaler Kontexte passgenaue Formate entwickeln.

Open Access Dieses Kapitel wird unter der Creative Commons Namensnennung 4.0 International Lizenz (http://creativecommons.org/licenses/by/4.0/deed.de) veröffentlicht, welche die Nutzung, Vervielfältigung, Bearbeitung, Verbreitung und Wiedergabe in jeglichem Medium und Format erlaubt, sofern Sie den/die ursprünglichen Autor(en) und die Quelle ordnungsgemäß nennen, einen Link zur Creative Commons Lizenz beifügen und angeben, ob Änderungen vorgenommen wurden.

Die in diesem Kapitel enthaltenen Bilder und sonstiges Drittmaterial unterliegen ebenfalls der genannten Creative Commons Lizenz, sofern sich aus der Abbildungslegende nichts anderes ergibt. Sofern das betreffende Material nicht unter der genannten Creative Commons Lizenz steht und die betreffende Handlung nicht nach gesetzlichen Vorschriften erlaubt ist, ist für die oben aufgeführten Weiterverwendungen des Materials die Einwilligung des jeweiligen Rechteinhabers einzuholen.

Länderprofile 7

7.1 Einleitende Hinweise

Im nachstehenden Teil des Länderberichts werden die insgesamt 15 an dem Bericht beteiligten Länder in der Form von Landesprofilen jeweils gesondert präsentiert. Die Landesprofile sind in jeweils 4 Abschnitte gegliedert, nämlich:

1. öffentlich gemeinschaftliche Aktivitäten,
2. freiwilliges Engagement,
3. Kontexteffekte auf Engagement,
4. abschließende Bemerkungen zu Stand und Perspektiven des landesspezifischen Engagements.

Soweit die Landesdaten mit denen der anderen Länder vergleichend dargestellt werden, erfolgt die komparative Einordnung zum Teil als Querschnittsvergleich der 2019 erhobenen Daten und zum Teil als Längsschnittvergleich im Zeitverlauf ab 1999. Bei den in die Länderprofile aufgenommenen ausgewählten Abbildungen werden in Balkendiagrammen die Anteile für das jeweilige Land optisch besonders hervorgehoben. Außerdem wird auch der jeweilige Bundesdurchschnitt erkennbar. In den Text eingefügte Klammerverweise auf entsprechende Passagen bzw. Abbildungen im Hauptbericht erlauben eine schnelle ergänzende Orientierung und bieten Zugang zu weiteren Informationen.

Einem für alle Bundesländer einheitlichen Gliederungsmuster folgend werden in den Abschnitten 1 und 2 die das jeweilige Landesprofil kennzeichnenden Befunde anhand folgender Fragen aufgeschlüsselt:

1. Öffentlich gemeinschaftliche Aktivitäten

© Der/die Autor(en) 2023
E. Holtmann et al., *Länderbericht zum Deutschen Freiwilligensurvey 2019*,
Bürgergesellschaft und Demokratie, https://doi.org/10.1007/978-3-658-38659-7_7

- *Welche Größenordnung weist diese Form zivilgesellschaftlichen Handelns in [Name des Bundeslandes] bezogen auf die Gesamtheit der Bundesländer zum Erhebungszeitpunkt 2019 auf? Wie stellt sich die Entwicklung ländervergleichend im Zeitverlauf dar?*
- *In welchen Bereichen werden diese Aktivitäten im Land bevorzugt ausgeübt?*
2. Freiwilliges Engagement
   - *Verglichen mit anderen Bundesländern: Wie viele [Bewohnerinnen und Bewohner des Bundeslandes] engagieren sich freiwillig?*
   - *Wie hat sich freiwilliges Engagement im Zeitverlauf und im Vergleich mit den anderen Bundesländern entwickelt?*
   - *In welchen Bereichen wird freiwilliges Engagement bevorzugt ausgeübt?*
   - *Wieviel Zeit wird für freiwilliges Engagement aufgewandt? Wie verändert sich das Zeitbudget in der Längsschnittbetrachtung?*
   - *Welche Beweggründe für freiwilliges Engagement werden am häufigsten genannt?*
   - *An welche Zielgruppen richtet sich freiwilliges Engagement?*
   - *Wie organisiert sich freiwilliges Engagement?*
   - *Welche organisatorischen Verbesserungsbedarfe werden gesehen?*
   - *Welche Verbesserungswünsche richten sich an staatliche und öffentliche Stellen?*
   - *Was steht freiwilligem Engagement entgegen?*
   - *Wie groß ist das Potenzial der Bereitschaft zum Engagement?*
   - *Wie häufig wird für gemeinnützige oder soziale Zwecke Geld gespendet?*
   - *Wie viele Menschen engagieren sich für Geflüchtete?*
   - *Welche individuellen Einflussfaktoren fördern bzw. hemmen freiwilliges Engagement?*
   - *[Für Flächenländer:] Wie verteilt sich freiwilliges Engagement räumlich?*
3. Kontexteffekte und freiwilliges Engagement
   Im Kap. 3 der Landesprofile werden den landesbezogenen Daten des Freiwilligensurveys 2019 zusätzliche, extern erhobene Umfragedaten ebenfalls landesspezifisch aufgeschlüsselt zugeordnet, die auf mögliche Umfeldbedingungen freiwilligen Engagements verweisen. Einbezogen werden seitens der Bürgerinnen und Bürger wahrgenommene Beteiligungs- und Mitsprachemöglichkeiten auf lokaler Ebene sowie das Vertrauen in die Akteurinnen und Akteure aus kommunaler Politik und Verwaltung (vgl. Hauptbericht, Kap. 5). Aus diesen Variablen wird je ein landesspezifischer Index gebildet.
4. Stand und Perspektiven des Engagements

In diesem Abschnitt werden für das jeweilige Bundesland kennzeichnende Merkmale der regionalen Engagementlandschaft zusammengestellt sowie landestypische Herausforderungen mit Blick in die Zukunft benannt.

7.2 Landesprofil Baden-Württemberg

1. **Öffentlich gemeinschaftliche Aktivitäten** sind nicht gleichzusetzen mit freiwilligem Engagement, haben jedoch das Potenzial, für dieses als ein ‚Türöffner' beziehungsweise als eine Vorstufe desselben zu wirken (vgl. Hauptbericht, Abschn. 2.1).

Welche Größenordnung weist diese Form zivilgesellschaftlichen Handelns in Baden-Württemberg bezogen auf die Gesamtheit der Bundesländer zum Erhebungszeitpunkt 2019 auf? Wie stellt sich die Entwicklung ländervergleichend im Zeitverlauf dar?

Mit einer Beteiligungsrate von etwas mehr als 68 % an Befragten, die angeben, öffentlich gemeinschaftliche Aktivitäten auszuüben, liegt Baden-Württemberg etwas über dem Bundesdurchschnitt von 66 % (vgl. Hauptbericht, Abb. 3.1). Im Zeitverlauf betrachtet unterschreitet die Aktivitätsrate damit nach einem seit 2004 erkennbaren kontinuierlichen Rückgang leicht den Ausgangswert von 1999.

In welchen Bereichen werden diese Aktivitäten im Land bevorzugt ausgeübt?

In allen Bundesländern sind mit Abstand die meisten Menschen im Bereich *Sport und Bewegung* öffentlich gemeinschaftlich aktiv (vgl. Hauptbericht, Abb. 3.3). Mit einem Anteil von 41 % rangiert Baden-Württemberg hier im oberen Länderdrittel, knapp über dem Bundesdurchschnitt von 40 %. Gemeinsam mit Bremen ist die Landesbevölkerung mit 22 % *kulturell und musikalisch* unter allen Ländern am aktivsten (bundesweit sind hier 18 % aktiv). Im *sozialen Bereich* beteiligen sich Menschen in Baden-Württemberg mit 17 % etwas häufiger als im Bereich *Freizeit und Geselligkeit* (14 %). Den quantitativ letzten Rang unter den hier ausgeübten öffentlich gemeinschaftlichen Aktivitäten belegt wie bei der Mehrheit der Länder der Bereich *Schule oder Kindergarten* (13 %).

2. **Freiwilliges Engagement** ist gekennzeichnet als Engagement, bei welchem über eine öffentlich gemeinschaftliche Aktivität hinaus noch weitere Aufgaben und Tätigkeiten freiwillig übernommen werden (vgl. Hauptbericht, Abschn. 3.2).

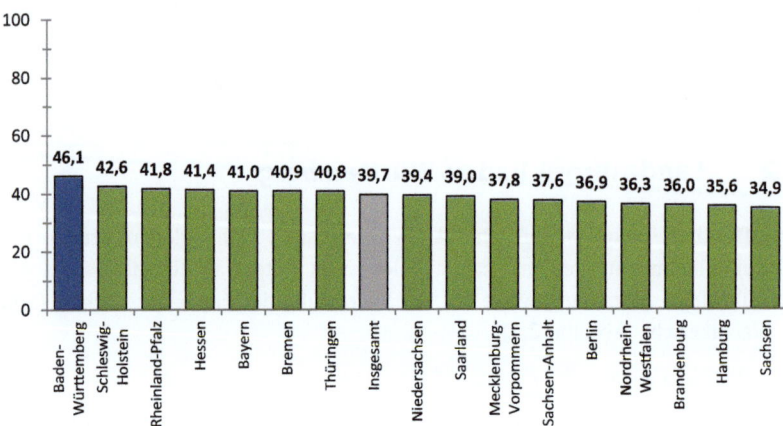

Abb. 7.1 Freiwilliges Engagement: Baden-Württemberg im Vergleich der Bundesländer in % (Eta^2 = 0,005). (Quelle: Eigene Berechnungen, Grundlage:-Datensatz 2019, Länderunterschiede sind auf einem Niveau von ≤ 1 % signifikant)

Verglichen mit anderen Bundesländern: Wie viele Menschen in Baden-Württemberg engagieren sich freiwillig?
Baden-Württemberg zählt 2019 im bundesweiten Vergleich mit einer Engagementquote von rund 46 % die meisten freiwillig Engagierten. Das sind 3,5 Prozentpunkte mehr als im zweitplatzierten Schleswig–Holstein und liegt gut 6 % über dem Bundesdurchschnitt (vgl. Abb. 7.1).

Wie hat sich freiwilliges Engagement im Zeitverlauf und im Vergleich mit den anderen Bundesländern entwickelt?
Über 2 Jahrzehnte hinweg weist Baden-Württemberg kontinuierlich eine hohe Quote freiwillig Engagierter auf. Bei den bisherigen Messzeitpunkten des FWS war das Land entweder alleiniger Spitzenreiter (2004, 2014, 2019) oder lag zumindest gleichauf mit in der Spitzengruppe, so 1999 und 2009 (vgl. Abb. 3.5, Hauptbericht).

In welchen Bereichen wird freiwilliges Engagement bevorzugt ausgeübt?
Wie die öffentlich gemeinschaftlichen Aktivitäten ist auch freiwilliges Engagement in Baden-Württemberg wie ausnahmslos in allen Flächenländern im Bereich *Sport und Bewegung* mit Abstand am häufigsten angesiedelt (vgl. Abb. 7.2; vgl. auch Hauptbericht, Abb. 3.6). Im Südweststaat engagieren sich in diesem Feld

7.2 Landesprofil Baden-Württemberg

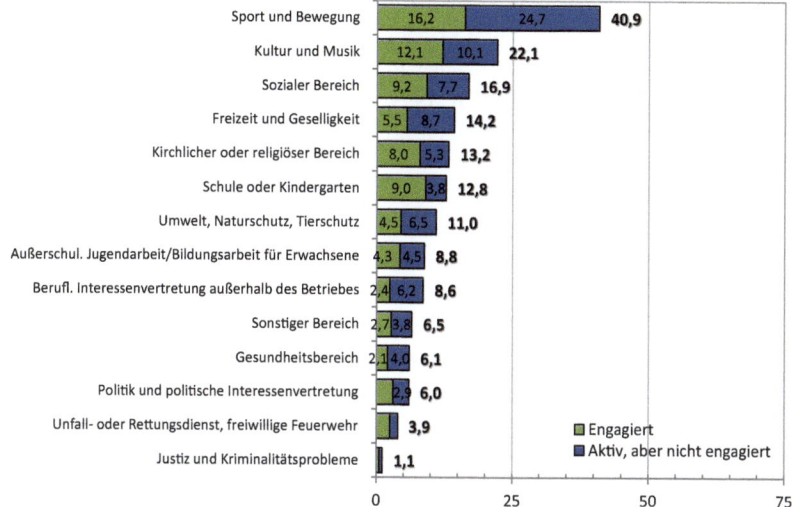

Hinweis: Die Zahlen neben den Balken geben den jeweiligen Anteil aller öffentlich gemeinschaftlich Aktiven an.

Abb. 7.2 Anteile ehrenamtlich engagierter und öffentlich gemeinschaftlich aktiver Personen in den 14 Bereichen – Baden-Württemberg (Angaben in %). (Quelle: Eigene Berechnungen, Grundlage: FWS-Datensatz 2019)

gut 16 % der Befragten. Dahinter folgen *Kultur und Musik* (ca. 12 %), *Soziales* und *Schule oder Kindergarten* (jeweils 9 %) sowie der *kirchliche beziehungsweise religiöse Sektor* (8 %). Diese Rangfolge entspricht dem bundesweit erkennbaren Muster.

Wieviel Zeit wird für freiwilliges Engagement aufgewendet? Wie verändert sich das Zeitbudget in der Längsschnittbetrachtung?
Wie in allen Bundesländern gibt in Baden-Württemberg die Mehrheit der befragten Engagierten (63 %) ihren Zeitaufwand für freiwilliges Engagement mit bis zu 2 h in der Woche an (vgl. Hauptbericht, Abb. 3.7). 3 bis 5 h Zeit nehmen sich 21 %, 6 h und mehr investieren 16 %; diese Anteile liegen kaum merklich unter dem Bundesdurchschnitt.

Es kennzeichnet die bundesweite Entwicklung, dass bei insgesamt gestiegener Engagementquote der Anteil der Personen, die für ihr freiwilliges Engagement

höchstens 2 h pro Woche aufbringen, im Zeitverlauf seit 1999 allgemein gewachsen ist (vgl. Hauptbericht, Abb. 3.8). Die entsprechende Kurve verläuft jedoch in Baden-Württemberg sichtlich flacher als in anderen Bundesländern. In diese untere Zeitkategorie ordneten sich 1999 rund 53 % und 2019 rund 57 % der Befragten ein. Das Zeitbudget für Engagement blieb also im Bundesland vergleichsweise stabil.

Welche Beweggründe für freiwilliges Engagement werden am häufigsten genannt?
Spaß am Engagement – das ist in Baden-Württemberg wie in allen anderen Bundesländern auch das Hauptmotiv dafür, sich freiwillig zu engagieren. Der für dieses Land gemessene Mittelwert entspricht beinahe exakt dem Bundesdurchschnitt (vgl. Hauptbericht, Abb. 3.9). Dahinter rangieren gleichauf der *Wunsch, anderen zu helfen*, sowie das Bedürfnis, *etwas fürs Gemeinwohl zu tun*. Mit einigem Abstand folgen das Interesse, *die Gesellschaft mitzugestalten*, und das *Zusammenkommen mit anderen Menschen*. Diese Prioritätensetzung der Beweggründe ist in allen Bundesländern ähnlich verteilt.

An welche Zielgruppen richtet sich freiwilliges Engagement?
Das Saarland ausgenommen sind in allen Bundesländern Kinder und Jugendliche die bevorzugte Zielgruppe freiwilligen Engagements. Baden-Württemberg stellt insoweit keine Ausnahme dar und liegt mit einem Anteil von etwa 50 % des adressierten Engagements exakt im Bundesdurchschnitt (vgl. Abb. 3.10, Hauptbericht). Weitere Zielgruppen sind Familien (39 %), ältere Menschen (32 %), sozial Schwache (16 %) sowie Hilfe- und Pflegebedürftige (16 %) (Zielgruppen zahlenmäßig in absteigender Reihenfolge genannt).

Wie organisiert sich freiwilliges Engagement?
In Baden-Württemberg ist freiwilliges Engagement überdurchschnittlich häufig, nämlich zu 57 %, vereins- oder verbandsförmig organisiert (vgl. Hauptbericht, Abb. 3.11). Hierbei kommt auch zum Ausdruck, dass das Land in Deutschland die zweithöchste Mitgliedsdichte in diesem Organisationssegment aufweist (vgl. Hauptbericht, Abb. 3.20). Dem entspricht, dass sich lediglich ein Siebtel der Gruppe freiwillig Engagierter selbst organisiert (vgl. Hauptbericht, Abb. 3.11). Fast ebenso viele Nennungen entfallen auf kirchliche Vorfeldorganisationen.

Welche organisatorischen Verbesserungsbedarfe werden gesehen?
Wie in ganz Deutschland wünschen freiwillig Engagierte an organisatorischen Verbesserungen vor allem mehr und besser ausgestattete Räumlichkeiten (vgl. Hauptbericht, Abb. 3.12). In diesem Punkt und bei weiteren genannten

7.2 Landesprofil Baden-Württemberg

Desideraten (fachliche Unterstützung, Weiterbildung, unbürokratische Kostenerstattung, Anerkennung seitens Hauptamtlicher) weicht die Wunschliste in Baden-Württemberg nicht vom gesamtdeutschen Durchschnitt ab.

Welche Verbesserungswünsche richten sich an staatliche und öffentliche Stellen?
Eine bessere Information und Beratung durch staatliche und öffentliche Stellen (56 %) sowie ein Versicherungsschutz bei Haftpflicht und Unfall (57 %) stehen in Baden-Württemberg an der Spitze der Vorschlagsliste (vgl. Hauptbericht, Abb. 3.13). Dahinter folgen nahezu gleichrangig die Vereinbarkeit von Ehrenamt und Beruf, die Anerkennung der jeweiligen Engagements als Praktika und Weiterbildung sowie eine steuerfreie Aufwandsentschädigung (jeweils etwas über 50 %).

Was steht freiwilligem Engagement entgegen?
Nach Auskunft der befragten Menschen in Baden-Württemberg sind vor allem zeitliche Gründe ein Hindernis an freiwilligem Engagement. Mit 77 % Nennungen kommt das Land hier auf den bundesweit höchsten Wert (vgl. Hauptbericht, Abb. 3.14). Berufliche Belastungen und die Scheu vor Verpflichtungen werden wie in allen anderen Bundesländern sehr viel weniger angeführt.

Wie groß ist das Potenzial der Bereitschaft zum freiwilligen Engagement?
Die Größenordnung des Engagementpotenzials wird im FWS mit der Frage erhoben, wer sich sicher oder vielleicht vorstellen kann, sich künftig freiwillig zu engagieren. In Baden-Württemberg liegt dieser Anteil bei Befragten, die bisher nicht freiwillig engagiert sind, mit ca. 62 % um 3 Prozentpunkte über dem Bundesdurchschnitt (vgl. Hauptbericht, Abb. 3.16).

Bemerkenswert ist zudem die Entwicklung dieses Anteils im Zeitverlauf der letzten 2 Jahrzehnte. Obgleich die Quote des tatsächlich ausgeübten freiwilligen Engagements im Land von 1999 bis 2019 um mehr als 9 Prozentpunkte anstieg, verdoppelte sich parallel dazu auch die erwogene Engagementbereitschaft im Land annähernd (vgl. Hauptbericht, Abb. 3.17). Die Grundbedingung dafür, dieses Potenzial auch zukünftig weiter auszuschöpfen, wurde folglich weiter verbessert.

Wie häufig wird für gemeinnützige oder soziale Zwecke Geld gespendet?
Im gesamtdeutschen Vergleich verzeichnete Baden-Württemberg zuletzt die dritthöchste Spendentätigkeit unter den Befragten (vgl. nachfolgende Abbildung; vgl. auch Hauptbericht, Abb. 3.18). Wie in allen anderen Bundesländern war die Zahl

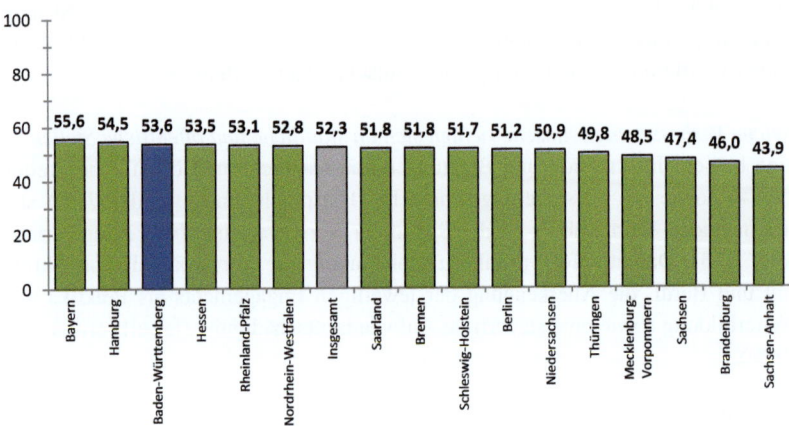

Abb. 7.3 Spendentätigkeit in Baden-Württemberg im letzten Jahr vor der Befragung im Vergleich der Bundesländer in Prozent (Eta^2 = 0,003). (Quelle: Eigene Berechnungen, Grundlage: FWS-Datensatz 2019, Länderunterschiede sind auf einem Niveau von ≤ 1 % signifikant.)

der Spendenden nach 2004 deutlich eingebrochen und stieg danach zwischen 2014 und 2019 wieder moderat an (vgl. Hauptbericht, Abb. 3.19 und 7.3).

Wie viele Menschen engagieren sich für Geflüchtete?
In den dem Befragungszeitpunkt 2019 vorausgegangenen 5 Jahren engagierten sich in Baden-Württemberg annähernd 13 % der Befragten für Geflüchtete. Damit liegt das Land leicht über dem bundesweiten Durchschnittswert (vgl. Hauptbericht, Abb. 3.22).

Welche individuellen Einflussfaktoren fördern beziehungsweise hemmen freiwilliges Engagement?
In der nachstehenden Abbildung wird dargestellt, wie sich freiwilliges Engagement gemäß ausgewählten soziodemografischen Merkmalen der befragten Menschen in Baden-Württemberg (Standarddifferenzierung) verteilt. Ersichtlich ist: In der jüngsten Altersgruppe (14 bis 19 Jahre) sowie in der mittleren Kohorte der berufsaktiven Jahrgänge wird dieses Engagement am häufigsten ausgeübt. Je höher das Einkommen und der Grad formaler Bildung, desto eher engagieren Menschen sich. Arbeitslosigkeit geht weniger häufig mit Engagement einher als eine Berufstätigkeit. Wer der katholischen oder der protestantischen Konfession

7.2 Landesprofil Baden-Württemberg

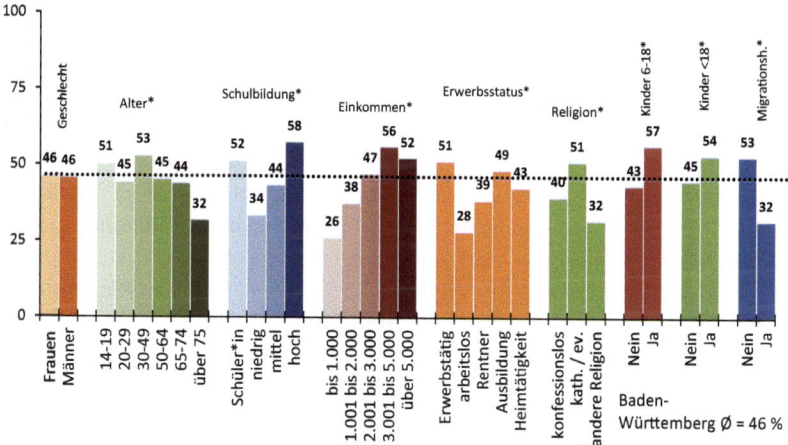

Abb. 7.4 Wer ist in Baden-Württemberg ehrenamtlich engagiert? – Standarddifferenzierung (Anteile *engagiert* in %). (Quelle: Eigene Berechnungen, Grundlage: FWS-Datensatz 2019.)

angehört, engagiert sich häufiger als Konfessionslose oder Angehörige anderer Glaubensgemeinschaften. Sind Kinder im Haushalt, ist freiwilliges Engagement wahrscheinlicher. Befragte mit Migrationshintergrund entschließen sich seltener zu einem Engagement (Abb. 7.4).

Von den Standarddifferenzierungen verdienen die Merkmale Geschlecht, Schulbildung, Einkommen und Alter in ihren Effekten auf freiwilliges Engagement für das Landesprofil Baden-Württemberg besondere Beachtung (vgl. die vollständige Präsentation im Hauptbericht, Abschn. 4.3). In Baden-Württemberg herrscht bei der Ausübung freiwilligen Engagements faktisch Geschlechterparität (vgl. Hauptbericht, Abb. 4.10). Anders stellt sich der Wirkungsgrad der formalen Bildung dar. Wie in allen Bundesländern ist auch in Baden-Württemberg ein Bildungsbias signifikant. Höhere Schulbildung führt also wie bereits erwähnt häufiger zu Engagement. Im Ländervergleich ist dieser Effekt in Baden-Württemberg durchschnittlich ausgeprägt (vgl. Hauptbericht, Abb. 4.11). Höhere Einkommen fördern ebenfalls freiwilliges Engagement, aber auch dieser Zusammenhang ist für das Land im Ländervergleich nur moderat nachweisbar (vgl. Hauptbericht, Abb. 4.11). Mit steigendem Alter der Befragten nimmt ihr freiwilliges Engagement in allen Bundesländern ab. In Baden-Württemberg wirkt sich jedoch auch dieses individuelle Merkmal schwächer aus als in den meisten anderen Ländern (vgl. Hauptbericht, Abb. 4.13).

Wie verteilt sich freiwilliges Engagement räumlich?
Bei der räumlichen Verteilung freiwilligen Engagements weist Baden-Württemberg wie fast alle anderen Länder eine *Stadt-Land-Differenz* auf. Allerdings verzeichnet das Land im bundesweiten Vergleich sowohl in ländlichen Gebieten mit 53 % (hier gemeinsam mit Hessen) sowie in städtischen Gebieten mit 48 % die jeweils stärksten Engagementquoten. Dies ist Ausdruck des in Baden-Württemberg im Vergleich der Bundesländer messbar höchsten Engagementniveaus (vgl. Hauptbericht, Abb. 4.17).

Beim Blick auf die nach Raumtypus und Gemeindegröße differenzierte regionale Landkarte des Engagements fällt die mit zunehmender Siedlungsdichte abnehmende Engagementdichte auf (vgl. Abb. 7.5). Eine nach Ortsgröße linear zu- oder abnehmende Häufigkeit ist nicht erkennbar (vgl. auch Hauptbericht, Abb. 4.18).

3. Kontexteffekte und freiwilliges Engagement

Erkenntnisse der Sozialforschung zur Relevanz des Institutionenvertrauens (vgl. Gabriel und Neller 2010) sprechen für die Annahme, dass die Art und Weise, wie die Menschen im Land die Zugänglichkeit, Professionalität und Vertrauenswürdigkeit der staatlichen beziehungsweise öffentlichen Institutionen wahrnehmen, zu Engagement ermutigen oder dieses auch hemmen kann. Im Folgenden werden daher den landesbezogenen Daten des Freiwilligensurveys 2019 zusätzliche, ebenfalls landesspezifisch aufgeschlüsselte Umfragedaten gegenübergestellt, welche auf mögliche Umfeldbedingungen freiwilligen Engagements verweisen. Einbezogen werden hierfür die seitens der Bürgerinnen und Bürger wahrgenommenen Beteiligungs- und Mitsprachemöglichkeiten auf lokaler Ebene sowie das Vertrauen in die Akteurinnen und Akteure von kommunaler Politik und Verwaltung (vgl. Hauptbericht, Kap. 5).

In Baden-Württemberg werden 2 von 3 betrachteten Umfeldindikatoren positiv beurteilt. Sowohl bei der Bewertung der Partizipationschancen als auch bezüglich des in die Kommunalpolitiker und -politikerinnen gesetzten Vertrauens liegt das Land auf Platz 2 des bundesweiten Rankings. Beim Verwaltungsvertrauen belegt der Südweststaat mit Platz 9 eine Position im Mittelfeld.

7.2 Landesprofil Baden-Württemberg

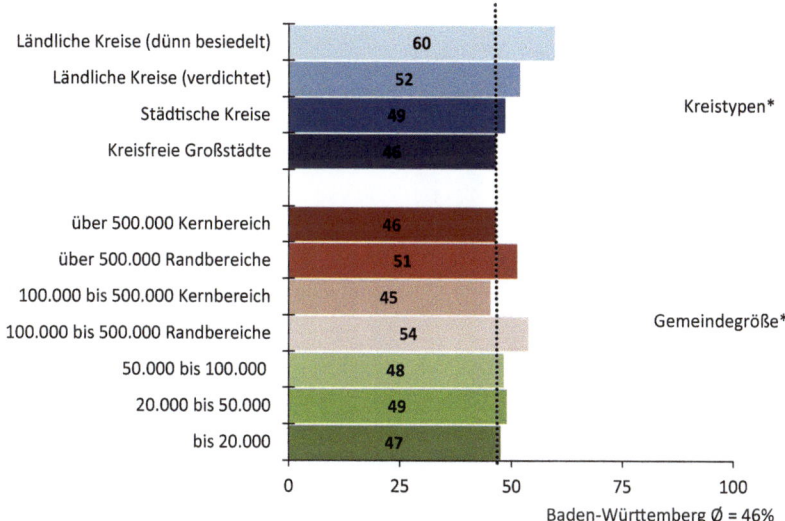

Abb. 7.5 Wo ist man ehrenamtlich engagiert? – Standarddifferenzierung (Kontext) für Baden-Württemberg (Anteile *engagiert* in %). (Quelle: Eigene Berechnungen, Grundlage: FWS-Datensatz 2019)

Auf einem additiven Index, der die Rangplätze zusammenfasst, welche die Bundesländer bei *guter* Bewertung der Variablen lokale Partizipation, kommunales Politikvertrauen und Verwaltungsvertrauen jeweils einnehmen, liegt Baden-Württemberg nach Bayern und Niedersachsen gemeinsam mit Rheinland-Pfalz auf Platz 3 (vgl. Abb. 7.6). Die oberhalb der Balkendiagramme des Kontextindex mit abgebildete lineare Trendlinie der länderspezifischen Engagementquoten lässt für Baden-Württemberg eine Koinzidenz von positiver Einschätzung des lokalen Lebensumfelds und vergleichsweise häufigem freiwilligem Engagement erkennen. Dies deutet auf eine Wechselwirkung beider Einstellungsebenen hin.

4. Stand und Perspektiven des Engagements

Baden-Württemberg weist im deutschlandweiten Vergleich eine kulturell und strukturell gefestigte Engagementlandschaft auf. Folgende Faktoren stützen diese

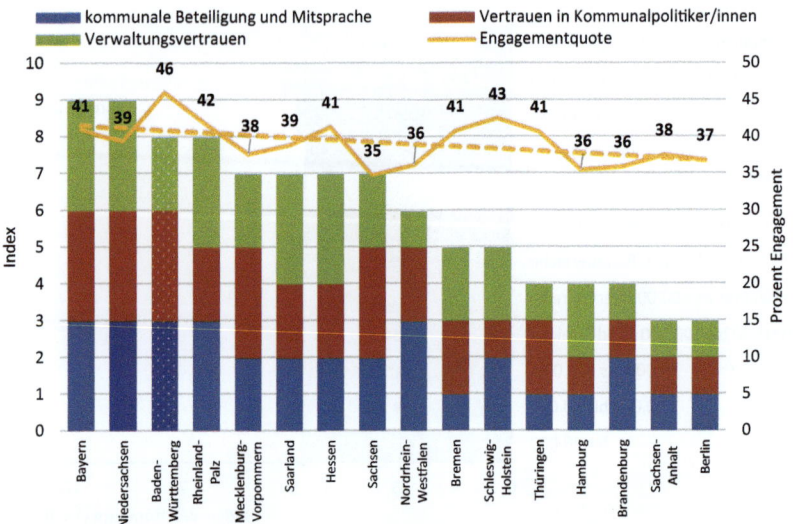

Abb. 7.6 Index aus Beteiligung und Mitsprache *(gut)* sowie Verwaltungs- und Kommunalpolitikvertrauen *(vertraue)* in Gegenüberstellung des freiwilligen Engagements (in %). (Quelle: Eigene Berechnungen, Grundlage: FWS 2019 und info-Erhebung 2020.)

Einschätzung: die bundesweit höchste Engagementquote; eine in der Langzeitbetrachtung der letzten 2 Jahrzehnte kontinuierlich angestiegene grundsätzliche Bereitschaft, künftig ein freiwilliges Engagement aufzunehmen; ein insgesamt relativ gefestigtes Budget der für Engagement aufgewandten Zeit, wobei die Kategorie des Kurzzeitengagements (unter 2 h) nur moderat angewachsen ist; eine überdurchschnittlich häufige Anbindung freiwilliger Aktivitäten an Vereine und Verbände sowie ein auf solidem Niveau konsolidiertes Spendenaufkommen.

Dass soziodemografische Merkmale wie Geschlecht, Alter, Bildung und Einkommen, die andernorts freiwilliges Engagement stark determinieren, in Baden-Württemberg schwächere beziehungsweise durchschnittliche Effekte haben, zeigt einen vergleichsweise hohen Grad gesellschaftlicher Durchdringung der Engagementnorm an. Hiermit ist gemeint, dass ein freiwilliges Engagement (noch) keine allgemein verinnerlichte Maxime (wie dies in Teilen z. B. für die Ausübung des Wahlrechts zutrifft) darstellt, sondern von bestimmten individuellen Merkmalen (u. a. Alter, Bildung oder auch Einkommen) bestimmt wird.[1]

---

[1] Mit Abstufungen gilt dies für alle Länder.

In mittel- bis langfristiger Perspektive bedeutet der demografische Wandel eine große Herausforderung. Statistischen Prognosen zufolge wird die Zahl der Menschen im Rentenalter in den westdeutschen Flächenländern bis 2035 um 25 % überproportional zunehmen. Für Baden-Württemberg ist in der Altersgruppe der 67-Jährigen und Älteren mit einem Plus von rund 28 Prozentpunkten zu rechnen (vgl. Destatis 2021). Entsprechend groß erscheint angesichts dieses Zukunftsszenarios für das Land die Herausforderung, das aktuell erreichte Ausmaß freiwilligen Engagements zu halten oder gar auszubauen. Unumgänglich dürfte sein, die Angebote altengerechten freiwilligen Engagements rechtzeitig zu erweitern, um die Engagementbereitschaft in der wachsenden Gruppe der Seniorinnen und Senioren zu aktivieren.

7.3 Landesprofil Bayern

1. **Öffentlich gemeinschaftliche Aktivitäten** sind nicht gleichzusetzen mit freiwilligem Engagement, haben jedoch das Potenzial, für dieses als ein ‚Türöffner' beziehungsweise als eine Vorstufe desselben zu wirken (vgl. Hauptbericht, Abschn. 2.1).

Welche Größenordnung weist diese Form zivilgesellschaftlichen Handelns in Bayern bezogen auf die Gesamtheit der Bundesländer zum Erhebungszeitpunkt 2019 auf? Wie stellt sich die Entwicklung ländervergleichend im Zeitverlauf dar?
Mit einer Beteiligungsrate von nicht ganz 68 % an Befragten, die angeben, öffentlich gemeinschaftliche Aktivitäten auszuüben, liegt Bayern leicht über dem Bundesdurchschnitt von 66 % (vgl. Hauptbericht, Abb. 3.1). Im Zeitverlauf betrachtet ist die Aktivitätsrate über die Jahre hinweg weitestgehend konstant geblieben und liegt 2019 auf dem Ausgangswert von 1999 (67 %, vgl. Hauptbericht, Abb. 3.1 und 3.2).

In welchen Bereichen werden diese Aktivitäten im Land bevorzugt ausgeübt?
In allen Bundesländern sind mit Abstand die meisten Menschen im Bereich *Sport und Bewegung* öffentlich gemeinschaftlich aktiv (vgl. Hauptbericht, Abb. 3.3). Mit einem Anteil von knapp über 40 % rangiert Bayern hier im oberen Länderdrittel, das heißt minimal über dem Bundesdurchschnitt von 40 %. Wie in den meisten anderen Ländern ist die Bevölkerung Bayerns mit 18 % *kulturell und musikalisch* am zweithäufigsten aktiv, was dem Bundestrend entspricht. Im *sozialen Bereich* beteiligen sich die Menschen in Bayern mit knapp über 16 % etwa gleich häufig

wie im Bereich *Freizeit und Geselligkeit* (16 %). Unter den deutschlandweit 5 häufigsten Aktivitäten belegt der Bereich *Schule oder Kindergarten* (11 %) wie bei der Mehrheit der Länder auch hier den letzten Rang (für eine Auflistung aller Engagementbereiche vgl. auch Abb. 7.8).

2. **Freiwilliges Engagement** ist gekennzeichnet als Engagement, bei welchem über eine öffentlich gemeinschaftliche Aktivität hinaus noch weitere Aufgaben und Tätigkeiten freiwillig übernommen werden (vgl. Hauptbericht, Abschn. 3.2).

Verglichen mit anderen Bundesländern: Wie viele Menschen in Bayern engagieren sich freiwillig?
Bayern weist 2019 im bundesweiten Vergleich eine Engagementquote von rund 41 % auf. Damit liegt das Land leicht über dem Bundesdurchschnitt von 39,7 % und rangiert im oberen Länderdrittel (vgl. Abb. 7.7).

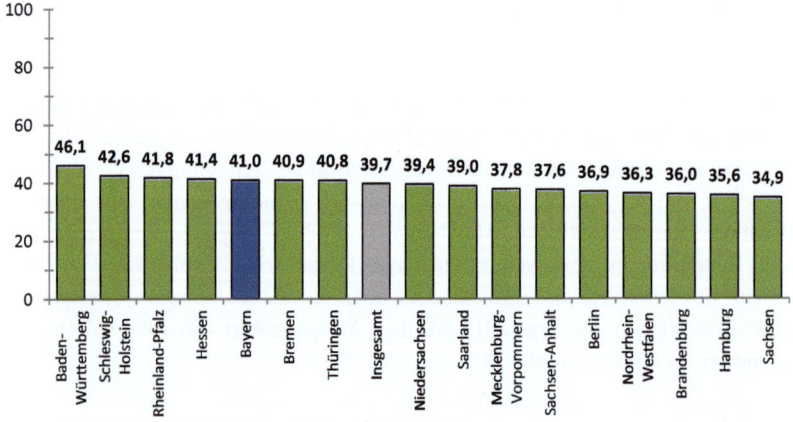

Abb. 7.7 Freiwilliges Engagement: Bayern im Vergleich der Bundesländer in Prozent (Eta^2 = 0,005). (Quelle: Eigene Berechnungen, Grundlage: FWS-Datensatz 2019, Länderunterschiede sind auf einem Niveau von ≤ 1 % signifikant)

7.3 Landesprofil Bayern

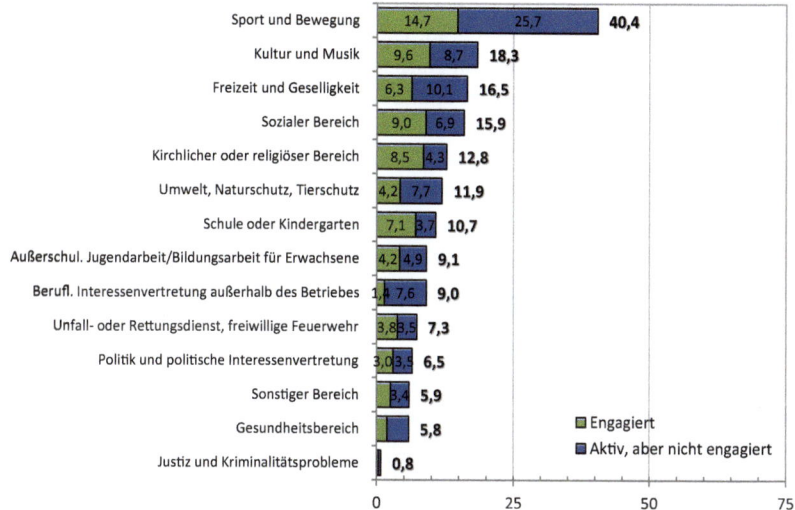

Hinweis: Die Zahlen neben den Balken geben den jeweiligen Anteil aller öffentlich gemeinschaftlich Aktiven an.

Abb. 7.8 Anteile ehrenamtlich engagierter und öffentlich gemeinschaftlich aktiver Personen in den 14 Bereichen – Bayern (Angaben in %). (Quelle: Eigene Berechnungen, Grundlage: FWS-Datensatz 2019)

Wie hat sich freiwilliges Engagement im Zeitverlauf und im Vergleich mit den anderen Bundesländern entwickelt?
Über 2 Jahrzehnte hinweg weist Bayern kontinuierlich eine überdurchschnittlich hohe Quote freiwillig Engagierter auf. Bei den früheren Messzeitpunkten des FWS lag das Land durchweg im oberen Drittel oder (in den Jahren 1999, 2009, 2014) unter den ersten 3 Bundesländern. Seit 2014 allerdings ist die Quote in Bayern überdurchschnittlich stark um etwa 3 Prozentpunkte gefallen (vgl. Hauptbericht, Abb. 3.5).

In welchen Bereichen wird freiwilliges Engagement bevorzugt ausgeübt?
Wie bei den öffentlich gemeinschaftlichen Aktivitäten ist auch die Ausübung freiwilligen Engagements in Bayern so wie ausnahmslos in allen Flächenländern im Bereich *Sport und Bewegung* mit Abstand am häufigsten angesiedelt (vgl. Abb. 7.8; vgl. auch Hauptbericht, Abb. 3.6). Im Freistaat engagieren sich in diesem Feld gut 15 % der Befragten. Dahinter folgen *Kultur und Musik* (etwa 10 %),

der *soziale Bereich* (9 %), der *kirchliche beziehungsweise religiöse Sektor* (8 %) sowie *Schule oder Kindergarten* (7 %). Diese Rangfolge entspricht in etwa dem bundesweit erkennbaren Muster, mit Ausnahme des kirchlich-religiösen Bereichs, welcher in Bayern auf dem vierten und nicht auf dem fünften Platz rangiert.

Wieviel Zeit wird für freiwilliges Engagement aufgewendet? Wie verändert sich das Zeitbudget in der Längsschnittbetrachtung?
Wie in allen Bundesländern gibt in Bayern die Mehrheit der befragten Engagierten (63 %) ihren Zeitaufwand für Engagement mit bis zu 2 h in der Woche an (vgl. Hauptbericht, Abb. 3.7). 3 bis 5 h Zeit nehmen sich 23 %, 6 h und mehr investieren etwa 14 %. Diese Anteile entsprechen in ihrem Verhältnis dem Bundesdurchschnitt.

Es kennzeichnet die bundesweite Entwicklung, dass bei insgesamt gestiegener Engagementquote der Anteil der Personen, die für ihr Engagement höchstens 2 h pro Woche aufbringen, im Zeitverlauf seit 1999 allgemein gewachsen ist (vgl. Hauptbericht, Abb. 3.8). Die entsprechende Kurve steigt in Bayern zumindest seit 2009 ebenfalls deutlich an. Ordneten sich in diese untere Zeitkategorie 1999 nur knapp 54 % ein, sind es 2019 schon rund 63 % der Befragten. Das Zeitbudget für Engagement entspricht in seinem Verlauf seit 2009 somit weitgehend dem Bundestrend.

Welche Beweggründe für freiwilliges Engagement werden am häufigsten genannt?
Spaß am Engagement – das ist in Bayern wie in allen anderen Bundesländern auch mit Abstand das Hauptmotiv dafür, sich freiwillig zu engagieren. Der für das Land gemessene Mittelwert entspricht beinahe exakt dem Bundesdurchschnitt (vgl. Hauptbericht, Abb. 3.9). Dahinter rangiert der *Wunsch, anderen zu helfen.* Mit leichtem Abstand folgen als Motive die Intention, *etwas für das Gemeinwohl tun,* die Möglichkeit, *die Gesellschaft mitzugestalten,* und zu guter Letzt mit deutlicherem Abstand das *Zusammenkommen mit anderen Menschen.* Diese Prioritätensetzung der Beweggründe ist in allen Bundesländern erkennbar und – mit minimalen Unterschieden – ähnlich verteilt.

An welche Zielgruppen richtet sich freiwilliges Engagement?
Das Saarland ausgenommen sind in allen Bundesländern Kinder und Jugendliche die bevorzugte Zielgruppe freiwilligen Engagements. Bayern stellt insoweit keine Ausnahme dar und liegt mit einem Anteil von etwa 51 % Nennungen nur minimal über dem Bundesdurchschnitt (vgl. Hauptbericht, Abb. 3.10). Weitere Zielgruppen sind Familien (37 %), ältere Menschen (33 %) und mit einigem Abstand

sozial Schwache sowie Hilfe- und Pflegebedürftige (jeweils 17 %) (Zielgruppen zahlenmäßig in absteigender Reihenfolge genannt).

Wie organisiert sich freiwilliges Engagement?
In Bayern ist freiwilliges Engagement so wie in allen anderen Bundesländern hauptsächlich vereins- oder verbandsförmig organisiert; der entsprechende Anteil beträgt hier 53 % (vgl. Hauptbericht, Abb. 3.11). Hierbei kommt zum Ausdruck, dass die Befragten dieses Bundeslandes deutschlandweit die höchste Mitgliedsdichte in diesem Organisationssegment aufweisen (vgl. Hauptbericht, Abb. 3.20). Dem entspricht, dass sich nicht einmal ein Fünftel (17 %) der Gruppe freiwillig Engagierter selbst organisiert (vgl. Hauptbericht, Abb. 3.11). Fast ebenso wenig Nennungen entfallen auf das freiwillige Engagement in kirchlichen Vorfeldorganisationen (14 %), gefolgt von dem Engagement in staatlichen und anderen Formen formaler Organisation (9 bzw. 7 %).

Welche organisatorischen Verbesserungsbedarfe werden gesehen?
Wie in ganz Deutschland wünschen freiwillig Engagierte in Bayern an organisatorischen Verbesserungen vor allem mehr und besser ausgestattete Räumlichkeiten (44 %, vgl. Hauptbericht, Abb. 3.12). In diesem Punkt und bei weiteren vorzugsweise genannten Desideraten (fachliche Unterstützung (38 %), Weiterbildung (37 %), unbürokratische Kostenerstattung (37 %) und Anerkennung seitens Hauptamtlicher (35 %)) weicht die Wunschliste in Bayern kaum vom gesamtdeutschen Durchschnitt ab. Etwas stärker als im Bundesdurchschnitt gilt das Augenmerk dem Abbau bürokratischer Hürden.

Welche Verbesserungswünsche richten sich an staatliche und öffentliche Stellen?
Eine bessere Information und Beratung durch staatliche und öffentliche Stellen (56 %) sowie ein Versicherungsschutz bei Haftpflicht und Unfall (57 %) stehen in Bayern an der Spitze der Vorschlagsliste (vgl. Hauptbericht, Abb. 3.13). Dahinter folgen nahezu gleichrangig die Vereinbarkeit von Ehrenamt und Beruf, die Anerkennung der jeweiligen Engagements als Praktika und Weiterbildung sowie eine steuerfreie Aufwandsentschädigung (jeweils knapp über 50 %).

Was steht freiwilligem Engagement entgegen?
Nach Auskunft der befragten Bayerinnen und Bayern sind es vor allem zeitliche Gründe, die ein Hindernis an freiwilligem Engagement darstellen. Mit 73 % Nennungen kommt das Land hier bundesweit auf einen überdurchschnittlichen Wert (vgl. Hauptbericht, Abb. 3.14). Berufliche Belastungen und die Scheu vor

Verpflichtungen werden wie in allen anderen Bundesländern auch sehr viel seltener angeführt. Auch hier sind die prozentualen Verteilungen in allen untersuchten Bundesländern ähnlich gelagert (vgl. ebd.).

Wie groß ist das Potenzial der Bereitschaft zum freiwilligen Engagement?
Die Größenordnung des Engagementpotenzials wird im FWS 2019 mit der Frage erhoben, wer sich sicher oder vielleicht vorstellen kann, sich künftig freiwillig zu engagieren. In Bayern liegt dieser Anteil bei Befragten, die bisher nicht freiwillig engagiert sind, mit etwa 59 % fast genau im Bundesdurchschnitt (vgl. Hauptbericht, Abb. 3.16) und somit im Mittelfeld der Länder.

Bemerkenswert ist zudem die Entwicklung dieses Anteils im Zeitverlauf der letzten 2 Jahrzehnte. Obgleich die Quote des tatsächlich ausgeübten Engagements im Land von 1999 bis 2019 um nur etwa 7 Prozentpunkte angestiegen ist, hat sich parallel dazu die erwogene Engagementbereitschaft im Land um fast 25 Prozentpunkte erhöht (vgl. Hauptbericht, Abb. 3.17). Die Grundbedingung dafür, dieses Potenzial auch zukünftig weiter auszuschöpfen, wurde folglich weiter verbessert. Dieser Trend ist ebenfalls in den meisten anderen Ländern nachweisbar (vgl. ebd.).

Wie häufig wird für gemeinnützige oder soziale Zwecke Geld gespendet?
Im gesamtdeutschen Vergleich verzeichnet Bayern mit fast 56 % zuletzt die höchste Spendentätigkeit unter den Befragten (vgl. nachfolgende Abb. 7.9; vgl. auch Hauptbericht, Abb. 3.18). Wie in allen anderen Bundesländern war die Zahl der Spendenden nach 2004 zunächst deutlich eingebrochen, stabilisierte sich danach aber zwischen 2014 und 2019 wieder (vgl. Hauptbericht, Abb. 3.19).

Wie viele Menschen engagieren sich für Geflüchtete?
In den dem Befragungszeitpunkt 2019 vorausgegangenen 5 Jahren engagierten sich in Bayern knapp über 11 % der Befragten nach eigener Aussage für Geflüchtete. Damit liegt das Land etwas unter dem bundesweiten Durchschnittswert von 12,4 % und weist unter den westdeutschen Ländern den geringsten Wert auf (vgl. Hauptbericht, Abb. 3.22).

Welche individuellen Einflussfaktoren fördern beziehungsweise hemmen freiwilliges Engagement?
In der nachstehenden Abbildung wird dargestellt, wie sich freiwilliges Engagement gemäß ausgewählten soziodemografischen Merkmalen der befragten Menschen in Bayern (Standarddifferenzierung) verteilt. Ersichtlich ist: In der jüngsten Altersgruppe (14 bis 19 Jahre) sowie in der mittleren Kohorte der

7.3 Landesprofil Bayern

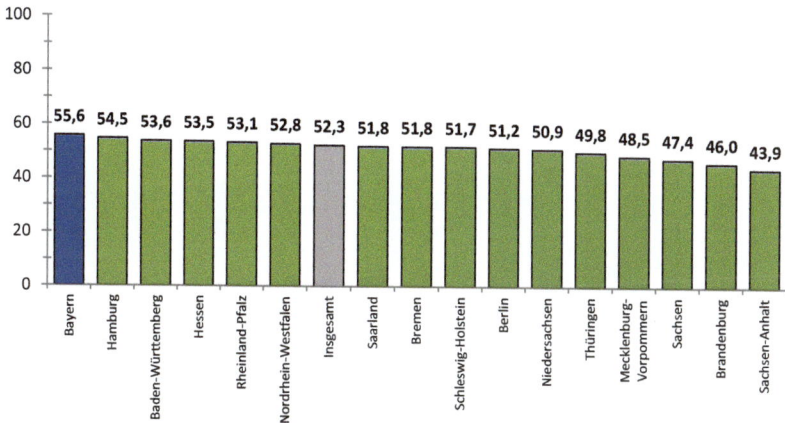

Abb. 7.9 Spendentätigkeit in Bayern im letzten Jahr vor der Befragung im Vergleich der Bundesländer in Prozent (Eta^2 = 0,003). (Quelle: Eigene Berechnungen, Grundlage: FWS-Datensatz 2019, Länderunterschiede sind auf einem Niveau von $\leq$ 1 % signifikant.)

berufsaktiven Jahrgänge ist die Ausübung eines freiwilligen Engagements am wahrscheinlichsten. Je höher das Einkommen und der Grad formaler Bildung, desto eher engagieren Menschen sich. Arbeitslosigkeit geht seltener mit freiwilligem Engagement einher als eine Berufstätigkeit oder eine Ausbildung. Wer der katholischen oder der protestantischen Konfession angehört, engagiert sich häufiger als Konfessionslose oder Angehörige anderer Glaubensgemeinschaften. Sind Kinder im Haushalt, ist freiwilliges Engagement ebenfalls häufiger anzutreffen. Befragte mit Migrationshintergrund entschließen sich seltener zu einem solchen Engagement. Im Schnitt engagieren sich in Bayern etwas mehr Männer als Frauen freiwillig, dieser Geschlechterunterschied fällt im Verhältnis jedoch kaum ins Gewicht (vgl. Abb. 7.10).

Von den Standarddifferenzierungen verdienen die Merkmale Schulbildung, Alter und Religionszugehörigkeit in ihren Effekten auf freiwilliges Engagement für das Landesprofil Bayerns besondere Beachtung (vgl. die vollständige Präsentation im Hauptbericht, Abschn. 4.3). Wie in allen Bundesländern ist auch in Bayern ein Bildungsbias signifikant. Höhere Schulbildung führt insofern wie erwähnt häufiger zu freiwilligem Engagement. Im Ländervergleich ist dieser Effekt in Bayern am geringsten ausgeprägt (vgl. Hauptbericht, Abb. 4.11). Demnach fällt der formale Bildungsgrad einer Person für die Erklärung von

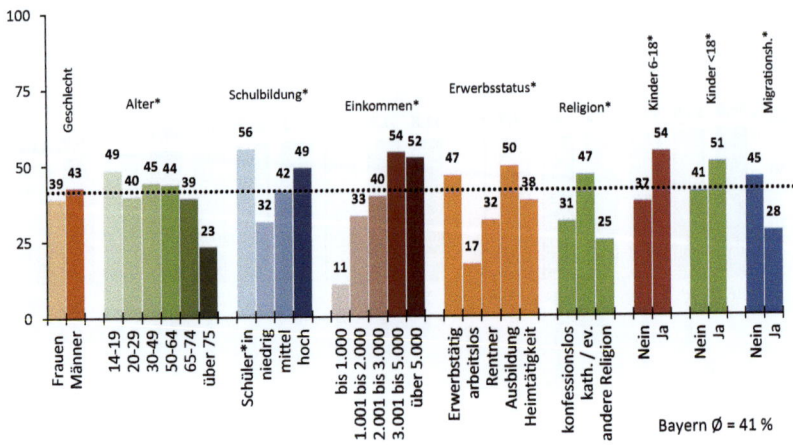

* Unterschiede sind auf einem Niveau von ≤ 5 % signifikant.

Abb. 7.10 Wer ist in Bayern ehrenamtlich engagiert? – Standarddifferenzierung (Anteile *engagiert* in %). (Quelle: Eigene Berechnungen, Grundlage: FWS-Datensatz 2019.)

Engagement hier wesentlich weniger stark ins Gewicht als beispielsweise in Hamburg (vgl. ebd.). Mit steigendem Alter der Befragten nimmt ihr Engagement in allen Bundesländern ab. Wiederum in Bayern wirkt sich auch dieses individuelle Merkmal schwächer aus als in den meisten anderen Ländern (vgl. Hauptbericht, Abb. 4.13). Bundesweit gehen evangelische oder katholische Befragte deutlich häufiger als Konfessionslose oder Angehörige anderer Glaubensgemeinschaften einem regelmäßigen Ehrenamt nach. Zusammen mit Berlin ist dieser Effekt in Bayern am höchsten ausgeprägt. Ist der Anteil an religiösen Menschen in einem Land und auch der Zusammenhang von Religion und Ehrenamt hoch, kann sich das wie in Bayern durchaus in einer höheren Engagementrate niederschlagen (vgl. Hauptbericht, Abb. 4.14).

Wie verteilt sich freiwilliges Engagement räumlich?
Bei der räumlichen Verteilung freiwilligen Engagements weist Bayern wie viele andere Länder eine *Stadt-Land-Differenz* auf. Neben Hessen fällt diese Differenz in Bayern am deutlichsten aus. Zwischen ländlichen (47 %) und städtischen (40 %) Gebieten liegen hier 7 Prozentpunkte (vgl. Hauptbericht, Abb. 4.17).

Beim Blick auf die nach Raumtypus und Gemeindegröße differenzierte regionale Landkarte des Engagements fällt die mit zunehmender Siedlungsdichte

7.3 Landesprofil Bayern

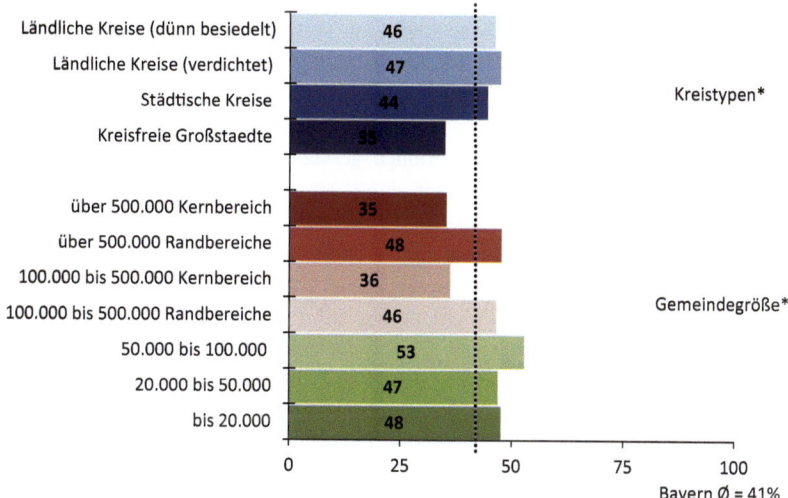

* Unterschiede sind auf einem Niveau von ≤ 5 % signifikant.

Abb. 7.11 Wo ist man ehrenamtlich engagiert? – Standarddifferenzierung (Kontext) für Bayern (Anteile *engagiert* in %). (Quelle: Eigene Berechnungen, Grundlage: FWS-Datensatz 2019.)

abnehmende Engagementdichte hier besonders auf (vgl. Abb. 7.11). Eine nach Ortsgröße linear zu- oder abnehmende Häufigkeit ist hingegen nicht eindeutig erkennbar (vgl. ebd.).

3. Kontexteffekte und freiwilliges Engagement

Erkenntnisse der Sozialforschung (vgl. Gabriel und Neller 2010) sprechen für die Annahme, dass die Art und Weise, wie die Menschen im Land die Zugänglichkeit, Professionalität und Vertrauenswürdigkeit der staatlichen beziehungsweise öffentlichen Institutionen wahrnehmen, zu freiwilligem Engagement ermutigen oder dieses auch hemmen kann. Im Folgenden werden daher den landesbezogenen Daten des Freiwilligensurveys 2019 zusätzliche, ebenfalls landesspezifisch aufgeschlüsselte Umfragedaten gegenübergestellt, welche auf mögliche Umfeldbedingungen freiwilligen Engagements verweisen. Einbezogen werden hierfür die seitens der Bürgerinnen und Bürger wahrgenommenen Beteiligungs- und Mitsprachemöglichkeiten auf lokaler Ebene sowie das Vertrauen in die Akteurinnen und Akteure von kommunaler Politik und Verwaltung (vgl. Hauptbericht, Kap. 5).

In Bayern werden alle 3 betrachteten Umfeldindikatoren positiv beurteilt. Sowohl bei der Bewertung der Partizipationschancen als auch bezüglich des in die Kommunalpolitiker und -politikerinnen gesetzten Vertrauens liegt das Land auf Platz 1 des bundesweiten Rankings.

Auf einem additiven Index, der die Rangplätze zusammenfasst, welche die Bundesländer bei *guter* Bewertung der Variablen lokale Partizipation, kommunales Politikvertrauen und Verwaltungsvertrauen jeweils einnehmen, liegt Bayern vor Niedersachsen und Baden-Württemberg auf Platz 1 (vgl. Abb. 7.12). Die oberhalb der Balkendiagramme des Kontextindex mit abgebildete lineare Trendlinie der länderspezifischen Engagementquoten lässt für Bayern eine Koinzidenz von positiver Einschätzung des lokalen Lebensumfelds und vergleichsweise häufigem freiwilligem Engagement erkennen. Dies deutet auf eine Wechselwirkung beider Einstellungsebenen hin.

4. Stand und Perspektiven des Engagements

Bayern weist im deutschlandweiten Vergleich eine kulturell und strukturell gefestigte Engagementlandschaft auf, welche sich auch und gerade im ländlichen Raum findet. Folgende Faktoren stützen diese Einschätzung: eine bundesweit kontinuierlich im oberen Drittel angesiedelte Engagementquote; eine in der Langzeitbetrachtung der letzten 2 Jahrzehnte deutlich angestiegene grundsätzliche Bereitschaft, künftig ein Engagement aufzunehmen; ein insgesamt gefestigtes Budget der für Engagement aufgewandten Zeit, wobei die Kategorie des Kurzzeitengagements (unter 2 h) durchschnittlich angewachsen ist; eine überdurchschnittlich häufige Anbindung freiwilliger Aktivitäten an Vereine und Verbände sowie ein auf bundesweit höchstem Niveau konsolidiertes Spendenaufkommen.

Dass soziodemografische Merkmale wie Alter, Bildung und Einkommen, die andernorts den Faktor freiwilliges Engagement stark determinieren, in Bayern schwächere beziehungsweise durchschnittliche Effekte haben, zeigt einen vergleichsweise hohen Grad gesellschaftlicher Durchdringung der Engagementnorm an. Hiermit ist gemeint, dass ein freiwilliges Engagement (noch) keine allgemein verinnerlichte Maxime (wie dies in Teilen z. B. für die Ausübung des Wahlrechts

7.3 Landesprofil Bayern

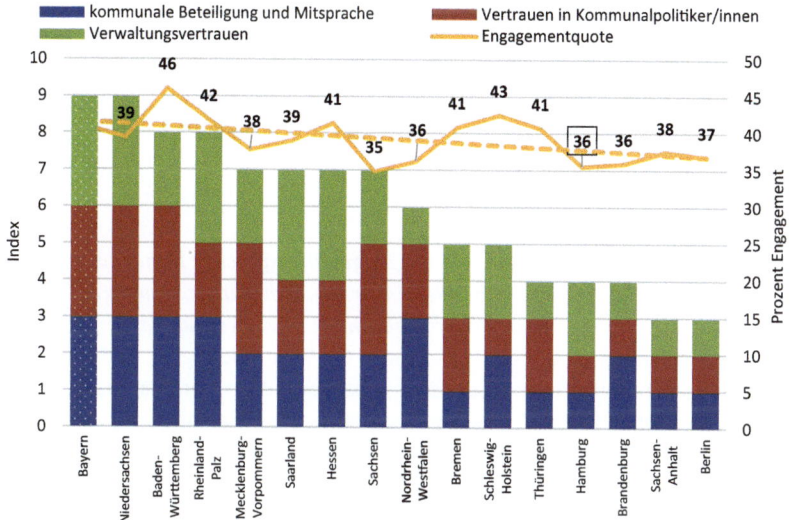

Abb. 7.12 Index aus Beteiligung und Mitsprache *(gut)* sowie Verwaltungs- und Kommunalpolitikvertrauen *(vertraue)* in Gegenüberstellung des freiwilligen Engagements (in %). (Quelle: Eigene Berechnungen, Grundlage: FWS 2019 und info-Erhebung 2020.)

zutrifft) darstellt, sondern von bestimmten individuellen Merkmalen (u. a. Alter, Bildung oder auch Einkommen) bestimmt wird.[2]

In mittel- bis langfristiger Perspektive bedeutet der demografische Wandel eine Herausforderung auch für Bayern. Statistischen Prognosen zufolge wird die Zahl der Menschen im Rentenalter in den westdeutschen Flächenländern bis 2035 mit einem Zuwachs um 25 % überproportional zunehmen. Für Bayern ist in dieser Altersgruppe der 67-Jährigen und Älteren mit einem Plus von rund 29 % zu rechnen, was den bundesweit höchsten Wert darstellt (vgl. Destatis 2021). Entsprechend groß erscheint angesichts dieses Zukunftsszenarios für das Land die Herausforderung, das aktuell erreichte Ausmaß freiwilligen Engagements zu halten oder gar auszubauen. Unumgänglich dürfte sein, die Angebote altengerechten freiwilligen Engagements rechtzeitig zu erweitern, um die Engagementbereitschaft in der wachsenden Gruppe der Seniorinnen und Senioren zu aktivieren.

---

[2] Mit Abstufungen gilt dies für alle Länder.

7.4 Landesprofil Berlin

1. **Öffentlich gemeinschaftliche Aktivitäten** sind nicht gleichzusetzen mit freiwilligem Engagement, haben jedoch das Potenzial, für dieses als ein ‚Türöffner' beziehungsweise als eine Vorstufe desselben zu wirken (vgl. Hauptbericht, Abschn. 2.1).

Welche Größenordnung weist diese Form zivilgesellschaftlichen Handelns in Berlin bezogen auf die Gesamtheit der Bundesländer zum Erhebungszeitpunkt 2019 auf? Wie stellt sich die Entwicklung ländervergleichend im Zeitverlauf dar?
Mit einer Beteiligungsrate von nicht ganz 67 % an Befragten, die angeben, öffentlich gemeinschaftliche Aktivitäten auszuüben, liegt der Stadtstaat Berlin minimal über dem Bundesdurchschnitt von 66 % (vgl. Hauptbericht, Abb. 3.1). Im Zeitverlauf betrachtet steigt die Aktivitätsrate über die Jahre hinweg allerdings im bundesweiten Vergleich am stärksten an und liegt 2019 fast 16 Prozentpunkte über dem Ausgangswert von 1999 (dieser betrug 51 %, vgl. Hauptbericht, Abb. 3.2). Damit rückt Berlin vom vorletzten auf den achten Rang im Länderranking vor.

In welchen Bereichen werden diese Aktivitäten im Land bevorzugt ausgeübt?
In allen Bundesländern sind mit Abstand die meisten Menschen im Bereich *Sport und Bewegung* öffentlich gemeinschaftlich aktiv (vgl. Hauptbericht, Abb. 3.3). Mit einem Anteil von nicht ganz 40 % rangiert Berlin hier im Mittelfeld, genauer gesagt leicht unter dem Bundesdurchschnitt von 40 %. Gemeinsam mit den meisten anderen Ländern ist die Berliner Bevölkerung mit 18 % *kulturell und musikalisch* am zweithäufigsten aktiv, was ebenfalls dem Bundestrend entspricht. Im *sozialen Bereich* beteiligen sich die Menschen in Berlin mit etwa 16 % etwa gleich häufig wie im Bereich *Freizeit und Gesellschaft* (16 %). Unter den deutschlandweit 5 häufigsten Aktivitäten belegt wie bei der Mehrheit der Länder der Bereich *Schule oder Kindergarten* (14 %) in Berlin den letzten Rang (für eine Auflistung aller Engagementbereiche vgl. auch Abb. 7.14).

2. **Freiwilliges Engagement** ist gekennzeichnet als Engagement, bei welchem über eine öffentlich gemeinschaftliche Aktivität hinaus noch weitere Aufgaben und Tätigkeiten freiwillig übernommen werden (vgl. Hauptbericht, Abschn. 3.2).

7.4 Landesprofil Berlin

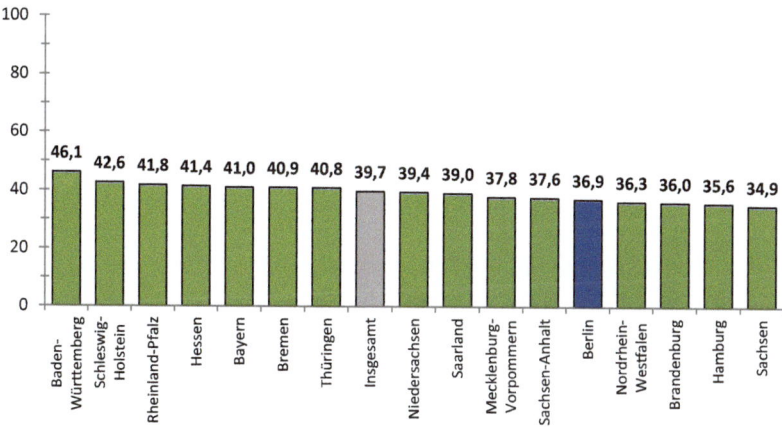

Abb. 7.13 Freiwilliges Engagement: Berlin im Vergleich der Bundesländer in Prozent (Eta^2 = 0,005). (Quelle: Eigene Berechnungen, Grundlage: FWS-Datensatz 2019, Länderunterschiede sind auf einem Niveau von ≤ 1 % signifikant)

Verglichen mit anderen Bundesländern: Wie viele Menschen in Berlin engagieren sich freiwillig?
Berlin rangiert 2019 im bundesweiten Vergleich mit einer Engagementquote von rund 37 % im unteren Drittel der Länder. Damit liegt die deutsche Hauptstadt unter dem Bundesdurchschnitt von 39,7 % (vgl. Abb. 7.13).

Wie hat sich freiwilliges Engagement im Zeitverlauf und im Vergleich mit den anderen Bundesländern entwickelt?
Zu Beginn des Surveys 1999 wies Berlin mit 21,2 % die niedrigste Quote freiwillig Engagierter in Deutschland auf. Seither ist die Quote wie schon bei den öffentlich gemeinschaftlichen Aktivitäten auch in dieser Hinsicht von allen Ländern am stärksten in Berlin angestiegen: Sie steigerte sich von 1999 bis 2019 um fast 16 Prozentpunkte und verdoppelte sich damit nahezu (vgl. Hauptbericht, Abb. 3.5). Damit ist das Land im Ranking vom letzten auf den dreizehnten Platz aufgerückt.

In welchen Bereichen wird freiwilliges Engagement bevorzugt ausgeübt?
Im Gegensatz zu allen anderen Bundesländern ist freiwilliges Engagement in Berlin im Bereich *Sport und Bewegung* mit knapp über 9 % nur am zweithäufigsten angesiedelt (vgl. Abb. 7.14; vgl. auch Hauptbericht, Abb. 3.6). In der

Bundeshauptstadt engagieren sich die meisten Menschen im Bereich *Schule oder Kindergarten* (9,6 %), was sich auch auf das vergleichsweise niedrige Durchschnittsalter in Berlin zurückführen lässt. Danach folgen fast gleichauf der *soziale Bereich* (etwa 9 %), *Kultur und Musik* (7 %) und *Freizeit und Geselligkeit* (6 %). Diese Rangfolge entspricht in etwa dem bundesweit erkennbaren Muster – mit Ausnahme des kirchlich-religiösen Bereiches, welcher in Berlin mit nur etwa 4 % auf dem sechsten und nicht, wie bundesweit, auf dem fünften Platz rangiert.

Wieviel Zeit wird für freiwilliges Engagement aufgewendet? Wie verändert sich das Zeitbudget in der Längsschnittbetrachtung?
Wie in allen Bundesländern gibt in Berlin die Mehrheit der befragten Engagierten (60 %) ihren Zeitaufwand für freiwilliges Engagement mit bis zu 2 h wöchentlich an (vgl. Hauptbericht, Abb. 3.7). 3 bis 5 h Zeit nehmen sich 22 %, 6 h und mehr investieren etwa 17 %. Diese Zeitanteile entsprechen in ihrem Verhältnis dem Bundesdurchschnitt.

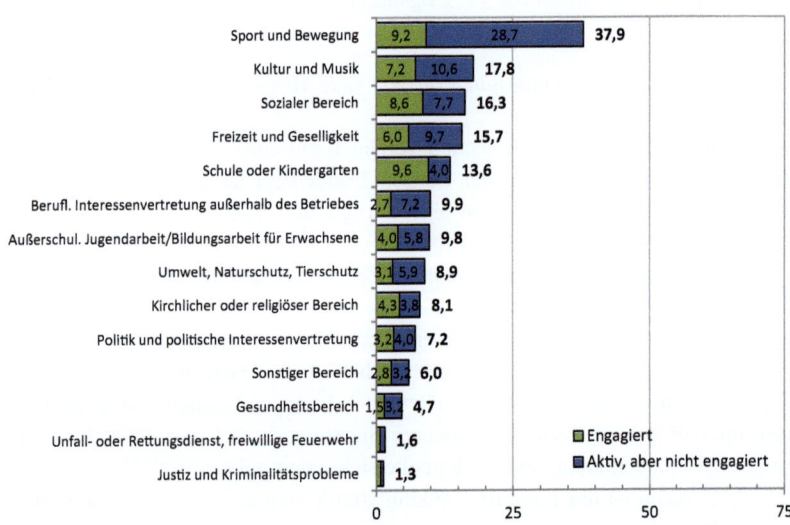

Hinweis: Die Zahlen neben den Balken geben den jeweiligen Anteil aller öffentlich gemeinschaftlich Aktiven an.

Abb. 7.14 Anteile ehrenamtlich engagierter und öffentlich gemeinschaftlich aktiver Personen in den 14 Bereichen – Berlin (Angaben in %). (Quelle: Eigene Berechnungen, Grundlage: FWS-Datensatz 2019)

7.4 Landesprofil Berlin

Es kennzeichnet die bundesweite Entwicklung, dass bei insgesamt gestiegener Engagementquote der Anteil der Personen, die für ihr Engagement höchstens 2 h pro Woche aufbringen, im Zeitverlauf seit 1999 allgemein gewachsen ist (vgl. Hauptbericht, Abb. 3.8). Die entsprechende Kurve steigt in Berlin zumindest seit 1999 ebenfalls deutlich an. Ordneten sich in diese untere Zeitkategorie 1999 nur knapp 43 % ein, sind es 2019 schon rund 61 % der Befragten. Damit steigt dieses Kurzzeitbudget für Engagement in seinem Verlauf seit 2009 deutlich stärker an als der Bundestrend.

Welche Beweggründe für freiwilliges Engagement werden am häufigsten genannt?
Spaß am Engagement – das ist auch in Berlin so wie in allen anderen Bundesländern mit Abstand das Hauptmotiv dafür, sich freiwillig zu engagieren. Der für das Land gemessene Mittelwert liegt dabei leicht über dem Bundesdurchschnitt (vgl. Hauptbericht, Abb. 3.9). Knapp dahinter rangiert der *Wunsch, anderen zu helfen*. Mit etwas Abstand folgen der *Einsatz für das Gemeinwohl,* die *Möglichkeit, die Gesellschaft mitzugestalten,* und zu guter Letzt das *Zusammenkommen mit anderen Menschen*. Diese Prioritätensetzung der Beweggründe ist in allen Bundesländern ähnlich verteilt.

An welche Zielgruppen richtet sich freiwilliges Engagement?
Das Saarland ausgenommen sind in allen Bundesländern Kinder und Jugendliche die bevorzugte Zielgruppe freiwilligen Engagements. Berlin stellt insoweit keine Ausnahme dar und liegt mit einem entsprechenden Anteil von etwa 51 % Nennungen minimal über dem Bundesdurchschnitt (vgl. Hauptbericht, Abb. 3.10). Weitere Zielgruppen sind Familien (35 %), ältere Menschen (26 %) und mit etwas Abstand sozial Schwache (23 %) sowie Hilfe- und Pflegebedürftige (17 %).

Wie organisiert sich freiwilliges Engagement?
In Berlin ist freiwilliges Engagement wie in allen anderen Bundesländern auch hauptsächlich vereins- oder verbandsförmig organisiert (vgl. Hauptbericht, Abb. 3.11). Allerdings fällt der entsprechende Anteil mit 42 % bundesweit am niedrigsten aus. Hierbei kommt zum Ausdruck, dass das Land in Deutschland die niedrigste Mitgliedsdichte in diesem Organisationssegment aufweist (vgl. Hauptbericht, Abb. 3.20). Dem entspricht, dass sich fast ein Viertel (24 %) der Gruppe freiwillig Engagierter individuell selbst organisiert (vgl. Hauptbericht, Abb. 3.11). Das macht bundesweit gemeinsam mit denen Hamburgs und Brandenburgs einen der höchsten Anteile unter den Befragten aus. Etwas weniger Nennungen entfallen auf andere Formen der Organisation (16 %) und den kirchlichen und staatlichen Bereich (10 bzw. 8 %).

Welche organisatorischen Verbesserungsbedarfe werden gesehen?
In ganz Deutschland und so auch in Berlin wünschen freiwillig Engagierte an organisatorischen Verbesserungen vor allem mehr und besser ausgestattete Räumlichkeiten (50 %, vgl. Hauptbericht, Abb. 3.12). In diesem Punkt und bei weiteren genannten Desideraten (fachliche Unterstützung (41 %), unbürokratische Kostenerstattung (38 %), Weiterbildung (36 %), Anerkennung seitens Hauptamtlicher (33 %)) weicht die Wunschliste in Berlin nur geringfügig vom gesamtdeutschen Durchschnitt ab, wobei das Augenmerk hier etwas stärker als im Bundesdurchschnitt auf dem Abbau bürokratischer Hürden ruht.

Welche Verbesserungswünsche richten sich an staatliche und öffentliche Stellen?
Eine bessere Information und Beratung durch staatliche und öffentliche Stellen (59 %) sowie die Anerkennung der jeweiligen Engagements als Praktika und Weiterbildung (56 %) stehen in Berlin an der Spitze der Vorschlagsliste (vgl. Hauptbericht, Abb. 3.13). Dahinter folgen nahezu gleichrangig die Vereinbarkeit von Ehrenamt und Beruf, ein Versicherungsschutz bei Haftpflicht und Unfall sowie eine steuerfreie Aufwandsentschädigung (jeweils knapp über bzw. genau 50 %).

Was steht freiwilligem Engagement entgegen?
Nach Auskunft der befragten Menschen in Berlin sind es vor allem zeitliche Gründe, welche ein Hindernis an freiwilligem Engagement darstellen. Mit 71 % Nennungen kommt das Land hier bundesweit auf einen durchschnittlichen Wert (vgl. Hauptbericht, Abb. 3.14). Berufliche Belastungen und die Scheu vor Verpflichtungen werden hier genau wie in allen anderen Bundesländern sehr viel seltener angeführt (44 bzw. 39 %). Auch hierin sind die Verteilungen in allen untersuchten Bundesländern ähnlich gelagert (vgl. ebd.).

Wie groß ist das Potenzial der Bereitschaft zum Engagement?
Die Größenordnung des Engagementpotenzials wird im FWS mit der Frage erhoben, wer sich sicher oder vielleicht vorstellen kann, sich künftig freiwillig zu engagieren. In Berlin fällt dieses Potenzial unter den Befragten, die bisher nicht oder nicht mehr engagiert sind, mit etwa 66 % bundesweit am höchsten aus (vgl. Hauptbericht, Abb. 3.16). Dies findet seinen Ausdruck in der in diesem Punkt positiven Entwicklung der letzten 20 Jahre im Bundesland.

Bemerkenswert ist zudem die Entwicklung der Engagementbereitschaft im Zeitverlauf der letzten 2 Jahrzehnte. Auch in Berlin hat sich die erwogene Engagementbereitschaft im Land während dieses Zeitraums um fast 25 Prozentpunkte erhöht und wird im Grad des Wachstums nur von Rheinland-Pfalz, Hamburg und

7.4 Landesprofil Berlin

Bayern übertroffen (vgl. Hauptbericht, Abb. 3.17). Die Grundbedingung dafür, dieses Potenzial auch zukünftig weiter auszuschöpfen, wurde folglich weiter verbessert. Dieser Trend lässt sich mit wenigen Ausnahmen ebenfalls in den meisten anderen Ländern feststellen (vgl. ebd.).

Wie häufig wird für gemeinnützige oder soziale Zwecke Geld gespendet?
Im gesamtdeutschen Vergleich liegt Berlin mit gut 51 % unter den Befragten im Bereich der Spendentätigkeiten im unteren Mittelfeld der Länder (vgl. nachfolgende Abbildung; vgl. auch Hauptbericht, Abb. 3.18). Wie in allen anderen Bundesländern auch war die Zahl der Spendenden nach 2004 zunächst – wenngleich weniger stark als in den anderen Ländern – eingebrochen. Sie stieg danach seit 2009 wieder an (vgl. Hauptbericht, Abb. 3.19) und liegt mittlerweile fast wieder auf dem Ausgangsniveau von 52 % aus dem Jahr 1999 (Abb. 7.15).

Wie viele Menschen engagierten sich für Geflüchtete?
In den dem Befragungszeitpunkt 2019 vorausgegangenen 5 Jahren engagierten sich in Berlin knapp 16 % der Befragten nach eigener Aussage für Geflüchtete. Damit weist das Land gemeinsam mit Hamburg unter den Bundesländern die höchste Engagementquote für Geflüchtete auf (vgl. Hauptbericht, Abb. 3.22). Dieser Befund korrespondiert in den beiden Stadtstaaten damit, dass hier zugleich

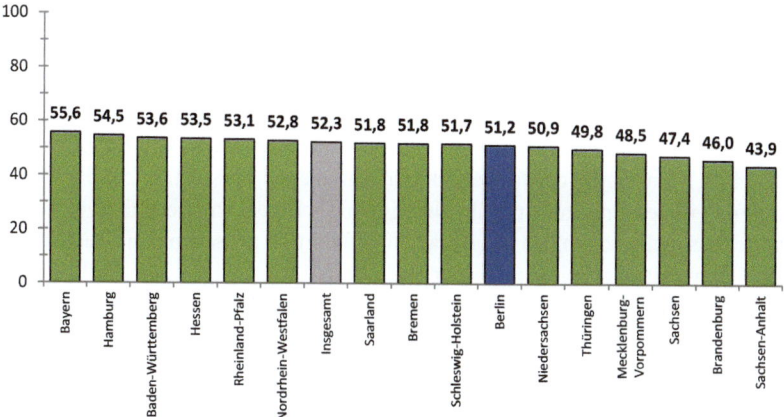

Abb. 7.15 Spendentätigkeit in Berlin im letzten Jahr vor der Befragung im Vergleich der Bundesländer in Prozent (Eta^2 = 0,003). (Quelle: Eigene Berechnungen, Grundlage: FWS-Datensatz 2019, Länderunterschiede sind auf einem Niveau von $\leq$ 1 % signifikant.)

die Anteile an Geflüchteten und Menschen mit Migrationserfahrung besonders hoch sind (vgl. dazu auch Hauptbericht, Kap. 4).

Welche individuellen Einflussfaktoren fördern beziehungsweise hemmen freiwilliges Engagement?
In der nachstehenden Abbildung wird dargestellt, wie sich freiwilliges Engagement gemäß ausgewählten soziodemografischen Merkmalen der befragten Berlinerinnen und Berliner (Standarddifferenzierung) verteilt. Ersichtlich ist: Besonders in der jüngsten Altersgruppe (14 bis 19 Jahre) sowie deutlich abgeschwächt in der mittleren Kohorte der berufsaktiven Jahrgänge (20 bis 65 Jahre) wird ein freiwilliges Engagement am wahrscheinlichsten ausgeübt. Je höher das Einkommen und der Grad formaler Bildung, desto eher engagieren Menschen sich. Arbeitslosigkeit geht seltener mit Engagement einher als eine Berufstätigkeit oder eine Ausbildung, allerdings eher als eine Heimtätigkeit oder ein Ruhestand. Wer der katholischen oder protestantischen Konfession angehört, engagiert sich im Schnitt häufiger als Konfessionslose oder Angehörige anderer Glaubensgemeinschaften. Sind Kinder im Haushalt, ist freiwilliges Engagement ebenfalls leicht wahrscheinlicher. Befragte mit Migrationshintergrund entschließen sich seltener zur Ausübung eines freiwilligen Engagements. Im Schnitt engagieren sich Männer und Frauen in Berlin im selben Maß (vgl. Abb. 7.16).

Von den Standarddifferenzierungen verdienen die Merkmale Schulbildung, Einkommen und Religionszugehörigkeit in ihren Effekten auf freiwilliges Engagement für das Landesprofil Berlins besondere Beachtung (vgl. die vollständige Präsentation im Hauptbericht, Abschn. 4.3). Wie in allen Bundesländern ist auch in Berlin ein Bildungsbias signifikant. Eine höhere Schulbildung führt dabei wie bereits erwähnt häufiger zu einem solchen Engagement. Im Ländervergleich ist dieser Effekt in Berlin überdurchschnittlich stark ausgeprägt (vgl. Hauptbericht, Abb. 4.11,). Das heißt, der formale Bildungsgrad einer Person fällt bei der Erklärung freiwilligen Engagements überdurchschnittlich stark ins Gewicht (vgl. ebd.). Das schlägt sich auch in den ausgeprägten Differenzen zwischen den Gruppen der Hoch- bzw. Niedriggebildeten nieder (vgl. Abb. 7.16).

Gleiches gilt für das Haushaltseinkommen. Bundesweit gehen ferner evangelische oder katholische Befragte deutlich häufiger als Konfessionslose oder Angehörige anderer Glaubensgemeinschaften einem regelmäßigen Ehrenamt nach. Zusammen mit Bayern ist dieser Tatbestand in Berlin am höchsten ausgeprägt. (vgl. Hauptbericht, Abb. 4.14). Der Anteil an entsprechenden Personen ist in Berlin mit 24 % allerdings vergleichsweise niedrig (vgl. Hauptbericht, Abschn. 5.4.1).

7.4 Landesprofil Berlin

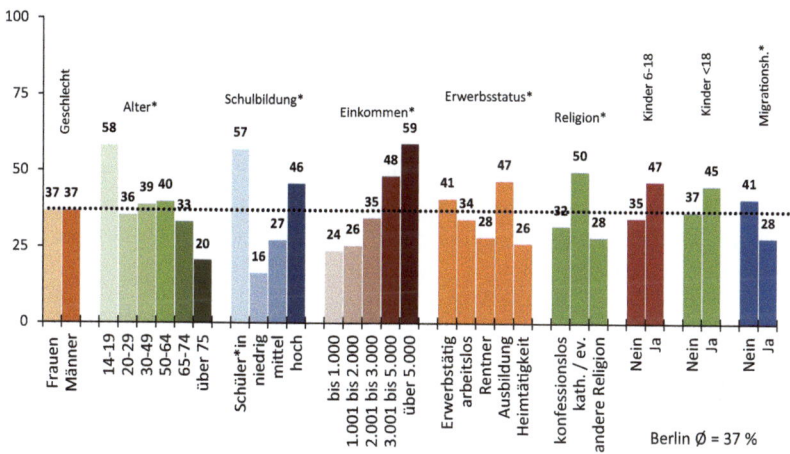

* Unterschiede sind auf einem Niveau von ≤ 5 % signifikant.

Abb. 7.16 Wer ist in Berlin ehrenamtlich engagiert? – Standarddifferenzierung (Anteile *engagiert* in %). (Quelle: Eigene Berechnungen, Grundlage: FWS-Datensatz 2019)

3. Kontexteffekte und freiwilliges Engagement

Erkenntnisse der Sozialforschung (vgl. Gabriel und Neller 2010) sprechen für die Annahme, dass die Art und Weise, wie die Menschen im Land Zugänglichkeit, Professionalität und Vertrauenswürdigkeit der staatlichen beziehungsweise öffentlichen Institutionen wahrnehmen, zu freiwilligem Engagement ermutigen oder dieses auch hemmen kann. Im Folgenden werden daher den landesbezogenen Daten des Freiwilligensurveys 2019 zusätzliche, ebenfalls landesspezifisch aufgeschlüsselte surveyexterne Umfragedaten gegenübergestellt, welche auf mögliche Umfeldbedingungen freiwilligen Engagements verweisen. Einbezogen werden hierfür die seitens der Bürgerinnen und Bürger wahrgenommenen Beteiligungs- und Mitsprachemöglichkeiten auf lokaler Ebene sowie das Vertrauen in die Akteurinnen und Akteure aus kommunaler Politik und Verwaltung (vgl. Hauptbericht, Kap. 5).

In Berlin werden alle 3 betrachteten Umfeldindikatoren schlecht beurteilt. Sowohl bei der Bewertung der Partizipationschancen als auch bezüglich des in die Kommunalpolitiker und -politikerinnen gesetzten Vertrauens liegt das Land auf den letzten Plätzen des bundesweiten Rankings.

Auf einem additiven Index, der die Rangplätze zusammenfasst, welche die Bundesländer bei *guter* Bewertung der Variablen lokale Partizipation, kommunales Politikvertrauen und Verwaltungsvertrauen jeweils einnehmen, liegt Berlin folglich auf dem letzten Platz (vgl. Abb. 7.17). Die oberhalb der Balkendiagramme des Kontextindex mit abgebildete lineare Trendlinie der länderspezifischen Engagementquoten lässt für Berlin eine Koinzidenz von negativer Einschätzung des lokalen Lebensumfelds und vergleichsweise unterdurchschnittlichem freiwilligem Engagement erkennen. Dies deutet auf eine Wechselwirkung beider Einstellungsebenen hin.

4. Stand und Perspektiven des Engagements

Im deutschlandweiten Vergleich weist Berlin eine positiv-dynamische Engagementlandschaft auf. Gestützt wird diese Einschätzung durch folgende Faktoren: eine zwar bundesweit leicht unterdurchschnittliche Engagementquote, aber eine in der Langzeitbetrachtung der letzten 2 Jahrzehnte rapide angestiegene Aktivitäts-, Engagement- und Engagementbereitschaftsquote; ein insgesamt gefestigtes

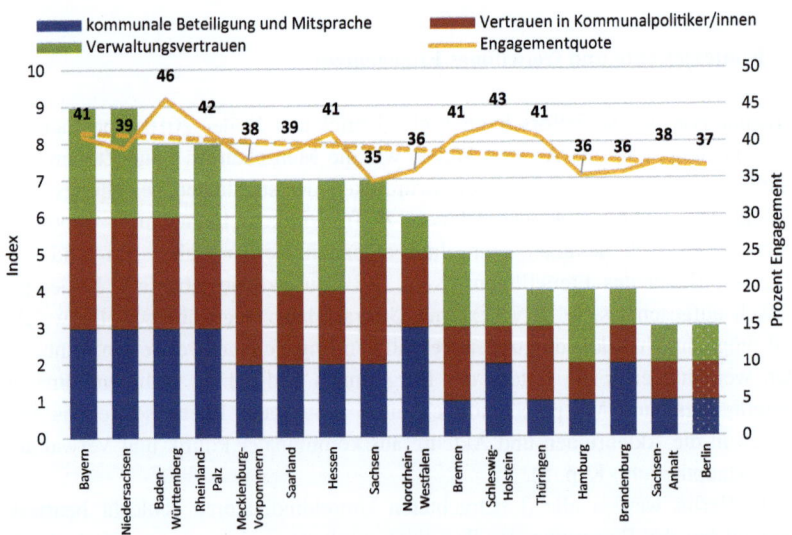

Abb. 7.17 Index aus Beteiligung und Mitsprache *(gut)* sowie Verwaltungs- und Kommunalpolitikvertrauen *(vertraue)* in Gegenüberstellung des freiwilligen Engagements (in %). (Quelle: Eigene Berechnungen, Grundlage: FWS 2019 und info-Erhebung 2020)

Budget der für Engagement aufgewandten Zeit, wobei die Kategorie des Kurzzeitengagements (unter 2 h) auch in Berlin überdurchschnittlich angewachsen ist, sowie ein bundesweit durchschnittliches Spendenaufkommen.

Dass soziodemografische Merkmale wie Bildung, Einkommen und Religionszugehörigkeit das Engagement in Berlin vergleichsweise stark determinieren, zeigt allerdings einen vergleichsweise niedrigen Grad von gesellschaftlicher Durchdringung der Engagementnorm an. Diese Norm scheint sozial eher heterogen untersetzt und in Teilen von städtischen Segregationsprozessen geprägt zu sein. Gemeint ist damit, dass ein freiwilliges Engagement (noch) keine allgemein verinnerlichte Maxime (wie dies in Teilen z. B. auf die Ausübung des Wahlrechts zutrifft) darstellt, sondern von bestimmten individuellen Merkmalen (u. a. Alter, Bildung oder auch Einkommen) bestimmt wird.[3]

In mittel- bis langfristiger Perspektive bedeutet der demografische Wandel für Berlin wie für die beiden anderen Stadtstaaten eine vergleichsweise niedrige Herausforderung. Statistischen Prognosen zufolge wird die Zahl der Menschen im Rentenalter in den westdeutschen Flächenländern bis 2035 mit einem Zuwachs von 25 % überproportional zunehmen. Für Berlin ist in dieser Altersgruppe der 67-Jährigen und Älteren mit einem Plus von nur etwa 11,6 Prozentpunkten zu rechnen (vgl. Destatis 2021). Chancenreich erscheint angesichts dieses Zukunftsszenarios einer vergleichsweise jungen Stadtgesellschaft die Aussicht, die aktuell positive Entwicklung des freiwilligen Engagements weiter auszubauen und zumindest zu stabilisieren. Dennoch sollten die Angebote für altengerechtes Engagement rechtzeitig erweitert werden, um die Engagementbereitschaft in der wachsenden Gruppe der Seniorinnen und Senioren nachhaltig zu aktivieren.

7.5 Landesprofil Brandenburg

1. **Öffentlich gemeinschaftliche Aktivitäten** sind nicht gleichzusetzen mit freiwilligem Engagement, haben jedoch das Potenzial, für dieses als ein ‚Türöffner' beziehungsweise als eine Vorstufe desselben zu wirken (vgl. Hauptbericht, Abschn. 2.1).

---

[3] Mit Abstufungen gilt dies für alle Länder.

Welche Größenordnung weist diese Form zivilgesellschaftlichen Handelns in Brandenburg bezogen auf die Gesamtheit der Bundesländer zum Erhebungszeitpunkt 2019 auf? Wie stellt sich die Entwicklung ländervergleichend im Zeitverlauf dar?
Mit einer Beteiligungsrate von knapp über 63 % an Befragten, die angeben, öffentlich gemeinschaftliche Aktivitäten auszuüben, liegt das Berlin umgebende Brandenburg recht deutlich unter dem Bundesdurchschnitt von 66 % (vgl. Hauptbericht, Abb. 3.1). Im Zeitverlauf betrachtet steigt die Aktivitätsrate über die Jahre hinweg wie in anderen ostdeutschen Ländern auch stark überdurchschnittlich an und überschreitet 2019 um fast 11 Prozentpunkte den Ausgangswert von 1999 (dieser betrug 52 %, vgl. Hauptbericht, Abb. 3.2).

In welchen Bereichen werden im Land diese Aktivitäten bevorzugt ausgeübt?
In allen Bundesländern sind mit Abstand die meisten Menschen im Bereich *Sport und Bewegung* öffentlich gemeinschaftlich aktiv (vgl. Hauptbericht, Abb. 3.3). Mit einem Anteil von 37 % rangiert Brandenburg hier im unteren Mittelfeld und dabei leicht unter dem Bundesdurchschnitt von 40 %. Im Unterschied zu den meisten anderen Ländern ist die brandenburgische Landesbevölkerung mit 16 % im Bereich *Freizeit und Geselligkeit* am zweithäufigsten aktiv. Im *kulturellen und musikalischen Bereich* beteiligen sich die Menschen in Brandenburg mit 13 % etwa ebenso häufig wie im *sozialen Bereich* (12 %) und dem Sektor von *Schule oder Kindergarten* (12 %; für eine Auflistung aller Engagementbereiche vgl. auch Abb. 7.19).

2. **Freiwilliges Engagement** ist gekennzeichnet als Engagement, bei welchem über eine öffentlich gemeinschaftliche Aktivität hinaus noch weitere Aufgaben und Tätigkeiten freiwillig übernommen werden (vgl. Hauptbericht, Abschn. 3.2).

Verglichen mit anderen Bundesländern: Wie viele Menschen in Brandenburg engagieren sich freiwillig?
Brandenburg belegt 2019 im bundesweiten Vergleich mit einer Engagementquote von 36 % den drittletzten Platz vor Hamburg und Sachsen. Damit liegt das Land unter dem Bundesdurchschnitt von 39,7 % (vgl. Abb. 7.18).

Wie hat sich freiwilliges Engagement im Zeitverlauf und im Vergleich mit den anderen Bundesländern entwickelt?
Zu Beginn des Surveys im Jahr 1999 lag Brandenburg mit etwa 26 % auf einem Platz im unteren Drittel im Ländervergleich. Seit Beginn der Umfrage ist die

7.5 Landesprofil Brandenburg

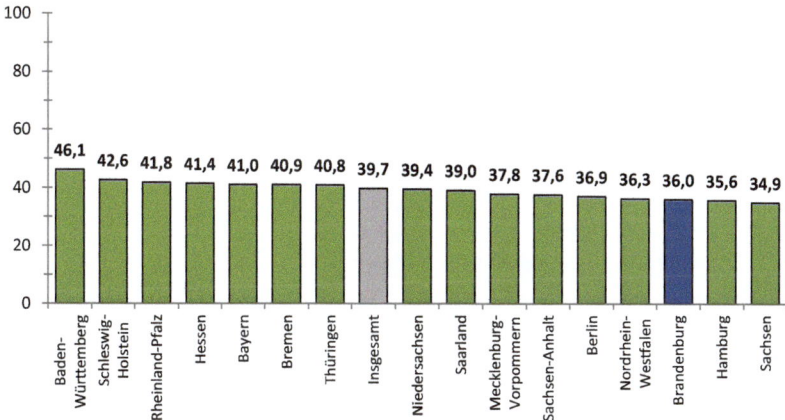

Abb. 7.18 Freiwilliges Engagement: Brandenburg im Vergleich der Bundesländer in Prozent (Eta^2 = 0,005). (Quelle: Eigene Berechnungen, Grundlage: FWS-Datensatz 2019, Länderunterschiede sind auf einem Niveau von ≤ 1 % signifikant)

Quote in Brandenburg – wie in den meisten anderen Ländern – gestiegen. Der Anstieg hat sich jedoch zuletzt etwas abgeschwächt (vgl. Hauptbericht, Abb. 3.5,).

In welchen Bereichen wird freiwilliges Engagement bevorzugt ausgeübt?
Wie in den meisten anderen Bundesländern (mit Ausnahme Berlins) ist in Brandenburg freiwilliges Engagement im Bereich *Sport und Bewegung* mit fast 12 % am häufigsten angesiedelt (vgl. Abb. 7.19; vgl. auch Hauptbericht, Abb. 3.6). Am zweithäufigsten engagieren sich Brandenburgerinnen und Brandenburger im Bereich *Schule oder Kindergarten* (7 %). Dahinter folgen fast gleichauf die Bereiche *Kultur und Musik* (etwa 6 %), *Freizeit und Geselligkeit* (6 %) und der *soziale Sektor* (6 %). Diese Rangfolge entspricht in etwa dem bundesweit erkennbaren Muster, den *kirchlich-religiösen Bereich* ausgenommen, welcher in Brandenburg mit nur etwa 4 % auf dem sechsten und nicht auf dem fünften Platz rangiert (ebd.).

Wieviel Zeit wird für freiwilliges Engagement aufgewendet? Wie verändert sich das Zeitbudget in der Längsschnittbetrachtung?
Wie in allen anderen Bundesländern auch gibt in Brandenburg eine deutliche Mehrheit der befragten Engagierten (65 %) ihren Zeitaufwand für freiwilliges Engagement mit bis zu 2 h in der Woche an (vgl. Hauptbericht, Abb. 3.7). 3

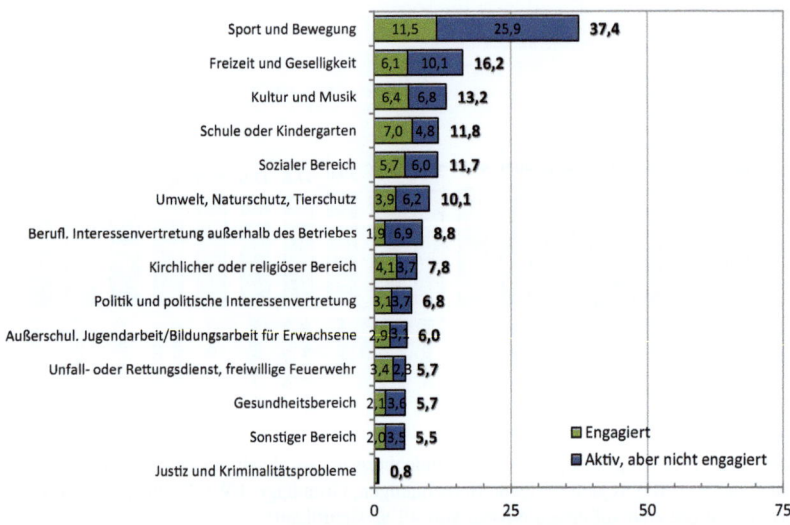

Hinweis: Die Zahlen neben den Balken geben den jeweiligen Anteil aller öffentlich gemeinschaftlich Aktiven an.

Abb. 7.19 Anteile ehrenamtlich engagierter und öffentlich gemeinschaftlich aktiver Personen in den 14 Bereichen – Brandenburg (Angaben in %). (Quelle: Eigene Berechnungen, Grundlage: FWS-Datensatz 2019)

bis 5 h Zeit nehmen sich 17 %, 6 h und mehr investieren ebenfalls 17 %. Diese Anteile entsprechen in ihrem Verhältnis überwiegend dem Bundesdurchschnitt.

Es kennzeichnet die bundesweite Entwicklung, dass bei insgesamt gestiegener Engagementquote der Anteil der Personen, die für ihr Engagement höchstens 2 h pro Woche aufbringen, im Zeitverlauf seit 1999 allgemein gewachsen ist (vgl. Hauptbericht, Abb. 3.8). Diese Entwicklung verlief jedoch in Brandenburg weit weniger geradlinig; der Anteil der Menschen, die sich höchstens 2 h in der Woche freiwillig engagieren, ist aber seit 2014 auch hier deutlich gestiegen. Ordneten sich in diese untere Zeitkategorie 1999 schon knapp 53 % ein, sind es 2019 bereits rund 65 % der Befragten. Damit stieg dieses Zeitbudget für freiwilliges Engagement in seinem Verlauf seit 1999 mit zwischenzeitlichen stärkeren Schwankungen etwas stärker an als der Bundestrend (vgl. ebd.).

7.5 Landesprofil Brandenburg

Welche Beweggründe für freiwilliges Engagement werden am häufigsten genannt?
Spaß am Engagement – das ist auch in Brandenburg so wie in allen anderen Bundesländern mit Abstand das Hauptmotiv dafür, sich freiwillig zu engagieren. Der für das Land gemessene Wert zeigt dabei an, dass diese Motivation in Brandenburg bundesweit am stärksten wirkt (vgl. Hauptbericht, Abb. 3.9). Knapp dahinter rangieren der *Wunsch, anderen zu helfen,* und die Intention, *etwas für das Gemeinwohl zu tun.* Mit etwas Abstand folgen dann die Möglichkeit, *die Gesellschaft mitzugestalten,* und zu guter Letzt der *Austausch mit anderen Menschen.* Diese Prioritätensetzung der Beweggründe ist in allen Bundesländern ähnlich verteilt.

An welche Zielgruppen richtet sich freiwilliges Engagement?
Das Saarland ausgenommen sind in allen Bundesländern Kinder und Jugendliche die bevorzugte Zielgruppe freiwilligen Engagements. Brandenburg stellt hier keine Ausnahme dar und liegt mit einem entsprechenden Anteil von etwa 51 % Nennungen nur minimal über dem Bundesdurchschnitt (vgl. Hauptbericht, Abb. 3.10). Weitere Zielgruppen sind Familien (42 %), ältere Menschen (34 %) und mit etwas Abstand fast gleichauf sozial schlechtergestellte Personen (20 %) sowie Hilfe- und Pflegebedürftige (19 %).

Wie organisiert sich freiwilliges Engagement?
In Brandenburg ist freiwilliges Engagement wie in ausnahmslos allen Bundesländern zwar hauptsächlich vereins- oder verbandsförmig organisiert (vgl. Hauptbericht, Abb. 3.11). Allerdings liegt der Anteil hier mit 49 % unter dem Bundesdurchschnitt (52 %). Dabei kommt auch zum Ausdruck, dass das Land unter den in ihm Befragten eine im innerdeutschen Vergleich niedrigere Mitgliedsdichte in diesem Organisationssegment aufweist (vgl. Hauptbericht, Abb. 3.20). Dem entspricht, dass sich ein Viertel (25 %) der Gruppe freiwillig Engagierter eigenständig organisiert (vgl. Hauptbericht, Abb. 3.11), was bundesweit vor Berlin und Hamburg der höchste Anteil ist. Etwas weniger Nennungen entfallen auf andere Formen der Organisation (9 %) und solche im staatlichen und kirchlichen Bereich (11 bzw. 7 %).

Welche organisatorischen Verbesserungsbedarfe werden gesehen?
In ganz Deutschland und so auch in Brandenburg wünschen sich freiwillig Engagierte an Verbesserungen auf der Ebene der Organisationen vor allem mehr und besser ausgestattete Räumlichkeiten (44 %, vgl. Hauptbericht, Abb. 3.12). In diesem Punkt und bei weiteren von ihnen genannten Herausforderungen (fachliche Unterstützung (41 %), unbürokratische Kostenerstattung (38 %), Weiterbildung (36 %), Anerkennung seitens Hauptamtlicher (33 %)) weicht die Wunschliste

in Brandenburg nur leicht vom gesamtdeutschen Durchschnitt ab. Dabei gilt das dortige Augenmerk verglichen mit den Durchschnittswerten etwas stärker den Weiterbildungsmöglichkeiten und dem Abbau bürokratischer Hürden als fachlicher Unterstützung.

Welche Verbesserungswünsche richten sich an staatliche und öffentliche Stellen?
Eine bessere Information und Beratung durch staatliche und öffentliche Stellen (59 %) sowie die Absicherung durch Haftpflicht- und Unfallversicherung (59 %) stehen in Brandenburg annähernd gleichrangig an der Spitze der Vorschlagsliste freiwillig Engagierter (vgl. Hauptbericht, Abb. 3.13). Dahinter folgen eine steuerfreie Aufwandsentschädigung (56 %) und fast zu gleichen Anteilen die Vereinbarkeit von Ehrenamt und Beruf sowie die Anerkennung eigenen Engagements als Praktikum und Weiterbildung (jeweils knapp über bzw. genau 50 %). Brandenburger Engagierte weisen im bundesweiten Vergleich besonders häufig auf die Notwendigkeit einer Steuerfreiheit für Aufwandsentschädigungen hin (vgl. ebd.).

Was steht freiwilligem Engagement entgegen?
Nach Auskunft der befragten Brandenburgerinnen und Brandenburger sind es wie überall hierzulande vor allem zeitliche Gründe, die ein Hindernis für ein Engagement darstellen. Mit 70 % Nennungen kommt das Land hier bundesweit auf einen durchschnittlichen Wert (vgl. Hauptbericht, Abb. 3.14). Berufliche Belastungen sowie die Abneigung gegen Verpflichtungen werden so wie in allen anderen Bundesländern auch sehr viel seltener angeführt (48 bzw. 39 %). Auch in dieser Hinsicht sind die prozentualen Verteilungen in allen untersuchten Bundesländern ähnlich gelagert (vgl. ebd.).

Wie groß ist das Potenzial der Bereitschaft zum Engagement?
Die Größenordnung des Engagementpotenzials wird im FWS mit der Frage erhoben, wer sich sicher oder vielleicht vorstellen kann, sich künftig freiwillig zu engagieren. In Brandenburg fällt dieses Potenzial bei Befragten, die bisher nicht oder nicht mehr engagiert sind, mit etwa 49 % bundesweit nach Thüringen am zweitniedrigsten aus (vgl. Hauptbericht, Abb. 3.16).

Bemerkenswert ist zudem die Entwicklung des Engagementpotenzials im Zeitverlauf der letzten 2 Jahrzehnte. Entgegen dem bundesweiten Trend stieg die Engagementbereitschaft in Brandenburg in den letzten 10 Jahren nur geringfügig an und nahm nach 2014 leicht ab (vgl. Hauptbericht, Abb. 3.17). Die Grundbedingung dafür, dieses Potenzial zukünftig weiter auszuschöpfen, hat sich in Brandenburg folglich verschlechtert. Derselbe Trend lässt sich ähnlich gelagert in Thüringen und im Saarland feststellen (vgl. ebd.).

7.5 Landesprofil Brandenburg

Wie häufig wird für gemeinnützige oder soziale Zwecke Geld gespendet?
Im gesamtdeutschen Vergleich liegt Brandenburg mit genau 46 % beim Anteil der Befragten im Bereich der Spendentätigkeiten vor Sachsen-Anhalt auf dem vorletzten Platz im Länderranking (vgl. nachfolgende Abbildung; vgl. auch Hauptbericht, Abb. 3.18). Wie in allen anderen Bundesländern war die Zahl der Spendenden nach 2004 zunächst stark eingebrochen, stieg danach aber seit 2009 wieder kontinuierlich an (vgl. Hauptbericht, Abb. 3.19) und liegt damit mittlerweile fast wieder auf dem Ausgangsniveau von 48 % aus dem Jahr 1999. Brandenburg gehört damit zu den 4 Bundesländern, welche in den letzten 20 Jahren die wenigsten Spendenden verloren haben (Abb. 7.20).

Wie viele Menschen engagierten sich für Geflüchtete?
In den dem Befragungszeitpunkt 2019 vorausgegangenen 5 Jahren engagierten sich in Brandenburg etwa 11 % der Befragten nach eigener Aussage für Geflüchtete. Damit liegt das Land im Ländervergleich im unteren Drittel der Bundesländer (vgl. Hauptbericht, Abb. 3.22). Unter den 5 ostdeutschen Flächenländern ist hier die Quote an diesbezüglich Engagierten allerdings am höchsten. Mit diesem Befund korrespondiert, dass im ostdeutschen Vergleich auch der Anteil an Menschen mit Migrationshintergrund mit 11 % in Brandenburg am höchsten ausfällt (vgl. Hauptbericht, Abb. 5.7).

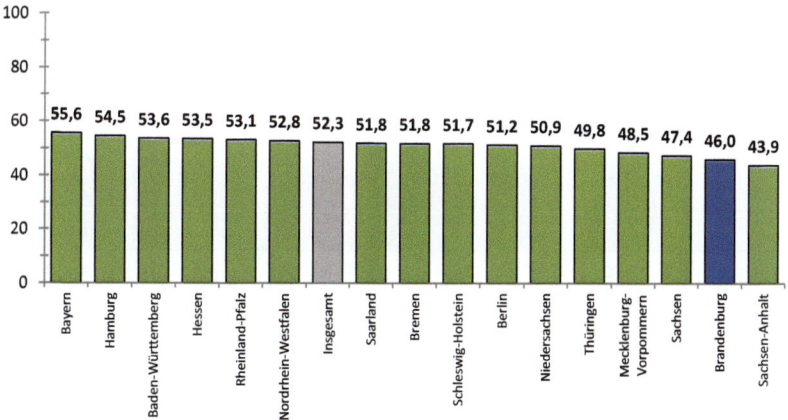

Abb. 7.20 Spendentätigkeit in Brandenburg im letzten Jahr vor der Befragung im Vergleich der Bundesländer in Prozent (Eta^2 = 0,003). (Quelle: Eigene Berechnungen, Grundlage: FWS-Datensatz 2019, Länderunterschiede sind auf einem Niveau von $\leq$ 1 % signifikant)

Welche individuellen Einflussfaktoren fördern beziehungsweise hemmen freiwilliges Engagement?
In der nachstehenden Abbildung wird dargestellt, wie sich freiwilliges Engagement gemäß ausgewählten soziodemografischen Merkmalen der befragten Menschen in Brandenburg (Standarddifferenzierung) verteilt. Ersichtlich ist: In der jüngsten Altersgruppe (14 bis 19 Jahre) sowie etwas abgeschwächt in der mittleren Kohorte der berufsaktiven Jahrgänge (20 bis 65 Jahre) wird ein freiwilliges Engagement am wahrscheinlichsten ausgeübt. Je höher das Einkommen und der Grad formaler Bildung, desto eher engagieren Menschen sich zudem. Arbeitslosigkeit geht seltener mit freiwilligem Engagement einher als eine Berufstätigkeit oder eine Ausbildung, allerdings häufiger als ein Ruhestand oder eine Heimtätigkeit. Wer der katholischen oder protestantischen Konfession angehört, engagiert sich im Schnitt häufiger als Konfessionslose oder Angehörige anderer Glaubensgemeinschaften. Sind Kinder im Haushalt, ist freiwilliges Engagement ebenfalls leicht wahrscheinlicher. Befragte mit Migrationshintergrund hingegen entschließen sich seltener zur Ausübung eines freiwilligen Engagements. Im Schnitt engagieren sich in Brandenburg Männer und Frauen in etwa im selben Maß (vgl. Abb. 7.21).

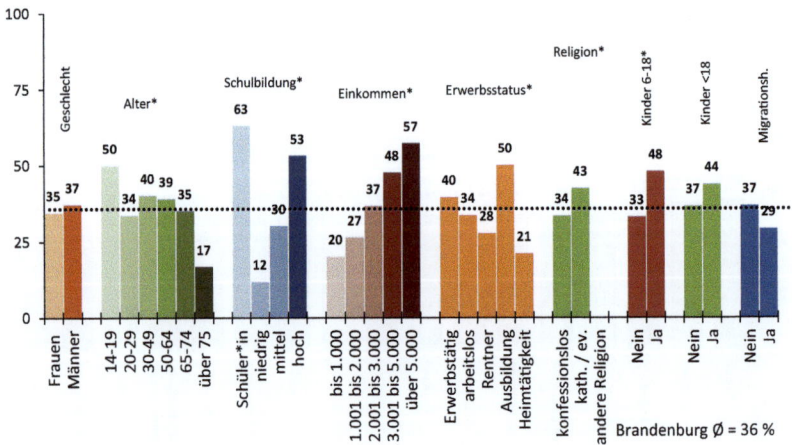

* Unterschiede sind auf einem Niveau von ≤ 5 % signifikant.

Abb. 7.21 Wer ist in Brandenburg ehrenamtlich engagiert? – Standarddifferenzierung (Anteile *engagiert* in %). (Quelle: Eigene Berechnungen, Grundlage: FWS-Datensatz 2019)

7.5 Landesprofil Brandenburg

Von den Standarddifferenzierungen verdienen die Merkmale Schulbildung und Migrationshintergrund in ihren Einflüssen auf freiwilliges Engagement für Brandenburg besondere Beachtung (vgl. die vollständige Präsentation im Hauptbericht, Abschn. 4.3). Wie in allen Bundesländern ist auch in Brandenburg ein Bildungsbias signifikant. Eine höhere Schulbildung führt entsprechend häufiger zu freiwilligem Engagement. Im Ländervergleich ist dieser Effekt in Brandenburg überproportional stark ausgeprägt (vgl. Hauptbericht, Abb. 4.11). Demnach fällt der formale Bildungsgrad einer Person bei der Erklärung freiwilligen Engagements hier überdurchschnittlich stark ins Gewicht (vgl. ebd.). Das schlägt sich auch in den deutlichen Differenzen zwischen den Gruppen der Hoch- und der Niedriggebildeten nieder (vgl. Abb. 7.21). Dieser Effekt ist nur in Hamburg noch stärker ausgeprägt als in Brandenburg. Dagegen spielt der Migrationshintergrund einer Person bei der Erklärung von Engagement in Brandenburg kaum eine Rolle, im Ländervergleich betrachtet fällt dieser Einfluss hier sogar am niedrigsten aus (vgl. Hauptbericht, Abb. 4.16). Das heißt, ein Migrationshintergrund stellt in Brandenburg als einzigem Land statistisch gesehen kein Ausschlusskriterium für freiwilliges Engagement dar.

Wie verteilt sich freiwilliges Engagement räumlich?
Bei der räumlichen Verteilung freiwilligen Engagements weist Brandenburg im Gegensatz zu den meisten anderen Ländern keine *Stadt-Land-Differenz* auf.

Beim Blick auf die nach Raumtypus und Gemeindegröße differenzierte regionale Landkarte des dortigen Engagements zeigen sich ebenfalls keine bedeutsamen Unterschiede (vgl. Abb. 7.22).

3. Kontexteffekte und freiwilliges Engagement

Erkenntnisse der Sozialforschung (vgl. Gabriel und Neller 2010) sprechen für die Annahme, dass die Art und Weise, wie die Menschen im Land Zugänglichkeit, Professionalität und Vertrauenswürdigkeit der staatlichen beziehungsweise öffentlichen Institutionen wahrnehmen, zu Engagement ermutigen oder dieses auch hemmen kann. Im Folgenden werden daher den landesbezogenen Daten des Freiwilligensurveys 2019 zusätzliche, ebenfalls landesspezifisch aufgeschlüsselte Umfragedaten gegenübergestellt, welche auf mögliche Umfeldbedingungen freiwilligen Engagements verweisen. Einbezogen werden hierfür die seitens der Bürgerinnen und Bürger wahrgenommenen Beteiligungs- und Mitsprachemöglichkeiten auf lokaler Ebene sowie das Vertrauen in die Akteurinnen und Akteure aus kommunaler Politik und Verwaltung (vgl. Hauptbericht, Kap. 5).

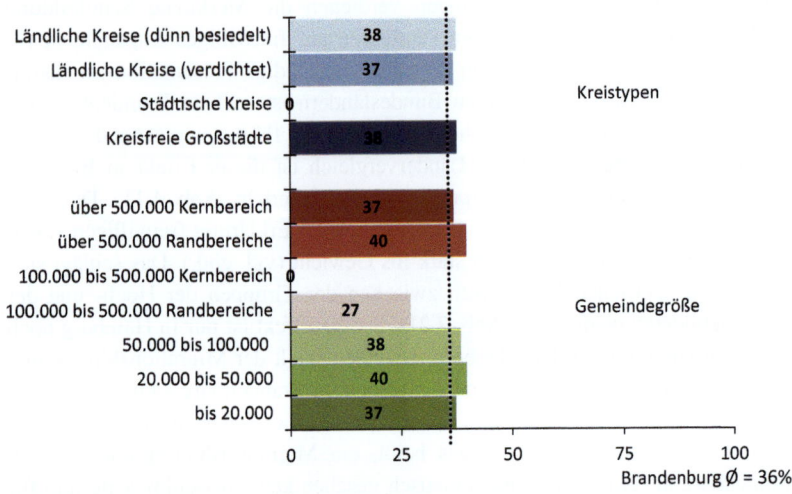

* Unterschiede sind auf einem Niveau von ≤ 5 % signifikant.

Abb. 7.22 Wo ist man ehrenamtlich engagiert? – Standarddifferenzierung (Kontext) für Brandenburg (Anteile *engagiert* in %). (Quelle: Eigene Berechnungen, Grundlage: FWS-Datensatz 2019.)

In Brandenburg werden 2 von 3 betrachteten Umfeldindikatoren eher negativ beurteilt. Sowohl bei der Bewertung der Partizipationschancen als auch bezüglich des in Kommunalpolitiker und -politikerinnen gesetzten Vertrauens liegt das Land eher auf den hinteren Plätzen des bundesweiten Rankings (vgl. Hauptbericht, Abschn. 5.3.2).

Auf einem additiven Index, der die Rangplätze zusammenfasst, welche die Bundesländer bei *guter* Bewertung der Variablen lokale Partizipation, kommunales Politikvertrauen und Verwaltungsvertrauen jeweils einnehmen, nimmt Brandenburg den drittletzten Platz ein (vgl. Abb. 7.23). Die oberhalb der Balkendiagramme des Kontextindex mit abgebildete lineare Trendlinie der länderspezifischen Engagementquoten lässt für Brandenburg eine Koinzidenz von negativer Einschätzung des lokalen Lebensumfelds und vergleichsweise unterdurchschnittlichem freiwilligem Engagement erkennen. Dies deutet auf eine Wechselwirkung beider Einstellungsebenen hin.

4. **Stand und Perspektiven des Engagements**

7.5 Landesprofil Brandenburg

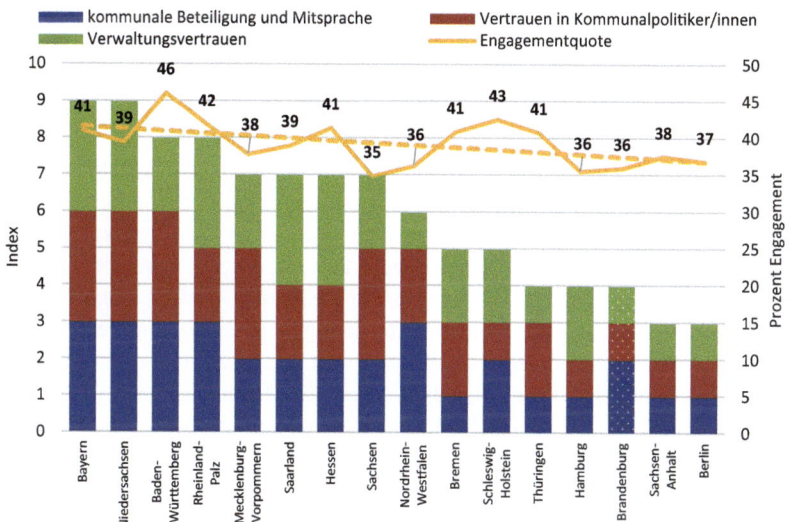

Abb. 7.23 Index aus Beteiligung und Mitsprache *(gut)* sowie Verwaltungs- und Kommunalpolitikvertrauen *(vertraue)* in Gegenüberstellung des freiwilligen Engagements (in %). (Quelle: Eigene Berechnungen, Grundlage: FWS 2019 und info-Erhebung 2020.)

Im Vergleich der Bundesländer weist Brandenburg eine entwicklungsfähige Engagementlandschaft auf. Folgende Faktoren stützen diese Einschätzung: eine Engagementquote unter dem Bundesdurchschnitt, aber eine in der Langzeitbetrachtung der letzten 2 Jahrzehnte moderat angestiegene Aktivitäts- und Engagementquote bei aktuell nachlassender Engagementbereitschaft; ein insgesamt gefestigtes Budget der für Engagement aufgewandten Zeit, wobei die Kategorie des Kurzzeitengagements (unter 2 h) auch in Brandenburg angewachsen ist; eine eher unterdurchschnittlich häufige Anbindung freiwilliger Aktivitäten an Vereine und Verbände sowie ein bundesweit niedriges Spendenaufkommen.

Dass soziodemografische Merkmale wie Bildung das Engagement vergleichsweise stark determinieren, zeigt einen relativ niedrigen Grad von gesellschaftlicher Durchdringung der Engagementnorm an. Diese Norm scheint sozial eher heterogen verankert und in Teilen durch Segregationsprozesse sowie daraus resultierende wachsende soziale Ungleichheit beeinflusst zu sein. Gemeint ist damit, dass ein freiwilliges Engagement (noch) keine allgemein verinnerlichte Maxime (wie dies in Teilen z. B. für die Ausübung des Wahlrechts zutrifft) darstellt, sondern von bestimmten individuellen Merkmalen (u. a. Alter, Bildung oder auch Einkommen) geleitet wird.[4] Positiv sticht hervor, dass sich der Migrationsstatus einer Person in Brandenburg anders als in den meisten anderen Bundesländern (vgl. Hauptbericht, Abschn. 4.3) nicht in einer niedrigeren Engagementwahrscheinlichkeit ausdrückt.

In mittel- bis langfristiger Perspektive bedeutet der demografische Wandel für Brandenburg eine vergleichsweise hohe Herausforderung. Statistischen Prognosen zufolge wird die Zahl der Menschen im Rentenalter in den westdeutschen Flächenländern bis 2035 mit 25 % Zuwachs überproportional zunehmen, wohingegen für den Osten ein Anwachsen um 13 % geschätzt wird. Für Brandenburg allerdings ist in dieser Altersgruppe der 67-Jährigen und Älteren mit einem Plus von etwa 26 Prozentpunkten zu rechnen (vgl. Destatis 2021). Angesichts dieses Szenarios stellt sich für das Land als erstrangige Zukunftsaufgabe, die aktuell leicht positive Entwicklung des Engagements weiter auszubauen beziehungsweise zu stabilisieren. Insbesondere sollten die Angebote für altengerechtes Engagement rechtzeitig erweitert werden, um die im Land vergleichsweise niedrige Engagementbereitschaft in der rasch wachsenden Gruppe der Seniorinnen und Senioren nachhaltig zu aktivieren.

7.6 Landesprofil Hamburg

1. **Öffentlich gemeinschaftliche Aktivitäten** sind nicht gleichzusetzen mit freiwilligem Engagement, haben jedoch das Potenzial, für dieses als ein ‚Türöffner' beziehungsweise als eine Vorstufe desselben zu wirken (vgl. Hauptbericht, Abschn. 2.1).

Welche Größenordnung weist diese Form zivilgesellschaftlichen Handelns in Hamburg bezogen auf die Gesamtheit der Bundesländer zum Erhebungszeitpunkt 2019 auf? Wie stellt sich die Entwicklung ländervergleichend im Zeitverlauf dar?
Mit einer Beteiligungsrate von nicht ganz 65 % an Befragten, die angeben, öffentlich gemeinschaftliche Aktivitäten auszuüben, liegt der Stadtstaat Hamburg leicht unter dem Bundesdurchschnitt von 66 % (vgl. Hauptbericht, Abb. 3.1). Im Zeitverlauf betrachtet steigt die Aktivitätsrate über die Jahre hinweg leicht an und überschreitet 2019 um etwa 4 Prozentpunkte den Ausgangswert von 1999 (dieser

---

[4] Mit Abstufungen gilt dies für alle Länder.

7.6 Landesprofil Hamburg

betrug 61 %, vgl. Hauptbericht, Abb. 4). Der Anteil öffentlich gemeinschaftlich Aktiver ist indes seit 2014 wie in vielen anderen Ländern auch leicht gesunken.

In welchen Bereichen werden diese Aktivitäten im Land bevorzugt ausgeübt?
In allen Bundesländern sind mit Abstand die meisten Menschen im Bereich *Sport und Bewegung* öffentlich gemeinschaftlich aktiv (vgl. Hauptbericht, Abb. 3.3). Mit einem Anteil von nicht ganz 42 % rangiert Hamburg hier im Mittelfeld und hierbei leicht über dem Bundesdurchschnitt von 40 %. Wie in den meisten anderen Ländern ist die Landesbevölkerung mit 20 % *kulturell und musikalisch* am zweithäufigsten aktiv, was ebenfalls dem Bundestrend entspricht. Im Bereich *Freizeit und Geselligkeit* beteiligen sich die Menschen in Hamburg etwa ebenso häufig wie im *sozialen Bereich* (14 bzw. 13 %). Unter den deutschlandweit 5 häufigsten Aktivitäten belegt wie bei der Mehrheit der Länder auch in Hamburg der Bereich *Schule oder Kindergarten* (12 %) den letzten Rang (für eine Auflistung aller Engagementbereiche vgl. auch Abb. 7.25).

2. **Freiwilliges Engagement** ist gekennzeichnet als Engagement, bei welchem über eine öffentlich gemeinschaftliche Aktivität hinaus noch weitere Aufgaben und Tätigkeiten freiwillig übernommen werden (vgl. Hauptbericht, Abschn. 3.2).

Verglichen mit anderen Bundesländern: Wie viele Menschen in Hamburg engagieren sich freiwillig?
Hamburg besetzt 2019 im bundesweiten Vergleich mit einer Engagementquote von rund 36 % vor Sachsen den vorletzten Platz aller Länder. Damit liegt das Land etwa 4 Prozentpunkte unterhalb des Bundesdurchschnitt von 39,7 % (vgl. Abb. 7.24).

Wie hat sich freiwilliges Engagement im Zeitverlauf und im Vergleich mit den anderen Bundesländern entwickelt?
Schon zu Beginn des Surveys 1999 wies Hamburg mit etwa 27 % eine leicht unterdurchschnittliche Quote freiwillig Engagierter in Deutschland auf. Seither stieg diese Quote wie schon bei den öffentlich gemeinschaftlichen Aktivitäten im Vergleich mit den anderen Bundesländern weniger stark an und verbesserte sich von 1999 bis 2019 um 8 Prozentpunkte (vgl. Hauptbericht, Abb. 3.5).

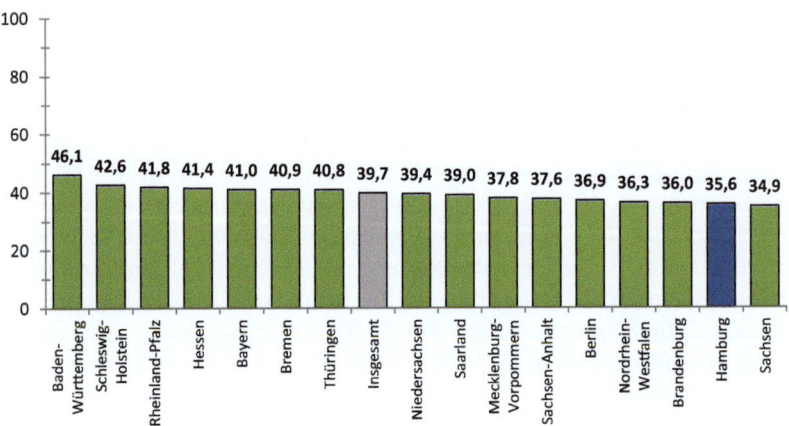

Abb. 7.24 Freiwilliges Engagement: Hamburg im Vergleich der Bundesländer in Prozent ($Eta^2 = 0{,}005$). (Quelle: Eigene Berechnungen, Grundlage: FWS-Datensatz 2019, Länderunterschiede sind auf einem Niveau von $\leq 1\ \%$ signifikant)

In welchen Bereichen wird freiwilliges Engagement bevorzugt ausgeübt?
Wie in einem Großteil der Bundesländer ist in Hamburg freiwilliges Engagement im Bereich *Sport und Bewegung* mit 11 % am häufigsten angesiedelt (vgl. Abb. 7.25; vgl. auch Hauptbericht, Abb. 3.6). Danach folgen mit geringen Unterschieden die Bereiche *Soziales, Kultur und Musik* sowie *Kirche und Religion* mit jeweils 8 beziehungsweise 7 %. Der Bereich *Schule oder Kindergarten* liegt mit knapp 6 % auf dem fünften Platz. Diese Rangfolge entspricht in etwa auch dem bundesweit erkennbaren Muster.

Wieviel Zeit wird für freiwilliges Engagement aufgewendet? Wie verändert sich das Zeitbudget in der Längsschnittbetrachtung?
Wie in allen Bundesländern gibt in Hamburg die Mehrheit der befragten Engagierten (57 %) ihren Zeitaufwand für freiwilliges Engagement mit bis zu 2 h in der Woche an (vgl. Hauptbericht, Abb. 3.7). 3 bis 5 h Zeit nehmen sich 26 %, 6 h und mehr investieren noch etwa 18 %. Diese Anteile entsprechen in ihrem Verhältnis überwiegend dem Bundesdurchschnitt. Dennoch investieren Menschen in Hamburg im Schnitt etwas mehr Zeit in ihr Engagement als in anderen Bundesländern (vgl. ebd.).

Es kennzeichnet die bundesweite Entwicklung, dass bei insgesamt gestiegener Engagementquote der Anteil der Personen, die für ihr freiwilliges Engagement

7.6 Landesprofil Hamburg

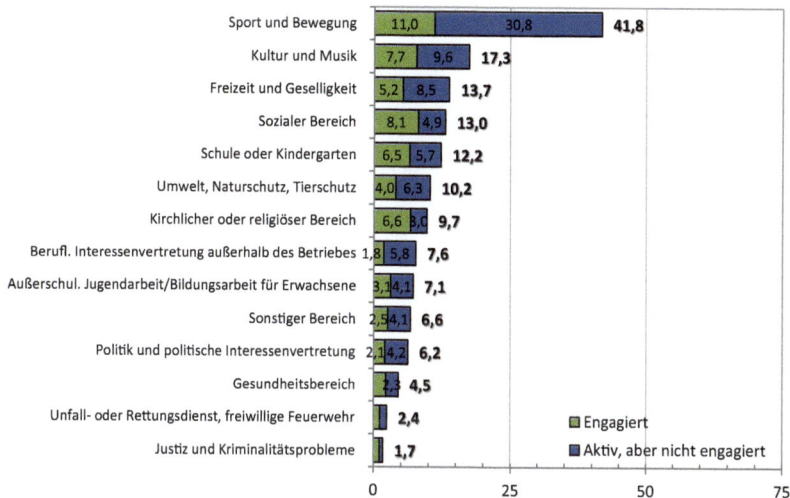

Hinweis: Die Zahlen neben den Balken geben den jeweiligen Anteil aller öffentlich gemeinschaftlich Aktiven an.

Abb. 7.25 Anteile ehrenamtlich engagierter und öffentlich gemeinschaftlich aktiver Personen in den 14 Bereichen – Hamburg (Angaben in %). (Quelle: Eigene Berechnungen, Grundlage: FWS-Datensatz 2019)

höchstens 2 h pro Woche aufbringen, im Zeitverlauf seit 1999 allgemein gewachsen ist (vgl. Hauptbericht, Abb. 3.8). Die Kurve steigt in Hamburg seit 1999 ebenfalls deutlich an. Ordneten sich in diese untere Zeitkategorie 1999 nur 42 % ein, sind es 2019 fast 57 % der Befragten. Damit steigt dieses Zeitbudget für freiwilliges Engagement in seinem Verlauf seit 2009 deutlich stärker als im Bundestrend. Insgesamt festigt sich der Trend eines zeitlich eher verdichteten Engagements somit auch in Hamburg.

Welche Beweggründe für freiwilliges Engagement werden am häufigsten genannt? Spaß am Engagement – das ist in Hamburg wie in allen anderen Bundesländern auch mit Abstand das Hauptmotiv dafür, sich freiwillig zu engagieren (vgl. Hauptbericht, Abb. 3.9). Knapp dahinter rangiert der *Wunsch, etwas für das Gemeinwohl zu tun,* und die Absicht, *anderen zu helfen.* Es folgen die Möglichkeit, *die Gesellschaft mitzugestalten,* und zu guter Letzt, mit etwas Abstand, das *Zusammenkommen mit anderen Menschen.* Diese Prioritätensetzung der Beweggründe ist in allen Bundesländern ähnlich verteilt.

An welche Zielgruppen richtet sich freiwilliges Engagement?
Das Saarland ausgenommen sind in allen Bundesländern Kinder und Jugendliche die bevorzugte Zielgruppe freiwilligen Engagements. Hamburg stellt insoweit keine Ausnahme dar und liegt mit einem Anteil von etwa 48 % Nennungen nur minimal über dem Bundesdurchschnitt (vgl. Hauptbericht, Abb. 3.10). Weitere Zielgruppen sind Familien (29 %), ältere Menschen (27 %) und mit etwas Abstand sozial Schlechtergestellte (20 %) sowie schließlich Hilfe- und Pflegebedürftige (16 %).

Wie organisiert sich freiwilliges Engagement?
In Hamburg ist freiwilliges Engagement so wie in allen anderen Bundesländern zwar hauptsächlich vereins- oder verbandsförmig organisiert (vgl. Hauptbericht, Abb. 3.11). Allerdings fällt der entsprechende Anteil mit 45 % genau wie in den zwei anderen Stadtstaaten im Ländervergleich eher niedrig aus. Hierbei kommt auch zum Ausdruck, dass das Bundesland unter seinen Befragten bezogen auf Deutschland insgesamt mit die niedrigste Mitgliedsdichte in diesem Organisationssegment aufweist (vgl. Hauptbericht, Abb. 3.20). Dem entspricht auch, dass sich fast ein Viertel (24 %) der Gruppe freiwillig Engagierter individuell organisiert (vgl. Hauptbericht, Abb. 3.11), was bundesweit gemeinsam mit den Anteilen Berlins und Brandenburgs einen der höchsten Anteile darstellt. Etwas weniger Nennungen entfallen auf andere Formen der Organisation (13 %) und solche im kirchlichen und staatlichen Bereich (13 bzw. 9 %).

Welche organisatorischen Verbesserungsbedarfe werden gesehen?
In ganz Deutschland und so auch in Hamburg wünschen sich freiwillig Engagierte an organisatorischen Verbesserungen vor allem mehr und besser ausgestattete Räumlichkeiten (43 %, vgl. Hauptbericht, Abb. 3.12). In diesem Punkt und bei weiteren genannten Desideraten (fachliche Unterstützung (37 %), unbürokratische Kostenerstattung (33 %), Weiterbildung (38 %), Anerkennung seitens Hauptamtlicher (32 %)) weicht die Hamburger Wunschliste nur geringfügig vom gesamtdeutschen Durchschnitt ab, wobei das Augenmerk etwas stärker als beim Durchschnitt auf Weiterbildungsmöglichkeiten liegt.

Welche Verbesserungswünsche richten sich an staatliche und öffentliche Stellen?
Eine bessere Information und Beratung durch staatliche und öffentliche Stellen (61 %) sowie die Anerkennung des Engagements als Praktika und Weiterbildung (54 %) stehen in Hamburg an der Spitze der genannten Vorschläge (vgl. Hauptbericht, Abb. 3.13). Dahinter folgen nahezu gleichrangig die Vereinbarkeit von

Ehrenamt und Beruf, ein Versicherungsschutz bei Haftpflicht und Unfall sowie eine steuerfreie Aufwandsentschädigung (jeweils knapp über bzw. unter 50 %).

Was steht freiwilligem Engagement entgegen?
Nach Auskunft der befragten Hamburgerinnen und Hamburger sind es vor allem zeitliche Gründe, welche aus ihrer Sicht ein Hindernis für freiwilliges Engagement darstellen. Mit 70 % Nennungen kommt das Land hier bundesweit auf einen durchschnittlichen Wert (vgl. Hauptbericht, Abb. 3.14). Berufliche Belastungen und die Scheu vor Verpflichtungen werden wie in allen anderen Bundesländern sehr viel seltener angeführt (40 bzw. 37 %). Hier sind die Verteilungen in allen untersuchten Bundesländern ähnlich gelagert (vgl. ebd.).

Wie groß ist das Potenzial der Bereitschaft zum Engagement?
Die Größenordnung des Engagementpotenzials wird im Freiwilligensurvey mit der Frage erhoben, wer sich sicher oder vielleicht vorstellen kann, sich künftig freiwillig zu engagieren. In Hamburg fällt dieses Potenzial bei Befragten, die bisher nicht oder nicht mehr engagiert sind, mit etwa 65 % bundesweit am zweithöchsten aus (vgl. Hauptbericht, Abb. 3.16,).

Bemerkenswert ist hier die Entwicklung des Engagementpotenzials im Zeitverlauf der letzten 2 Jahrzehnte. Die erwogene Engagementbereitschaft hat sich dabei in Hamburg um fast 25 Prozentpunkte erhöht und wird im Wachstum nur von Rheinland-Pfalz überboten (vgl. Hauptbericht, Abb. 3.17). Die Grundbedingung dafür, dieses ungenutzte Potenzial auch zukünftig weiter auszuschöpfen, hat sich folglich deutlich verbessert. Dieser Trend lässt sich, wenn auch in abgeschwächter Form, mit wenigen Ausnahmen ebenfalls in den meisten anderen Ländern verfolgen (vgl. ebd.).

Wie häufig wird für gemeinnützige oder soziale Zwecke Geld gespendet?
Im gesamtdeutschen Vergleich liegt Hamburg mit fast 55 % Befragtenanteil im Bereich der Spendentätigkeiten auf dem zweiten Rang und damit fast an der Spitze der Länder (vgl. nachfolgende Abbildung; vgl. auch Hauptbericht, Abb. 3.18). Wie in vielen anderen Bundesländern war die Zahl der Spendenden zunächst zurückgegangen und stieg danach seit 2014 wieder an. Sie lag dabei kontinuierlich auf einem vergleichsweise hohen Niveau (vgl. Hauptbericht, Abb. 3.19 und 7.26).

Wie viele Menschen engagierten sich für Geflüchtete?
In den dem Befragungszeitpunkt 2019 vorausgegangenen 5 Jahren engagierten sich in Hamburg knapp über 16 % der Befragten nach eigener Aussage für

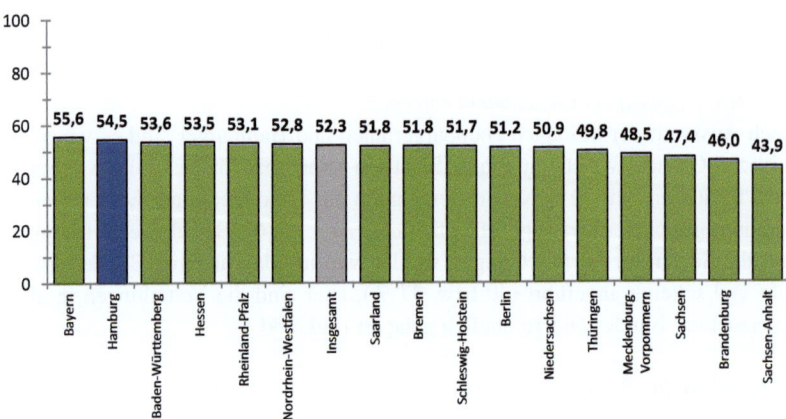

Abb. 7.26 Spendentätigkeit in Hamburg im letzten Jahr vor der Befragung im Vergleich der Bundesländer in Prozent (Eta^2 = 0,003). (Quelle: Eigene Berechnungen, Grundlage: FWS-Datensatz 2019, Länderunterschiede sind auf einem Niveau von ≤ 1 % signifikant)

Geflüchtete. Damit ist Hamburg zusammen mit Berlin das Bundesland mit der höchsten Engagementquote für Geflüchtete (vgl. Hauptbericht, Abb. 3.22). Dies ist für beide Stadtstaaten insofern von Bedeutung, als hier auch die Anteile an Geflüchteten und Menschen mit Migrationserfahrung am höchsten sind (vgl. dazu auch Hauptbericht, Kap. 4 und 5 bzw. Abb. 5.7).

Welche individuellen Einflussfaktoren fördern beziehungsweise hemmen freiwilliges Engagement?
In der nachstehenden Abbildung wird dargestellt, wie sich freiwilliges Engagement gemäß ausgewählten soziodemografischen Merkmalen der befragten Hamburgerinnen und Hamburger (Standarddifferenzierung) verteilt. Ersichtlich ist: Je höher das Einkommen und der Grad formaler Bildung, desto eher engagieren Menschen sich. Arbeitslosigkeit geht seltener mit freiwilligem Engagement einher als eine Berufstätigkeit oder eine Ausbildung. Wer der katholischen oder der protestantischen Konfession angehört, engagiert sich im Schnitt häufiger als Konfessionslose oder Angehörige anderer Glaubensgemeinschaften. Sind Kinder im Haushalt, ist freiwilliges Engagement ebenfalls leicht wahrscheinlicher. Befragte mit Migrationshintergrund hingegen entschließen sich seltener zur Ausübung eines freiwilligen Engagements. Im Schnitt engagieren sich in Hamburg

7.6 Landesprofil Hamburg

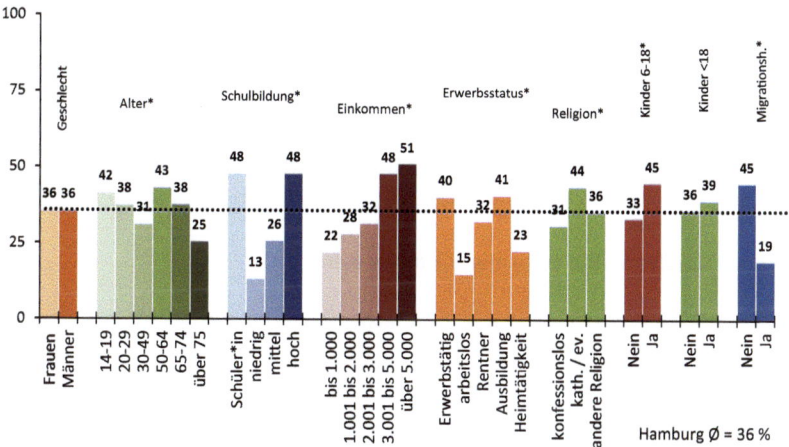

*Unterschiede sind auf einem Niveau von ≤ 5 % signifikant.

Abb. 7.27 Wer ist in Hamburg ehrenamtlich engagiert? – Standarddifferenzierung (Anteile *engagiert* in %). (Quelle: Eigene Berechnungen, Grundlage: FWS-Datensatz 2019)

Männer und Frauen gleichstark (vgl. Abb. 7.27). Das Alter nimmt im Stadtstaat anders als in den anderen Ländern kaum einen Einfluss auf freiwilliges Engagement, mit Ausnahme der über 75-Jährigen.

Von den Standarddifferenzierungen verdienen die Merkmale Schulbildung, Alter und Migrationshintergrund in ihren Auswirkungen auf freiwilliges Engagement für das Landesprofil Hamburg besondere Beachtung (vgl. die vollständige Präsentation im Hauptbericht, Abschn. 4.3). Wie in allen Bundesländern ist auch in Hamburg ein Bildungsbias signifikant. Höhere Schulbildung führt zudem wie gesehen häufiger zu freiwilligem Engagement. Im Vergleich aller Bundesländer ist dieser Effekt in Hamburg am stärksten ausgeprägt (vgl. Hauptbericht, Abb. 4.11). Demnach fällt der formale Bildungsgrad einer Person bei der Erklärung freiwilligen Engagements hier überdurchschnittlich stark ins Gewicht (vgl. ebd.). Das schlägt sich auch in den ausgeprägten Differenzen zwischen den Gruppen der Hoch- und der Niedriggebildeten nieder (vgl. Abb. 7.27).

Anders verhält es sich mit dem Faktor Alter. Normalerweise nimmt die Engagementquote mit zunehmendem Alter sehr stark ab. Dieser Alterseffekt spielt in Hamburg jedoch eine weit weniger wichtige Rolle als in anderen Bundesländern (vgl. Hauptbericht, Abb. 4.13). Dies zeigt sich wiederum an den vergleichsweise geringen Anteilsdifferenzen zwischen den verschiedenen Altersgruppen (vgl. Abb. 7.27), die keinen klaren Zusammenhang einer Einflussnahme dieses Faktors erkennen lassen. Dagegen fällt der Migrationshintergrund einer Person bei der Erklärung freiwilligen Engagements in Hamburg deutlich ins Gewicht; im Ländervergleich ist dieser Einfluss hier sogar am deutlichsten ausgeprägt (vgl. Hauptbericht, Abb. 4.16). Dies ist gerade in diesem Stadtstaat eine besondere Herausforderung, da hier auch der Anteil an Menschen mit Migrationshintergrund deutschlandweit mit am höchsten ausfällt (vgl. Hauptbericht, Abschn. 5.4.3).

3. Kontexteffekte und freiwilliges Engagement

Erkenntnisse der Sozialforschung (vgl. Gabriel und Neller 2010) sprechen für die Annahme, dass die Art und Weise, wie die Menschen im Land Zugänglichkeit, Professionalität und Vertrauenswürdigkeit der staatlichen beziehungsweise öffentlichen Institutionen wahrnehmen, zu Engagement ermutigen oder dieses auch hemmen kann. Im Folgenden werden daher den landesbezogenen Daten des Freiwilligensurveys 2019 zusätzliche, ebenfalls landesspezifisch aufgeschlüsselte Umfragedaten gegenübergestellt, welche auf mögliche Umfeldbedingungen freiwilligen Engagements verweisen. Einbezogen werden hierfür die seitens der Bürgerinnen und Bürger wahrgenommenen Beteiligungs- und Mitsprachemöglichkeiten auf lokaler Ebene sowie das Vertrauen in die Akteurinnen und Akteure aus kommunaler Politik und Verwaltung (vgl. Hauptbericht, Kap. 5).

In Hamburg werden die meisten betrachteten Umfeldindikatoren negativ beurteilt. Sowohl bei der Bewertung der Partizipationschancen als auch bezüglich des in die Kommunalpolitiker und -politikerinnen gesetzten Vertrauens liegt das Land auf den hinteren Plätzen des bundesweiten Rankings (vgl. Kapitel Hauptbericht, 5.3.2).

Auf einem additiven Index, der die Rangplätze zusammenfasst, welche die Bundesländer bei *guter* Bewertung der Variablen lokale Partizipation, kommunales Politikvertrauen und Verwaltungsvertrauen jeweils einnehmen, landet Hamburg demzufolge nur auf dem 13. Platz (vgl. Abb. 7.28). Die oberhalb der Balkendiagramme des Kontextindex mit abgebildete lineare Trendlinie der länderspezifischen Engagementquoten lässt für Hamburg eine Koinzidenz von negativer Einschätzung des lokalen Lebensumfelds und vergleichsweise unterdurchschnittlichem freiwilligem Engagement erkennen. Dies deutet auf eine Wechselwirkung beider Einstellungsebenen hin.

4. Stand und Perspektiven des Engagements

7.6 Landesprofil Hamburg

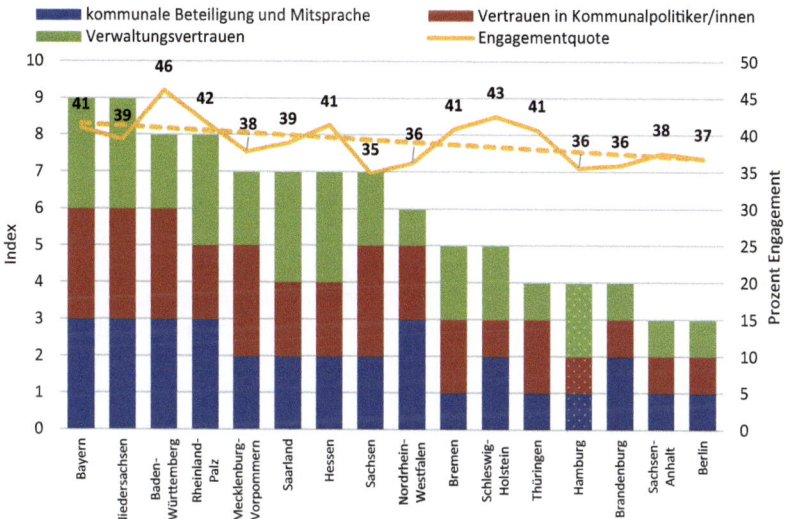

Abb. 7.28 Index aus Beteiligung und Mitsprache *(gut)* sowie Verwaltungs- und Kommunalpolitikvertrauen *(vertraue)* in Gegenüberstellung des freiwilligen Engagements (in %). (Quelle: Eigene Berechnungen, Grundlage: FWS 2019 und info-Erhebung 2020)

Im deutschlandweiten Vergleich weist Hamburg eine insgesamt konsolidierte Engagementlandschaft aus, verbunden mit diversen, teils stadtstaatspezifischen Herausforderungen. Folgende Faktoren stützen diese Einschätzung: eine bundesweit leicht unterhalb des Durchschnitts liegende Engagementquote; eine in der Langzeitbetrachtung der letzten 2 Jahrzehnte leicht angestiegene Aktivitäts- und Engagementquote; eine außerordentlich hohe Engagementbereitschaft; ein insgesamt gefestigtes Budget der für Engagement aufgewandten Zeit, wobei die Kategorie des Kurzzeitengagements (unter 2 h) in Hamburg leicht angewachsen ist; eine eher unterdurchschnittlich häufige Anbindung freiwilliger Aktivitäten an Vereine und Verbände sowie bundesweit mit das höchste Spendenaufkommen.

Dass soziodemografische Merkmale wie Bildung und Migrationsstatus das Engagement vergleichsweise sehr stark determinieren, zeigt einen relativ niedrigen Grad von gesellschaftlicher Durchdringung der Engagementnorm an. Die Geltung dieser Norm scheint sozial eher heterogen geprägt und in Teilen stark von städtischen Segregationsprozessen und daraus resultierender sozialer Ungleichheit beeinflusst zu sein. Gemeint ist hier, dass ein freiwilliges Engagement (noch) keine allgemein verinnerlichte Maxime (wie dies in Teilen z. B. für die Ausübung des Wahlrechts zutrifft) darstellt, sondern von bestimmten individuellen Merkmalen (u. a. Alter, Bildung oder auch Einkommen) bestimmt wird.[5] Etwas abgemildert wird dieser Effekt durch den geringen Einfluss des Alters auf Engagement, was bedeutet, dass sich fast alle Altersgruppen ähnlich stark engagieren (vgl. Hauptbericht, Abschn. 4.3).

In mittel- bis langfristiger Perspektive bedeutet der demografische Wandel für Hamburg wie auch für die anderen Stadtstaaten eine vergleichsweise moderate Herausforderung. Statistischen Prognosen zufolge wird die Zahl der Menschen im Rentenalter in den westdeutschen Flächenländern bis 2035 mit einem Zuwachs von 25 % zwar insgesamt überproportional zunehmen. Für Hamburg ist in dieser Altersgruppe der 67-Jährigen und Älteren jedoch mit einem Plus von nur etwa 15,7 Prozentpunkten zu rechnen (vgl. Destatis 2021). Vergleichsweise günstig erscheint angesichts dieses Zukunftsszenarios und des geringen Alterseffektes in Hamburg die Ausgangsbedingung für das Land, das Engagement zu stabilisieren. Gleichwohl sollten die Angebote für altengerechtes Engagement rechtzeitig erweitert werden, um die Engagementbereitschaft auch in dieser dennoch wachsenden Gruppe der Seniorinnen und Senioren nachhaltig zu aktivieren.

7.7 Landesprofil Hessen

1. **Öffentlich gemeinschaftliche Aktivitäten** sind nicht gleichzusetzen mit freiwilligem Engagement, haben jedoch das Potenzial, für dieses als ein ‚Türöffner' beziehungsweise als eine Vorstufe desselben zu wirken (vgl. Hauptbericht, Abschn. 2.1).

Welche Größenordnung weist diese Form zivilgesellschaftlichen Handelns in Hessen bezogen auf die Gesamtheit der Bundesländer zum Erhebungszeitpunkt 2019 auf? Wie stellt sich die Entwicklung ländervergleichend im Zeitverlauf dar?
Mit einer Beteiligungsrate von nicht ganz 68 % an Befragten, die angeben, öffentlich gemeinschaftliche Aktivitäten auszuüben, liegt Hessen etwas über dem Bundesdurchschnitt von 66 % (vgl. Hauptbericht, Abb. 3.1). Im Zeitverlauf betrachtet nimmt die Aktivitätsrate über die Jahre hinweg leicht ab und liegt

---

[5] Mit Abstufungen gilt dies für alle Länder.

7.7 Landesprofil Hessen

2019 etwa 3 Prozentpunkte unter dem Ausgangsniveau von 1999 (dieser betrug 70,7 %, vgl. Hauptbericht, Abb. 3.1 und 3.2).

In welchen Bereichen werden diese Aktivitäten im Land bevorzugt ausgeübt?
In allen Bundesländern sind mit Abstand die meisten Menschen im Bereich *Sport und Bewegung* öffentlich gemeinschaftlich aktiv (vgl. Hauptbericht, Abb. 3.3). Mit einem Anteil von 42 % rangiert Hessen hier im oberen Länderdrittel und über dem Bundesdurchschnitt von 40 %. Wie in den meisten Ländern ist die hessische Landesbevölkerung mit 20 % *kulturell und musikalisch* am zweithäufigsten aktiv, was dem Bundestrend entspricht. *Im sozialen Bereich* beteiligen sich die Menschen in Hessen mit 17 %, etwas weniger tun sie dies im Bereich *Freizeit und Geselligkeit* (15 %). Unter den deutschlandweit 5 häufigsten Aktivitäten belegt wie bei der Mehrheit der Länder der Bereich *Schule oder Kindergarten* (12 %) auch hier den letzten Rang (für eine Auflistung aller Engagementbereiche vgl. auch Abb. 7.30).

2. **Freiwilliges Engagement** ist gekennzeichnet als Engagement, bei welchem über eine öffentlich gemeinschaftliche Aktivität hinaus noch weitere Aufgaben und Tätigkeiten freiwillig übernommen werden (vgl. Hauptbericht, Abschn. 3.2).

Verglichen mit anderen Bundesländern: Wie viele Menschen in Hessen engagieren sich freiwillig?
Hessen weist 2019 im bundesweiten Vergleich eine Engagementquote von rund 41 % auf. Damit liegt das Land leicht über dem Bundesdurchschnitt von 39,7 % und rangiert im oberen Länderdrittel (vgl. Abb. 7.29).

Wie hat sich freiwilliges Engagement im Zeitverlauf und im Vergleich mit den anderen Bundesländern entwickelt?
Über 2 Jahrzehnte hinweg weist Hessen kontinuierlich eine überdurchschnittlich hohe Quote freiwillig Engagierter auf. Bei den bisherigen Messzeitpunkten des FWS (1999, 2004, 2009, 2014) war das Land durchweg im oberen Drittel der Bundesländer verortet. Dabei fiel die Quote zunächst bis 2009, stieg aber seitdem wieder an und liegt 2019 gut 4 Prozentpunkte über dem Ausgangswert von etwa 37 %. Das entspricht langfristig einem eher unterdurchschnittlichen Wachstum (vgl. Hauptbericht, Abb. 3.5).

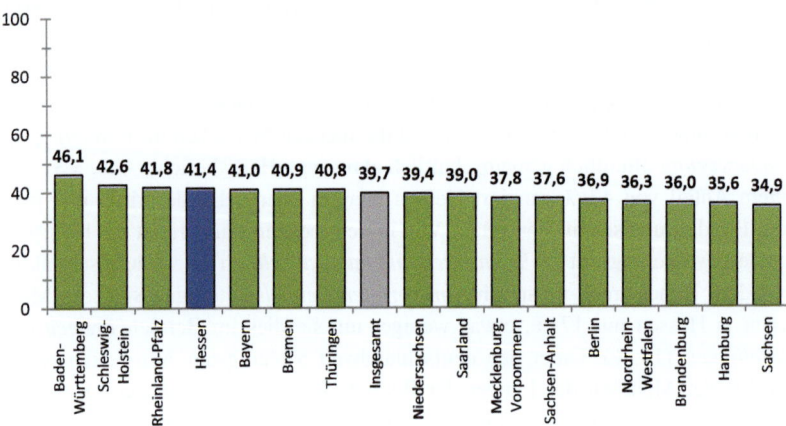

Abb. 7.29 Freiwilliges Engagement: Hessen im Vergleich der Bundesländer in Prozent ($Eta^2 = 0{,}005$). (Quelle: Eigene Berechnungen, Grundlage: FWS-Datensatz 2019, Länderunterschiede sind auf einem Niveau von $\leq 1\%$ signifikant)

In welchen Bereichen wird freiwilliges Engagement bevorzugt ausgeübt?
Wie die öffentlich gemeinschaftlichen Aktivitäten ist auch freiwilliges Engagement in Hessen so wie ausnahmslos in allen Flächenländern im Bereich *Sport und Bewegung* mit Abstand am häufigsten angesiedelt (vgl. Abb. 7.30; vgl. auch Hauptbericht, Abb. 3.6). Im Bundesland engagieren sich in diesem Feld gut 15 % der Befragten. Dahinter folgen die Bereiche *Kultur und Musik* (etwa 10 %), der *soziale Bereich* (9 %), der *kirchliche beziehungsweise religiöse Sektor* (8 %) sowie *Schule oder Kindergarten* (7 %). Diese Rangfolge entspricht in etwa dem bundesweit erkennbaren Muster, mit Ausnahme des kirchlich-religiösen Bereiches, der in Hessen auf dem vierten und nicht auf dem fünften Platz rangiert (die gesamte Rangfolge wird erkennbar in Abb. 7.30).

Wieviel Zeit wird für freiwilliges Engagement aufgewendet? Wie verändert sich das Zeitbudget in der Längsschnittbetrachtung?
Wie in allen Bundesländern gibt in Hessen die Mehrheit der befragten Engagierten (58 %) ihren Zeitaufwand für freiwilliges Engagement mit bis zu 2 h in der Woche an (vgl. Hauptbericht, Abb. 3.7). 3 bis 5 h Zeit nimmt sich immerhin ein Viertel (25 %) der Engagierten, 6 h und mehr investieren etwa 17 %. Diese Anteile entsprechen in ihrem Verhältnis klar dem Bundesdurchschnitt.

7.7 Landesprofil Hessen

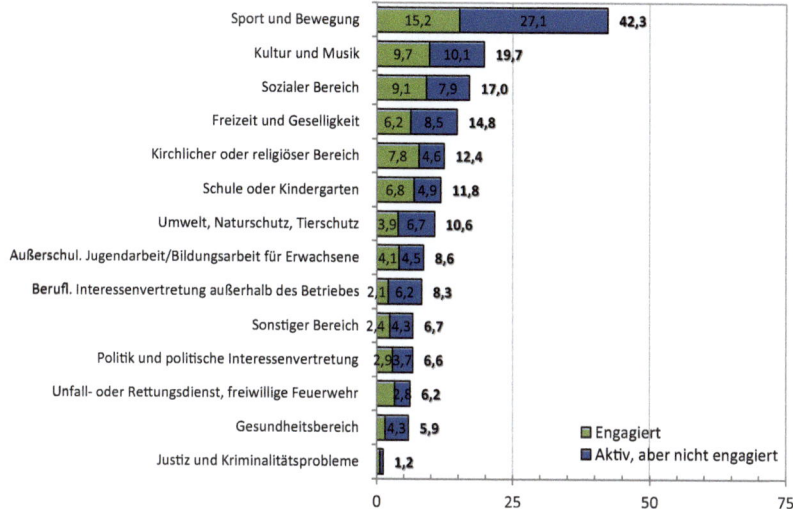

Abb. 7.30 Anteile ehrenamtlich engagierter und öffentlich gemeinschaftlich aktiver Personen in den 14 Bereichen – Hessen (Angaben in %). (Quelle: Eigene Berechnungen, Grundlage: FWS-Datensatz 2019)

Es kennzeichnet die bundesweite Entwicklung, dass bei insgesamt gestiegener Engagementquote der Anteil der Personen, die für ihr Engagement höchstens 2 h pro Woche aufbringen, im Zeitverlauf seit 1999 allgemein angewachsen ist (vgl. Hauptbericht, Abb. 10). Die entsprechende Kurve steigt in Hessen zumindest seit 2014 ebenfalls erneut deutlich an. Ordneten sich in dieser unteren Zeitkategorie 1999 nur knapp 51 % ein, sind es 2019 schon rund 58 % der Befragten. Das Zeitbudget für freiwilliges Engagement entspricht in seinem Verlauf seit 2009 in Hessen somit weitgehend dem Bundestrend, fällt aber weniger deutlich aus.

Welche Beweggründe für freiwilliges Engagement werden am häufigsten genannt? *Spaß am Engagement* – das ist in Hessen wie in allen anderen Bundesländern auch mit Abstand die Hauptmotivation dafür, sich freiwillig zu engagieren. Der für das Land gemessene Mittelwert entspricht hier beinahe exakt dem Bundesdurchschnitt (vgl. Hauptbericht, Abb. 3.9). Dahinter rangieren der *Wunsch, etwas für das Gemeinwohl zu tun,* und die Absicht, *anderen zu helfen.* Mit leichtem Abstand folgen alsdann die Möglichkeit, *die Gesellschaft mitzugestalten,* und zu guter Letzt das *Zusammenkommen mit anderen Menschen.* Diese Prioritätensetzung der Beweggründe ist in allen Bundesländern – mit minimalen Unterschieden – ähnlich verteilt.

An welche Zielgruppen richtet sich freiwilliges Engagement?
Das Saarland ausgenommen sind in allen Bundesländern Kinder und Jugendliche die bevorzugte Zielgruppe freiwilligen Engagements. Hessen stellt insoweit keine Ausnahme dar und liegt mit einem Anteil von etwa 48 % Nennungen nur minimal über dem Bundesdurchschnitt (vgl. Hauptbericht, Abb. 3.10). Weitere Zielgruppen sind Familien (35 %), ältere Menschen (31 %) und mit einigem Abstand sozial Schlechtergestellte sowie Hilfe- und Pflegebedürftige (jeweils 18 bzw. 17 %).

Wie organisiert sich freiwilliges Engagement?
In Hessen ist freiwilliges Engagement hauptsächlich vereins- oder verbandsförmig organisiert. Mit 57 % ist dieser Umstand deutlicher ausgeprägt als in den meisten anderen Bundesländern. Bundesweit ist dies hinter dem des Saarlands der zweithöchste Anteil (vgl. Hauptbericht, Abb. 3.11). Hierbei kommt auch zum Ausdruck, dass das Bundesland in Deutschland unter allen Befragten mit die höchste Mitgliedsdichte in diesem Organisationssegment aufweist (vgl. Hauptbericht, Abb. 3.20). Dem entspricht andererseits, dass sich nicht einmal ein Fünftel (14 %) der Gruppe freiwillig Engagierter eigenständig organisiert (vgl. Hauptbericht, Abb. 3.11). Fast ebenso wenig Nennungen entfallen auf kirchliche Vorfeldorganisationen (12 %), gefolgt von staatlichen und anderen Formen formaler Gebundenheit (8 bzw. 9 %).

Welche organisatorischen Verbesserungsbedarfe werden gesehen?
In ganz Deutschland und also auch in Hessen wünschen sich freiwillig Engagierte an organisatorischen Verbesserungen vor allem mehr und besser ausgestattete Räumlichkeiten (48 %, vgl. Hauptbericht, Abb. 3.12). In diesem Punkt und bei weiteren genannten Desideraten (fachliche Unterstützung (41 %), Weiterbildung (38 %), unbürokratische Kostenerstattung (31 %), Anerkennung seitens Hauptamtlicher (28 %)) weicht die Wunschliste in Hessen in der auf ihr abgebildeten Verteilung nicht vom gesamtdeutschen Durchschnitt ab.

Welche Verbesserungswünsche richten sich an staatliche und öffentliche Stellen?
Die Anteile jener von den Befragten geäußerten Optimierungswünsche, welche sich an staatliche und öffentliche Stellen richten, fallen im Ländervergleich grundsätzlich etwas höher aus als die auf den Innenbereich der Organisation gerichteten Begehren. Eine bessere Information und Beratung durch staatliche und öffentliche Stellen stehen entsprechend in Hessen klar an der Spitze der Wunschliste. Die Vereinbarkeit von Ehrenamt und Beruf, eine Anerkennung des Engagements als Praktika und Weiterbildungen sowie ein Versicherungsschutz bei Haftpflicht und Unfall werden in etwa gleichrangig gewünscht (jeweils etwa 53 %). Dahinter folgt mit leichter Differenz die steuerfreie Aufwandsentschädigung mit 46 %.

Was steht freiwilligem Engagement entgegen?
Nach Auskunft der befragten Menschen in Hessen sind es vor allem zeitliche Gründe, welche ein Hindernis für freiwilliges Engagement darstellen. Mit 68 % Nennungen kommt das Land hier bundesweit auf einen unterdurchschnittlichen Wert (vgl. Hauptbericht, Abb. 3.14). Berufliche Belastungen (39 %) und die Scheu vor Verpflichtungen (35 %) werden wie in allen anderen Bundesländern auch sehr viel seltener angeführt. Auch diese Verteilungen sind in allen untersuchten Bundesländern ähnlich gelagert (vgl. ebd.).

Wie groß ist das Potenzial der Bereitschaft zum Engagement?
Die Größenordnung des Engagementpotenzials wird im FWS mit der Frage erhoben, wer sich sicher oder vielleicht vorstellen kann, sich künftig freiwillig zu engagieren. In Hessen liegt dieser Anteil bei Befragten, die bisher nicht engagiert sind, mit etwa 61 % über dem Bundesdurchschnitt (vgl. Hauptbericht, Abb. 3.16) und somit noch knapp im oberen Drittel bei Vergleich der Bundesländer.

Bemerkenswert ist hier zudem die ungebrochen positive Entwicklung der Engagementbereitschaft im Zeitverlauf der letzten 2 Jahrzehnte. Obgleich die Quote des tatsächlich ausgeübten Engagements im Land von 1999 bis 2019 um nur etwa 4 Prozentpunkte anstieg, erhöhte sich parallel dazu die erwogene Engagementbereitschaft im Land um fast 22 Prozentpunkte (vgl. Hauptbericht, Abb. 3.17). Die Grundbedingung dafür, dieses Potenzial auch zukünftig weiter auszuschöpfen, hat sich folglich weiter verbessert. Dieser Trend tritt ebenfalls in den meisten anderen Ländern auf, wenn auch weniger stark ausgeprägt (vgl. ebd.).

Wie häufig wird für gemeinnützige oder soziale Zwecke Geld gespendet?
Im gesamtdeutschen Vergleich verzeichnete Hessen mit fast 54 % zuletzt eine hohe Spendentätigkeit der Befragten (vgl. nachfolgende Abbildung; vgl. auch

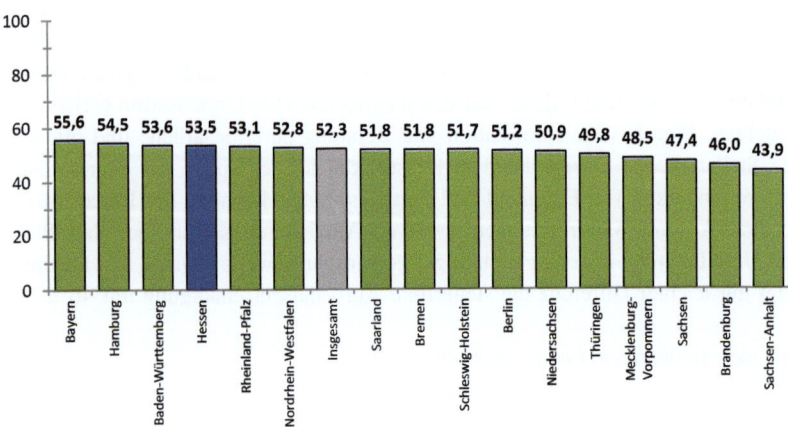

Abb. 7.31 Spendentätigkeit in Hessen im letzten Jahr vor der Befragung im Vergleich der Bundesländer in Prozent (Eta^2 = 0,003). (Quelle: Eigene Berechnungen, Grundlage: FWS-Datensatz 2019, Länderunterschiede sind auf einem Niveau von ≤ 1 % signifikant)

Hauptbericht, Abb. 3.18). Wie in allen anderen Bundesländern war die Zahl der Spendenden nach 2004 zunächst auch in Hessen deutlich eingebrochen, stabilisierte sich danach aber zwischen 2014 und 2019 wieder (vgl. Hauptbericht, Abb. 3.19 und 7.31).

Wie viele Menschen engagierten sich für Geflüchtete?
In den dem Befragungszeitpunkt 2019 vorausgegangenen 5 Jahren engagierten sich in Hessen fast 15 % der Befragten nach eigener Aussage für Geflüchtete. Damit liegt das Land diesbezüglich über dem bundesweiten Durchschnittswert von 12,4 % und gehört zu den 3 Ländern mit der höchsten Befragtenquote in diesem Bereich (vgl. Hauptbericht, Abb. 3.22). Dies ist insofern bedeutsam, als in Hessen auch der Anteil an Menschen mit Migrationsgeschichte deutschlandweit gesehen sehr hoch ausfällt (vgl. Hauptbericht, Abb. 5.7).

Welche individuellen Einflussfaktoren fördern beziehungsweise hemmen freiwilliges Engagement?
In der nachstehenden Abbildung wird dargestellt, wie sich freiwilliges Engagement gemäß ausgewählten soziodemografischen Merkmalen der befragten Hessinnen und Hessen (Standarddifferenzierung) verteilt. Ersichtlich ist: In der

jüngsten Altersgruppe (14 bis 19 Jahre) sowie etwas abgeschwächt in den mittleren Kohorten der berufsaktiven Jahrgänge (20 bis 65 Jahre) wird freiwilliges Engagement am häufigsten ausgeübt. Je höher das Einkommen und der Grad formaler Bildung, desto eher engagieren Menschen sich. Arbeitslosigkeit geht ungleich seltener mit freiwilligem Engagement einher als eine Berufstätigkeit oder eine Ausbildung. Wer der katholischen oder evangelischen Konfession angehört, engagiert sich im Schnitt häufiger als Konfessionslose oder Angehörige anderer Glaubensgemeinschaften. Sind Kinder im Haushalt, ist freiwilliges Engagement ebenfalls leicht wahrscheinlicher. Befragte mit Migrationshintergrund hingegen entschließen sich seltener zur Ausübung freiwilligen Engagements. Im Schnitt engagieren sich in Hessen etwas mehr Männer als Frauen, dieser Geschlechterunterschied fällt aber kaum ins Gewicht (vgl. Abb. 7.32).

Von den Standarddifferenzierungen verdienen die Merkmale Alter und Migrationshintergrund in ihren Auswirkungen auf freiwilliges Engagement für den Länderbericht Hessen besondere Beachtung (vgl. die vollständige Präsentation im Hauptbericht, Abschn. 4.3).

Normalerweise nimmt die Engagementquote mit zunehmendem Alter sehr stark ab. Dieser Alterseffekt spielt in Hessen aber eine weniger wichtige Rolle (vgl. Hauptbericht, Abb. 4.13,). Das zeigt sich an den vergleichsweise geringeren

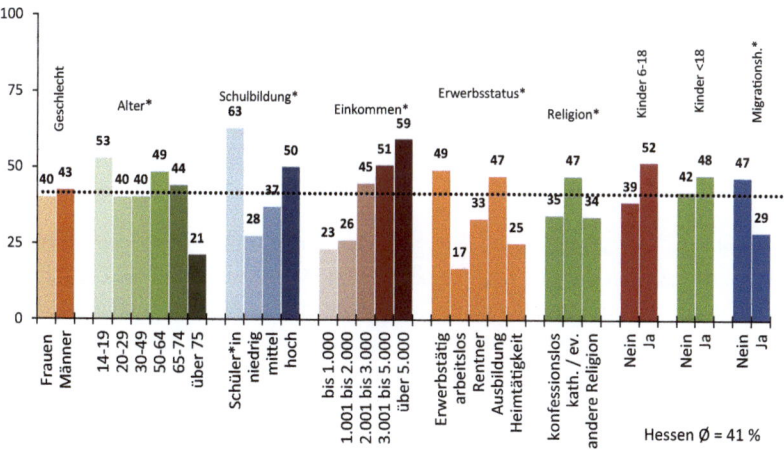

* Unterschiede sind auf einem Niveau von ≤ 5 % signifikant.

Abb. 7.32 Wer ist in Hessen ehrenamtlich engagiert? – Standarddifferenzierung (Anteile *engagiert* in %). (Quelle: Eigene Berechnungen, Grundlage: FWS-Datensatz 2019)

Anteilsdifferenzen zwischen den verschiedenen Altersgruppen, ausgenommen die über 75-Jährigen (vgl. Abb. 7.32). Diese Differenzen lassen zudem kein eindeutiges Muster im Einfluss dieses Faktors auf freiwilliges Engagement erkennen. Bedeutsam ist hingegen der Migrationshintergrund einer Person für die Erklärung von Engagement in Hessen; im Ländervergleich gehört diese Einflussgröße nämlich mit zu den stärksten (vgl. Hauptbericht, Abb. 4.16). Das heißt, der Migrationshintergrund von Personen ist in Hessen statistisch betrachtet durchaus ein gewisses Ausschlusskriterium für freiwilliges Engagement. Dies ist gerade in diesem Land eine besondere Herausforderung, da hier der Anteil an Menschen mit Migrationshintergrund deutschlandweit unter den Flächenländern am höchsten ausfällt (vgl. Hauptbericht, Abschn. 5.4.3).

Wie verteilt sich freiwilliges Engagement räumlich?
Bei der räumlichen Verteilung freiwilligen Engagements weist Hessen wie fast alle anderen Länder eine *Stadt-Land-Differenz* auf. Dabei fällt diese Differenz neben Bayern in Hessen am deutlichsten aus. Zwischen ländlichen (53 %) und städtischen (41 %) Gebieten liegen hier mehr als 10 Prozentpunkte, womit für dieses Land die mit Abstand bundesweit höchste Differenz gemessen wird (vgl. Hauptbericht, Abb. 4.17).

Beim Blick auf die nach Raumtypus und Gemeindegröße differenzierte regionale Landkarte des Engagements fällt die mit zunehmender Siedlungsdichte abnehmende Engagementdichte in Hessen folglich auch besonders auf (vgl. Abb. 7.33). Eine nach Ortsgröße linear zu- oder abnehmende Häufigkeit der Ausübung freiwilligen Engagements ist allerdings nicht eindeutig erkennbar (vgl. ebd.).

3. Kontexteffekte und freiwilliges Engagement

Erkenntnisse der Sozialforschung (vgl. Gabriel und Neller 2010) sprechen für die Annahme, dass die Art und Weise, wie die Menschen im Land Zugänglichkeit, Professionalität und Vertrauenswürdigkeit der staatlichen beziehungsweise öffentlichen Institutionen wahrnehmen, zu freiwilligem Engagement ermutigen oder dieses auch hemmen kann. Im Folgenden werden daher den landesbezogenen Daten des Freiwilligensurveys 2019 zusätzliche, ebenfalls landesspezifisch aufgeschlüsselte Umfragedaten gegenübergestellt, welche auf mögliche Umfeldbedingungen freiwilligen Engagements verweisen. Einbezogen werden hierfür die seitens der Bürgerinnen und Bürger wahrgenommenen Beteiligungs- und Mitsprachemöglichkeiten auf lokaler Ebene sowie das Vertrauen in die Akteurinnen und Akteure aus kommunaler Politik und Verwaltung (vgl. Hauptbericht, Kap. 5).

7.7 Landesprofil Hessen

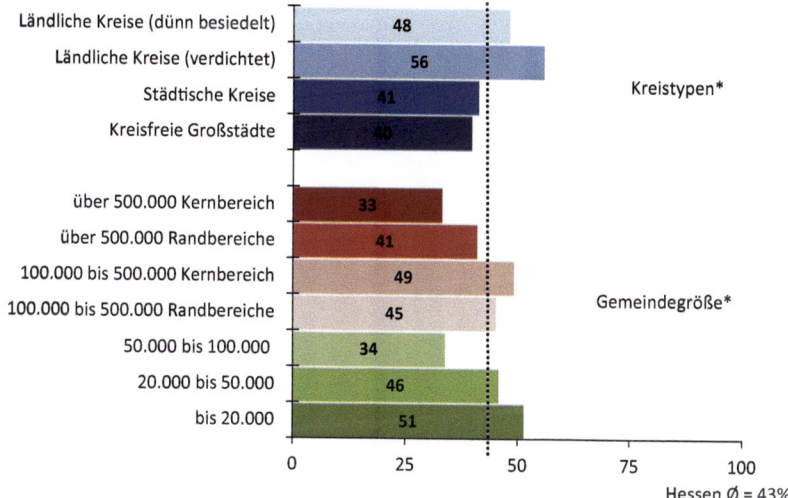

* Unterschiede sind auf einem Niveau von ≤ 5 % signifikant.

Abb. 7.33 Wo ist man ehrenamtlich engagiert? – Standarddifferenzierung (Kontext) für Hessen (Anteile *engagiert* in %). (Quelle: Eigene Berechnungen, Grundlage: FWS-Datensatz 2019)

In Hessen werden die 3 betrachteten Umfeldindikatoren überwiegend positiv beurteilt. Vor allem bei der Bewertung des in Kommunalpolitiker und -politikerinnen gesetzten Vertrauens liegt das Land auf den vorderen Plätzen des bundesweiten Rankings.

Auf einem additiven Index, der die Rangplätze zusammenfasst, welche die Bundesländer bei *guter* Bewertung der Variablen lokale Partizipation, kommunales Politikvertrauen und Verwaltungsvertrauen jeweils einnehmen, liegt Hessen vor Sachsen auf Platz 7 (vgl. Abb. 7.34). Die oberhalb der Balkendiagramme des Kontextindex mit abgebildete lineare Trendlinie der länderspezifischen Engagementquoten lässt für Hessen eine Koinzidenz von positiver Einschätzung des lokalen Lebensumfelds und vergleichsweise häufigem freiwilligem Engagement zumindest in Teilen erkennen. Dies deutet tendenziell auf eine Wechselwirkung beider Einstellungsebenen hin.

4. Stand und Perspektiven des Engagements

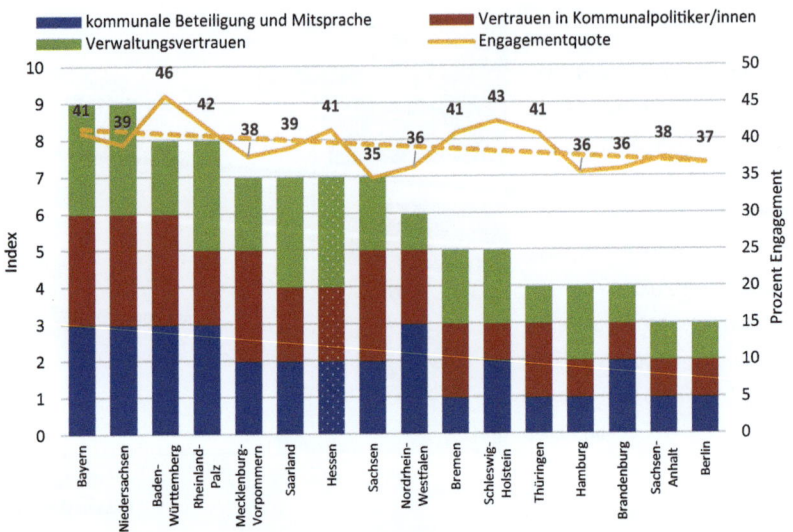

Abb. 7.34 Index aus Beteiligung und Mitsprache *(gut)* sowie Verwaltungs- und Kommunalpolitikvertrauen *(vertraue)* in Gegenüberstellung des freiwilligen Engagements (in %). (Quelle: Eigene Berechnungen, Grundlage: FWS 2019 und info-Erhebung 2020)

Im Vergleich der Bundesländer weist Hessen eine kulturell und strukturell gefestigte Engagementlandschaft mit vergleichsweise geringen Herausforderungen auf, welche auch und gerade im ländlichen Raum auftreten. Folgende Faktoren stützen diese Einschätzung: eine bundesweit kontinuierlich im oberen Drittel angesiedelte Aktivitäts- und Engagementquote; eine in der Langzeitbetrachtung der letzten 2 Jahrzehnte zugleich überdurchschnittlich angestiegene grundsätzliche Bereitschaft, künftig ein Engagement aufzunehmen; ein insgesamt gefestigtes Budget der für Engagement aufgewandten Zeit, wobei die Kategorie des Kurzzeitengagements (unter 2 h) nur leicht angewachsen ist; eine sehr hohe Anbindung freiwilliger Aktivitäten an Vereine und Verbände sowie ein auf bundesweit hohem Niveau konsolidiertes Spendenaufkommen.

Dass soziodemografische Merkmale wie Alter, Bildung und Einkommen, die andernorts Engagement stark determinieren, in Hessen eher durchschnittliche oder geringere Effekte haben, zeigt einen vergleichsweise hohen Grad gesellschaftlicher Durchdringung der Engagementnorm an. Gemeint ist hiermit, dass ein freiwilliges Engagement eine verbreitete, allgemein verinnerlichte Maxime (wie dies in Teilen z. B. für die Ausübung des Wahlrechts zutrifft) darstellt und eben in geringerem Maße von bestimmten individuellen Merkmalen (u. a. Alter, Bildung oder auch Einkommen) geleitet wird. Eine Herausforderung stellt sicherlich die Integration von Menschen mit Migrationsgeschichte dar, welche im Land zahlreich vertreten sind, jedoch deutlich weniger im freiwilligen Bereich partizipieren.

In mittel- bis langfristiger Perspektive bedeutet der demografische Wandel eine Herausforderung auch für Hessen. Statistischen Prognosen zufolge wird die Zahl der Menschen im Rentenalter in den westdeutschen Flächenländern bis 2035 mit einem Zuwachs von 25 % überproportional zunehmen. Für Hessen ist in dieser Altersgruppe der 67-Jährigen und Älteren mit einem Plus von rund 24 Prozentpunkten zu rechnen (vgl. Destatis 2021). Entsprechend groß erscheint angesichts dieses Zukunftsszenarios die Herausforderung für das Land, das aktuell erreichte Ausmaß freiwilligen Engagements zu halten oder gar auszubauen. Unumgänglich dürfte sein, die Angebote altengerechten Engagements rechtzeitig zu erweitern, um die grundsätzlich hohe Engagementbereitschaft in der wachsenden Gruppe der Seniorinnen und Senioren zu aktivieren und zu stabilisieren. Der im Ländervergleich geringere retardierende Einfluss des Alters kann hierbei unterstützend wirken.

7.8 Landesprofil Mecklenburg-Vorpommern

1. **Öffentlich gemeinschaftliche Aktivitäten** sind nicht gleichzusetzen mit freiwilligem Engagement, haben jedoch das Potenzial, für dieses als ein ‚Türöffner' beziehungsweise als eine Vorstufe desselben zu wirken (vgl. Hauptbericht, Abschn. 2.1).

Welche Größenordnung weist diese Form zivilgesellschaftlichen Handelns in Mecklenburg-Vorpommern bezogen auf die Gesamtheit der Bundesländer zum Erhebungszeitpunkt 2019 auf? Wie stellt sich die Entwicklung ländervergleichend im Zeitverlauf dar?

Mit einer Beteiligungsrate von knapp über 64 % an Befragten, die angeben, öffentlich gemeinschaftliche Aktivitäten auszuüben, liegt Mecklenburg-Vorpommern 2 Prozentpunkte unter dem Bundesdurchschnitt von 66 % (vgl. Hauptbericht, Abb. 3.1) und im unteren Mittelfeld der Länder. Im Zeitverlauf betrachtet steigt die Aktivitätsrate über die Jahre hinweg wie in anderen ostdeutschen Ländern auch, aber stark überdurchschnittlich an und liegt 2019 fast 14 Prozentpunkte über dem Ausgangswert von 1999 (dieser betrug 50 %, vgl.

Hauptbericht, Abb. 3.2). Einen stärkeren Anstieg verzeichnen nur Berlin und Thüringen. Damit klettert das Land im Länderranking vom letzten Platz 1999 auf den elften Platz 2019.

In welchen Bereichen werden diese Aktivitäten im Land bevorzugt ausgeübt?
In allen Bundesländern sind mit Abstand die meisten Menschen im Bereich *Sport und Bewegung* öffentlich gemeinschaftlich aktiv (vgl. Hauptbericht, Abb. 3.3). Mit einem Anteil von 34 % hat Mecklenburg-Vorpommern im Vergleich der Bundesländer in diesem Bereich die wenigsten Aktiven. Anders als in den meisten Ländern ist die Landesbevölkerung mit 18 % im Bereich *Freizeit und Geselligkeit* am zweithäufigsten aktiv. Im *kulturellen und musikalischen Bereich* beteiligen sich die Menschen in Mecklenburg-Vorpommern zu 17 %. Der *soziale Bereich* (14 %) liegt etwas dahinter, dicht gefolgt von *Schule oder Kindergarten* (12 %; für eine Auflistung aller Engagement und Aktivitätsbereiche vgl. auch Abb. 7.36).

2. **Freiwilliges Engagement** ist gekennzeichnet als Engagement, bei welchem über eine öffentlich gemeinschaftliche Aktivität hinaus noch weitere Aufgaben und Tätigkeiten freiwillig übernommen werden (vgl. Hauptbericht, Abschn. 3.2).

Verglichen mit anderen Bundesländern: Wie viele Menschen in Mecklenburg-Vorpommern engagieren sich freiwillig?
Mecklenburg-Vorpommern belegt 2019 im bundesweiten Vergleich mit einer Engagementquote von nicht ganz 38 % wie schon im Fall der öffentlich gemeinschaftlich Aktiven auch bei dieser Frage den elften Platz. Damit liegt das Land leicht unter dem Bundesdurchschnitt von 39,7 % (vgl. Abb. 7.35).

Wie hat sich freiwilliges Engagement im Zeitverlauf und im Vergleich mit den anderen Bundesländern entwickelt?
Zu Beginn des Surveys 1999 lag Mecklenburg-Vorpommern mit 25 % auf einem der untersten Plätze im Ländervergleich. Seit Beginn der Umfrage stieg die Quote wie in den meisten Bundesländern deutlich an, dieser Anstieg fiel in Mecklenburg-Vorpommern jedoch überdurchschnittlich stark aus. So hat sich der Anteil freiwillig Engagierter von 1999 bis 2019 um fast 13 Prozentpunkte verbessert (vgl. Hauptbericht, Abb. 3.5). Einen größeren Zuwachs erreichten in dieser Zeit nur Berlin und Thüringen.

7.8 Landesprofil Mecklenburg-Vorpommern

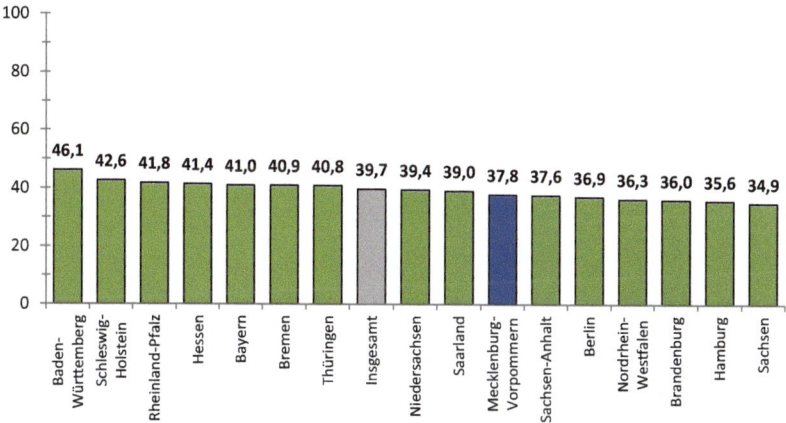

Abb. 7.35 Freiwilliges Engagement: Mecklenburg-Vorpommern im Vergleich der Bundesländer in Prozent (Eta^2 = 0,005). (Quelle: Eigene Berechnungen, Grundlage: FWS-Datensatz 2019, Länderunterschiede sind auf einem Niveau von ≤ 1 % signifikant)

In welchen Bereichen wird freiwilliges Engagement bevorzugt ausgeübt?
Wie in den meisten anderen Bundesländern (mit Ausnahme Berlins) ist in Mecklenburg-Vorpommern freiwilliges Engagement im Bereich *Sport und Bewegung* mit fast 15 % am häufigsten anzutreffen (vgl. Abb. 7.36; vgl. auch Hauptbericht, Abb. 3.6). Am zweithäufigsten engagieren sich die Menschen in Mecklenburg-Vorpommern in den Bereichen *Schule oder Kindergarten, Freizeit und Geselligkeit, Kultur und Musik* sowie dem *sozialen Bereich* (jeweils über 7 %). Diese Rangfolge entspricht in etwa dem bundesweit erkennbaren Muster, mit Ausnahme des *kirchlich-religiösen Bereiches,* welcher in Mecklenburg-Vorpommern mit nur etwa 4 % auf dem achten und nicht wie in Gesamtdeutschland auf dem fünften Platz rangiert (vgl. ebd.). Zudem wird der *Bereich Freizeit und Geselligkeit* von den Befragten häufiger angegeben als im Bundesdurchschnitt (vgl. ebd.).

Wieviel Zeit wird für freiwilliges Engagement aufgewendet? Wie verändert sich das Zeitbudget in der Längsschnittbetrachtung?
Wie in allen anderen Bundesländern auch gibt in Mecklenburg-Vorpommern eine deutliche Mehrheit der befragten Engagierten (68 %) ihren Zeitaufwand für freiwilliges Engagement mit bis zu 2 h in der Woche an (vgl. Hauptbericht, Abb. 3.7). Das ist der bundesweit größte Anteil bei dieser Frage. 3 bis 5 h Zeit nehmen sich

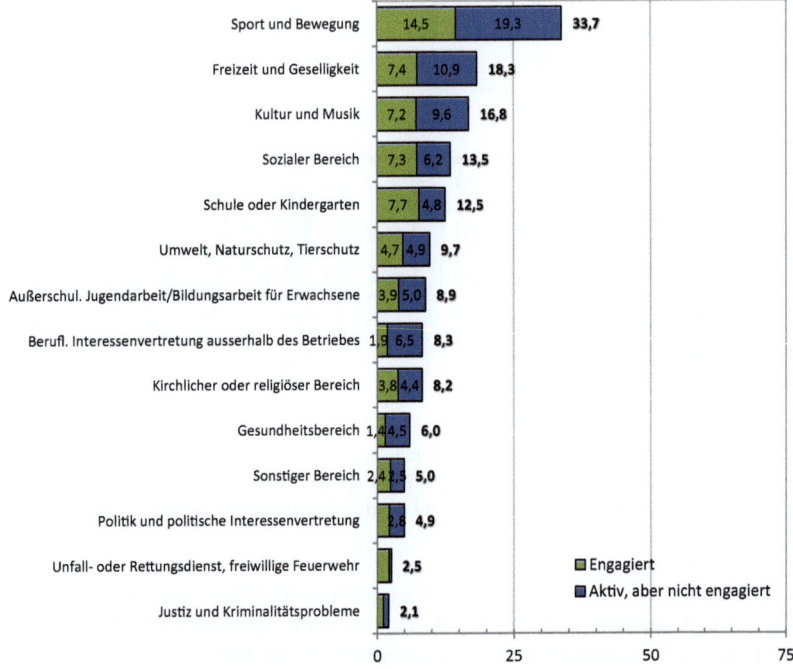

Hinweis: Die Zahlen neben den Balken geben den jeweiligen Anteil aller öffentlich gemeinschaftlich Aktiven an.

Abb. 7.36 Anteile ehrenamtlich engagierter und öffentlich gemeinschaftlich aktiver Personen in den 14 Bereichen – Mecklenburg-Vorpommern (Angaben in %). (Quelle: Eigene Berechnungen, Grundlage: FWS-Datensatz 2019)

hingegen 12 %, 6 h und mehr investiert etwa ein Fünftel (20 %). Diese Anteile entsprechen in ihrem Verhältnis in Teilen dem Bundesdurchschnitt, wobei der Anteil derer, welche 3 bis 5 h aufwenden, im Ländervergleich am geringsten ausgeprägt ist.

Es kennzeichnet die bundesweite Entwicklung, dass bei insgesamt gestiegener Engagementquote der Anteil der Personen, die für ihr Engagement nur noch höchstens 2 h pro Woche aufbringen, im Zeitverlauf seit 1999 allgemein gewachsen ist (vgl. Hauptbericht, Abb. 3.8). Die entsprechende Kurve verläuft auch in Mecklenburg-Vorpommern kontinuierlich aufwärts und stieg seit 1999 deutlich an. Ordneten sich in diese untere Zeitkategorie 1999 schon gut 47 % ein, sind

7.8 Landesprofil Mecklenburg-Vorpommern

es 2019 fast 68 % der Befragten. Im Ländervergleich steigt dieses Zeitbudget für freiwilliges Engagement in Brandenburg und Schleswig–Holstein bundesweit am stärksten an (vgl. ebd.).

Welche Beweggründe für freiwilliges Engagement werden am häufigsten genannt?
Spaß am Engagement – das ist in Mecklenburg-Vorpommern wie in allen anderen Bundesländern mit Abstand das Hauptmotiv dafür, sich freiwillig zu engagieren (vgl. Hauptbericht, Abb. 3.9). Knapp dahinter rangieren der *Wunsch, anderen zu helfen,* und der Wille, *etwas für das Gemeinwohl zu tun.* Mit etwas Abstand folgen dann die Möglichkeit, *die Gesellschaft mitzugestalten,* und an letzter Stelle der *Austausch mit anderen Menschen.* Diese Prioritätensetzung der Beweggründe ist in allen Bundesländern ähnlich verteilt und ist auch in Mecklenburg-Vorpommern stark an der gesamtdeutschen Verteilung angelehnt (vgl. ebd.).

An welche Zielgruppen richtet sich freiwilliges Engagement?
Das Saarland ausgenommen sind in allen Bundesländern Kinder und Jugendliche die bevorzugte Zielgruppe freiwilligen Engagements. Mecklenburg-Vorpommern stellt zwar insoweit keine Ausnahme dar und liegt mit einem Anteil von etwa 48 % Nennungen nur leicht unter dem Bundesdurchschnitt (vgl. Hauptbericht, Abb. 3.10). Allerdings liegen die Anteile für die unterschiedlichen Zielgruppen hier deutlich näher zusammen. So folgen zahlenmäßig in absteigender Reihenfolge ältere Menschen (43 %) und Familien (42 %) und mit großem Abstand fast gleichauf miteinander sozial Schlechtergestellte (16 %) sowie Hilfe- und Pflegebedürftige (14 %) als weitere Zielgruppen.

Wie organisiert sich freiwilliges Engagement?
In Mecklenburg-Vorpommern ist freiwilliges Engagement wie in ausnahmslos allen Bundesländern hauptsächlich vereins- oder verbandsförmig organisiert (vgl. Hauptbericht, Abb. 3.11). Der genaue Anteil entspricht mit 54 % in etwa dem bundesweiten Wert. Die anderen Formen organisationaler Bindung folgen alsdann mit deutlichem Abstand. So organisieren sich 17 % der Befragten individuell und 11 % in kirchlichen oder anderen Kontexten. Etwa 7 % gaben an, sich im Rahmen einer staatlichen oder kommunalen Einrichtung freiwillig zu engagieren.

Welche organisatorischen Verbesserungsbedarfe werden gesehen?
In ganz Deutschland und so auch in Mecklenburg-Vorpommern wünschen sich freiwillig Engagierte an organisatorischen Verbesserungen vor allem mehr und besser ausgestattete Räumlichkeiten (46 %, vgl. Hauptbericht, Abb. 3.12). In diesem Punkt und bei weiteren genannten Desideraten (fachliche Unterstützung

(43 %), unbürokratische Kostenerstattung (34 %), Weiterbildung (40 %), Anerkennung seitens Hauptamtlicher (37 %)) weicht die angegebene Wunschliste in Mecklenburg-Vorpommern nur leicht vom gesamtdeutschen Durchschnitt ab.

Welche Verbesserungswünsche richten sich an staatliche und öffentliche Stellen?
Eine bessere Information und Beratung durch staatliche und öffentliche Stellen (56 %) sowie die Absicherung durch Haftpflicht- und Unfallversicherung (54 %) und eine steuerfreie Aufwandsentschädigung (53 %) stehen in Mecklenburg-Vorpommern annähernd gleichrangig an der Spitze der von den Befragten geäußerten Wunschliste (vgl. Hauptbericht, Abb. 3.13). Dahinter folgen die Vereinbarkeit von Ehrenamt und Beruf (50 %) und die Anerkennung des Engagements als Praktikum und Weiterbildung (45 %).

Was steht freiwilligem Engagement entgegen?
Nach Auskunft der Befragten in Mecklenburg-Vorpommern sind es insbesondere zeitliche Gründe, die aus ihrer Sicht ein Hindernis an freiwilligem Engagement darstellen. Mit 74 % entsprechender Nennungen kommt das Land hier bundesweit mit auf den höchsten Wert (vgl. Hauptbericht, Abb. 3.14). Berufliche Belastungen sowie eine Abneigung gegen Verpflichtungen werden dabei ebenso wie in allen anderen Bundesländern sehr viel seltener angeführt (38 bzw. 35 %). Auch diese Verteilungen sind in allen untersuchten Bundesländern ähnlich gelagert (vgl. ebd.).

Wie groß ist das Potenzial der Bereitschaft zum Engagement?
Die Größenordnung des Engagementpotenzials wird im FWS mit der Frage erhoben, wer sich sicher oder vielleicht vorstellen kann, sich künftig freiwillig zu engagieren. In Mecklenburg-Vorpommern fällt dieses Potenzial bei Befragten, die bisher nicht oder nicht mehr engagiert sind, mit etwa 53 % im bundesweiten Vergleich betrachtet niedrig aus (vgl. Hauptbericht, Abb. 3.16).

Im Zeitverlauf der letzten 2 Jahrzehnte stieg die Engagementbereitschaft in Mecklenburg-Vorpommern im Verhältnis zu den anderen Ländern unterdurchschnittlich stark an und nahm nach 2009 insgesamt sogar leicht ab (vgl. Hauptbericht, Abb. 3.17). Die Grundbedingung dafür, dieses Potenzial zukünftig weiter auszuschöpfen, hat sich in Mecklenburg-Vorpommern folglich nur geringfügig verbessert.

7.8 Landesprofil Mecklenburg-Vorpommern

Wie häufig wird für gemeinnützige oder soziale Zwecke Geld gespendet?
Im gesamtdeutschen Vergleich liegt Mecklenburg-Vorpommern mit nicht ganz 49 % der Befragten bei den Spendentätigkeiten im unteren Bereich des Länderrankings vor Sachsen, Brandenburg und Sachsen-Anhalt (vgl. nachfolgende Abbildung; vgl. auch Hauptbericht, Abb. 3.18). Wie in allen anderen Bundesländern war die Zahl der Spendenden nach 2004 zunächst etwas eingebrochen, stieg danach aber seit 2009 kontinuierlich an (vgl. Hauptbericht, Abb. 3.19) und liegt damit nun leicht über dem Ausgangsniveau von gut 48 % aus dem Jahr 1999. Mecklenburg-Vorpommern gehört damit zu den wenigen Bundesländern, welche in den letzten 20 Jahren in der Gesamtbilanz keine Spendenden verloren haben (Abb. 7.37).

Wie viele Menschen engagierten sich für Geflüchtete?
In den dem Befragungszeitpunkt 2019 vorausgegangenen 5 Jahren engagierten sich in Mecklenburg-Vorpommern etwa 10 % der Befragten nach eigener Aussage für Geflüchtete. Damit liegt das Land beim Bundesvergleich im unteren Drittel der Länder (vgl. Hauptbericht, Abb. 3.22). Unter den 5 ostdeutschen Flächenländern ist hier die Quote allerdings am zweithöchsten. Auch fällt hier der Anteil

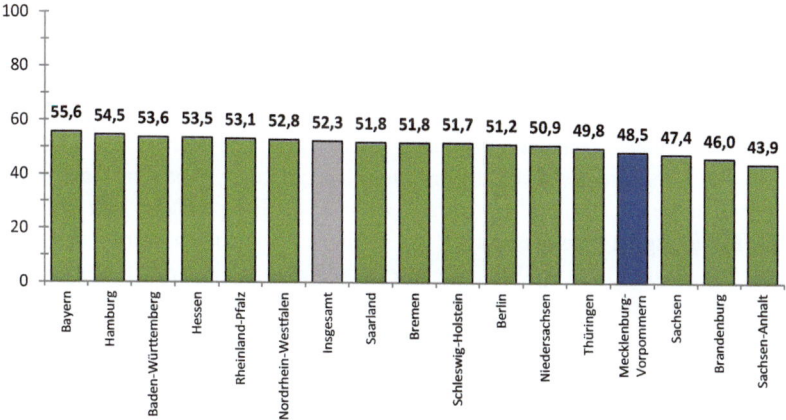

Abb. 7.37 Spendentätigkeit in Mecklenburg-Vorpommern im letzten Jahr vor der Befragung im Vergleich der Bundesländer in Prozent (Eta^2 = 0,003). (Quelle: Eigene Berechnungen, Grundlage: FWS-Datensatz 2019, Länderunterschiede sind auf einem Niveau von ≤ 1 % signifikant)

an Menschen mit Migrationshintergrund mit 10 % im ostdeutschen Vergleich am zweithöchsten aus (vgl. Hauptbericht, Abb. 5.7).

Welche individuellen Einflussfaktoren fördern beziehungsweise hemmen freiwilliges Engagement?
In der nachstehenden Abbildung wird dargestellt, wie sich freiwilliges Engagement gemäß ausgewählten soziodemografischen Merkmalen der Befragten in Mecklenburg-Vorpommern (Standarddifferenzierung) verteilt. Ersichtlich ist: In der jüngsten Altersgruppe (14 bis 19 Jahre) sowie leicht abgeschwächt in der mittleren Kohorte der berufsaktiven Jahrgänge (20 bis 65 Jahre) ist ein solches Engagement am wahrscheinlichsten anzutreffen. Je höher das Einkommen und der Grad formaler Bildung, desto eher engagieren Menschen sich. Arbeitslosigkeit geht eher seltener mit freiwilligem Engagement einher als eine Berufstätigkeit oder eine Ausbildung. Sind Kinder im Haushalt, ist ebensolches Engagement ebenfalls leicht wahrscheinlicher. Befragte mit Migrationshintergrund hingegen entschließen sich seltener zur Ausübung freiwilligen Engagements. Im Schnitt engagieren sich in Mecklenburg-Vorpommern etwas mehr Männer als Frauen (vgl. Abb. 7.38). Die Religionszugehörigkeit spielt hier anders als in anderen Bundesländern keine Rolle.

Von den Standarddifferenzierungen verdienen die Merkmale Schulbildung, Alter und Religionszugehörigkeit in ihren Auswirkungen auf freiwilliges Engagement für das Landesprofil Mecklenburg-Vorpommerns besondere Beachtung (vgl. die vollständige Präsentation im Hauptbericht, Abschn. 4.3). Wie in allen Bundesländern ist auch in Mecklenburg-Vorpommern ein Bildungsbias signifikant. Dabei führt höhere Schulbildung häufiger zur Ausübung freiwilligen Engagements. Im Ländervergleich ist dieser Effekt hier allerdings überdurchschnittlich schwach ausgeprägt (vgl. Hauptbericht, Abb. 4.11). Entsprechend fällt der formale Bildungsgrad einer Person für die Erklärung von Engagement wesentlich weniger stark ins Gewicht als beispielsweise in Hamburg (vgl. ebd.). Das schlägt sich auch in vergleichsweise niedrigeren Differenzen zwischen den Gruppen der Hoch- und der Niedriggebildeten nieder (vgl. Abb. 7.38).

Ähnlich verhält es sich mit dem Faktor Alter. Normalerweise nimmt die Engagementquote mit zunehmendem Alter stark ab. Dieser Alterseffekt spielt in Mecklenburg-Vorpommern aber eine weit weniger wichtige Rolle als in allen anderen Ländern (vgl. Hauptbericht, Abb. 4.13). Dies zeigt sich auch an den vergleichsweise geringen Anteilsdifferenzen zwischen den verschiedenen Altersgruppen (vgl. Abb. 7.38). Als unbedeutend für die Erklärung freiwilligen Engagements erweist sich zudem die Religionszugehörigkeit: Hier ist

7.8 Landesprofil Mecklenburg-Vorpommern

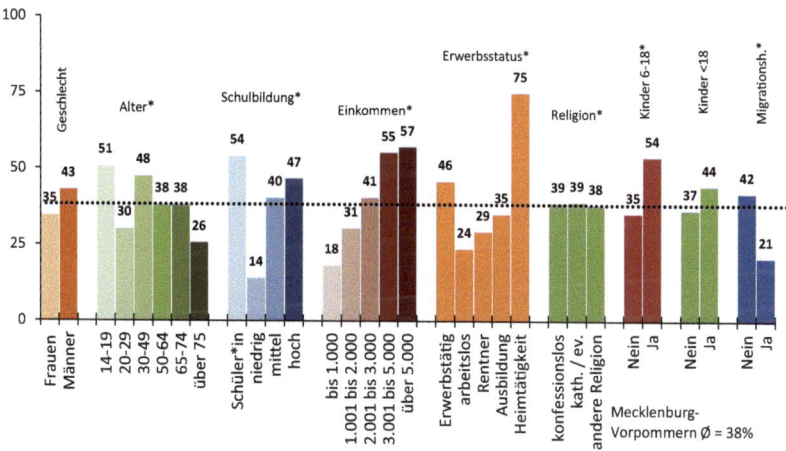

* Unterschiede sind auf einem Niveau von ≤ 5 % signifikant.

Abb. 7.38 Wer ist in Mecklenburg-Vorpommern ehrenamtlich engagiert? – Standarddifferenzierung (Anteile *engagiert* in %). (Quelle: Eigene Berechnungen, Grundlage: FWS-Datensatz 2019)

Mecklenburg-Vorpommern das einzige Bundesland, in dem dieser Faktor keine Rolle spielt (vgl. Hauptbericht, Abb. 4.14, sowie Abb. 7.38).

Wie verteilt sich freiwilliges Engagement räumlich?
Bei der räumlichen Verteilung freiwilligen Engagements weist Mecklenburg-Vorpommern genau wie eine Vielzahl der anderen Länder eine leichte *Stadt-Land-Differenz* auf. Allerdings fällt diese Differenz in diesem Bundesland eher gering aus: Zwischen ländlichen (39 %) und städtischen (36 %) Gebieten liegen hier lediglich 3 Prozentpunkte Unterschied (vgl. Hauptbericht, Abb. 4.17).

Beim Blick auf die nach Raumtypus und Gemeindegröße differenzierte regionale Landkarte des Engagements zeigen sich kaum Unterschiede (vgl. Abb. 7.39).

3. Kontexteffekte und freiwilliges Engagement

Erkenntnisse der Sozialforschung (vgl. Gabriel und Neller 2010) sprechen für die Annahme, dass die Art und Weise, wie die Menschen im Land Zugänglichkeit, Professionalität und Vertrauenswürdigkeit der staatlichen beziehungsweise

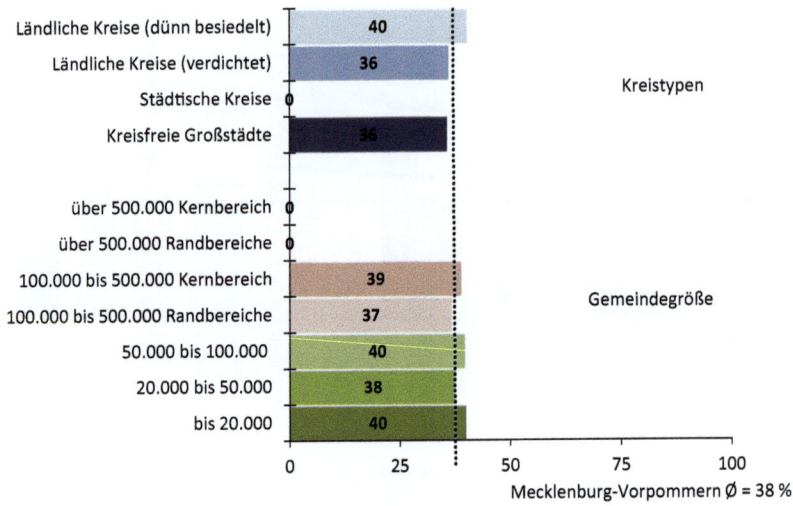

* Unterschiede sind auf einem Niveau von ≤ 5 % signifikant.

Abb. 7.39 Wo ist man ehrenamtlich engagiert? – Standarddifferenzierung (Kontext) für Mecklenburg-Vorpommern (Anteile *engagiert* in %). (Quelle: Eigene Berechnungen, Grundlage: FWS-Datensatz 2019)

öffentlichen Institutionen wahrnehmen, zu freiwilligem Engagement ermutigen oder dieses auch hemmen kann. Im Folgenden werden daher den landesbezogenen Daten des Freiwilligensurveys 2019 zusätzliche, ebenfalls landesspezifisch aufgeschlüsselte Umfragedaten gegenübergestellt, welche auf mögliche Umfeldbedingungen freiwilligen Engagements verweisen. Einbezogen werden hierfür die seitens der Bürgerinnen und Bürger wahrgenommenen Beteiligungs- und Mitsprachemöglichkeiten auf lokaler Ebene sowie das Vertrauen in die Akteurinnen und Akteure aus kommunaler Politik und Verwaltung (vgl. Hauptbericht, Kap. 5).

In Mecklenburg-Vorpommern werden die 3 betrachteten Umfeldindikatoren überwiegend positiv beurteilt. Sowohl bei der Bewertung der Partizipationschancen als auch bezüglich des in Kommunalpolitiker und -politikerinnen gesetzten Vertrauens liegt das Land eher auf den oberen Plätzen des bundesweiten Rankings (vgl. Hauptbericht, Abschn. 5.3.2).

Auf einem additiven Index, der die Rangplätze zusammenfasst, welche die Bundesländer bei *guter* Bewertung der Variablen lokale Partizipation, kommunales Politikvertrauen und Verwaltungsvertrauen jeweils einnehmen, erreicht

7.8 Landesprofil Mecklenburg-Vorpommern

Mecklenburg-Vorpommern den fünften Platz (vgl. Abb. 7.40). Die oberhalb der Balkendiagramme des Kontextindex mit abgebildete lineare Trendlinie der länderspezifischen Engagementquoten lässt für Mecklenburg-Vorpommern aber eher keine Koinzidenz von positiver Einschätzung des lokalen Lebensumfelds und vergleichsweise überdurchschnittlichem freiwilligem Engagement erkennen. Es sei aber angemerkt, dass das Land innerhalb der ostdeutschen Bundesländer, wie die Analysen gezeigt haben, eine insgesamt vergleichsweise positive Engagementbilanz aufweisen kann.

4. Stand und Perspektiven des Engagements

Im deutschlandweiten Vergleich weist Mecklenburg-Vorpommern eine sich positiv entwickelnde Engagementlandschaft mit gutem Potenzial auf. Folgende Faktoren stützen diese Einschätzung: eine im unteren Mittelfeld liegende Engagementquote; eine in der Langzeitbetrachtung der letzten 2 Jahrzehnte überdurchschnittlich angestiegene Aktivitäts- und Engagementquote bei moderat steigender

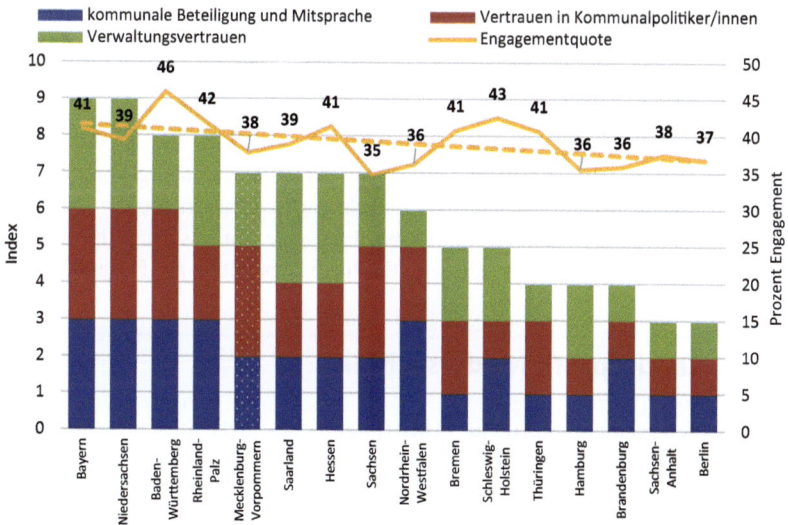

Abb. 7.40 Index aus Beteiligung und Mitsprache *(gut)* sowie Verwaltungs- und Kommunalpolitikvertrauen *(vertraue)* in Gegenüberstellung des freiwilligen Engagements (in %). (Quelle: Eigene Berechnungen, Grundlage: FWS 2019 und info-Erhebung 2020)

Engagementbereitschaft; ein insgesamt deutlich gefestigtes Budget der für Engagement aufgewandten Zeit, wobei die Kategorie des Kurzzeitengagements (unter 2 h) in Mecklenburg-Vorpommern mit am stärksten angewachsen ist; eine durchschnittlich häufige Anbindung freiwilliger Aktivitäten an Vereine und Verbände sowie ein bundesweit verglichen unterdurchschnittliches, aber gleichwohl gestiegenes Spendenaufkommen.

Dass zudem wichtige soziodemografische Merkmale wie Bildung, Alter und Religionszugehörigkeit das Engagement vergleichsweise schwach bis gar nicht determinieren, zeigt einen hohen Grad von gesellschaftlicher Durchdringung der Engagementnorm an. Gemeint ist hier, dass ein freiwilliges Engagement als eine allgemein verinnerlichte Maxime (wie dies in Teilen z. B. für die Ausübung des Wahlrechts zutrifft) verbreitet ist und weniger von bestimmten individuellen Merkmalen (u. a. Alter, Bildung oder auch Einkommen) geleitet wird.

In mittel- bis langfristiger Perspektive bedeutet der demografische Wandel für Mecklenburg-Vorpommern eine deutliche Herausforderung. Statistischen Prognosen zufolge wird die Zahl der Menschen im Rentenalter in den westdeutschen Flächenländern bis 2035 mit 25 % Zuwachs überproportional zunehmen, wohingegen für den Osten ein Wert von 13 % geschätzt wird. Für Mecklenburg-Vorpommern ist in dieser Altersgruppe der 67-Jährigen und Älteren mit einem Plus von etwa 27 Prozentpunkten zu rechnen (vgl. Destatis 2021). Vergleichsweise herausfordernd erscheint angesichts dieses Zukunftsszenarios die Aufgabe für das Land, die aktuell positive Entwicklung weiter auszubauen beziehungsweise zu stabilisieren. Insbesondere sollten die Angebote für altengerechtes Engagement rechtzeitig erweitert werden, um die in Mecklenburg-Vorpommern moderate Engagementbereitschaft in der rasch wachsenden Gruppe der Seniorinnen und Senioren nachhaltig zu aktivieren. Eine gute Voraussetzung hierfür hat das Land aufgrund des aktuell geringen Einflusses des Alters auf Engagement.

7.9 Landesprofil Niedersachsen

1. **Öffentlich gemeinschaftliche Aktivitäten** sind nicht gleichzusetzen mit freiwilligem Engagement, haben jedoch das Potenzial, für dieses als ein ‚Türöffner' beziehungsweise als eine Vorstufe desselben zu wirken (vgl. Hauptbericht, Abschn. 2.1).

7.9 Landesprofil Niedersachsen

Welche Größenordnung weist diese Form zivilgesellschaftlichen Handelns in Niedersachsen bezogen auf die Gesamtheit der Bundesländer zum Erhebungszeitpunkt 2019 auf? Wie stellt sich die Entwicklung ländervergleichend im Zeitverlauf dar?
Mit einer Beteiligungsrate von nicht ganz 70 % an Befragten, die angeben, öffentlich gemeinschaftliche Aktivitäten auszuüben, liegt Niedersachsen oberhalb des Bundesdurchschnitts von 66 % und belegt im Länderranking den zweiten Platz hinter Schleswig–Holstein (vgl. Hauptbericht, Abb. 3.1). Im Zeitverlauf betrachtet nimmt die Aktivitätsrate nach einem raschen Anstieg zu Beginn der Befragung 1999 über die Jahre hinweg seit 2004 auf hohem Niveau kontinuierlich minimal ab und liegt 2019 etwa 6 Prozentpunkte über dem Ausgangsniveau von 1999 (dieses betrug 63,5 %, vgl. Hauptbericht, Abb. 3.1 und Abb. 3.2).

In welchen Bereichen werden diese Aktivitäten im Land bevorzugt ausgeübt?
In allen Bundesländern sind mit Abstand die meisten Menschen im Bereich *Sport und Bewegung* öffentlich gemeinschaftlich aktiv (vgl. Hauptbericht, Abb. 3.3). Mit einem Anteil von 44 % rangiert Niedersachsen hier im oberen Länderdrittel und über dem Bundesdurchschnitt von 40 %. Gemeinsam mit den meisten anderen Ländern ist die Landesbevölkerung Niedersachsens mit 18 % *kulturell und musikalisch* am zweithäufigsten aktiv, was dem Bundestrend entspricht. Im Bereich *Freizeit und Geselligkeit* beteiligen sich die Niedersachsen mit 16 % etwas weniger als im *sozialen Bereich* (15 %). Unter den deutschlandweit 5 häufigsten Aktivitätsbereichen belegt wie bei der Mehrheit der Länder der Bereich *Schule oder Kindergarten* mit nunmehr 13 % den letzten Rang (für eine Auflistung aller Bereiche vgl. auch Abb. 7.42).

2. **Freiwilliges Engagement** ist gekennzeichnet als Engagement, bei welchem über eine öffentlich gemeinschaftliche Aktivität hinaus noch weitere Aufgaben und Tätigkeiten freiwillig übernommen werden (vgl. Hauptbericht, Abschn. 3.2).

Verglichen mit anderen Bundesländern: Wie viele Menschen in Niedersachsen engagieren sich freiwillig?
Niedersachsen weist 2019 im bundesweiten Vergleich eine Engagementquote von rund 39 % auf. Damit liegt das Land fast genau im Bundesdurchschnitt von 39,7 % und rangiert im Mittelfeld der Bundesländer (vgl. Abb. 7.41).

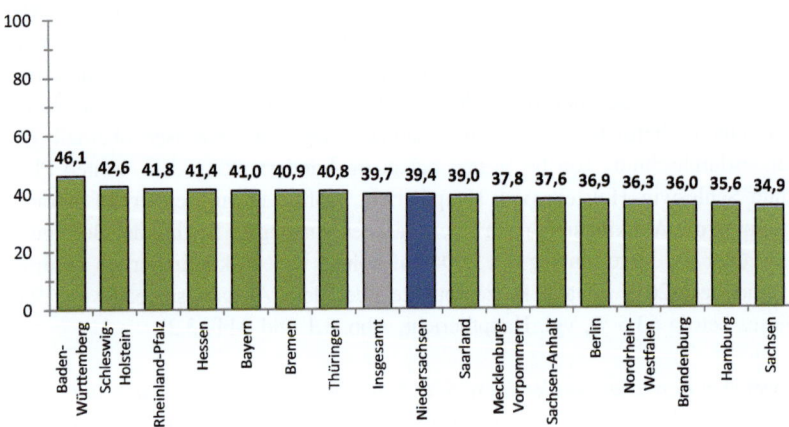

Abb. 7.41 Freiwilliges Engagement: Niedersachsen im Vergleich der Bundesländer in Prozent (Eta^2 = 0,005). (Quelle: Eigene Berechnungen, Grundlage: FWS-Datensatz 2019, Länderunterschiede sind auf einem Niveau von ≤ 1 % signifikant)

Wie hat sich freiwilliges Engagement im Zeitverlauf und im Vergleich mit den anderen Bundesländern entwickelt?
Bis 2014 wies Niedersachsen eine überdurchschnittlich hohe Quote freiwillig Engagierter auf. Bei 3 früheren Erhebungspunkten des FWS (2004, 2009, 2014) war das Land durchweg im oberen Drittel der Bundesländer verortet. Dabei stieg die Quote zunächst bis 2014 stark an, der Anstieg schwächte sich aber seitdem etwas ab. Im Jahr 2019 liegt die Engagementquote gut 11 Prozentpunkte über dem Ausgangswert von etwa 28 %, was einem leicht überdurchschnittlichen Wachstum entspricht (vgl. Hauptbericht, Abb. 3.5).

In welchen Bereichen wird freiwilliges Engagement bevorzugt ausgeübt?
Analog zu den öffentlich gemeinschaftlichen Aktivitäten ist auch freiwilliges Engagement in Niedersachsen wie ausnahmslos in allen Flächenländern im Bereich *Sport und Bewegung* mit Abstand am häufigsten angesiedelt (vgl. Abb. 7.42; vgl. auch Hauptbericht, Abb. 3.6). Im Bundesland engagieren sich in diesem Feld gut 14 % der Befragten. Dahinter folgen *Schule oder Kindergarten* (etwa 9 %), der *soziale Bereich* (8 %), der *kirchliche beziehungsweise religiöse Sektor* sowie *Kultur und Musik* mit jeweils 7 %. Diese Rangfolge entspricht in etwa dem bundesweit erkennbaren Muster (vgl. ebd.).

7.9 Landesprofil Niedersachsen

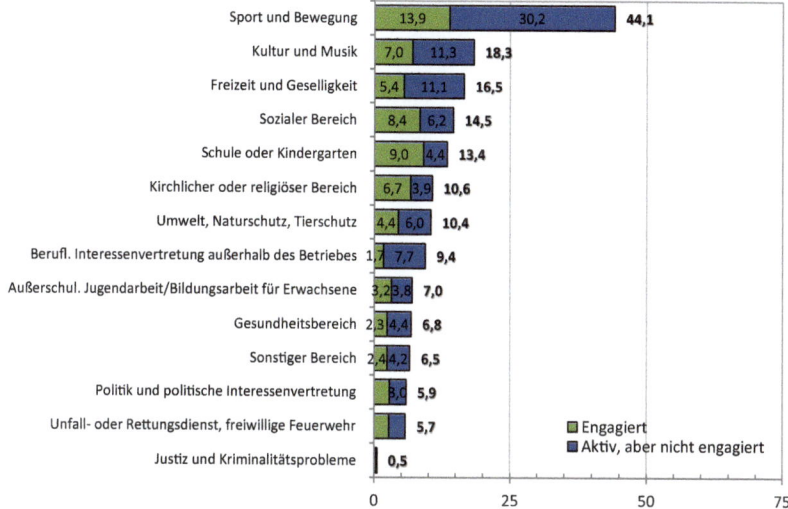

Hinweis: Die Zahlen neben den Balken geben den jeweiligen Anteil aller öffentlich gemeinschaftlich Aktiven an.

Abb. 7.42 Anteile ehrenamtlich engagierter und öffentlich gemeinschaftlich aktiver Personen in den 14 Bereichen – Niedersachsen (Angaben in %). (Quelle: Eigene Berechnungen; Grundlage: FWS-Datensatz 2019)

Wieviel Zeit wird für freiwilliges Engagement aufgewendet? Wie verändert sich das Zeitbudget in der Längsschnittbetrachtung?
Wie in allen Bundesländern gibt in Niedersachsen die Mehrheit der befragten Engagierten (57 %) ihren Zeitaufwand für freiwilliges Engagement mit bis zu 2 h in der Woche an (vgl. Hauptbericht, Abb. 3.7). 3 bis 5 h Zeit nimmt sich ein Viertel (25 %) der Engagierten, 6 h und mehr investieren etwa 19 %. Diese Anteile entsprechen in ihrem Verhältnis dem Bundesdurchschnitt.

Es kennzeichnet die bundesweite Entwicklung, dass bei insgesamt gestiegener Engagementquote der Anteil der Personen, die für ihr freiwilliges Engagement höchstens 2 h pro Woche aufbringen, im Zeitverlauf seit 1999 allgemein gewachsen ist (vgl. Hauptbericht, Abb. 3.8). Diese Zeitaufwandskurve steigt in Niedersachsen von 1999 bis 2014 kontinuierlich an und bleibt dann konstant. Ordneten sich in dieser unteren Zeitkategorie 1999 nur 45 % ein, sind es 2019 rund 57 % der Befragten. Das Zeitbudget für freiwilliges Engagement entspricht in seinem Verlauf in Niedersachsen somit weitgehend dem Bundestrend.

Welche Beweggründe für freiwilliges Engagement werden am häufigsten genannt?
Spaß am Engagement – das ist in Niedersachsen wie in allen anderen Bundesländern mit Abstand die Hauptmotivation dafür, sich freiwillig zu engagieren. Der für das Land gemessene Mittelwert entspricht hierin beinahe exakt dem Bundesdurchschnitt (vgl. Hauptbericht, Abb. 3.9). Dahinter rangieren der *Wunsch, etwas für das Gemeinwohl zu tun,* und die Absicht, *anderen zu helfen.* Mit gleichem Abstand folgt die Möglichkeit, *die Gesellschaft mitzugestalten,* und zu guter Letzt *das Zusammenkommen mit anderen Menschen.* Diese Prioritätensetzung der Beweggründe für Engagement ist in allen Bundesländern – mit minimalen Unterschieden – ähnlich verteilt.

An welche Zielgruppen richtet sich freiwilliges Engagement?
Das Saarland ausgenommen sind in allen Bundesländern Kinder und Jugendliche die bevorzugte Zielgruppe freiwilligen Engagements. Niedersachsen stellt insoweit keine Ausnahme dar und liegt mit einem Anteil von etwa 49 % Nennungen nur minimal unter dem Bundesdurchschnitt (vgl. Hauptbericht, Abb. 3.10). Weitere Zielgruppen sind Familien (42 %), ältere Menschen (34 %) und mit einigem Abstand Hilfe- und Pflegebedürftige (18 %) sowie sozial schlechtergestellte Personen.

Wie organisiert sich freiwilliges Engagement?
In Niedersachsen ist freiwilliges Engagement wie in allen anderen Ländern auch hauptsächlich vereins- oder verbandsförmig organisiert. Dabei liegt das Land mit einem Wert von 45 % geringfügig unter dem Bundesdurchschnitt (vgl. Hauptbericht, Abb. 3.11). Damit korreliert wiederum der höhere Anteil an freiwillig Engagierten, welche ihr Engagement selbst organisieren (20 %). Weniger Nennungen entfallen auf kirchliche und andere Vorfeldorganisationen (je 13 %), gefolgt von staatlichen bzw. kommunalen Formen der Organisation mit 9 %.

Welche organisatorischen Verbesserungsbedarfe werden gesehen?
Wie in ganz Deutschland wünschen sich freiwillig Engagierte auch in Niedersachsen an organisatorischen Verbesserungen vor allem mehr und besser ausgestattete Räumlichkeiten (45 %, vgl. Hauptbericht, Abb. 3.12). In diesem Punkt und bei weiteren genannten Desideraten (fachliche Unterstützung (36 %), Weiterbildung (36 %), unbürokratische Kostenerstattung (30 %), Anerkennung seitens Hauptamtlicher (33 %)) weicht die Wunschliste der Niedersachsen in der aus ihr ersichtlichen Verteilung nur leicht vom gesamtdeutschen Durchschnitt ab (vgl. ebd.).

7.9 Landesprofil Niedersachsen

Welche Verbesserungswünsche richten sich an staatliche und öffentliche Stellen?
Die von den Befragten dargelegten Optimierungswünsche, welche sich an staatliche und öffentliche Stellen richten, fallen in der Regel anteilig betrachtet etwas höher aus als die an Organisationen adressierten Bedarfsanmeldungen. Bessere Information und Beratung durch staatliche und öffentliche Stellen sowie ein Versicherungsschutz bei Haftpflicht und Unfall stehen in Niedersachsen mit 58 beziehungsweise 55 % an der Spitze der Vorschlagsliste. Die Vereinbarkeit von Ehrenamt und Beruf, eine Anerkennung des eigenen Engagements als Praktika und Weiterbildungen sowie eine steuerfreie Aufwandsentschädigung folgen im Anschluss gleichrangig (jeweils etwa 51 %).

Was steht freiwilligem Engagement entgegen?
Nach Auskunft der befragten Personen in Niedersachsen sind es vor allem zeitliche Gründe, welche ein Hindernis für freiwilliges Engagement darstellen. Mit 70 % an entsprechenden Nennungen kommt das Land hier im bundesweiten Vergleich auf einen minimal unterdurchschnittlichen Wert (vgl. Hauptbericht, Abb. 3.14). Berufliche Belastungen (38 %) und die Scheu vor Verpflichtungen (36 %) werden hier wie in allen anderen Bundesländern sehr viel seltener als Begründungen für Nichtengagement angeführt. Auch diese Verteilung entspricht derjenigen, die in allen Bundesländern nachweisbar ist (vgl. ebd.).

Wie groß ist das Potenzial der Bereitschaft zum Engagement?
Die Größenordnung des Engagementpotenzials wird im FWS mit der Frage erhoben, wer sich sicher oder vielleicht vorstellen kann, sich künftig freiwillig zu engagieren. In Niedersachsen liegt dieser Anteil bei Befragten, die bisher nicht engagiert sind, mit etwa 60 % leicht über dem Bundesdurchschnitt (vgl. Hauptbericht, Abb. 3.16) und im oberen Mittelfeld der Länderwerte.

Bemerkenswert ist die ungebrochen positive Entwicklung der Engagementbereitschaft im Zeitverlauf der letzten zwei Jahrzehnte. Obgleich die Quote des tatsächlich ausgeübten freiwilligen Engagements im Land von 1999 bis 2019 um gut 11 Prozentpunkte anstieg, erhöhte sich parallel dazu die erwogene Engagementbereitschaft im Land ebenfalls, nämlich um fast 22 Prozentpunkte (vgl. Hauptbericht, Abb. 3.17). Die Grundbedingung dafür, dieses Potenzial auch zukünftig weiter auszuschöpfen, hat sich folglich weiter verbessert. Dieser Trend tritt ebenfalls in den meisten anderen Ländern auf, wenn auch weniger stark ausgeprägt (vgl. ebd.).

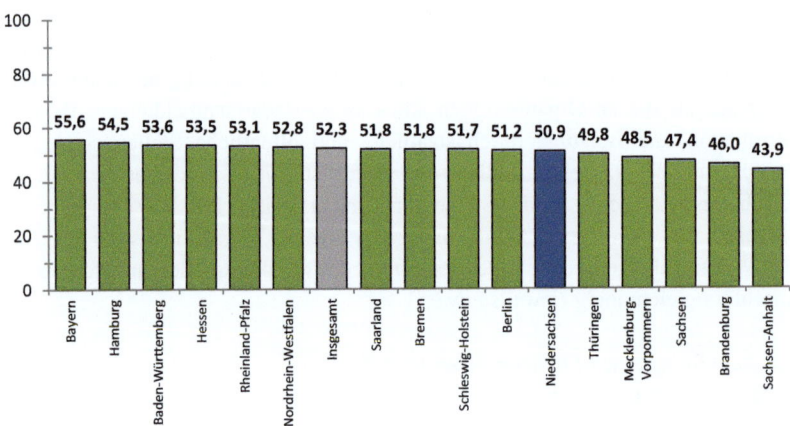

Abb. 7.43 Spendentätigkeit in Niedersachsen im letzten Jahr vor der Befragung im Vergleich der Bundesländer in Prozent (Eta^2 = 0,003). (Quelle: Eigene Berechnungen, Grundlage: FWS-Datensatz 2019, Länderunterschiede sind auf einem Niveau von ≤ 1 % signifikant)

Wie häufig wird für gemeinnützige oder soziale Zwecke Geld gespendet?
Im gesamtdeutschen Vergleich verzeichnet Niedersachsen mit fast 51 % eine unterdurchschnittlich hohe Spendentätigkeit (vgl. nachfolgende Abbildung; vgl. auch Hauptbericht, Abb. 3.18). Wie in allen anderen Bundesländern war die Zahl der Spendenden nach 2004 zunächst auch in Niedersachsen deutlich eingebrochen und erholte sich danach seit 2009 partiell (vgl. Hauptbericht, Abb. 3.19 und 7.43).

Wie viele Menschen engagierten sich für Geflüchtete?
In den dem Befragungszeitpunkt 2019 vorausgegangenen 5 Jahren engagierten sich in Niedersachsen gut 13 % der Befragten nach eigener Aussage für Geflüchtete. Damit liegt der Landeswert etwa in Höhe des bundesweiten Durchschnittswerts von 12,4 % (vgl. Hauptbericht, Abb. 3.22) und hierbei im oberen Länderdrittel.

7.9 Landesprofil Niedersachsen

Welche individuellen Einflussfaktoren fördern beziehungsweise hemmen freiwilliges Engagement?

In der nachstehenden Abbildung wird dargestellt, wie sich freiwilliges Engagement gemäß ausgewählten soziodemografischen Merkmalen der befragten Personen in Niedersachsen (Standarddifferenzierung) verteilt. Ersichtlich ist: In der jüngsten Altersgruppe (14 bis 19 Jahre) sowie in der mittleren Kohorte der berufsaktiven Jahrgänge (30–49 Jahre) ist ein freiwilliges Engagement am häufigsten angesiedelt. Je höher das Einkommen und der Grad formaler Bildung, desto eher engagieren Menschen sich zudem. Arbeitslosigkeit geht seltener mit freiwilligem Engagement einher als eine Berufstätigkeit oder eine Ausbildung. Wer der katholischen oder evangelischen Konfession angehört, engagiert sich im Schnitt häufiger als Konfessionslose oder Angehörige anderer Glaubensgemeinschaften.

Leben Kinder im Haushalt, ist freiwilliges Engagement in Niedersachsen deutlich wahrscheinlicher. Befragte mit Migrationshintergrund hingegen entschließen sich hier wesentlich seltener zu einem freiwilligen Engagement als Befragte ohne Migrationshintergrund. Im Schnitt engagieren sich in Niedersachsen etwas mehr Frauen als Männer; dieser Geschlechterunterschied fällt im Verhältnis zwar kaum ins Gewicht, stellt bundesweit aber eine Ausnahme dar (vgl. Abb. 7.44). Da es vor allem Frauen sind, welche zur Ausübung eines Engagements neigen, sobald Kinder im Haushalt leben, wäre der vergleichsweise starke Effekt dieses Indikators ein möglicher Erklärungsfaktor.

Von den Standarddifferenzierungen verdienen die Merkmale Geschlecht, Einkommen und Kinder im Haushalt in ihren Auswirkungen auf freiwilliges Engagement für das Landesprofil Niedersachsens besondere Beachtung (vgl. die vollständige Präsentation im Hauptbericht, Abschn. 4.3). Während sich das Geschlecht in den meisten Bundesländern gar nicht auf diesen Bereich auswirkt und wenn überhaupt, dann männliche Befragte eine höhere Engagementquote aufweisen, ist dies in Niedersachsen genau umgekehrt. Hier engagieren sich im Schnitt signifikant mehr Frauen (vgl. Abb. 7.44 sowie Hauptbericht, Abb. 4.10). Höhere Einkommen sind freiwilligem Engagement in allen Bundesländern durchweg förderlich und dieser Effekt ist in Niedersachsen besonders stark ausgeprägt. Das heißt, freiwilliges Engagement wird hier stärker als in anderen Ländern vom Haushaltseinkommen einer Person bestimmt. Das spiegelt sich auch in der hier höheren Differenz der Engagementquoten zwischen den hohen und den niedrigen Einkommensgruppen wieder (vgl. Abb. 7.44 sowie Hauptbericht, Abb. 4.11). Ähnliches gilt für Kinder im Haushalt: Eine solche familiale Koexistenz führt insbesondere in Niedersachsen zu höherem Engagement, welches dann häufiger im Bereich Schule oder Kindergarten angesiedelt ist (vgl. Hauptbericht, Abb. 4, Abb. 4.12).

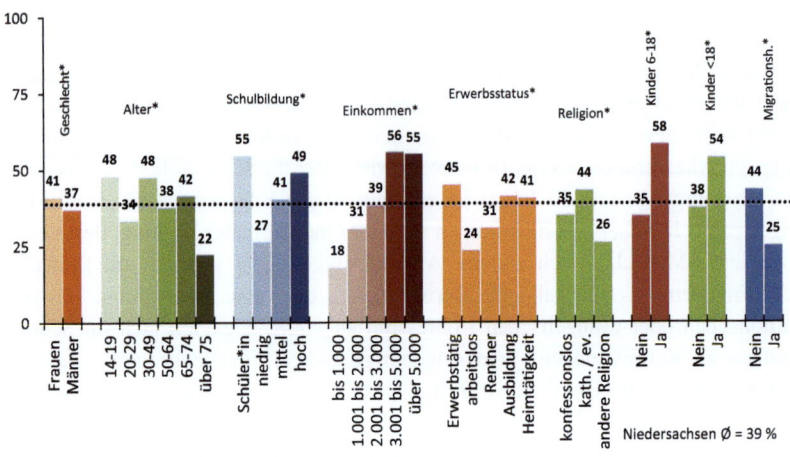

* Unterschiede sind auf einem Niveau von ≤ 5 % signifikant.

Abb. 7.44 Wer ist in Niedersachsen ehrenamtlich engagiert? – Standarddifferenzierung (Anteile *engagiert* in %). (Quelle: Eigene Berechnungen, Grundlage: FWS-Datensatz 2019)

Wie verteilt sich freiwilliges Engagement räumlich?
Bei der räumlichen Verteilung freiwilligen Engagements weist Niedersachsen so wie viele andere Länder eine leichte *Stadt-Land-Differenz* auf. Zwischen ländlichen (43 %) und städtischen (39 %) Räumen liegen hier 4 Prozentpunkte Unterschied (vgl. Hauptbericht, Abb. 4.17,).

Beim Blick auf die nach Raumtypus und Gemeindegröße differenzierte regionale Landkarte ausgeübten freiwilligen Engagements fällt die mit zunehmender Siedlungsdichte abnehmende Engagementdichte auf (vgl. Abb. 7.45). Eine nach Ortsgröße linear zu- oder abnehmende Häufigkeit ist hingegen nicht erkennbar (vgl. ebd.).

3. Kontexteffekte und freiwilliges Engagement

Erkenntnisse der Sozialforschung (vgl. Gabriel und Neller 2010) sprechen für die Annahme, dass die Art und Weise, wie die Menschen im Land Zugänglichkeit, Professionalität und Vertrauenswürdigkeit der staatlichen beziehungsweise öffentlichen Institutionen wahrnehmen, zu freiwilligem Engagement ermutigen

7.9 Landesprofil Niedersachsen

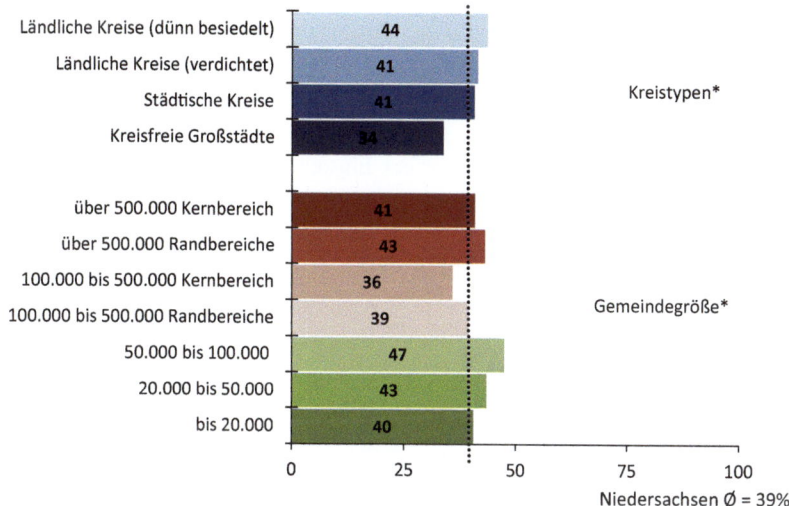

* Unterschiede sind auf einem Niveau von ≤ 5 % signifikant.

Abb. 7.45 Wo ist man ehrenamtlich engagiert? – Standarddifferenzierung (Kontext) für Niedersachsen (Anteile *engagiert* in %). (Quelle: Eigene Berechnungen, Grundlage: FWS-Datensatz 2019)

oder dieses auch hemmen kann. Im Folgenden werden daher den landesbezogenen Daten des Freiwilligensurveys 2019 zusätzliche, ebenfalls landesspezifisch aufgeschlüsselte surveyexterne Umfragedaten gegenübergestellt, welche auf mögliche Umfeldbedingungen freiwilligen Engagements verweisen. Einbezogen werden hierfür die seitens der Bürgerinnen und Bürger wahrgenommenen Beteiligungs- und Mitsprachemöglichkeiten auf lokaler Ebene sowie das Vertrauen in die Akteurinnen und Akteure aus kommunaler Politik und Verwaltung (vgl. Hauptbericht, Kap. 5).

In Niedersachsen werden diese 3 betrachteten Umfeldindikatoren überwiegend positiv beurteilt. Bei der Bewertung kommunaler Beteiligungsmöglichkeiten des in die Kommunalpolitiker und -politikerinnen gesetzten Vertrauens und dem Vertrauen in die lokale Verwaltung liegt das Land mit Bayern auf den beiden vordersten Plätzen des bundesweiten Rankings.

Auf einem additiven Index, der die Rangplätze zusammenfasst, welche die Bundesländer bei *guter* Bewertung der Variablen lokale Partizipation, kommunales Politikvertrauen und Verwaltungsvertrauen jeweils einnehmen, liegt

Niedersachsen nach Bayern auf Platz 2 (vgl. Abb. 7.46). Die oberhalb der Balkendiagramme des Kontextindex mit abgebildete lineare Trendlinie der länderspezifischen Engagementquoten lässt für Niedersachsen eine Koinzidenz von positiver Einschätzung des lokalen Lebensumfelds und vergleichsweise häufigem freiwilligem Engagement nur bedingt erkennen. Dies deutet in diesem Fall auf eine eher geringe Wechselwirkung beider Einstellungsebenen in Niedersachsen hin.

4. Stand und Perspektiven des Engagements

Im deutschlandweiten Vergleich weist Niedersachsen eine heterogene Engagementlandschaft mit unterschiedlichen Herausforderungen bei gleichzeitig sehr guten Kontextbedingungen auf. Folgende Faktoren stützen diese Einschätzung: eine bundesweit kontinuierlich im oberen Drittel angesiedelte Aktivitäts- und etwas darunter verlaufende Engagementquote; eine in der Langzeitbetrachtung der letzten 2 Jahrzehnte auf hohem Niveau angesiedelte und gleichzeitig ansteigende Engagementbereitschaft; ein insgesamt gefestigtes Budget der für Engagement

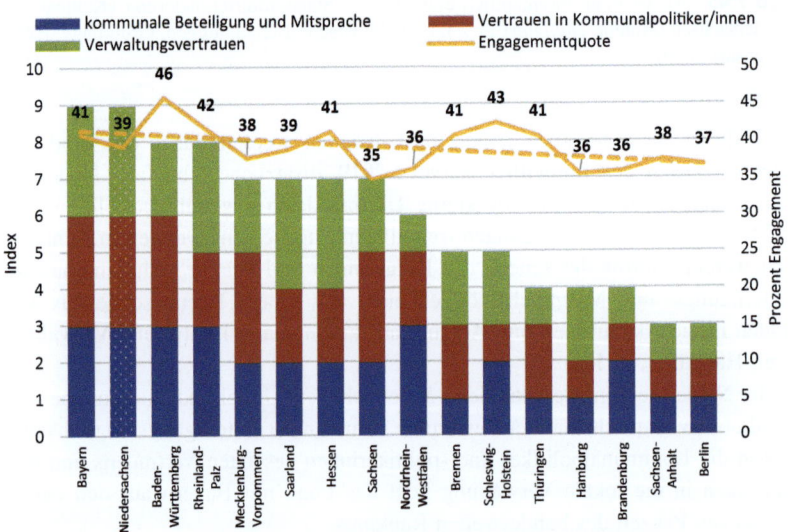

Abb. 7.46 Index aus Beteiligung und Mitsprache *(gut)* sowie Verwaltungs- und Kommunalpolitikvertrauen *(vertraue)* in Gegenüberstellung des freiwilligen Engagements (in %). (Quelle: Eigene Berechnungen, Grundlage: FWS 2019 und info-Erhebung 2020)

aufgewandten Zeit, wobei die Kategorie des Kurzzeitengagements (unter 2 h) kontinuierlich angewachsen ist; eine hohe Anbindung freiwilliger Aktivitäten an Vereine, Verbände und individuelle Organisationsstrukturen sowie ein bundesweit betrachtet eher niedriges Niveau konsolidierten Spendenaufkommens.

Dass soziodemografische Merkmale wie Alter, Bildung und Einkommen, die andernorts Engagement stark determinieren, in Niedersachsen uneinheitlich wirken, zeigt einen vergleichsweise uneindeutigen Grad gesellschaftlicher Durchdringung der Engagementnorm an. Gemeint ist hier, dass ein freiwilliges Engagement (noch) keine eindeutig allgemein verinnerlichte Maxime (wie dies in Teilen z. B. für die Ausübung des Wahlrechts zutrifft) darstellt, sondern von bestimmten individuellen Merkmalen (u. a. Alter, Bildung oder auch Einkommen) geleitet wird.[6]

Mittel- bis langfristig gesehen bedeutet der demografische Wandel eine Herausforderung für Niedersachsen. Statistischen Prognosen zufolge wird die Zahl der Menschen im Rentenalter gerade in den westdeutschen Flächenländern bis 2035 mit 25 % Zuwachs überproportional zunehmen. Für Niedersachsen ist in dieser Altersgruppe der 67-Jährigen und Älteren mit einem Plus von rund 24 Prozentpunkten zu rechnen (vgl. Destatis 2021). Entsprechend groß erscheint angesichts dieses Zukunftsszenarios die Herausforderung für das Land, das aktuell erreichte Ausmaß freiwilligen Engagements zu halten oder gar auszubauen. Unumgänglich dürfte sein, die Angebote altengerechten Engagements rechtzeitig zu erweitern, um die allgemein hohe Engagementbereitschaft in der wachsenden Gruppe der Seniorinnen und Senioren zu aktivieren und zu stabilisieren.

7.10 Landesprofil Nordrhein-Westfalen

1. **Öffentlich gemeinschaftliche Aktivitäten** sind nicht gleichzusetzen mit freiwilligem Engagement, haben jedoch das Potenzial, für dieses als ein ‚Türöffner' beziehungsweise als eine Vorstufe desselben zu wirken (vgl. Hauptbericht, Abschn. 2.1).

---

[6] Mit Abstufungen gilt dies für alle Länder.

Welche Größenordnung weist diese Form zivilgesellschaftlichen Handelns in Nordrhein-Westfalen, bezogen auf die Gesamtheit der Bundesländer zum Erhebungszeitpunkt 2019, auf? Wie stellt sich die Entwicklung ländervergleichend im Zeitverlauf dar?

Mit einer Beteiligungsrate von knapp über 63 % an Befragten, die angeben, öffentlich gemeinschaftliche Aktivitäten auszuüben, liegt Nordrhein-Westfalen unter dem Bundesdurchschnitt von 66 % (vgl. Hauptbericht, Abb. 3.1). Im Zeitverlauf betrachtet steigt die Aktivitätsrate von 1999 bis 2004 in Nordrhein-Westfalen um etwas mehr als 4 Prozentpunkte sowie dann weiter bis 2009 nur noch geringfügig um 0,5 % an. Sie sinkt seit 2014 jedoch wieder und liegt 2019 mit 63,2 % minimal unter dem Ausgangswert von 1999 (dieser betrug 64 %, vgl. Hauptbericht, Abb. 3.2).

In welchen Bereichen werden diese Aktivitäten im Land bevorzugt ausgeübt?

In allen Bundesländern sind mit Abstand die meisten Menschen im Bereich *Sport und Bewegung* öffentlich gemeinschaftlich aktiv (vgl. Hauptbericht, Abb. 3.3). Das gilt auch für Nordrhein-Westfalen. Mit einem Anteil von 40 % rangiert das Land im Vergleich mit den anderen Bundesländern im Mittelfeld und liegt hierbei gleichauf mit dem Bundesdurchschnitt. Mit anteiligen 17 % ist die Landesbevölkerung im *kulturellen und musikalischen* Bereich am zweithäufigsten aktiv, was im Bundesvergleich einem Platz im unteren Mittelfeld entspricht. Im *sozialen Bereich* beteiligen sich die Menschen in Nordrhein-Westfalen mit 15 % etwas häufiger als im Bereich *Freizeit und Geselligkeit* (13 %) sowie im Bereich Schule oder Kindergarten (12 %; für eine Auflistung aller Engagementbereiche vgl. auch Abb. 7.48).

2. **Freiwilliges Engagement** ist gekennzeichnet als Engagement, bei welchem über eine öffentlich gemeinschaftliche Aktivität hinaus noch weitere Aufgaben und Tätigkeiten freiwillig übernommen werden (vgl. Hauptbericht, Abschn. 3.2).

Verglichen mit anderen Bundesländern: Wie viele Menschen in Nordrhein-Westfalen engagieren sich freiwillig?

Trotz einer leichten Steigerung der Engagementquote von 36 % im Jahr 2014 auf jetzt 36,3 % landet Nordrhein-Westfalen 2019 im bundesweiten Vergleich auf dem 13. Platz vor Brandenburg, Hamburg und Sachsen. Damit nimmt das Land eine Position unterhalb des Bundesdurchschnitts (39,7 %) ein (vgl. Abb. 7.47).

7.10 Landesprofil Nordrhein-Westfalen

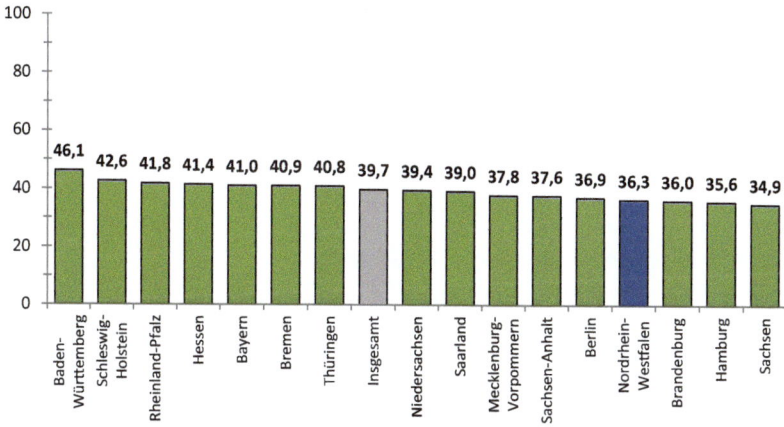

Abb. 7.47 Freiwilliges Engagement: Nordrhein-Westfalen im Vergleich der Bundesländer in Prozent (Eta^2 = 0,005). (Quelle: Eigene Berechnungen, Grundlage: FWS-Datensatz 2019, Länderunterschiede sind auf einem Niveau von ≤ 1 % signifikant)

Wie hat sich freiwilliges Engagement im Zeitverlauf und im Vergleich mit den anderen Bundesländern entwickelt?
Zum Zeitpunkt des ersten Surveys 1999 lag Nordrhein-Westfalen mit rund 31 % im Ländervergleich im Mittelfeld und nahe am Bundesdurchschnitt. Von 2004 bis 2009 sank die Engagementquote etwas, stieg wie in den meisten Ländern bis 2014 jedoch deutlich an. Insgesamt fiel der Anstieg der Engagementquote in Nordrhein-Westfalen aber im Bundesvergleich relativ gering aus. Der Anteil freiwillig Engagierter erhöhte sich von 1999 bis 2019 um rund 5 Prozentpunkte (vgl. Hauptbericht, Abb. 3.5).

In welchen Bereichen wird freiwilliges Engagement bevorzugt ausgeübt?
Wie in den meisten anderen Bundesländern (mit Ausnahme von Berlin) findet in Nordrhein-Westfalen freiwilliges Engagement im Bereich *Sport und Bewegung* mit fast 12 % am häufigsten statt (vgl. Abb. 7.48; vgl. auch Hauptbericht, Abb. 3.6). Am zweithäufigsten engagieren sich Menschen in Nordrhein-Westfalen im *sozialen Bereich* (8 %), dicht gefolgt vom Bereich *Schule oder Kindergarten* (rund 8 %). Darauf folgen mit jeweils rund 7 % ebenfalls fast gleichauf der *kirchliche oder religiöse Bereich* sowie *Kultur und Musik*. Mit Ausnahme des letztgenannten Bereichs, der im Bundesdurchschnitt das zweithäufigste Feld für

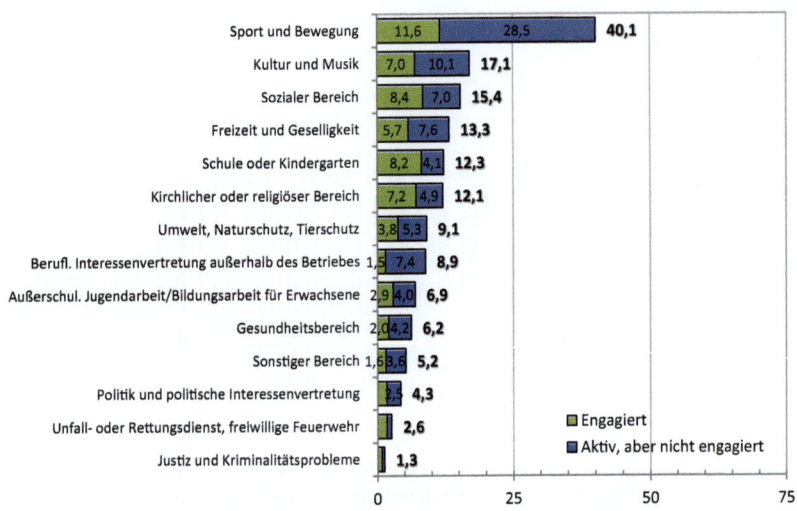

Abb. 7.48 Anteile freiwillig engagierter und öffentlich gemeinschaftlich aktiver Personen in den 14 Bereichen – Nordrhein-Westfalen (Angaben in %). (Quelle: Eigene Berechnungen, Grundlage: FWS-Datensatz 2019)

Engagement ist, entspricht diese Rangfolge in etwa dem bundesweit erkennbaren Muster.

Wieviel Zeit wird für freiwilliges Engagement aufgewendet? Wie verändert sich das Zeitbudget in der Längsschnittbetrachtung?
Wie in allen anderen Bundesländern auch beziffert in Nordrhein-Westfalen eine deutliche Mehrheit der befragten Engagierten (56 %) ihren Zeitaufwand für freiwilliges Engagement mit bis zu 2 h in der Woche (vgl. Hauptbericht, Abb. 3.7). Nordrhein-Westfalen ist das Bundesland mit den meisten freiwillig Engagierten, die wöchentlich 3 bis 5 h für ihr Engagement aufwenden (27 %); 17 % investieren 6 h und mehr. Die Verteilung dieser Zeitanteile entspricht im Großen und Ganzen dem Bundesdurchschnitt.

Es kennzeichnet die bundesweite Entwicklung, dass bei insgesamt gestiegener Engagementquote der Anteil der Personen, die für ihr Engagement höchstens 2 h pro Woche aufbringen, im Zeitverlauf seit 1999 allgemein gewachsen ist (vgl. Hauptbericht, Abb. 3.8). In Nordrhein-Westfalen schwankt die entsprechende

7.10 Landesprofil Nordrhein-Westfalen

Kurve allerdings im Zeitverlauf. Zunächst sank der Anteil jener Engagierten, die bis zu 2 Wochenstunden für ihr freiwilliges Engagement aufwenden, von 1999 bis 2009 geringfügig, stieg dann bis 2014 erkennbar auf 59 % und ging bis 2019 wiederum um rund 3 Prozentpunkte zurück.

Welche Beweggründe für freiwilliges Engagement werden am häufigsten genannt?
Spaß am Engagement – das ist auch in Nordrhein-Westfalen wie in allen anderen Bundesländern mit Abstand das Hauptmotiv für ein freiwilliges Engagement (vgl. Hauptbericht, Abb. 3.9). Knapp dahinter rangieren die Motive, *anderen zu helfen* und *etwas für das Gemeinwohl zu tun*. Mit Abstand folgen dann der Wunsch, *die Gesellschaft mitzugestalten*, und zu guter Letzt das *Zusammenkommen mit anderen Menschen*. Diese Prioritätensetzung der Beweggründe ist in allen Bundesländern ähnlich verteilt.

An welche Zielgruppen richtet sich freiwilliges Engagement?
Das Saarland ausgenommen sind in allen Bundesländern Kinder und Jugendliche die bevorzugte Zielgruppe freiwilligen Engagements. Nordrhein-Westfalen stellt insoweit keine Ausnahme dar und liegt mit einem Anteil von 52 % Nennungen im Bundesvergleich auf dem zweiten Platz (vgl. Hauptbericht, Abb. 3.10). Weitere Zielgruppen für freiwilliges Engagement sind Familien (40 %), ältere Menschen (34 %) und mit etwas Abstand, aber fast gleichauf miteinander sozial schlechtergestellte Personen sowie Hilfe- und Pflegebedürftige (jeweils rund 22 %).

Wie organisiert sich freiwilliges Engagement?
In Nordrhein-Westfalen ist freiwilliges Engagement wie in ausnahmslos allen Bundesländern hauptsächlich vereins- oder verbandsförmig organisiert (vgl. Hauptbericht, Abb. 3.11) und liegt mit 51 % knapp unter dem Bundesdurchschnitt. Hierbei kommt zum Ausdruck, dass das Bundesland in Deutschland eine vergleichsweise etwas geringere Mitgliedsdichte in diesem Organisationssegment aufweist (vgl. Hauptbericht, Abb. 3.20). 18 % der Gruppe freiwillig Engagierter organisieren sich in Nordrhein-Westfalen hingegen eigenständig und 14 % über Kirchen oder religiöse Vereinigungen (vgl. Hauptbericht, Abb. 3.11). Etwas weniger Nennungen entfallen auf andere Formen der Organisation (10 %) und solche im staatlichen beziehungsweise kommunalen Bereich (7 %).

Welche organisatorischen Verbesserungsbedarfe werden gesehen?
Vor allem wünschen sich die freiwillig Engagierten in Nordrhein-Westfalen genau wie die in ganz Deutschland mehr und besser ausgestattete Räumlichkeiten (46 %,

vgl. Hauptbericht, Abb. 3.12). Bei weiteren genannten Desideraten weicht die nordrhein-westfälische Wunschliste leicht vom gesamtdeutschen Durchschnitt ab, nämlich bei fachlicher Unterstützung (37 %) und Weiterbildungsmöglichkeiten (35 %) nach unten sowie bei unbürokratischer Kostenerstattung und Anerkennung seitens Hauptamtlicher (jeweils rund 35 %) nach oben.

Welche Verbesserungswünsche richten sich an staatliche und öffentliche Stellen?
Eine bessere Information und Beratung durch staatliche und öffentliche Stellen (57 %) steht in Nordrhein-Westfalen an der Spitze der Vorschlagsliste (vgl. Hauptbericht, Abb. 3.13). Dahinter folgen auf einem annähernd gleichen Niveau von jeweils rund 53 % die Absicherung durch Haftpflicht- und Unfallversicherung und die Vereinbarkeit von Ehrenamt und Beruf sowie etwas dahinter fast zu gleichen Anteilen die Anerkennung des Engagements als Praktikum beziehungsweise Weiterbildung (fast 50 %) und eine steuerfreie Aufwandsentschädigung (49 %).

Was steht freiwilligem Engagement entgegen?
Nach Auskunft der befragten Personen in Nordrhein-Westfalen sind es wie bundesweit überall auch hier vor allem zeitliche Gründe, welche ein Hindernis für die Ausübung von freiwilligem Engagement darstellen. Mit 71 % Nennungen verzeichnet Nordrhein-Westfalen hier im Vergleich zu den anderen Bundesländern einen durchschnittlichen Wert (vgl. Hauptbericht, Abb. 3.14). Berufliche Belastungen sowie die Abneigung gegenüber Verpflichtungen werden hier ebenso wie in allen anderen Bundesländern sehr viel seltener als Begründungen angeführt (40 bzw. 41 %). Auch diese Verteilungen sind in allen untersuchten Bundesländern ähnlich gelagert (vgl. ebd.).

Wie groß ist das Potenzial der Bereitschaft zum Engagement?
Die Größenordnung des Engagementpotenzials wird im FWS 2019 mit der Frage erhoben, wer sich sicher oder vielleicht vorstellen kann, sich künftig freiwillig zu engagieren. In Nordrhein-Westfalen liegt dieses Potenzial bei Befragten, die bisher noch nicht oder nicht mehr engagiert sind, mit rund 59 % auf der Höhe des Bundesdurchschnitts (vgl. Hauptbericht, Abb. 3.16).

Auch im Fortgang der Entwicklung dieses Potenzials im Zeitverlauf der letzten 2 Jahrzehnte bewegt sich Nordrhein-Westfalen nahe am bundesweiten Trend. Die Bereitschaft zur künftigen Übernahme freiwilligen Engagements stieg von 1999 zu 2009 deutlich und auch danach kontinuierlich weiter an (vgl. Hauptbericht, Abb. 3.17). Die Grundbedingung dafür, dieses Potenzial auch zukünftig weiter auszuschöpfen, hat sich in Nordrhein-Westfalen folglich nochmals verbessert.

7.10 Landesprofil Nordrhein-Westfalen

Wie häufig wird für gemeinnützige oder soziale Zwecke Geld gespendet?
Im gesamtdeutschen Vergleich liegt Nordrhein-Westfalen mit fast 53 % an Befragten im Bereich der Spendentätigkeiten im vorderen Mittelfeld des Länderrankings und damit abermals nahe am Bundesdurchschnitt (vgl. nachfolgende Abbildung; vgl. auch Hauptbericht, Abb. 3.18). Wie in allen anderen Bundesländern war die Zahl der Spendenden nach 2004 zunächst stark eingebrochen. Sie verzeichnete aber zwischen 2014 und 2019 wieder einen moderaten Anstieg (vgl. Hauptbericht, Abb. 3.19 und 7.49).

Wie viele Menschen engagierten sich für Geflüchtete?
Fast 13 % der Befragten in Nordrhein-Westfalen engagierten sich nach eigener Aussage in den dem Befragungszeitpunkt 2019 vorausgegangenen 5 Jahren für Geflüchtete. Damit liegt Nordrhein-Westfalen in dieser Hinsicht leicht über dem Bundesdurchschnitt und im vorderen Mittelfeld (vgl. Hauptbericht, Abb. 3.22).

Welche individuellen Einflussfaktoren fördern beziehungsweise hemmen freiwilliges Engagement?
In der nachstehenden Abbildung wird dargestellt, wie sich freiwilliges Engagement gemäß ausgewählten soziodemografischen Merkmalen der befragten

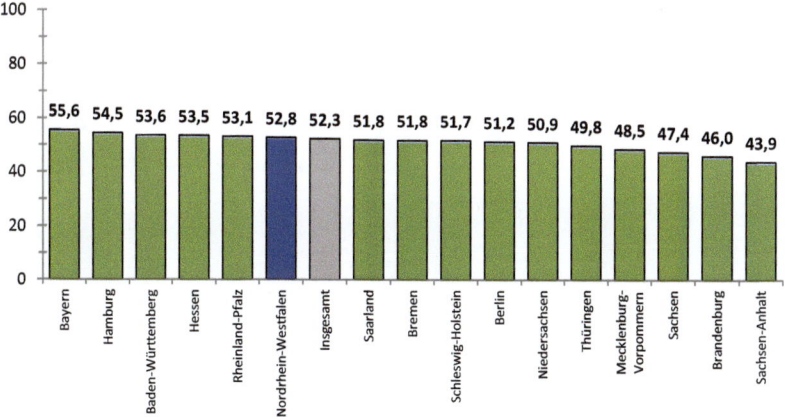

Abb. 7.49 Spendentätigkeit in Nordrhein-Westfalen im letzten Jahr vor der Befragung im Vergleich der Bundesländer in Prozent (Eta^2 = 0,003). (Quelle: Eigene Berechnungen, Grundlage: FWS-Datensatz 2019, Länderunterschiede sind auf einem Niveau von ≤ 1 % signifikant)

Personen aus Nordrhein-Westfalen (Standarddifferenzierung) verteilt. Ersichtlich ist dabei: In der jüngsten Altersgruppe (14 bis 19 Jahre) sowie in der mittleren Kohorte der berufsaktiven Jahrgänge (20–65 Jahre) ist ein Engagement am wahrscheinlichsten. Je höher das Einkommen und der Grad formaler Bildung, desto eher engagieren Menschen sich. Arbeitslosigkeit geht deutlich seltener mit Engagement einher als Berufstätigkeit, Ausbildung, Heimtätigkeit oder Ruhestand. Wer der katholischen oder evangelischen Konfession angehört, engagiert sich im Schnitt häufiger als Konfessionslose oder Angehörige anderer Glaubensgemeinschaften. Sind Kinder im Haushalt, ist freiwilliges Engagement ebenfalls wahrscheinlicher. Befragte mit Migrationshintergrund hingegen entschließen sich seltener zu einem freiwilligen Engagement. Das Geschlecht hat in Nordrhein-Westfalen keinen signifikanten Einfluss auf die Ausübung freiwilligen Engagements (vgl. Abb. 7.50).

Von den Standarddifferenzierungen verdienen die Merkmale Schulbildung und Alter in ihren Auswirkungen auf freiwilliges Engagement für das Landesprofil Nordrhein-Westfalen besondere Beachtung (vgl. die vollständige Präsentation im Hauptbericht, Abschn. 4.3). Wie in allen Bundesländern ist auch in Nordrhein-Westfalen ein Bildungsbias signifikant, das heißt, höhere Schulbildung führt wie

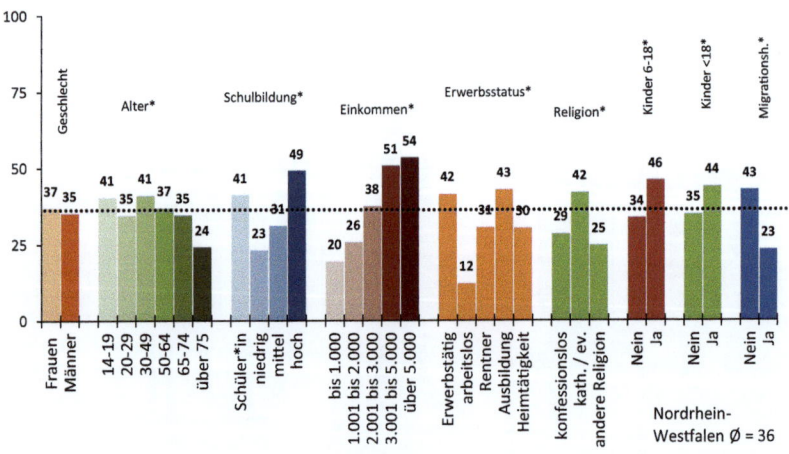

* Unterschiede sind auf einem Niveau von ≤ 5 % signifikant.

Abb. 7.50 Wer ist in Nordrhein-Westfalen ehrenamtlich engagiert? – Standarddifferenzierung (Anteile *engagiert* in %). (Quelle: Eigene Berechnungen, Grundlage: FWS-Datensatz 2019)

7.10 Landesprofil Nordrhein-Westfalen

erwähnt häufiger zu solchem Engagement. Im Ländervergleich ist dieser Effekt durchschnittlich ausgeprägt (vgl. Hauptbericht, Abb. 4.11). Mit steigendem Alter nimmt freiwilliges Engagement in allen Bundesländern ab, wobei sich dieses Merkmal in Nordrhein-Westfalen schwächer auswirkt als in den meisten anderen Ländern. Nur in Mecklenburg-Vorpommern ist der Effekt noch geringer ausgeprägt (vgl. Hauptbericht, Abb. 4.13).

Wie verteilt sich freiwilliges Engagement räumlich?
Bei der räumlichen Verteilung freiwilligen Engagements weist Nordrhein-Westfalen wie die meisten anderen Länder eine *Stadt-Land-Differenz* auf (vgl. Hauptbericht, Abb. 4.17).

Beim Blick auf die nach Raumtypus und Gemeindegröße differenzierte regionale Landkarte hier ausgeübten freiwilligen Engagements fällt die mit zunehmender Siedlungsdichte abnehmende Engagementdichte auf (vgl. Abb. 7.51). Eine nach Gemeindegröße linear zu- oder abnehmende Häufigkeit ist hingegen nicht eindeutig erkennbar.

3. Kontexteffekte und freiwilliges Engagement

Erkenntnisse der Sozialforschung (vgl. Gabriel und Neller 2010) sprechen für die Annahme, dass die Art und Weise, wie die Menschen im Land Zugänglichkeit, Professionalität und Vertrauenswürdigkeit der staatlichen beziehungsweise öffentlichen Institutionen wahrnehmen, zu freiwilligem Engagement ermutigen oder dieses auch hemmen kann. Im Folgenden werden daher den landesbezogenen Daten des Freiwilligensurveys 2019 zusätzliche, ebenfalls landesspezifisch aufgeschlüsselte Umfragedaten gegenübergestellt, welche auf mögliche Umfeldbedingungen freiwilligen Engagements verweisen. Einbezogen werden dabei die seitens der Bürgerinnen und Bürger wahrgenommenen Beteiligungs- und Mitsprachemöglichkeiten auf lokaler Ebene sowie das Vertrauen in die Akteurinnen und Akteure aus kommunaler Politik und Verwaltung (vgl. Hauptbericht, Kap. 5).

In Nordrhein-Westfalen werden 2 von 3 betrachteten Umfeldindikatoren überwiegend positiv beurteilt. Bei der Bewertung der Partizipationschancen liegt Nordrhein-Westfalen im Vergleich zu den anderen Bundesländern im vorderen Bereich, bezüglich des in die Kommunalpolitiker und -politikerinnen gesetzten Vertrauens im mittleren und hinsichtlich des Verwaltungsvertrauens im hinteren Feld des bundesweiten Rankings (vgl. Hauptbericht, Abschn. 5.3.2).

Auf einem additiven Index, der die Rangplätze zusammenfasst, welche die Bundesländer bei *guter* Bewertung der Variablen lokale Partizipation, kommunales Politikvertrauen und Verwaltungsvertrauen jeweils einnehmen, liegt

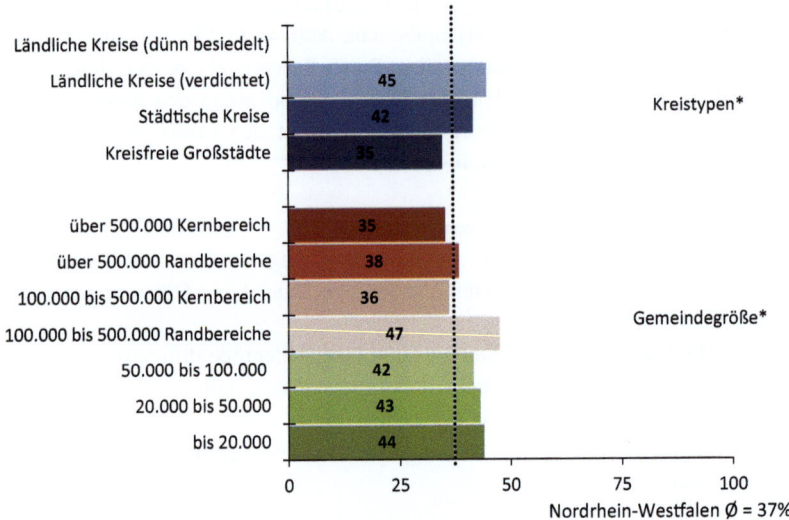

* Unterschiede sind auf einem Niveau von ≤ 5 % signifikant.

Abb. 7.51 Wo ist man ehrenamtlich engagiert? – Standarddifferenzierung (Kontext) für Nordrhein-Westfalen (Anteile *engagiert* in %). (Quelle: Eigene Berechnungen, Grundlage: FWS-Datensatz 2019)

Nordrhein-Westfalen im Mittelfeld (vgl. Abb. 7.52). Die oberhalb der Balkendiagramme des Kontextindex mit abgebildete lineare Trendlinie der länderspezifischen Engagementquoten lässt für Nordrhein-Westfalen keine Koinzidenz von positiver Einschätzung des lokalen Lebensumfelds und vergleichsweise überdurchschnittlichem freiwilligem Engagement erkennen. Dies deutet darauf hin, dass eher keine Wechselwirkung beider Einstellungsebenen besteht.

4. Stand und Perspektiven des Engagements

Verglichen mit den anderen Bundesländern weist Nordrhein-Westfalen zwar eine unterdurchschnittliche Engagementquote auf. In der Langzeitbetrachtung der letzten 2 Jahrzehnte gibt es aber gleichwohl Anzeichen dafür, dass sich die nordrhein-westfälische Engagementlandschaft partiell positiv darstellt bzw. verändert. Zu dieser Entwicklung trugen folgende Faktoren bei: eine kontinuierlich gestiegene grundsätzliche Bereitschaft, künftig ein Engagement aufzunehmen;

7.10 Landesprofil Nordrhein-Westfalen

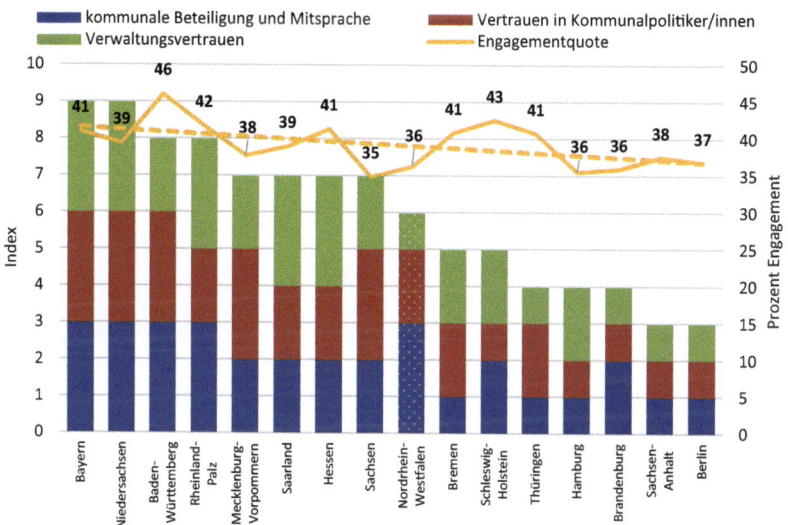

Abb. 7.52 Index aus Beteiligung und Mitsprache *(gut)* sowie Verwaltungs- und Kommunalpolitikvertrauen *(vertraue)* in Gegenüberstellung des freiwilligen Engagements (in %). (Quelle: Eigene Berechnungen, Grundlage: FWS 2019 und info-Erhebung 2020)

ein insgesamt relativ gefestigtes Budget der für Engagement aufgewandten Zeit, wobei die Kategorie des Kurzzeitengagements (unter 2 h) nur moderat angewachsen ist, sowie ein zuletzt leicht gestiegenes Spendenaufkommen.

Dass soziodemografische Merkmale wie Alter und Bildung, die andernorts Engagement stark determinieren, in Nordrhein-Westfalen schwächere bzw. durchschnittliche Effekte haben, zeigt einen vergleichsweise hohen Grad gesellschaftlicher Durchdringung der Engagementnorm an. Hiermit ist gemeint, dass ein freiwilliges Engagement nur (noch) abgeschwächt von bestimmten individuellen Merkmalen (u. a. Alter, Bildung oder auch Einkommen) bestimmt wird und stattdessen bereits vergleichsweise häufig als eine allgemeine Maxime (wie dies vergleichbar für die Ausübung des Wahlrechts gilt) verinnerlicht wurde.

Mittel- bis langfristig bedeutet der demografische Wandel für Nordrhein-Westfalen eine vergleichsweise hohe Herausforderung. Statistischen Prognosen zufolge wird die Zahl der Menschen im Rentenalter in den westdeutschen Flächenländern bis 2035 mit 25 % Zuwachs überproportional zunehmen. Für Nordrhein-Westfalen ist in dieser Altersgruppe der 67-Jährigen und Älteren mit einem Zuwachs von etwa 22 Prozentpunkten zu rechnen (vgl. Destatis 2021).

Aufgrund dieses Zukunftsszenarios scheint es für das Land Nordrhein-Westfalen besonders wichtig zu sein, die im Bereich freiwilligen Engagements aktuell leicht positive Entwicklung weiter auszubauen bzw. zu stabilisieren. Die Angebote für altengerechtes Engagement sollten rechtzeitig erweitert werden, um die im Land vergleichsweise eher niedrige Engagementbereitschaft in der wachsenden Gruppe der Seniorinnen und Senioren nachhaltig zu aktivieren.

7.11 Landesprofil Rheinland-Pfalz

1. **Öffentlich gemeinschaftliche Aktivitäten** sind nicht gleichzusetzen mit freiwilligem Engagement, haben jedoch das Potenzial, für dieses als ein ‚Türöffner' beziehungsweise als eine Vorstufe desselben zu wirken (vgl. Hauptbericht, Abschn. 2.1).

Welche Größenordnung weist diese Form zivilgesellschaftlichen Handelns in Rheinland-Pfalz bezogen auf die Gesamtheit der Bundesländer zum Erhebungszeitpunkt 2019 auf? Wie stellt sich die Entwicklung ländervergleichend im Zeitverlauf dar?
Mit einer Beteiligungsrate von über 65 % an Befragten, die angeben, öffentlich gemeinschaftliche Aktivitäten auszuüben, liegt Rheinland-Pfalz sehr nahe am Bundesdurchschnitt von 66 % (vgl. Hauptbericht, Abb. 3.1). Im Zeitverlauf betrachtet steigt die Aktivitätsrate von 1999 bis 2004 deutlich um mehr als 14 % und damit auf den in jenem Jahr bundesweit höchsten Wert. Seither sank dieser Wert aber kontinuierlich. Er liegt 2019 immerhin um mehr als 6 Prozentpunkte über dem Ausgangswert von 1999 (dieser betrug 59 %, vgl. Hauptbericht, Abb. 3.2).

In welchen Bereichen werden diese Aktivitäten im Land bevorzugt ausgeübt?
Wie in allen Bundesländern sind in Rheinland-Pfalz mit Abstand die meisten Menschen im Bereich *Sport und Bewegung* öffentlich gemeinschaftlich aktiv (vgl. Hauptbericht, Abb. 3.3). Mit einem Anteil von 38 % rangiert das Land hier im Mittelfeld und knapp unter dem Bundesdurchschnitt. Zu 19 % sind Rheinland-Pfälzer im *kulturellen und musikalischen Bereich* am zweihäufigsten aktiv. Hier belegt das Land im Bundesvergleich einen Platz im oberen Viertel. Im *sozialen Bereich* ist die landesweite Aktivität mit 18 % ähnlich häufig, was im Bundesvergleich den Spitzenplatz bedeutet. Im Bereich *Freizeit und Geselligkeit* engagieren

7.11 Landesprofil Rheinland-Pfalz

sich ähnlich viele Personen (14 %) wie im Bereich *Schule oder Kindergarten* (13 %; für eine Auflistung aller Engagementbereiche vgl. auch Abb. 7.54).

2. **Freiwilliges Engagement** ist gekennzeichnet als Engagement, bei welchem über eine öffentlich gemeinschaftliche Aktivität hinaus noch weitere Aufgaben und Tätigkeiten freiwillig übernommen werden (vgl. Hauptbericht, Abschn. 3.2).

Verglichen mit anderen Bundesländern: Wie viele Menschen in Rheinland-Pfalz engagieren sich freiwillig?
Rheinland-Pfalz nimmt 2019 im bundesweiten Vergleich mit einer Engagementquote von rund 42 % den dritten Platz hinter Baden-Württemberg und Schleswig–Holstein ein. Damit liegt das Land über dem Bundesdurchschnitt von knapp 40 % (vgl. Abb. 7.53).

Wie hat sich freiwilliges Engagement im Zeitverlauf und im Vergleich mit den anderen Bundesländern entwickelt?
Zu Beginn des Surveys im Jahr 1999 lag Rheinland-Pfalz mit rund 29 % freiwilligen Engagements unter den Befragten im Vergleich der Bundesländer im

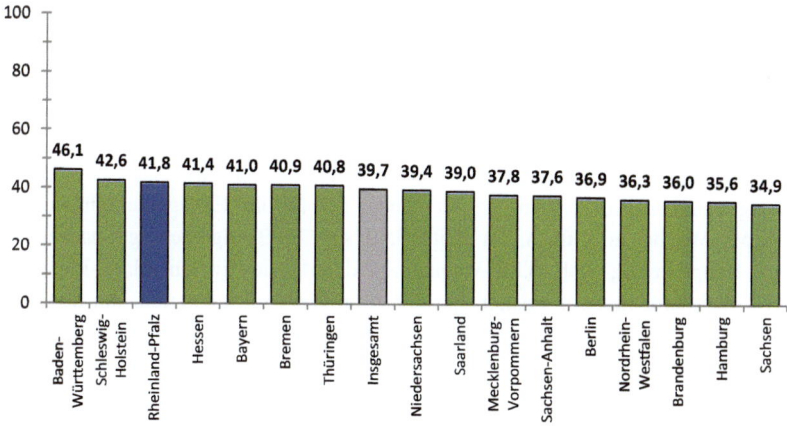

Abb. 7.53 Freiwilliges Engagement: Rheinland-Pfalz im Vergleich der Bundesländer in Prozent (Eta^2 = 0,005). (Quelle: Eigene Berechnungen, Grundlage: FWS-Datensatz 2019, Länderunterschiede sind auf einem Niveau von $\leq$ 1 % signifikant)

Mittelfeld und nahe am Bundesdurchschnitt. Von 1999 bis 2004 stieg die Engagementquote mäßig. Sie liegt seither beständig in einer Spitzengruppe dreier Länder, wenngleich die Engagementquote bis 2009 stagnierte. Wie in den meisten Bundesländern stieg sie dann bis 2014 wieder deutlich, sank bis 2019 jedoch um 2 Prozentpunkte. Insgesamt fiel der Anstieg der Engagementquote in Rheinland-Pfalz in den letzten 2 Jahrzehnten mit mehr als 12 % recht hoch aus (vgl. Hauptbericht, Abb. 3.5).

In welchen Bereichen wird freiwilliges Engagement bevorzugt ausgeübt?
Wie in den meisten anderen Bundesländern (mit Ausnahme Berlins) ist in Rheinland-Pfalz freiwilliges Engagement im Bereich *Sport und Bewegung* mit 16 % am häufigsten angesiedelt (vgl. Abb. 7.54; vgl. auch Hauptbericht, Abb. 3.6). Am zweithäufigsten engagieren sich die Menschen in Rheinland-Pfalz im *kulturellen Bereich* (10 %). Der *soziale Bereich* und der Bereich *Schule oder Kindergarten* folgen mit jeweils rund 8 % fast gleichauf. 7 % der Landesbewohnerinnen und -bewohner engagieren sich im *kirchlich-religiösen Bereich*. Diese Rangfolge entspricht im Großen und Ganzen dem bundesweit erkennbaren Muster.

Wieviel Zeit wird für freiwilliges Engagement aufgewendet? Wie verändert sich das Zeitbudget in der Längsschnittbetrachtung?
Wie in allen anderen Bundesländern auch beziffert in Rheinland-Pfalz eine deutliche Mehrheit der befragten Engagierten (63 %) ihren Zeitaufwand für freiwilliges Engagement auf bis zu 2 h in der Woche (vgl. Hauptbericht, Abb. 3.7). Mit einem Anteil von 19 % engagieren sich mit im Schnitt 6 und mehr Wochenstunden etwas mehr Landesbewohnerinnen und -bewohner freiwillig gegenüber 18 %, die wöchentlich 3 bis 5 h für ihr Engagement aufwenden.

Es kennzeichnet die bundesweite Entwicklung, dass bei insgesamt gestiegener Engagementquote der Anteil der Personen, die für ihr Engagement höchstens 2 h pro Woche aufbringen, im Zeitverlauf seit 1999 allgemein gewachsen ist (vgl. Hauptbericht, Abb. 3.8). Wenngleich der Anstieg in Rheinland-Pfalz bis 2014 insgesamt moderat ausfiel, lag der Anteil jener Engagierten, die bis zu 2 Wochenstunden für ihr Engagement aufwenden, im Land stets im obersten Viertel (2019 bei 63 %).

Welche Beweggründe für freiwilliges Engagement werden am häufigsten genannt?
Spaß am Engagement – das ist auch in Rheinland-Pfalz wie in allen anderen Bundesländern mit Abstand das Hauptmotiv dafür, sich freiwillig zu engagieren (vgl.

7.11 Landesprofil Rheinland-Pfalz

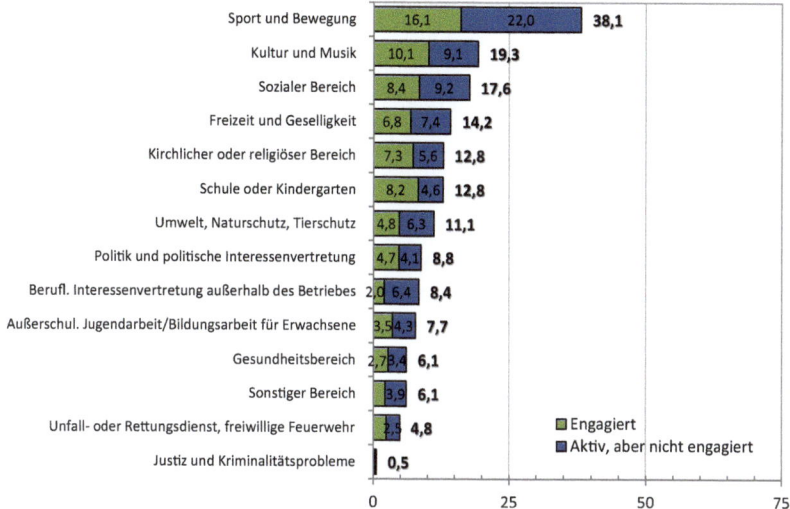

Abb. 7.54 Anteile ehrenamtlich engagierter und öffentlich gemeinschaftlich aktiver Personen in den 14 Bereichen – Rheinland-Pfalz (Angaben in %). (Quelle: Eigene Berechnungen, Grundlage: FWS-Datensatz 2019)

Hauptbericht, Abb. 3.9). Knapp dahinter rangieren die Motive, *anderen zu helfen* und *etwas für das Gemeinwohl zu tun*. Mit Abstand folgen dann der Wunsch, *die Gesellschaft mitzugestalten,* und zu guter Letzt das *Zusammenkommen mit anderen Menschen.* Ähnlich verteilt ist die Prioritätensetzung der Beweggründe in allen Bundesländern.

An welche Zielgruppen richtet sich freiwilliges Engagement?
Das Saarland ausgenommen sind in allen Bundesländern Kinder und Jugendliche die bevorzugte Zielgruppe freiwilligen Engagements. Rheinland-Pfalz belegt mit 53 % Nennungen in diesem Zielgruppenbereich im Bundesvergleich die Spitzenposition (vgl. Hauptbericht, Abb. 3.10). Weitere Zielgruppen sind Familien (41 %), ältere Menschen (34 %), Hilfe- und Pflegebedürftige (17 %) sowie sozial schlechtergestellte Personen (14 %) (vgl. ebd.).

Wie organisiert sich freiwilliges Engagement?
In Rheinland-Pfalz ist freiwilliges Engagement wie in ausnahmslos allen Bundesländern hauptsächlich vereins- oder verbandsförmig organisiert (vgl. Hauptbericht, Abb. 3.11). Das entspricht mit rund 52 % dem Bundesdurchschnitt. Hierbei kommt zum Ausdruck, dass das Land in Deutschland eine vergleichsweise hohe Mitgliedsdichte in diesem Organisationssegment aufweist (vgl. Hauptbericht, Abb. 3.20). 18 % der freiwillig Engagierten organisieren sich in Rheinland-Pfalz hingegen eigenständig, womit diese Organisationsform wie in allen Bundesländern auf dem 2. Rang rangiert. Weitere 13 % nehmen den Weg zu ihrem freiwilligen Engagement über eine Kirche oder eine religiöse Vereinigung (vgl. Hauptbericht, Abb. 3.11). Etwas weniger Nennungen entfallen auf andere Formen der Organisation (12 %) und solche im staatlichen bzw. kommunalen Bereich (6 %). Diese Rangfolge entspricht dem Bundesdurchschnitt.

Welche organisatorischen Verbesserungsbedarfe werden gesehen?
An organisatorischen Verbesserungen wünschen sich freiwillig Engagierte in Rheinland-Pfalz wie in ganz Deutschland vor allem mehr und besser ausgestattete Räumlichkeiten (49 %, vgl. Hauptbericht, Abb. 3.12). In diesem Punkt und bei weiteren genannten Desideraten (fachliche Unterstützung (40 %), Weiterbildungsmöglichkeiten (36 %), unbürokratische Kostenerstattung (33 %) und Anerkennung seitens Hauptamtlicher (30 %)) weicht die Wunschliste in Rheinland-Pfalz nicht vom gesamtdeutschen Durchschnitt ab.

Welche Verbesserungswünsche richten sich an staatliche und öffentliche Stellen?
Eine bessere Information und Beratung durch staatliche und öffentliche Stellen (58 %) steht in Rheinland-Pfalz an der Spitze der geäußerten Verbesserungswünsche (vgl. Hauptbericht, Abb. 3.13). Dahinter rangieren mit jeweils rund 57 % die Absicherung durch Haftpflicht- und Unfallversicherung und die Anerkennung des eigenen Engagements als Praktikum beziehungsweise Weiterbildung (56 %). Mit etwas Abstand folgen dann zu fast gleichen Teilen die Vereinbarkeit von Ehrenamt und Beruf (52 %) sowie eine steuerfreie Aufwandsentschädigung (51 %).

Was steht freiwilligem Engagement entgegen?
Nach Auskunft der befragten Personen in Rheinland-Pfalz sind es wie in ganz Deutschland vor allem zeitliche Gründe, welche ein freiwilliges Engagement aus ihrer Sicht behindern. Mit 66 % Nennungen dieses Hindernisfaktors kommt das Land dabei auf den bundesweit niedrigsten Wert (vgl. Hauptbericht, Abb. 3.14). Berufliche Belastungen sowie die Abneigung gegenüber Verpflichtungen werden

7.11 Landesprofil Rheinland-Pfalz

hier wie in allen anderen Bundesländern auch deutlich weniger angeführt (40 bzw. 38 %). Auch diese Verteilung der Anteilswerte ist in allen Bundesländern ähnlich (vgl. ebd.).

Wie groß ist das Potenzial der Bereitschaft zum Engagement?
Die Größenordnung des Engagementpotenzials wird im FWS mit der Frage erhoben, wer sich sicher oder vielleicht vorstellen kann, sich künftig freiwillig zu engagieren. In Rheinland-Pfalz liegt dieses Potenzial bei Befragten, die bisher noch nicht oder nicht mehr engagiert sind, mit rund 56 % etwas unter dem Bundesdurchschnitt (vgl. Hauptbericht, Abb. 3.16), was der vergleichsweise hohen Engagementquote geschuldet sein dürfte.

Bemerkenswert ist zudem die Entwicklung dieses Potenzials im Zeitverlauf der letzten 2 Jahrzehnte. Obgleich die Quote des tatsächlich ausgeübten Engagements im Land von 1999 bis 2019 um mehr als 12 Prozentpunkte anstieg, verdoppelte sich parallel dazu auch die Engagementbereitschaft im Land annähernd (vgl. Hauptbericht, Abb. 3.17). Die hier ohnehin bereits gute Grundbedingung dafür, dieses Potenzial auch zukünftig weiter auszuschöpfen, hat sich folglich nochmals verbessert. Während in Rheinland-Pfalz 1999 noch die zweitgeringste Engagementbereitschaft gemessen wurde, stieg diese bis 2004 ins obere Drittel unter den Bundesländern auf und pendelte sich seither im Mittelfeld ein.

Wie häufig wird für gemeinnützige oder soziale Zwecke Geld gespendet?
Im gesamtdeutschen Vergleich liegt Rheinland-Pfalz mit ca. 53 % Spendentätigkeiten vonseiten der Befragten im vorderen Mittelfeld aller Bundesländer und nahe am Bundesdurchschnitt (vgl. nachfolgende Abbildung; vgl. auch Hauptbericht, Abb. 3.18). Wie in allen anderen Bundesländern war die Zahl der Spendenden nach 2004 zunächst stark eingebrochen, sie stabilisierte sich zwischen 2014 und 2019 aber wieder (vgl. Hauptbericht, Abb. 3.19 und 7.55).

Wie viele Menschen engagierten sich für Geflüchtete?
In den dem Befragungszeitpunkt 2019 vorausgegangenen 5 Jahren engagierten sich in Rheinland-Pfalz gut 11 % der Befragten nach eigener Aussage für Geflüchtete. Damit liegt das Land leicht unter dem Bundesdurchschnitt (vgl. Hauptbericht, Abb. 3.22).

Welche individuellen Einflussfaktoren fördern beziehungsweise hemmen freiwilliges Engagement?
In der nachstehenden Abbildung wird dargestellt, wie sich freiwilliges Engagement gemäß ausgewählten soziodemografischen Merkmalen der Befragten in

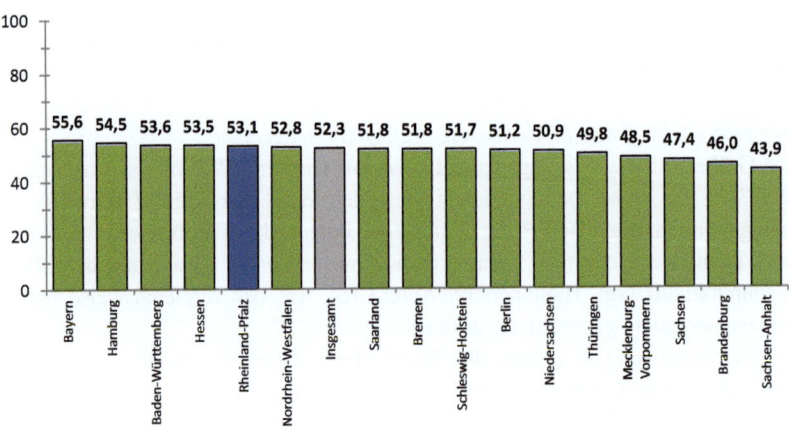

Abb. 7.55 Spendentätigkeit in Rheinland-Pfalz im letzten Jahr vor der Befragung im Vergleich der Bundesländer in Prozent (Eta^2 = 0,003). (Quelle: Eigene Berechnungen, Grundlage: FWS-Datensatz 2019, Länderunterschiede sind auf einem Niveau von ≤ 1 % signifikant)

Rheinland-Pfalz (Standarddifferenzierung) verteilt. Ersichtlich wird: In der jüngsten Altersgruppe (14 bis 19 Jahre), in der mittleren Kohorte der berufsaktiven Jahrgänge (20 bis 65 Jahre) sowie bei den 65- bis 74-Jährigen ist die Ausübung eines freiwilligen Engagements am weitesten verbreitet. Bei den über 75-Jährigen fällt dieses dann, wie auch in den anderen Ländern, deutlich ab. Je höher das Einkommen und der Grad formaler Bildung, desto eher engagieren Menschen sich. Arbeitslosigkeit geht deutlich seltener mit freiwilligem Engagement einher als Berufstätigkeit, Ausbildung, Heimtätigkeit und auch Ruhestand. Wer christlich ist und entweder der evangelischen oder der katholischen Konfession angehört, engagiert sich im Schnitt häufiger als Konfessionslose oder Angehörige anderer Glaubensgemeinschaften. Sind Kinder im Haushalt, ist freiwilliges Engagement ebenfalls wahrscheinlicher. Befragte mit Migrationshintergrund hingegen entschließen sich seltener zu einem freiwilligen Engagement. Im Schnitt engagieren sich in Rheinland-Pfalz Männer und Frauen annähernd im selben Maß (vgl. Abb. 7.56).

Von den Standarddifferenzierungen verdienen die Merkmale Schulbildung und Einkommen in ihren Auswirkungen auf freiwilliges Engagement für das Landesprofil Rheinland-Pfalz besondere Beachtung (vgl. die vollständige Präsentation im

7.11 Landesprofil Rheinland-Pfalz

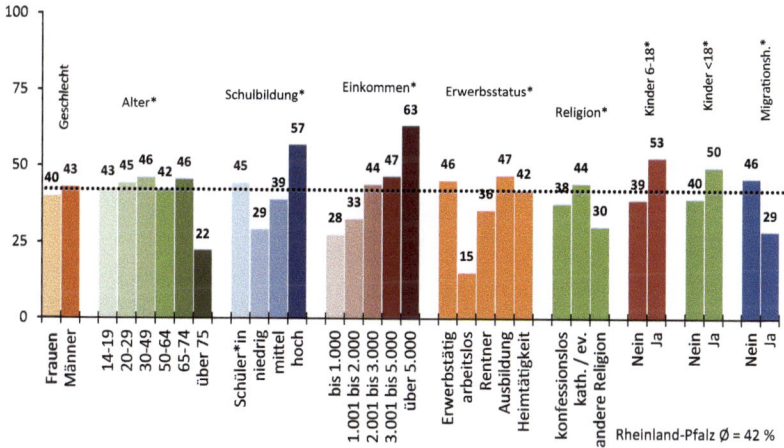

Abb. 7.56 Wer ist in Rheinland-Pfalz ehrenamtlich engagiert? – Standarddifferenzierung (Anteile *engagiert* in %). (Quelle: Eigene Berechnungen, Grundlage: FWS-Datensatz 2019)

Hauptbericht, Abschn. 4.3). Wie in allen Bundesländern ist auch in Rheinland-Pfalz ein Bildungsbias signifikant, das heißt, höhere Schulbildung führt wie erwähnt häufiger zu freiwilligem Engagement. Im Ländervergleich betrachtet scheint dieser Effekt hier durchschnittlich ausgeprägt zu sein (vgl. Hauptbericht, Abb. 4.11). Höhere Einkommen fördern ebenfalls freiwilliges Engagement, aber auch dieser Zusammenhang ist für das Land im Ländervergleich nur moderat nachweisbar (vgl. Hauptbericht, Abb. 4.12).

Wie verteilt sich freiwilliges Engagement räumlich?
Bei der räumlichen Verteilung freiwilligen Engagements weist Rheinland-Pfalz wie die meisten anderen Länder eine *Stadt-Land-Differenz* auf (vgl. Hauptbericht, Abb. 4.17).

Beim Blick auf die nach Raumtypus und Gemeindegröße differenzierte regionale Landkarte hier ausgeübten Engagements fällt die mit zunehmender Siedlungsdichte abnehmende Engagementdichte auf (vgl. Abb. 7.57). Eine nach Gemeindegröße linear zu- oder abnehmende Häufigkeit ist allerdings nicht erkennbar.

3. Kontexteffekte und freiwilliges Engagement

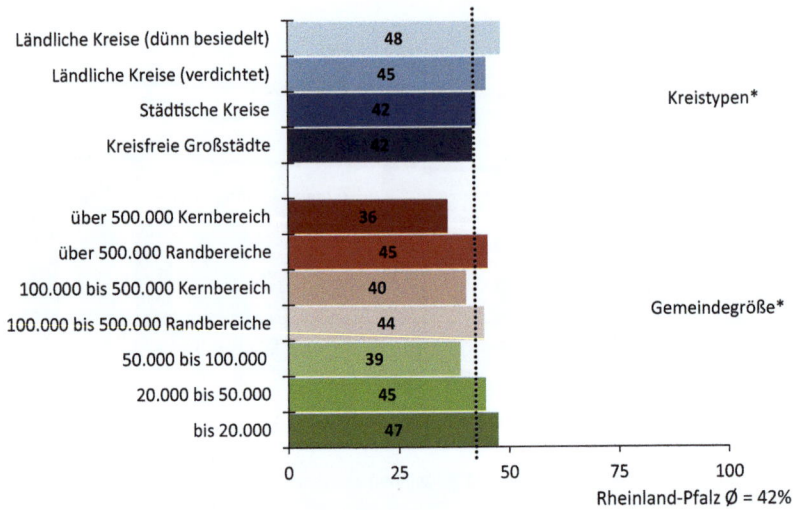

Abb. 7.57 Wo ist man ehrenamtlich engagiert? – Standarddifferenzierung (Kontext) für Rheinland-Pfalz (Anteile *engagiert* in %). (Quelle: Eigene Berechnungen, Grundlage: FWS-Datensatz 2019)

Erkenntnisse der Sozialforschung (vgl. Gabriel und Neller 2010) sprechen für die Annahme, dass die Art und Weise, wie die Menschen im Land Zugänglichkeit, Professionalität und Vertrauenswürdigkeit der staatlichen beziehungsweise öffentlichen Institutionen wahrnehmen, zu Engagement ermutigen oder dieses auch hemmen kann. Im Folgenden werden daher den landesbezogenen Daten des Freiwilligensurveys 2019 zusätzliche, ebenfalls landesspezifisch aufgeschlüsselte Umfragedaten gegenübergestellt, welche auf mögliche Umfeldbedingungen freiwilligen Engagements verweisen. Einbezogen werden hierfür die seitens der Bürgerinnen und Bürger wahrgenommenen Beteiligungs- und Mitsprachemöglichkeiten auf lokaler Ebene sowie das Vertrauen in die Akteurinnen und Akteure aus kommunaler Politik und Verwaltung (vgl. Hauptbericht, Kap. 5).

In Rheinland-Pfalz werden alle drei betrachteten Umfeldindikatoren überwiegend positiv beurteilt. Bei der Bewertung der Partizipationschancen und hinsichtlich des Verwaltungsvertrauens liegt das Land auf den vorderen Plätzen, bezüglich des in die Kommunalpolitiker und -politikerinnen gesetzten Vertrauens im Mittelfeld des bundesweiten Rankings (vgl. Hauptbericht, Abschn. 5.3.2).

7.11 Landesprofil Rheinland-Pfalz

Auf einem additiven Index, der die Rangplätze zusammenfasst, welche die Bundesländer bei *guter* Bewertung der Variablen lokale Partizipation, kommunales Politikvertrauen und Verwaltungsvertrauen jeweils einnehmen, nimmt Rheinland-Pfalz den vierten Rangplatz ein (vgl. Abb. 7.58). Die oberhalb der Balkendiagramme des Kontextindex mit abgebildete lineare Trendlinie der länderspezifischen Engagementquoten lässt für Rheinland-Pfalz eine Koinzidenz von positiver Einschätzung des lokalen Lebensumfelds und vergleichsweise häufigem freiwilligem Engagement erkennen. Dies deutet auf eine Wechselwirkung beider Einstellungsebenen hin.

4. Stand und Perspektiven des Engagements

Den Daten des Deutschen Freiwilligensurveys 2019 zufolge weist Rheinland-Pfalz im deutschlandweiten Vergleich eine kulturell und strukturell gefestigte Engagementlandschaft auf. Das zeigen folgende Befunde: eine bundesweit kontinuierlich im oberen Fünftel angesiedelte Engagementquote; eine in der Langzeitbetrachtung der letzten 2 Jahrzehnte kontinuierlich angestiegene grundsätzliche

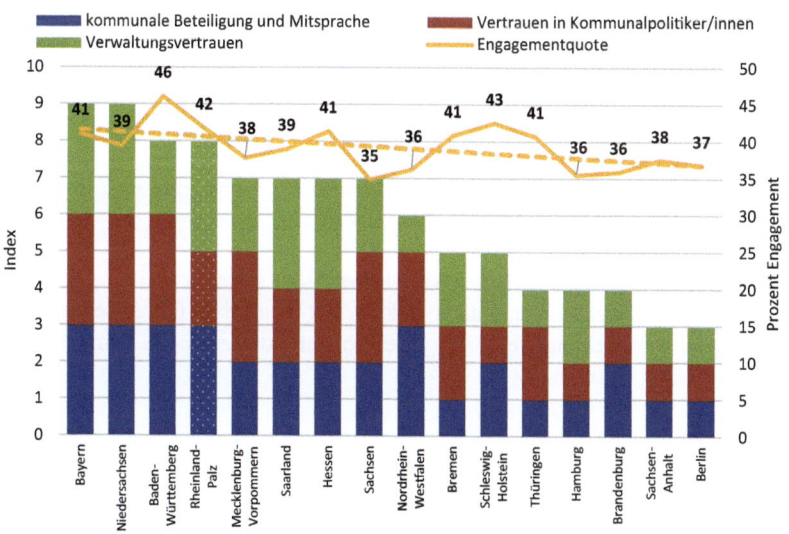

Abb. 7.58 Index aus Beteiligung und Mitsprache *(gut)* sowie Verwaltungs- und Kommunalpolitikvertrauen *(vertraue)* in Gegenüberstellung des freiwilligen Engagements (in %). (Quelle: Eigene Berechnungen, Grundlage: FWS 2019 und info-Erhebung 2020)

Bereitschaft, künftig ein Engagement aufzunehmen; ein insgesamt relativ gefestigtes Budget der für Engagement aufgewandten Zeit, wobei die Kategorie des Kurzzeitengagements (unter 2 h) nur moderat angewachsen ist, sowie ein auf solidem Niveau konsolidiertes Spendenaufkommen.

Dass soziodemografische Merkmale wie Bildung und Einkommen, die andernorts freiwilliges Engagement stark determinieren, in Rheinland-Pfalz schwächere bzw. durchschnittliche Effekte haben, zeigt einen vergleichsweise hohen Grad gesellschaftlicher Durchdringung der Engagementnorm an. Hiermit ist gemeint, dass ein freiwilliges Engagement nur (noch) abgeschwächt von bestimmten individuellen Merkmalen (u. a. Alter, Bildung oder auch Einkommen) bestimmt wird und stattdessen bereits vergleichsweise häufig als eine allgemeine Maxime (wie dies vergleichbar für die Ausübung des Wahlrechts gilt) verinnerlicht wurde.

Mittel- bis langfristig bedeutet der demografische Wandel für Rheinland-Pfalz eine Herausforderung. Statistischen Prognosen zufolge wird die Zahl der Menschen im Rentenalter in den westdeutschen Flächenländern bis 2035 mit 25 % Zuwachs überproportional zunehmen. Für Rheinland-Pfalz ist in dieser Altersgruppe der 67-Jährigen und Älteren mit einem noch größeren Plus von fast 28 Prozentpunkten zu rechnen (vgl. Destatis 2021). Als entsprechend schwierig erweist sich angesichts dieses Zukunftsszenarios für das Land die Aufgabe, das aktuell erreichte Ausmaß freiwilligen Engagements zu halten oder gar auszubauen. Die Angebote für altengerechtes Engagement sollten deswegen rechtzeitig erweitert werden, um in Rheinland-Pfalz die Engagementbereitschaft in der wachsenden Gruppe der Seniorinnen und Senioren nachhaltig zu aktivieren.

7.12 Landesprofil Saarland

1. **Öffentlich gemeinschaftliche Aktivitäten** sind nicht gleichzusetzen mit freiwilligem Engagement, haben jedoch das Potenzial, für dieses als ein ‚Türöffner' beziehungsweise als eine Vorstufe desselben zu wirken (vgl. Hauptbericht, Abschn. 2.1).

Welche Größenordnung weist diese Form zivilgesellschaftlichen Handelns im Saarland bezogen auf die Gesamtheit der Bundesländer zum Erhebungszeitpunkt 2019 auf? Wie stellt sich die Entwicklung ländervergleichend im Zeitverlauf dar?
Mit einer Beteiligungsrate von etwa 63 % an Befragten, die angeben, öffentlich gemeinschaftliche Aktivitäten auszuüben, liegt das Saarland unter dem Bundesdurchschnitt von 66 % (vgl. Hauptbericht Abb. 3.1). Im Zeitverlauf seit Beginn

7.12 Landesprofil Saarland

des Freiwilligensurveys betrachtet unterschreitet die Aktivitätsrate damit nach einem deutlichen Hoch 2009 und 2014 leicht den Ausgangswert von 1999 (dieser betrug 59 %, vgl. Hauptbericht, Abb. 3.2).

In welchen Bereichen werden diese Aktivitäten im Land bevorzugt ausgeübt?
In allen Bundesländern und so auch in dem an der Saar sind mit Abstand die meisten Menschen im Bereich *Sport und Bewegung* öffentlich gemeinschaftlich aktiv (vgl. Hauptbericht, Abb. 3.3). Mit einem Anteil von 37 % rangiert das Saarland hier im unteren Drittel. Mit 19 % ist die Landesbevölkerung im Bereich *Freizeit und Geselligkeit* am zweithäufigsten aktiv. Im *sozialen Bereich* beteiligen sich die Menschen im Saarland mit 18 % ähnlich häufig und belegen damit bundesweit dicht hinter Rheinland-Pfalz den zweiten Platz. Im *kulturellen und musikalischen Bereich* engagieren sich ähnlich viele Saarländerinnen und Saarländer (17 %), im Bereich *Schule oder Kindergarten* sind es mit 12 % weniger (für eine Auflistung aller Engagementbereiche vgl. auch Abb. 7.60).

2. **Freiwilliges Engagement** ist gekennzeichnet als Engagement, bei welchem über eine öffentlich gemeinschaftliche Aktivität hinaus noch weitere Aufgaben und Tätigkeiten freiwillig übernommen werden (vgl. Hauptbericht, Abschn. 3.2).

Verglichen mit anderen Bundesländern: Wie viele Menschen im Saarland engagieren sich freiwillig?
Das Saarland kommt 2019 auf eine Engagementquote von 39 %. Damit liegt das Land minimal unter dem Bundesdurchschnitt von 39,7 % und rangiert im Mittelfeld der Bundesländer (vgl. Abb. 7.59).

Wie hat sich freiwilliges Engagement im Zeitverlauf und im Vergleich mit den anderen Bundesländern entwickelt?
Zu Beginn des Surveys 1999 lag das Saarland mit rund 33 % im Ländervergleich im oberen Viertel. Zwischen 2004 und 2009 sank die Engagementquote ins Mittelfeld der Länder. Wie in den meisten Bundesländern stieg sie bis 2014 deutlich an und lag 2019 um 6 Prozentpunkte über dem Ausgangswert von 33 %. Im Vergleich fällt die Wachstumsrate unterdurchschnittlich aus (vgl. Hauptbericht, Abb. 3.5).

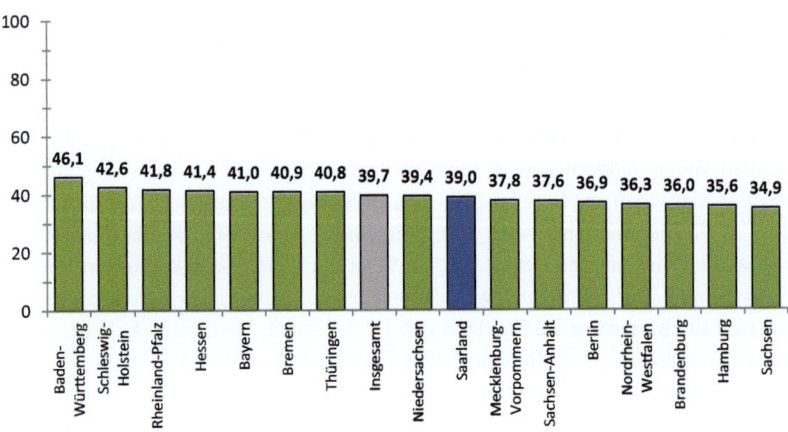

Abb. 7.59 Freiwilliges Engagement: Saarland im Vergleich der Bundesländer in Prozent ($Eta^2 = 0{,}005$). (Quelle: Eigene Berechnungen, Grundlage: FWS-Datensatz 2019, Länderunterschiede sind auf einem Niveau von $\leq 1\ \%$ signifikant)

In welchen Bereichen wird freiwilliges Engagement bevorzugt ausgeübt?
Wie in den meisten anderen Bundesländern (mit Ausnahme Berlins) ist im Saarland freiwilliges Engagement im Bereich *Sport und Bewegung* mit 17 % am häufigsten zu finden; dies entspricht dem bundesweit höchsten Wert (vgl. Abb. 7.60; vgl. auch Hauptbericht, Abb. 3.6). Am zweithäufigsten engagieren sich die Menschen im Saarland im *sozialen Bereich* (10 %). Der *kulturelle Bereich* und der Bereich *Schule oder Kindergarten* liegen mit rund 8 % und rund 7 % fast gleichauf dahinter. Nur 4 % der Landesbewohnerinnen und -bewohner engagieren sich im *kirchlich-religiösen Bereich.*

Wieviel Zeit wird für freiwilliges Engagement aufgewendet? Wie verändert sich das Zeitbudget in der Längsschnittbetrachtung?
Wie in allen anderen Bundesländern auch gibt im Saarland eine Mehrheit der befragten Engagierten (53 %) ihren Zeitaufwand für freiwilliges Engagement mit bis zu 2 h in der Woche an (vgl. Hauptbericht, Abb. 3.7). Ein Fünftel der Saarländerinnen und Saarländer engagiert sich 3 bis 5 h in der Woche. Mit 27 % sind mit Abstand die meisten freiwillig Engagierten, die wöchentlich 6 h und mehr hierfür aufwenden, im Saarland zu finden.

Es kennzeichnet die bundesweite Entwicklung, dass bei insgesamt gestiegener Engagementquote der Anteil der Personen, die für ihr freiwilliges Engagement

7.12 Landesprofil Saarland

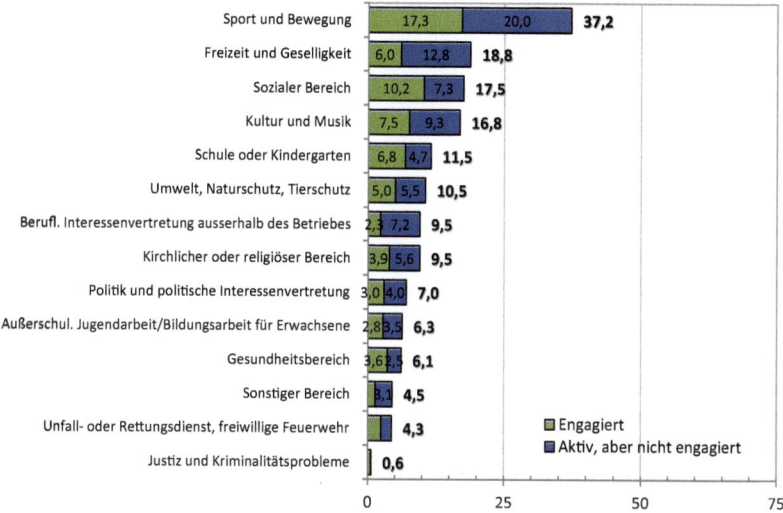

Hinweis: Die Zahlen neben den Balken geben den jeweiligen Anteil aller öffentlich gemeinschaftlich Aktiven an.

Abb. 7.60 Anteile ehrenamtlich engagierter und öffentlich gemeinschaftlich aktiver Personen in den 14 Bereichen – Saarland (Angaben in %). (Quelle: Eigene Berechnungen, Grundlage: FWS-Datensatz 2019)

höchstens 2 h pro Woche aufbringen, im Zeitverlauf seit 1999 allgemein gewachsen ist (vgl. Hauptbericht, Abb. 3.8). Die entsprechende Kurve verläuft im Saarland in gleicher Richtung, doch weniger geradlinig. Sie ist zwar von 2009 auf 2014 ebenfalls deutlich angestiegen, bis 2019 jedoch wieder gesunken auf einen Wert, der keine 2 Prozentpunkte über dem Ausgangsniveau von etwa 51 % liegt.

Welche Beweggründe für freiwilliges Engagement werden am häufigsten genannt?
Spaß am Engagement – das ist auch im Saarland wie in allen anderen Bundesländern mit Abstand das Hauptmotiv dafür, sich freiwillig zu engagieren (vgl. Hauptbericht, Abb. 3.9). Dahinter rangieren die Motive, *etwas für das Gemeinwohl zu tun* sowie *anderen Menschen zu helfen*. Mit Abstand folgen sodann der Wunsch, *die Gesellschaft mitzugestalten,* und das *Zusammenkommen mit anderen Menschen.* Diese Prioritätensetzung der Beweggründe ist in allen Bundesländern ähnlich verteilt.

An welche Zielgruppen richtet sich freiwilliges Engagement?
Das Saarland ist das einzige Bundesland, in dem Familien mit 45 % Nennungen noch vor Kindern und Jugendlichen (42 %) die bevorzugte Zielgruppe freiwilligen Engagements sind (vgl. Hauptbericht, Abb. 3.10). Weitere Zielgruppen sind ältere Menschen (38 %) sowie Hilfe- und Pflegebedürftige und sozial Schlechtergestellte (jeweils rund 23 %) (vgl. ebd.).

Wie organisiert sich freiwilliges Engagement?
Im Saarland ist freiwilliges Engagement zu 58 % und damit noch deutlicher als in allen anderen Bundesländern hauptsächlich vereins- oder verbandsförmig organisiert (vgl. Hauptbericht, Abb. 3.11). Hierin kommt zum Ausdruck, dass das Land in Deutschland eine vergleichsweise hohe Mitgliedsdichte in diesem Organisationssegment aufweist (vgl. Hauptbericht, Abb. 3.20). 18 % der Gruppe freiwillig Engagierter organisieren sich im Saarland hingegen individuell und weitere 13 % über andere Organisationsformen (vgl. Hauptbericht, Abb. 3.11). 7 % der befragten Saarländerinnen und Saarländer gehen in ihrem freiwilligen Engagement den Weg über Kirchen oder weitere religiöse Vereinigungen sowie – im Vergleich der Bundesländer am seltensten – über den staatlichen bzw. kommunalen Bereich (rund 5 %).

Welche organisatorischen Verbesserungsbedarfe werden gesehen?
An organisatorischen Verbesserungen wünschen sich freiwillig Engagierte im Saarland vor allem fachliche Unterstützung (48 %) und dies somit noch zahlreicher als besser ausgestattete Räumlichkeiten (45 %), die in fast allen anderen Bundesländern als dringlichster Verbesserungsbedarf angemeldet werden (vgl. Hauptbericht, Abb. 14). Bei den weiteren genannten Desideraten Weiterbildungsmöglichkeiten (43 %) sowie unbürokratische Kostenerstattung (35 %) und Anerkennung seitens Hauptamtlicher (31 %) weicht die Wunschliste im Saarland nicht vom gesamtdeutschen Durchschnitt ab.

Welche Verbesserungswünsche richten sich an staatliche und öffentliche Stellen?
Bessere Information und Beratung durch staatliche und öffentliche Stellen (61 %) sowie Versicherungsschutz bei Haftpflicht und Unfall (64 %) stehen im Saarland an der Spitze der Verbesserungswünsche (vgl. Hauptbericht, Abb. 3.13). Das sind für beide Bedarfsanmeldungen die bundesweit höchsten Werte. Danach folgen mit jeweils rund 56 % die Vereinbarkeit von Beruf und Ehrenamt und die Anerkennung des freiwilligen Engagements als Praktikum bzw. Weiterbildung. Mit etwas Abstand nimmt eine steuerfreie Aufwandsentschädigung den letzten Platz in der Rangfolge solcher Verbesserungswünsche ein (49 %).

7.12 Landesprofil Saarland

Was steht freiwilligem Engagement entgegen?
Im Saarland sind es wie überall auf der Länderebene vor allem zeitliche Gründe, welche als ein Hindernis für freiwilliges Engagement genannt werden. Mit 73 % Nennungen dieses Faktors liegt das Land hier bundesweit im oberen Drittel (vgl. Hauptbericht, Abb. 3.14). Berufliche Belastungen sowie die Abneigung gegenüber Verpflichtungen werden diesbezüglich genau wie in allen anderen Bundesländern viel seltener angeführt (jeweils rund 41 %). Im Vergleich aller Bundesländer sind die sich im Saarland ergebenden Verteilungen der genannten Hemmnisse für freiwilliges Engagement ähnlich gelagert (vgl. ebd.).

Wie groß ist das Potenzial der Bereitschaft zum Engagement?
Die Größenordnung des Engagementpotenzials wird im FWS mit der Frage erhoben, wer sich sicher oder vielleicht vorstellen kann, sich künftig freiwillig zu engagieren. Im Saarland entspricht dieses Potenzial bei Befragten, die bisher noch nicht oder nicht mehr engagiert sind, mit rund 52 % in etwa dem Bundesdurchschnitt (vgl. Hauptbericht, Abb. 3.16).

Besondere Aufmerksamkeit verdient die Entwicklung der Engagementbereitschaft im Zeitverlauf der letzten 2 Jahrzehnte. Entgegen dem bundesweiten Trend stieg sie im Saarland in den letzten 10 Jahren nur geringfügig an und nahm nach 2014 sogar leicht ab (vgl. Hauptbericht, Abb. 3.17). Die Grundbedingung dafür, dieses Potenzial auch zukünftig weiter auszuschöpfen, hat sich im Saarland folglich tendenziell verschlechtert. Dieser Trend ist ähnlich noch in Thüringen und Brandenburg feststellbar (vgl. ebd.).

Wie häufig wird für gemeinnützige oder soziale Zwecke Geld gespendet?
Im gesamtdeutschen Vergleich liegt das Saarland mit fast 52 % Spendentätigkeiten vonseiten der Befragten im Mittelfeld des Länderrankings sowie nahe am Bundesdurchschnitt (vgl. nachfolgende Abbildung; vgl. auch Hauptbericht, Abb. 3.18). Wie in allen anderen Bundesländern war die Zahl der Spendenden nach 2004 zunächst stark eingebrochen; seither sinkt sie moderat, aber kontinuierlich weiter (vgl. Hauptbericht, Abb. 3.19 und 7.61).

Wie viele Menschen engagierten sich für Geflüchtete?
In den dem Befragungszeitpunkt 2019 vorausgegangenen 5 Jahren engagierten sich im Saarland mehr als 12 % der Befragten nach eigener Aussage freiwillig für Geflüchtete, was nahezu dem Bundesdurchschnitt entspricht (vgl. Hauptbericht, Abb. 3.22).

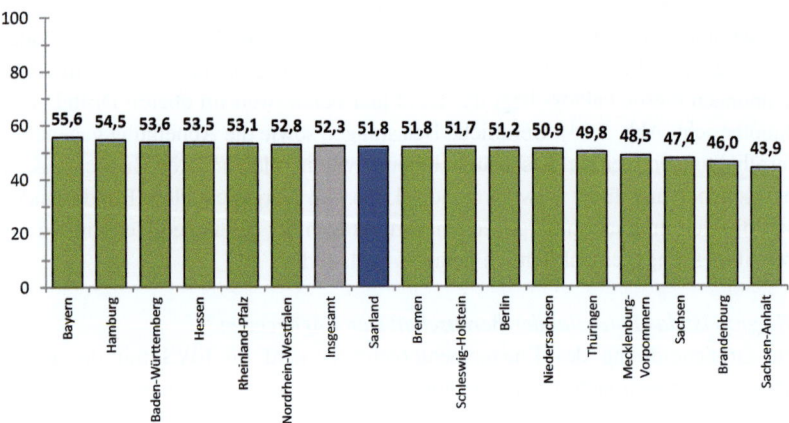

Abb. 7.61 Spendentätigkeit im Saarland im letzten Jahr vor der Befragung im Vergleich der Bundesländer in Prozent (Eta^2 = 0,003). (Quelle: Eigene Berechnungen, Grundlage: FWS-Datensatz 2019, Länderunterschiede sind auf einem Niveau von ≤ 1 % signifikant)

Welche individuellen Einflussfaktoren fördern beziehungsweise hemmen freiwilliges Engagement?
In der nachstehenden Abbildung wird dargestellt, wie sich freiwilliges Engagement gemäß ausgewählten soziodemografischen Merkmalen der befragten Personen aus dem Saarland (Standarddifferenzierung) verteilt. Ersichtlich ist dabei: In der jüngsten Altersgruppe (14 bis 19 Jahre) sowie in der mittleren Kohorte der berufsaktiven Jahrgänge (20 bis 65 Jahre) ist solches Engagement am häufigsten anzutreffen. Je höher das Einkommen und der Grad formaler Bildung, desto eher engagieren sich Menschen zudem. Arbeitslosigkeit geht ebenso wie Heimtätigkeit deutlich seltener mit freiwilligem Engagement einher als eine Berufstätigkeit oder eine Ausbildung. Wer der katholischen oder evangelischen Konfession angehört, engagiert sich im Schnitt etwas häufiger als Konfessionslose oder Angehörige anderer Glaubensgemeinschaften. Leben Kinder unter 18 Jahren im Haushalt, ist freiwilliges Engagement ebenfalls wahrscheinlicher, während das Vorhandensein von Kindern über 18 Jahren im Unterschied zu anderen Ländern diesbezüglich im Saarland keine Rolle spielt. Befragte mit Migrationshintergrund entschließen sich seltener zur Ausübung eines freiwilligen Engagements. Im Schnitt engagieren sich im Saarland mehr Männer als Frauen (vgl. Abb. 7.62).

Von den Standarddifferenzierungen verdienen die Merkmale Geschlecht, Einkommen und Religionszugehörigkeit in ihren Effekten auf Engagement für den

7.12 Landesprofil Saarland

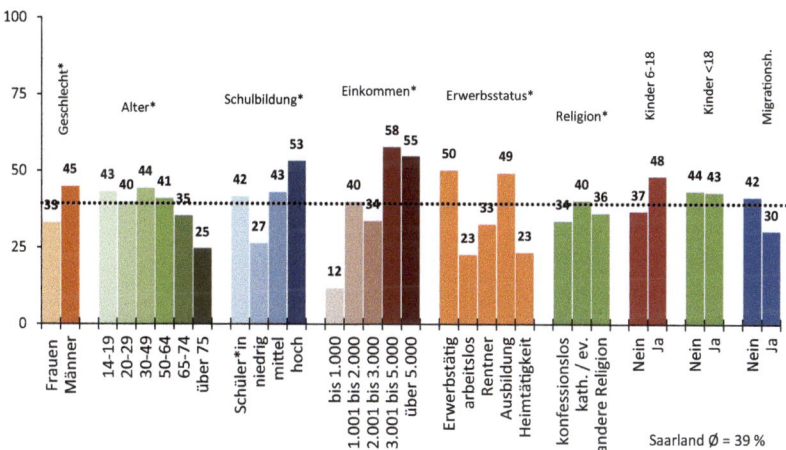

*Unterschiede sind auf einem Niveau von ≤ 5 % signifikant.

Abb. 7.62 Wer ist im Saarland ehrenamtlich engagiert? – Standarddifferenzierung (Anteile *engagiert* in %). (Quelle: Eigene Berechnungen, Grundlage: FWS-Datensatz 2019)

Länderbericht Saarland besondere Beachtung (vgl. die vollständige Präsentation im Hauptbericht, Abschn. 4.3). Während sich das Geschlecht in den meisten Bundesländern nicht auswirkt, ist das Saarland im Bundesländervergleich das Land mit dem größten geschlechtsspezifischen Unterschied, d. h. es engagieren sich hier im Schnitt signifikant mehr Männer als Frauen (vgl. Hauptbericht, Abb. 4.10). Höhere Einkommen sind der Quote freiwilligen Engagements in allen Bundesländern durchweg förderlich, wobei dieser Effekt im Saarland besonders stark ausgeprägt ist. Das freiwillige Engagement wird hier zudem stärker als in anderen Ländern vom Haushaltseinkommen einer Person bestimmt. Dies spiegelt sich auch in der höheren Differenz der Engagementquoten zwischen hohen und niedrigen Einkommensgruppen wieder (vgl. Abb. 7.62 sowie Hauptbericht, Abb. 4.12).

Bundesweit gehen evangelische oder katholische Befragte deutlich häufiger als konfessionslose oder anderen Glaubensgemeinschaften zugehörige Personen regelmäßig einem Ehrenamt nach. Ist der Anteil an katholischen und evangelischen Menschen in einem Land hoch und auch der Zusammenhang von Religion und Ehrenamt ausgeprägt, kann sich das in einer höheren Engagementrate niederschlagen (vgl. Hauptbericht, Abb. 4.15). Im Saarland ist dieser Effekt trotz des bundesweit höchsten Anteils an konfessionsgebundenen Menschen im Land (74 %) jedoch nur schwach ausgeprägt (vgl. Hauptbericht, Abschn. 5.4.1).

Wie verteilt sich freiwilliges Engagement räumlich?
Zur *Stadt-Land-Differenz* kann im Saarland aufgrund der Konzentration der Befragten auf städtische Kreise bzw. wegen fehlender Angaben zum ländlichen Raum keine Aussage getroffen werden (vgl. Hauptbericht, Abb. 4.17).

Eine nach Gemeindegröße linear zu- oder abnehmende Häufigkeit ist nicht erkennbar (vgl. Abb. 7.63).

3. Kontexteffekte und freiwilliges Engagement

Erkenntnisse der Sozialforschung (vgl. Gabriel und Neller 2010) sprechen für die Annahme, dass die Art und Weise, wie die Menschen im Land Zugänglichkeit, Professionalität und Vertrauenswürdigkeit der staatlichen beziehungsweise

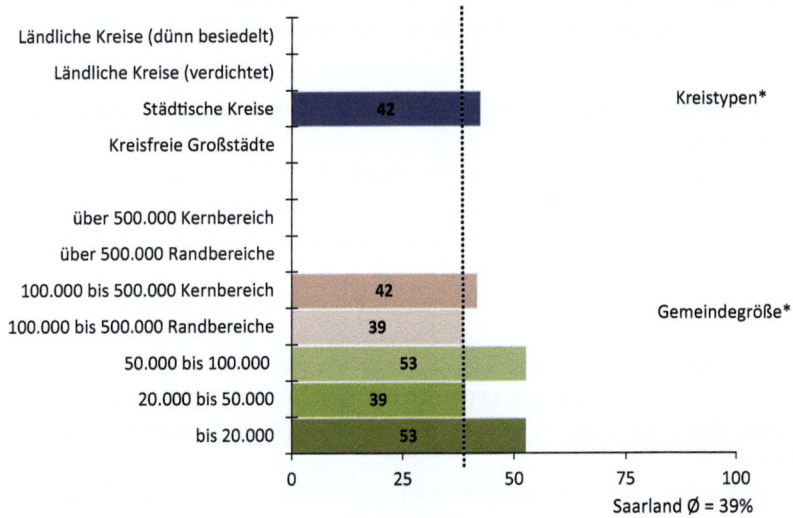

* Unterschiede sind auf einem Niveau von ≤ 5 % signifikant.

Abb. 7.63 Wo ist man ehrenamtlich engagiert? – Standarddifferenzierung (Kontext) für das Saarland (Anteile *engagiert* in %). (Quelle: Eigene Berechnungen, Grundlage: FWS-Datensatz 2019)

7.12 Landesprofil Saarland

öffentlichen Institutionen wahrnehmen, zu freiwilligem Engagement ermutigen oder dieses auch hemmen kann. Im Folgenden werden daher den landesbezogenen Daten des Freiwilligensurveys 2019 zusätzliche, ebenfalls landesspezifisch aufgeschlüsselte Umfragedaten gegenübergestellt, welche auf mögliche Umfeldbedingungen freiwilligen Engagements verweisen. Einbezogen werden hierfür die seitens der Bürgerinnen und Bürger wahrgenommenen Beteiligungs- und Mitsprachemöglichkeiten auf lokaler Ebene sowie das Vertrauen in die Akteurinnen und Akteure aus kommunaler Politik und Verwaltung (vgl. Hauptbericht, Kap. 5).

Im Saarland werden alle 3 betrachteten Umfeldindikatoren überwiegend positiv beurteilt. Vor allem bei der Bewertung des in die Kommunalpolitiker und -politikerinnen gesetzten Vertrauens liegt das Land auf einem vorderen Platz im bundesweiten Ranking.

Auf einem additiven Index, der die Rangplätze zusammenfasst, welche die Bundesländer bei *guter* Bewertung der Variablen lokale Partizipation, kommunales Politikvertrauen und Verwaltungsvertrauen jeweils einnehmen, liegt das Saarland im Mittelfeld (vgl. Abb. 7.64). Die oberhalb der Balkendiagramme des Kontextindex mit abgebildete lineare Trendlinie der länderspezifischen Engagementquoten lässt für das Saarland eine Koinzidenz von positiver Einschätzung des lokalen Lebensumfelds und vergleichsweise häufigem freiwilligem Engagement zumindest tendenziell erkennen. Dies deutet in gewissem Maße auf eine Wechselwirkung beider Einstellungsebenen hin.

4. Stand und Perspektiven des Engagements

Das Saarland weist eine im deutschlandweiten Vergleich insgesamt konsolidierte Engagementlandschaft auf. Dazu tragen folgende Faktoren bei: eine bundesweit durchschnittliche Engagementquote; eine in der Langzeitbetrachtung der letzten 2 Jahrzehnte geringfügig gestiegene grundsätzliche Bereitschaft, künftig ein Engagement aufzunehmen; ein insgesamt gefestigtes Budget der für Engagement aufgewandten Zeit, wobei die Kategorie des Kurzzeitengagements (unter 2 h) nur moderat angewachsen ist; eine sehr hohe Anbindung freiwilliger Aktivitäten an Vereine und Verbände sowie ein bundesweit durchschnittliches Spendenaufkommen.

Dass soziodemografische Merkmale wie Geschlecht und Einkommen das Engagement vergleichsweise stark determinieren, zeigt einen vergleichsweise niedrigen Grad gesellschaftlicher Durchdringung der Engagementnorm an. Hiermit ist gemeint, dass ein freiwilliges Engagement (noch) keine allgemein verinnerlichte Maxime darstellt (wie dies in Teilen z. B. für die Ausübung des

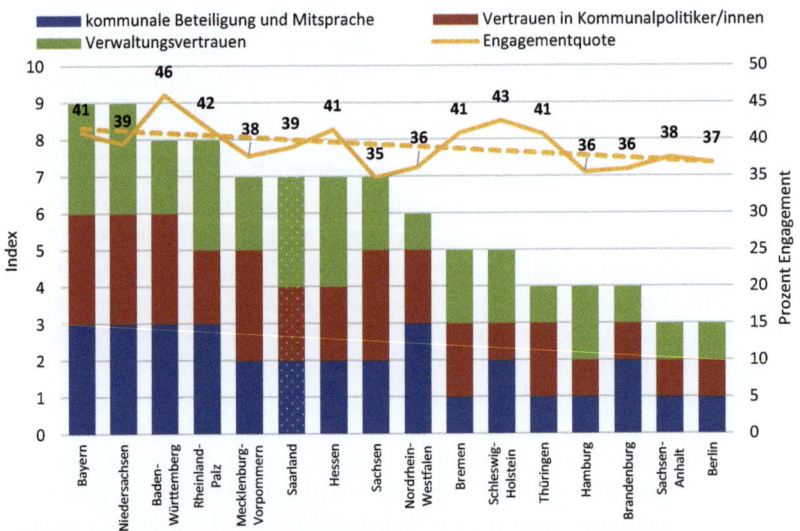

Abb. 7.64 Index aus Beteiligung und Mitsprache *(gut)* sowie Verwaltungs- und Kommunalpolitikvertrauen *(vertraue)* in Gegenüberstellung des freiwilligen Engagements (in %). (Quelle: Eigene Berechnungen, Grundlage: FWS 2019 und info-Erhebung 2020)

Wahlrechts gilt), sondern stärker von bestimmten individuellen Merkmalen (u. a. Alter, Bildung oder auch Einkommen) bestimmt wird.[7]

Mittel- bis langfristig bedeutet der demografische Wandel für das Saarland eine vergleichsweise hohe Herausforderung. Statistischen Prognosen zufolge wird die Zahl der Menschen im Rentenalter in den westdeutschen Flächenländern bis 2035 mit 25 % Zuwachs überproportional zunehmen. Für das Saarland ist in dieser Altersgruppe der 67-Jährigen und Älteren mit einem Plus von immerhin etwa 18,3 Prozentpunkten zu rechnen (vgl. Destatis 2021). Verglichen mit anderen Bundesländern erscheinen angesichts dieses Zukunftsszenarios die Aussichten des Saarlands, die aktuelle Entwicklung ausbauen oder wenigstens stabilisieren zu können, vergleichsweise günstiger. Dafür sollten die Angebote für altengerechtes Engagement aber rechtzeitig erweitert werden, um die Engagementbereitschaft auch in der wachsenden Gruppe der Seniorinnen und Senioren nachhaltig zu aktivieren.

---

[7] Mit Abstufungen gilt dies für alle Länder.

7.13 Landesprofil Sachsen

1. **Öffentlich gemeinschaftliche Aktivitäten** sind nicht gleichzusetzen mit freiwilligem Engagement, haben jedoch das Potenzial, für dieses als ein ‚Türöffner' beziehungsweise als eine Vorstufe desselben zu wirken (vgl. Hauptbericht, Abschn. 2.1).

Welche Größenordnung weist diese Form zivilgesellschaftlichen Handelns in Sachsen bezogen auf die Gesamtheit der Bundesländer zum Erhebungszeitpunkt 2019 auf? Wie stellt sich die Entwicklung ländervergleichend im Zeitverlauf dar?
Mit einer Beteiligungsrate von rund 62 % an Befragten, die angeben, öffentlich gemeinschaftliche Aktivitäten auszuüben, liegt Sachsen auf dem vorletzten Platz aller Bundesländer und unter dem Bundesdurchschnitt von 66 % (vgl. Hauptbericht, Abb. 3.1). Im Zeitverlauf betrachtet steigt die Aktivitätsrate über die Jahre hinweg wie in anderen ostdeutschen Ländern auch überdurchschnittlich an und liegt 2019 fast 11 Prozentpunkte über dem Ausgangswert von 1999 (dieser betrug rund 52 %, vgl. Hauptbericht, Abb. 3.2).

In welchen Bereichen werden diese Aktivitäten im Land bevorzugt ausgeübt?
In allen Bundesländern und so auch in Sachsen sind mit Abstand die meisten Menschen im Bereich *Sport und Bewegung* öffentlich gemeinschaftlich aktiv (vgl. Hauptbericht, Abb. 3.3). Mit einem Anteil von 35 % liegt Sachsen im Vergleich der Bundesländer im unteren Viertel. Abweichend von den meisten Bundesländern ist die sächsische Landesbevölkerung mit 20 % im Bereich *Freizeit und Geselligkeit* am zweithäufigsten aktiv. Im *kulturellen Bereich* (14 %) sowie im Bereich *Schule oder Kindergarten* (11 %) beteiligen sich in Sachsen weniger Menschen. Im *sozialen Bereich* ist die öffentlich gemeinschaftliche Aktivität im Land mit etwa 9 % bundesweit am geringsten ausgeprägt (für eine Auflistung aller Engagementbereiche vgl. auch Abb. 7.66).

2. **Freiwilliges Engagement** ist gekennzeichnet als Engagement, bei welchem über eine öffentlich gemeinschaftliche Aktivität hinaus noch weitere Aufgaben und Tätigkeiten freiwillig übernommen werden (vgl. Hauptbericht, Abschn. 3.2).

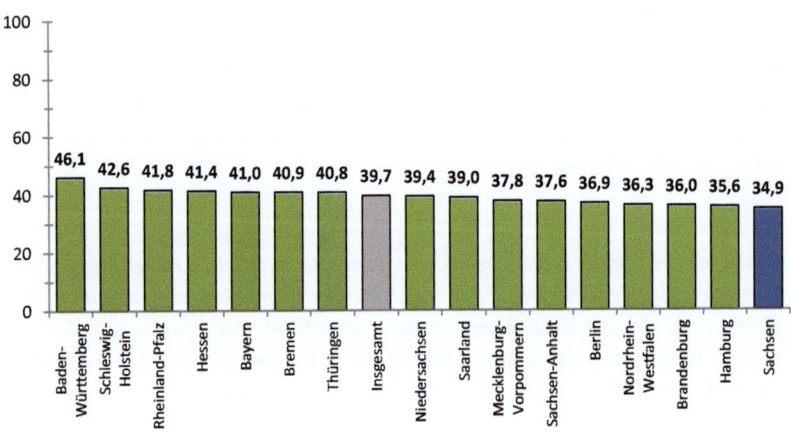

Abb. 7.65 Freiwilliges Engagement: Sachsen im Vergleich der Bundesländer in Prozent ($Eta^2 = 0{,}005$). (Quelle: Eigene Berechnungen FWS-Datensatz 2019, Länderunterschiede sind auf einem Niveau von ≤ 1 % signifikant)

Verglichen mit anderen Bundesländern: Wie viele Menschen in Sachsen engagieren sich freiwillig?
Sachsen belegt 2019 im bundesweiten Vergleich mit einer Engagementquote von 34,9 % den letzten Platz und liegt damit fast 5 Prozentpunkte unter dem Bundesdurchschnitt von 39,7 % (vgl. Abb. 7.65).

Wie hat sich freiwilliges Engagement im Zeitverlauf und im Vergleich mit den anderen Bundesländern entwickelt?
Zu Beginn des Surveys im Jahr 1999 lag Sachsen mit rund 25 % im Ländervergleich auf einem der unteren Plätze. Seit Beginn der Umfrage ist die Quote wie in den meisten Bundesländern deutlich angestiegen; dieser Anstieg fiel jedoch in Sachsen mit rund 35 % durchschnittlich aus. So verbesserte sich der Anteil freiwillig Engagierter von 1999 bis 2019 um nicht ganz 10 Prozentpunkte (vgl. Hauptbericht, Abb. 3.5).

In welchen Bereichen wird freiwilliges Engagement bevorzugt ausgeübt?
Wie in den meisten anderen Bundesländern (mit Ausnahme Berlins) ist in Sachsen freiwilliges Engagement im Bereich *Sport und Bewegung* mit 11 % am häufigsten angesiedelt (vgl. Abb. 7.66; vgl. auch Hauptbericht, Abb. 3.6). Am zweithäufigsten engagieren sich sächsische Befragte im *kulturellen Bereich* (9 %).

7.13 Landesprofil Sachsen

Dahinter liegen der Bereich *Schule oder Kindergarten* (7 %) sowie fast gleichauf der *soziale* und der *kirchlich-religiöse Bereich* (mit jeweils rund 5 %). Diese Rangfolge entspricht mit Ausnahme des Bereichs *Schule oder Kindergarten* in etwa dem bundesweit erkennbaren Muster. Im *sozialen Bereich* ist das Engagement in Sachsen bundesweit am geringsten ausgeprägt.

Wieviel Zeit wird für freiwilliges Engagement aufgewendet? Wie verändert sich das Zeitbudget in der Längsschnittbetrachtung?

Wie in allen anderen Bundesländern auch gibt in Sachsen eine deutliche Mehrheit der befragten Engagierten (60 %) ihren Zeitaufwand für freiwilliges Engagement mit bis zu 2 h in der Woche an (vgl. Hauptbericht, Abb. 3.7). 3 bis 5 h Zeit

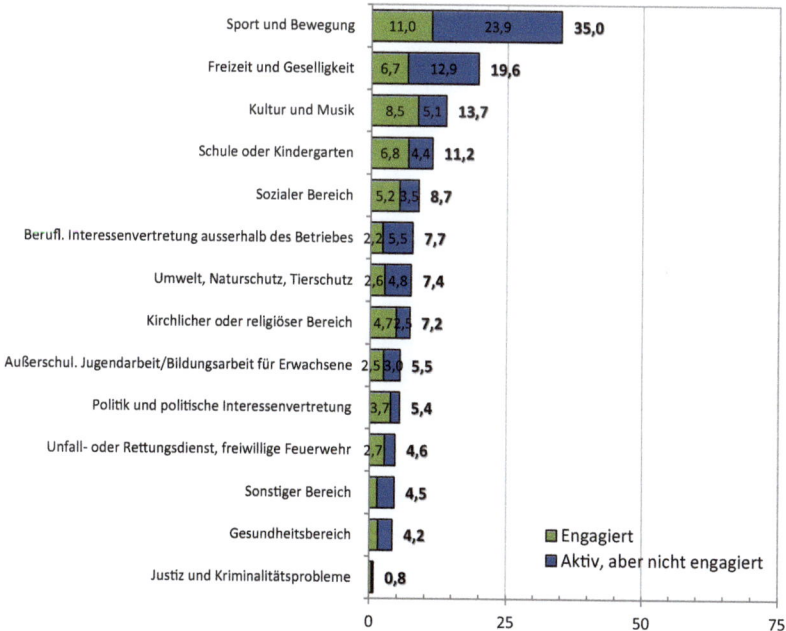

Hinweis: Die Zahlen neben den Balken geben den jeweiligen Anteil aller öffentlich gemeinschaftlich Aktiven an.

Abb. 7.66 Anteile ehrenamtlich engagierter und öffentlich gemeinschaftlich aktiver Personen in den 14 Bereichen – Sachsen (Angaben in %). (Quelle: Eigene Berechnungen, Grundlage: FWS-Datensatz 2019)

wöchentlich nimmt sich ein Viertel (25 %) der freiwillig Engagierten, 6 h und mehr investieren etwa 16 %. Diese Anteile entsprechen in ihrem Verhältnis dem Bundesdurchschnitt.

Es kennzeichnet die bundesweite Entwicklung, dass bei insgesamt gestiegener Engagementquote der Anteil der Personen, die für ihr Engagement höchstens 2 h pro Woche aufbringen, im Zeitverlauf seit 1999 allgemein gewachsen ist (vgl. Hauptbericht, Abb. 3.8). Die entsprechende Kurve verläuft in Sachsen weniger geradlinig. So war der Anteil der Kurzzeitengagierten 1999 mit 57 % noch der bundesweit höchste, er sank bis 2009 ins untere Drittel und pendelte sich ab 2014 auf der Höhe des Bundesdurchschnitts und leicht über dem Ausgangsniveau ein.

Welche Beweggründe für freiwilliges Engagement werden am häufigsten genannt?
Spaß am Engagement – das ist auch in Sachsen so wie in allen anderen Bundesländern mit Abstand das Hauptmotiv, um sich freiwillig zu engagieren (vgl. Hauptbericht, Abb. 3.9). Dahinter rangieren die Motive, *anderen Menschen zu helfen* und *etwas für das Gemeinwohl zu tun*. Mit erneutem Abstand folgen der Wunsch, *die Gesellschaft mitzugestalten,* und zu guter Letzt das *Zusammenkommen mit anderen Menschen*. Diese Priorisierung der Beweggründe ist in allen Bundesländern ähnlich verteilt.

An welche Zielgruppen richtet sich freiwilliges Engagement?
Das Saarland ausgenommen sind in allen Bundesländern Kinder und Jugendliche die bevorzugte Zielgruppe freiwilligen Engagements. Sachsen liegt mit 47 % Nennungen bei dieser Zielgruppe im Bundesvergleich im hinteren Drittel (vgl. Hauptbericht, Abb. 3.10). Weitere Zielgruppen dieses Engagements sind Familien (40 %), ältere Menschen (35 %), Hilfe- und Pflegebedürftige (19 %) sowie sozial Schlechtergestellte (16 %) (vgl. ebd.).

Wie organisiert sich freiwilliges Engagement?
In Sachsen ist freiwilliges Engagement wie in ausnahmslos allen Bundesländern hauptsächlich vereins- oder verbandsförmig organisiert (vgl. Hauptbericht, Abb. 3.11) und liegt hier mit rund 55 % etwas über dem Bundesdurchschnitt. Die anderen Formen der Organisation folgen mit deutlichem Abstand. So organisieren sich immerhin rund 14 % der Befragten individuell, weitere 11 % im kirchlichen Rahmen, 10 % gehen Wege über andere Organisationsformen und etwa 9 % geben an, sich im Rahmen staatlicher oder kommunaler Einrichtungen zu organisieren.

Welche organisatorischen Verbesserungsbedarfe werden gesehen?
Als organisatorische Verbesserungen wünschen sich freiwillig Engagierte in Sachsen wie in ganz Deutschland vor allem mehr und besser ausgestattete Räumlichkeiten (44 %, vgl. Hauptbericht, Abb. 3.12). In diesem Punkt und bei den weiteren genannten Desideraten, nämlich einer unbürokratischen Kostenerstattung (36 %), fachlicher Unterstützung und Weiterbildungsmöglichkeiten (jeweils rund 34 %) sowie der Anerkennung durch Hauptamtliche (32 %), weicht die ermittelte Wunschliste in Sachsen nur leicht vom gesamtdeutschen Durchschnitt ab.

Welche Verbesserungswünsche richten sich an staatliche und öffentliche Stellen?
Eine bessere Information und Beratung durch staatliche und öffentliche Stellen sowie die Absicherung durch Haftpflicht- und Unfallversicherung stehen mit jeweils etwa 55 % in Sachsen an der Spitze der von den Befragten geäußerten Vorschlagsliste (vgl. Hauptbericht, Abb. 3.13). Danach folgen ebenfalls fast gleichauf die Vereinbarkeit von Ehrenamt und Beruf und eine steuerfreie Aufwandsentschädigung (51 bzw. 50 %), während sich 45 % eine Anerkennung des Ehrenamtes als Praktikum bzw. Weiterbildung wünschen.

Was steht freiwilligem Engagement entgegen?
In Sachsen sind es wie überall in Deutschland vor allem zeitliche Gründe, welche von den Befragten als ein Hindernis an freiwilligem Engagement genannt werden. Mit 72 % entsprechender Nennungen liegt das Land dabei etwa im Bundesdurchschnitt (vgl. Hauptbericht, Abb. 3.14). Berufliche Belastungen (44 %) und die Scheu, Verpflichtungen einzugehen (36 %), werden wie auch in allen anderen Bundesländern deutlich seltener angeführt. Auch diese Verteilungen sind in sämtlichen Bundesländern ähnlich gelagert (vgl. ebd.).

Wie groß ist das Potenzial der Bereitschaft zum Engagement?
Die Größenordnung des Engagementpotenzials wird im FWS 2019 mit der Frage erhoben, wer sich sicher oder vielleicht vorstellen kann, sich künftig freiwillig zu engagieren. In Sachsen liegt dieses Potenzial bei Befragten, die bisher noch nicht oder nicht mehr engagiert sind, mit rund 53 % deutlich unter dem Bundesdurchschnitt (vgl. Hauptbericht, Abb. 3.16).

Im Zeitverlauf der letzten 2 Jahrzehnte stieg die Engagementbereitschaft in Sachsen im Verhältnis zu den anderen Bundesländern unterdurchschnittlich stark an und nahm nach 2009 sogar leicht ab (vgl. Hauptbericht, Abb. 19). Die Grundbedingung dafür, dieses Potenzial zukünftig weiter auszuschöpfen, hat sich in Sachsen folglich nicht verbessert.

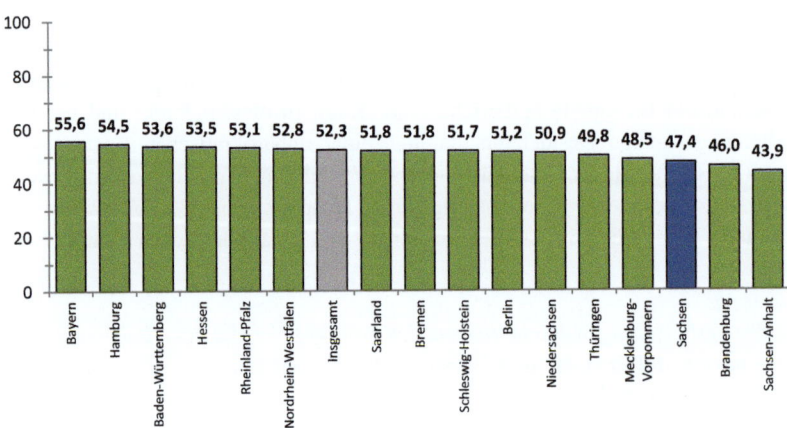

Abb. 7.67 Spendentätigkeit in Sachsen im letzten Jahr vor der Befragung im Vergleich der Bundesländer in Prozent (Eta^2 = 0,003). (Quelle: Eigene Berechnungen, Grundlage: FWS-Datensatz 2019, Länderunterschiede sind auf einem Niveau von ≤ 1 % signifikant)

Wie häufig wird für gemeinnützige oder soziale Zwecke Geld gespendet?
Im gesamtdeutschen Vergleich liegt Sachsen mit etwa 47 % bei Spendentätigkeiten im hinteren Drittel des Länderrankings (vgl. nachfolgende Abbildung; vgl. auch Hauptbericht, Abb. 3.18). Wie in allen anderen Bundesländern war die Zahl der Spendenden nach 2004 zunächst stark eingebrochen, sie stieg zuletzt aber wieder an (vgl. Hauptbericht, Abb. 3.19 und 7.67).

Wie viele Menschen engagierten sich für Geflüchtete?
In den dem Befragungszeitpunkt 2019 vorausgegangenen 5 Jahren engagierten sich in Sachsen rund 9 % der Befragten nach eigener Aussage für Geflüchtete. Damit nimmt das Land bundesweit eine Position im hinteren Drittel ein (vgl. Hauptbericht, Abb. 3.22). Dies könnte wie auch in allen anderen ostdeutschen Ländern auf den vergleichsweise deutlich geringeren Anteil an dort lebenden Migrantinnen und Migranten von rund 4 % sowie zudem auf Vorbehalte gegenüber dieser Gruppe zurückzuführen sein (vgl. Hauptbericht, Abschn. 5.4, Abb. 5.7).

Welche individuellen Einflussfaktoren fördern beziehungsweise hemmen freiwilliges Engagement?
In der nachstehenden Abbildung wird dargestellt, wie sich freiwilliges Engagement gemäß ausgewählten soziodemografischen Merkmalen der befragten Personen in Sachsen (Standarddifferenzierung) verteilt. Ersichtlich ist dabei: In der jüngsten Altersgruppe (14 bis 19 Jahre) sowie leicht abgeschwächt in der mittleren Kohorte der berufsaktiven Jahrgänge (20 bis 65 Jahre) ist ein freiwilliges Engagement am häufigsten zu finden. Je höher das Einkommen und der Grad formaler Bildung, desto eher engagieren Menschen sich. Arbeitslosigkeit geht deutlich seltener mit Engagement einher als Berufstätigkeit, Ausbildung oder Heimtätigkeit oder ein Ruhestand. Wer der katholischen oder evangelischen Konfession angehört, engagiert sich im Schnitt häufiger als Konfessionslose oder Angehörige anderer Glaubensgemeinschaften. Leben Kinder im Haushalt, ist freiwilliges Engagement ebenfalls wahrscheinlicher. Befragte mit Migrationshintergrund entschließen sich dagegen seltener zu einem freiwilligen Engagement. Im Schnitt engagieren sich in Sachsen Männer etwas häufiger als Frauen (vgl. Abb. 7.68).

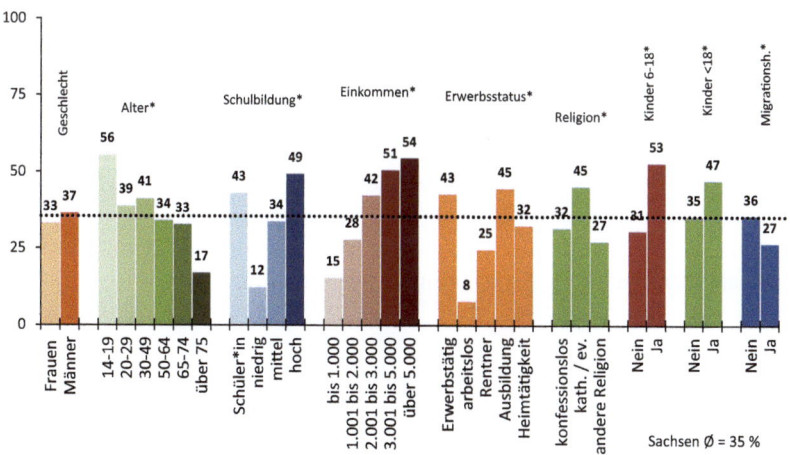

* Unterschiede sind auf einem Niveau von ≤ 5 % signifikant.

Abb. 7.68 Wer ist in Sachsen ehrenamtlich engagiert? – Standarddifferenzierung (Anteile *engagiert* in %). (Quelle: Eigene Berechnungen, Grundlage: FWS-Datensatz 2019)

Von den Standarddifferenzierungen verdienen die Merkmale Einkommen, Bildung und Migrationshintergrund in ihren Auswirkungen auf Engagement für den Länderbericht Sachsen besondere Beachtung (vgl. die vollständige Präsentation im Hauptbericht, Abschn. 4.3). Höhere Einkommen sind freiwilligem Engagement in allen Bundesländern durchweg förderlich. Dieser Effekt ist auch in Sachsen stark ausgeprägt, das heißt, freiwilliges Engagement wird stärker als in den meisten anderen Ländern vom Haushaltseinkommen einer Person bestimmt. Dies spiegelt sich auch in der höheren Differenz der Engagementquoten zwischen hohen und niedrigen Einkommensgruppen wieder (vgl. Abb. 7.68 sowie Hauptbericht, Abb. 4.12). Ähnlich bewirken Kinder im Haushalt in Sachsen ein höheres Engagement (vgl. Hauptbericht, Abb. 4.15).

Wie in allen Bundesländern ist auch in Sachsen ein Bildungsbias signifikant ausgeprägt. Höhere Schulbildung führt also wie erwähnt häufiger zu freiwilligem Engagement. Im Ländervergleich fällt dieser Effekt in diesem Land überdurchschnittlich stark ins Gewicht, das heißt, der formale Bildungsgrad hat für die Ausprägung freiwilligen Engagements eine überdurchschnittliche Erklärungskraft (vgl. Hauptbericht, Abb. 4.11). Das schlägt sich auch in den hohen Differenzen zwischen den Gruppen der Hoch- bzw. Niedriggebildeten nieder. Dagegen beeinflusst ein Migrationshintergrund einer Person freiwilliges Engagement in Sachsen kaum; im Ländervergleich fällt dieser Einfluss am zweitniedrigsten aus (vgl. Hauptbericht, Abb. 4.16).

Wie verteilt sich freiwilliges Engagement räumlich?
Bei der räumlichen Verteilung freiwilligen Engagements weist Sachsen im Unterschied zu den meisten anderen Bundesländern keine klare *Stadt-Land-Differenz* auf (vgl. Hauptbericht, Abb. 4.17).

Beim Blick auf die nach Raumtypus und Gemeindegröße differenzierte regionale Landkarte des Engagements zeigen sich ebenfalls keine größeren Unterschiede (vgl. Abb. 7.69).

3. Kontexteffekte und freiwilliges Engagement

Erkenntnisse der Sozialforschung (vgl. Gabriel und Neller 2010) sprechen für die Annahme, dass die Art und Weise, wie die Menschen im Land Zugänglichkeit, Professionalität und Vertrauenswürdigkeit der staatlichen beziehungsweise öffentlichen Institutionen wahrnehmen, zu Engagement ermutigen oder dieses auch hemmen kann. Im Folgenden werden daher den landesbezogenen Daten des Freiwilligensurveys 2019 zusätzliche, ebenfalls landesspezifisch aufgeschlüsselte Umfragedaten gegenübergestellt, welche auf mögliche Umfeldbedingungen

7.13 Landesprofil Sachsen

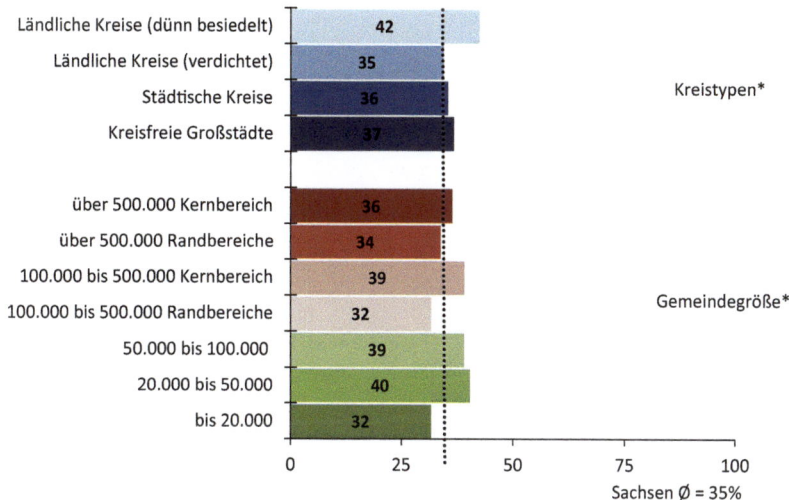

Abb. 7.69 Wo ist man ehrenamtlich engagiert? – Standarddifferenzierung (Kontext) für Sachsen (Anteile *engagiert* in %). (Quelle: Eigene Berechnungen, Grundlage: FWS-Datensatz 2019)

freiwilligen Engagements verweisen. Einbezogen werden hierfür die seitens der Bürgerinnen und Bürger wahrgenommenen Beteiligungs- und Mitsprachemöglichkeiten auf lokaler Ebene sowie das Vertrauen in die Akteurinnen und Akteure aus kommunaler Politik und Verwaltung (vgl. Hauptbericht, Kap. 5).

In Sachsen werden alle 3 zusätzlich betrachteten Umfeldindikatoren überwiegend positiv beurteilt. Vor allem bei der Bewertung des in die Kommunalpolitikerinnen und -politiker gesetzten Vertrauens belegt das Land einen der vorderen Plätze im bundesweiten Ranking (vgl. Hauptbericht, Abschn. 5.3.2).

Auf einem additiven Index, der die Rangplätze zusammenfasst, welche die Bundesländer bei *guter* Bewertung der Variablen lokale Partizipation, kommunales Politikvertrauen und Verwaltungsvertrauen jeweils einnehmen, liegt Sachsen im Mittelfeld (vgl. Abb. 7.70). Die oberhalb der Balkendiagramme des Kontextindex mit abgebildete lineare Trendlinie der länderspezifischen Engagementquoten lässt für Sachsen eher keine Koinzidenz von positiver Einschätzung des lokalen

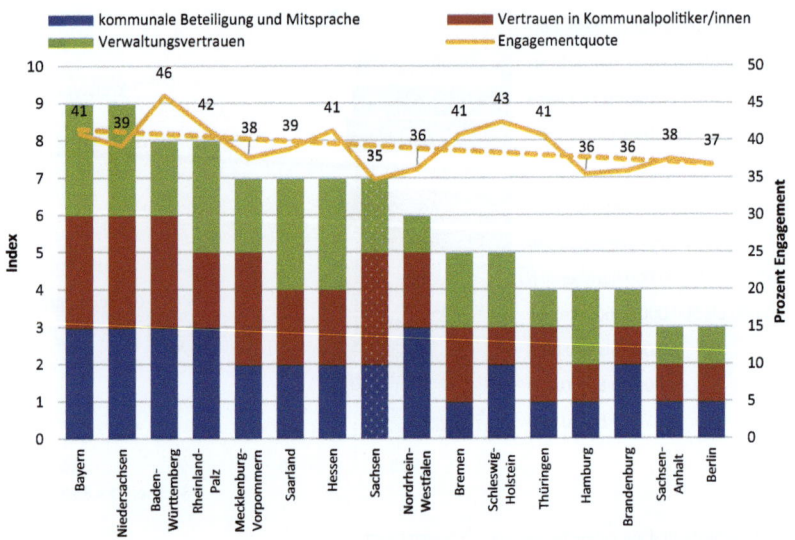

Abb. 7.70 Index aus Beteiligung und Mitsprache *(gut)* sowie Verwaltungs- und Kommunalpolitikvertrauen *(vertraue)* in Gegenüberstellung des freiwilligen Engagements (in %). (Quelle: Eigene Berechnungen, Grundlage: FWS 2019 und info-Erhebung 2020)

Lebensumfelds und vergleichsweise häufigem freiwilligem Engagement erkennen. Dies deutet auf eine eher geringe Wechselwirkung beider Einstellungsebenen hin.

4. Stand und Perspektiven des Engagements

Der deutschlandweite Ländervergleich weist Sachsen als eine sich moderat positiv entwickelnde Engagementlandschaft mit Potenzial aus. Folgende Faktoren stützen diese Einschätzung: eine bundesweit leicht unterdurchschnittliche, aber in den letzten Jahren gestiegene Aktivitäts- und Engagementquote; eine in der Langzeitbetrachtung der letzten 2 Jahrzehnte kontinuierlich angestiegene grundsätzliche Bereitschaft, künftig ein freiwilliges Engagement aufzunehmen; ein insgesamt relativ gefestigtes Budget der für Engagement aufgewandten Zeit, wobei die Kategorie des Kurzzeitengagements (unter 2 h) nur moderat angewachsen ist, sowie ein bundesweit zwar unterdurchschnittliches, aber gleichwohl gestiegenes Spendenaufkommen.

Dass soziodemografische Merkmale wie Bildung und Einkommen das Engagement vergleichsweise stark bestimmen, weist auf einen relativ niedrigen Grad gesellschaftlicher Durchdringung der Engagementnorm in Sachsen hin. Hiermit ist gemeint, dass ein freiwilliges Engagement (noch) keine allgemein verinnerlichte Maxime darstellt (wie dies in Teilen z. B. für die Ausübung des Wahlrechts gilt), sondern von bestimmten individuellen Merkmalen (u. a. Alter, Bildung oder auch Einkommen) geleitet wird.[8]

In mittel- bis langfristiger Perspektive bedeutet der demografische Wandel für Sachsen eine vergleichsweise überschaubare Herausforderung. Statistischen Prognosen zufolge wird die Zahl der Menschen im Rentenalter in den westdeutschen Flächenländern bis 2035 mit 25 % Zuwachs überproportional zunehmen. Für Sachsen ist in dieser Altersgruppe der 67-Jährigen und Älteren mit einem Plus von lediglich etwa 6 Prozentpunkten zu rechnen (vgl. Destatis 2021). Daher erscheint angesichts dieses Zukunftsszenarios für das Land die Aufgabe handhabbar, die erkennbar positiven Entwicklungsansätze im Bereich des freiwilligen Engagements weiter auszubauen bzw. zumindest zu stabilisieren. Dennoch sollten die Angebote für altengerechtes Engagement rechtzeitig erweitert werden, um die Engagementbereitschaft auch in der (wenngleich nur mäßig) wachsenden Gruppe der Seniorinnen und Senioren nachhaltig zu aktivieren.

7.14 Landesprofil Sachsen-Anhalt

1. **Öffentlich gemeinschaftliche Aktivitäten** sind nicht gleichzusetzen mit freiwilligem Engagement, haben jedoch das Potenzial, für dieses als ein ‚Türöffner' beziehungsweise als eine Vorstufe desselben zu wirken (vgl. Hauptbericht, Abschn. 2.1).

Welche Größenordnung weist diese Form zivilgesellschaftlichen Handelns in Sachsen-Anhalt bezogen auf die Gesamtheit der Bundesländer zum Erhebungszeitpunkt 2019 auf? Wie stellt sich die Entwicklung ländervergleichend im Zeitverlauf dar?
Mit einer Beteiligungsrate von rund 59 % an Befragten, die angeben, öffentlich gemeinschaftliche Aktivitäten auszuüben, liegt Sachsen-Anhalt auf dem letzten Platz der Bundesländer und damit deutlich unter dem Bundesdurchschnitt von

---

[8] Mit Abstufungen gilt dies für alle Länder.

66 % (vgl. Hauptbericht, Abb. 3.1). Im Zeitverlauf betrachtet steigt die Aktivitätsrate über die Jahre hinweg wie in anderen ostdeutschen Ländern auch an, aber eher durchschnittlich, sodass sie 2019 lediglich knapp 5 Prozentpunkte über dem Ausgangswert von 1999 liegt (dieser betrug rund 55 %, vgl. Hauptbericht, Abb. 3.2).

In welchen Bereichen werden diese Aktivitäten im Land bevorzugt ausgeübt?
In allen Bundesländern sind mit Abstand die meisten Menschen im Bereich *Sport und Bewegung* öffentlich gemeinschaftlich aktiv (vgl. Hauptbericht, Abb. 3.3). Das gilt auch für Sachsen-Anhalt. Mit einem Anteil von 34 % hat das Land im Vergleich der Bundesländer neben Mecklenburg-Vorpommern in diesem Bereich jedoch die wenigsten Aktiven. Im Unterschied zu den meisten Bundesländern ist die Landesbevölkerung mit 17 % im Bereich *Freizeit und Geselligkeit* am zweithäufigsten aktiv. Im *kulturellen und musikalischen* sowie im *sozialen Bereich* und auch im Bereich *Schule oder Kindergarten* beteiligen sich die Menschen in Sachsen-Anhalt zu jeweils rund 11 % (für eine Auflistung aller Engagementbereiche vgl. auch Abb. 7.72).

2. **Freiwilliges Engagement** ist gekennzeichnet als Engagement, bei welchem über eine öffentlich gemeinschaftliche Aktivität hinaus noch weitere Aufgaben und Tätigkeiten freiwillig übernommen werden (vgl. Hauptbericht, Abschn. 3.2).

Verglichen mit anderen Bundesländern: Wie viele Menschen in Sachsen-Anhalt engagieren sich freiwillig?
Sachsen-Anhalt liegt 2019 im bundesweiten Vergleich mit einer Engagementquote von 37,8 % im unteren Mittelfeld und etwa 3 Prozentpunkte unter dem Bundesdurchschnitt von 39,7 % (vgl. Abb. 7.71).

Wie hat sich freiwilliges Engagement im Zeitverlauf und im Vergleich mit den anderen Bundesländern entwickelt?
Zu Beginn des Surveys im Jahr 1999 nahm Sachsen-Anhalt mit rund 25 % einen der unteren Plätze im Ländervergleich ein. Seit Beginn der Umfrage ist die Quote wie in den meisten Bundesländern auch hier deutlich angestiegen. Dabei fiel dieser Anstieg in Sachsen-Anhalt überdurchschnittlich stark aus: Der Anteil freiwillig Engagierter hat sich von 1999 bis 2019 um fast 13 Prozentpunkte

7.14 Landesprofil Sachsen-Anhalt

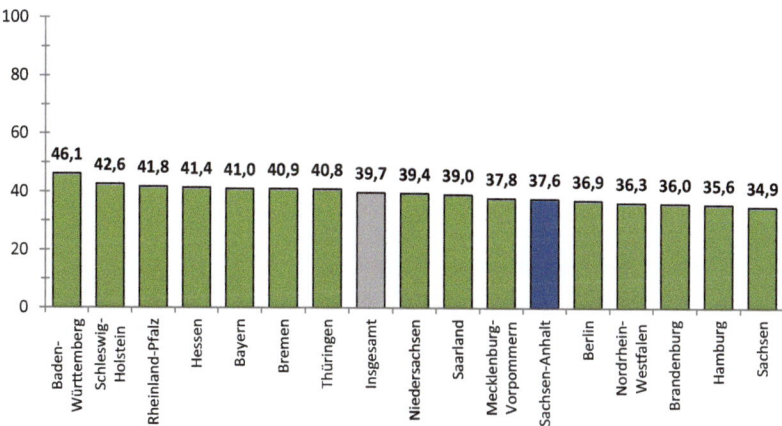

Abb. 7.71 Freiwilliges Engagement: Sachsen-Anhalt im Vergleich der Bundesländer in Prozent (Eta^2 = 0,005). (Quelle: Eigene Berechnungen, Grundlage: FWS-Datensatz 2019, Länderunterschiede sind auf einem Niveau von ≤ 1 % signifikant)

erhöht (vgl. Hauptbericht, Abb. 3.5). Einen größeren Zuwachs erreichten in dieser Zeit nur Berlin, Thüringen und das ein ähnliches Verlaufsmuster aufweisende Mecklenburg-Vorpommern.

In welchen Bereichen wird freiwilliges Engagement bevorzugt ausgeübt?
Wie in den meisten anderen Bundesländern (mit Ausnahme Berlins) ist in Sachsen-Anhalt freiwilliges Engagement im Bereich *Sport und Bewegung* mit 12 % am häufigsten anzutreffen (vgl. Abb. 7.72; vgl. auch Hauptbericht, Abb. 3.6). Am zweithäufigsten engagieren sich Sachsen-Anhalterinnen und Sachsen-Anhalter im Bereich *Schule oder Kindergarten* (8 %). Der *kulturelle* sowie der *soziale Bereich* liegen dahinter mit jeweils rund 6 % gleichauf. 4 % engagieren sich im *kirchlich-religiösen Bereich*. Diese Rangfolge entspricht mit Ausnahme des Schul- beziehungsweise Kitabereichs im Großen und Ganzen dem bundesweit erkennbaren Muster. In keinem anderen Bundesland engagieren sich weniger Menschen im Bereich *Kultur und Musik*.

Wieviel Zeit wird für freiwilliges Engagement aufgewendet? Wie verändert sich das Zeitbudget in der Längsschnittbetrachtung?
Wie in allen anderen Bundesländern auch gibt in Sachsen-Anhalt eine deutliche Mehrheit der befragten Engagierten (58 %) ihren Zeitaufwand für freiwilliges

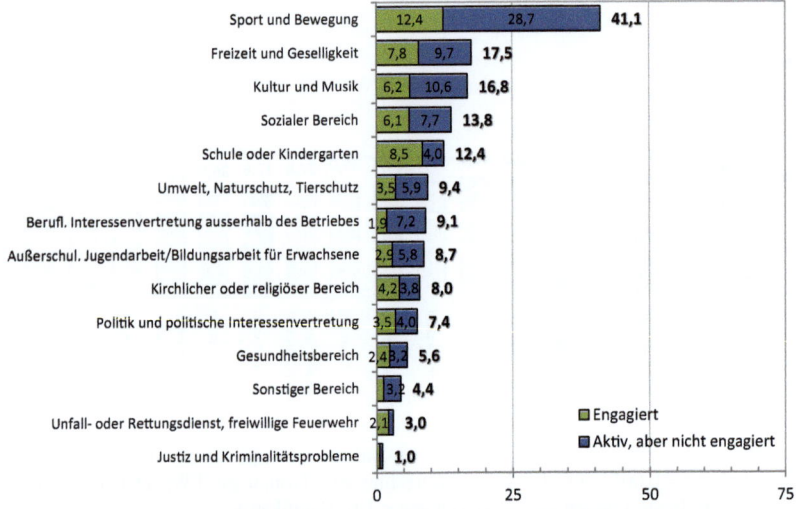

Hinweis: Die Zahlen neben den Balken geben den jeweiligen Anteil aller öffentlich gemeinschaftlich Aktiven an.

Abb. 7.72 Anteile ehrenamtlich engagierter und öffentlich gemeinschaftlich aktiver Personen in den 14 Bereichen – Sachsen-Anhalt (Angaben in %). (Quelle: Eigene Berechnungen, Grundlage: FWS-Datensatz 2019)

Engagement mit bis zu 2 h in der Woche an (vgl. Hauptbericht, Abb. 3.7). Mit Anteilen von 21 und 20 % wenden ähnlich viele Landesbewohnerinnen und -bewohner teils 3 bis 5 h oder teils 6 und mehr Stunden wöchentlich für ihr freiwilliges Engagement auf.

Es kennzeichnet die bundesweite Entwicklung, dass bei insgesamt gestiegener Engagementquote der Anteil der Personen, die für ihr freiwilliges Engagement höchstens 2 h pro Woche aufbringen, im Zeitverlauf seit 1999 allgemein gewachsen ist (vgl. Hauptbericht, Abb. 3.8). Die entsprechende Kurve stieg in Sachsen-Anhalt bis 2014 ebenfalls deutlich an, sank zuletzt aber wieder etwas ab. Ordneten sich in diese untere Zeitkategorie 1999 nur knapp 48 % der Befragten im Land ein, sind es 2019 fast 11 % mehr. Das Zeitbudget für Engagement entspricht in seinem Verlauf seit 2009 somit weitgehend dem Bundestrend.

7.14 Landesprofil Sachsen-Anhalt

Welche Beweggründe für freiwilliges Engagement werden am häufigsten genannt?
Spaß am Engagement – das ist auch in Sachsen-Anhalt wie in allen anderen Bundesländern mit Abstand das Hauptmotiv, um sich freiwillig zu engagieren (vgl. Hauptbericht, Abb. 3.9). Dahinter rangieren die Motive, *anderen Menschen zu helfen* und *etwas für das Gemeinwohl zu tun*. Mit weiterem Abstand folgen dann der Wunsch, *die Gesellschaft mitzugestalten*, und zu guter Letzt das *Zusammenkommen mit anderen Menschen*. Diese Prioritätensetzung der Beweggründe ist in allen Bundesländern ähnlich verteilt.

An welche Zielgruppen richtet sich freiwilliges Engagement?
Das Saarland ausgenommen sind in allen Bundesländern Kinder und Jugendliche die bevorzugte Zielgruppe freiwilligen Engagements. Sachsen-Anhalt liegt mit 48 % Nennungen hier im Bundesvergleich im Mittelfeld (vgl. Hauptbericht, Abb. 3.10). Weitere Zielgruppen sind hier Familien (43 %), ältere Menschen (39 %), Hilfe- und Pflegebedürftige (20 %) sowie sozial Schlechtergestellte (18 %) (vgl. ebd.).

Wie organisiert sich freiwilliges Engagement?
In Sachsen-Anhalt ist freiwilliges Engagement wie in ausnahmslos allen Bundesländern hauptsächlich vereins- oder verbandsförmig organisiert (vgl. Hauptbericht, Abb. 3.11). Mit rund 51 % entspricht die Quote dabei nahezu dem Bundesdurchschnitt. Die anderen Formen der Organisation folgen mit deutlichem Abstand. So organisieren sich jeweils rund 16 % der Befragten individuell oder bevorzugen andere Organisationsformen. Etwa 9 % gaben an, sich im Rahmen einer kirchlichen Vereinigung zu organisieren. In staatlichen oder kommunalen Einrichtungen organisiert ist das freiwillige Engagement von etwa 8 %.

Welche organisatorischen Verbesserungsbedarfe werden gesehen?
In Sachsen-Anhalt freiwillig Engagierte wünschen sich an organisatorischen Verbesserungen wie in ganz Deutschland vor allem mehr und besser ausgestattete Räumlichkeiten (42 %, vgl. Hauptbericht, Abb. 3.12). In diesem Punkt und bei den weiteren genannten Desideraten, d. h. Anerkennung durch Hauptamtliche und fachliche Unterstützung (35 % bzw. 33 %) sowie unbürokratische Kostenerstattung und Weiterbildungsmöglichkeiten (32 % bzw. 31 %), weicht die Wunschliste in Sachsen-Anhalt nur leicht vom gesamtdeutschen Durchschnitt ab.

Welche Verbesserungswünsche richten sich an staatliche und öffentliche Stellen?
Eine bessere Information und Beratung durch staatliche und öffentliche Stellen, die Absicherung durch Haftpflicht- und Unfallversicherung sowie die Vereinbarkeit von Ehrenamt und Beruf stehen mit jeweils etwa 53 % in Sachsen-Anhalt an der Spitze der von den Befragten geäußerten Vorschlagsliste (vgl. Hauptbericht, Abb. 3.13). Dahinter folgen eine steuerfreie Aufwandsentschädigung (44 %) sowie eine Anerkennung des eigenen Engagements als Praktikum bzw. Weiterbildung (39 %).

Was steht freiwilligem Engagement entgegen?
In Sachsen-Anhalt sind es wie überall in Deutschland vor allem zeitliche Gründe, welche als Hindernis für ein freiwilliges Engagement genannt werden. Mit 70 % der entsprechenden Nennungen liegt das Land hier bundesweit betrachtet im hinteren Mittelfeld (vgl. Hauptbericht, Abb. 3.14). Sachsen-Anhalt weist in dieser Frage zudem den unter allen Bundesländern zweithöchsten Anteilswert an Nennungen beruflicher Belastungen aus (46 %) und gehört zu den 4 Ländern, in welchen die Abneigung gegenüber Verpflichtungen am stärksten ausgeprägt ist (40 %) (vgl. ebd.). Auch in punkto Engagementhindernisse sind die Verteilungen in allen Bundesländern ähnlich gelagert (vgl. ebd.).

Wie groß ist das Potenzial der Bereitschaft zum Engagement?
Die Größenordnung des Engagementpotenzials wird im FWS 2019 mit der Frage erhoben, wer sich sicher oder vielleicht vorstellen kann, sich künftig freiwillig zu engagieren. In Sachsen-Anhalt liegt dieses Potenzial bei Befragten, die bisher noch nicht oder nicht mehr engagiert sind, mit rund 55 % etwas unter dem Bundesdurchschnitt (vgl. Hauptbericht, Abb. 3.16).

Parallel zum recht großen Zuwachs des tatsächlich ausgeübten freiwilligen Engagements erhöhte sich auch die erwogene Engagementbereitschaft im Bundesland während der letzten 2 Jahrzehnte um fast 23 Prozentpunkte und wuchs damit überdurchschnittlich an (vgl. Hauptbericht, Abb. 3.17). Die Grundbedingung dafür, dieses Potenzial auch zukünftig weiter auszuschöpfen, hat sich folglich seither verbessert. Dieser Trend tritt mit wenigen Ausnahmen ebenfalls in den meisten anderen Bundesländern zutage (vgl. ebd.).

Wie häufig wird für gemeinnützige oder soziale Zwecke Geld gespendet?
Im gesamtdeutschen Vergleich liegt Sachsen-Anhalt mit aktuell fast 44 % bei den Spendentätigkeiten seit 2009 auf dem letzten Platz des Länderrankings (vgl. nachfolgende Abbildung; vgl. auch Hauptbericht, Abb. 3.18). Wie in allen anderen Bundesländern war die Zahl der Spendenden in diesem Land nach 2004 zunächst

7.14 Landesprofil Sachsen-Anhalt

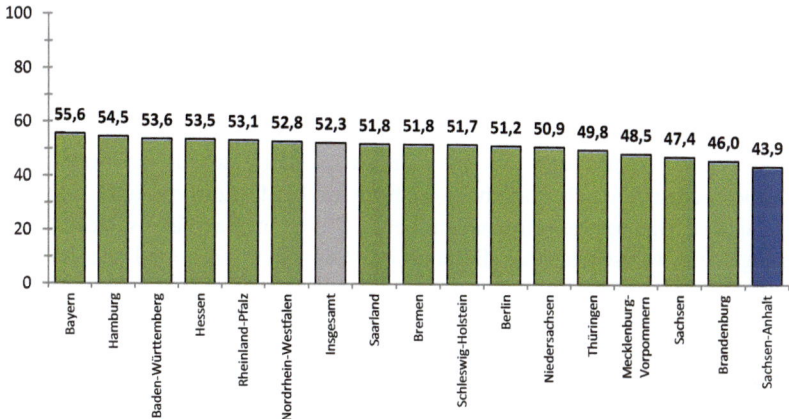

Abb. 7.73 Spendentätigkeit in Sachsen-Anhalt im letzten Jahr vor der Befragung im Vergleich der Bundesländer in Prozent (Eta^2 = 0,003). (Quelle: Eigene Berechnungen, Grundlage: FWS-Datensatz 2019, Länderunterschiede sind auf einem Niveau von ≤ 1 % signifikant)

stark eingebrochen, sie stieg aber danach zwischen 2014 und 2019 wieder leicht an (vgl. Hauptbericht, Abb. 3.19 und 7.73).

Wie viele Menschen engagierten sich für Geflüchtete?
In den dem Befragungszeitpunkt 2019 vorausgegangenen 5 Jahren engagierten sich in Sachsen-Anhalt rund 7 % der Befragten nach eigener Aussage für Geflüchtete. Damit liegt das Land hier bundesweit betrachtet auf dem letzten Platz (vgl. Hauptbericht, Abb. 3.22). Diese niedrige Engagementquote könnte wie auch in allen anderen ostdeutschen Ländern auf die vergleichsweise geringe Anzahl an dort lebenden Migrantinnen und Migranten von rund 4 % sowie weiter verbreitete Vorbehalte gegenüber denselben zurückzuführen sein (vgl. neuestens Kösman und Wieland 2022).

Welche individuellen Einflussfaktoren fördern beziehungsweise hemmen freiwilliges Engagement?
In der nachstehenden Abbildung wird dargestellt, wie sich freiwilliges Engagement gemäß ausgewählten soziodemografischen Merkmalen der befragten Personen aus Sachsen-Anhalt (Standarddifferenzierung) verteilt. Ersichtlich ist dabei: In der jüngsten Altersgruppe (14 bis 19 Jahre) sowie leicht abgeschwächt

auch in der mittleren Kohorte der berufsaktiven Jahrgänge (20 bis 65 Jahre) und bei den 65- bis 74-Jährigen ist ein freiwilliges Engagement am häufigsten angesiedelt. Je höher das Einkommen und der Grad formaler Bildung, desto eher engagieren sich Menschen zudem. Arbeitslosigkeit geht deutlich seltener mit freiwilligem Engagement einher als eine Berufstätigkeit, Ausbildung oder Heimtätigkeit und ein Ruhestand. Wer der katholischen oder evangelischen Konfession angehört, engagiert sich im Schnitt häufiger als Konfessionslose oder Angehörige anderer Glaubensgemeinschaften. Leben Kinder im Haushalt, ist freiwilliges Engagement wahrscheinlicher. Befragte mit Migrationshintergrund entschließen sich seltener zu einem freiwilligen Engagement. Im Schnitt engagieren sich in Sachsen-Anhalt Männer etwas häufiger als Frauen (vgl. Abb. 7.74).

Von den Standarddifferenzierungen verdienen die Merkmale Schulbildung und Einkommen in ihren Effekten auf freiwilliges Engagement für das Landesprofil Sachsen-Anhalts besondere Beachtung (vgl. die vollständige Präsentation im Hauptbericht, Abschn. 4.3). Wie in allen Bundesländern ist auch in Sachsen-Anhalt ein Bildungsbias signifikant. Damit führt höhere Schulbildung wie erwähnt häufiger zu freiwilligem Engagement. Im Ländervergleich ist dieser Effekt überdurchschnittlich stark ausgeprägt, sodass der formale Bildungsgrad

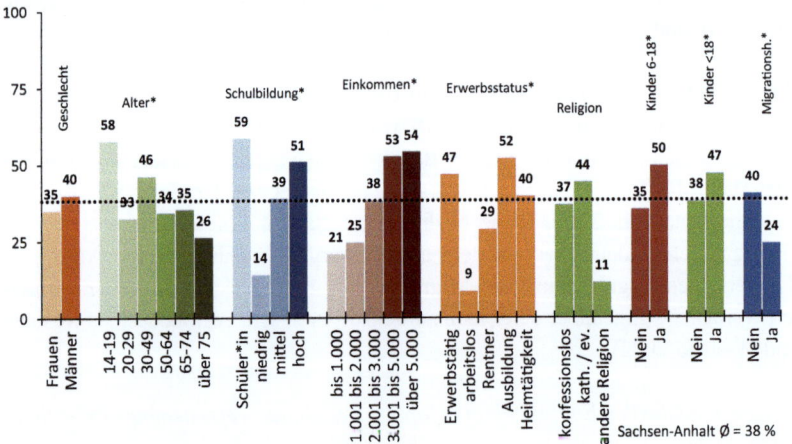

* Unterschiede sind auf einem Niveau von ≤ 5 % signifikant.

Abb. 7.74 Wer ist in Sachsen-Anhalt ehrenamtlich engagiert? – Standarddifferenzierung (Anteile *engagiert* in %). (Quelle: Eigene Berechnungen, Grundlage: FWS-Datensatz 2019)

7.14 Landesprofil Sachsen-Anhalt

für die Erklärung solchen Engagements überdurchschnittlich stark ins Gewicht fällt (vgl. Hauptbericht, Abb. 4.11). Das schlägt sich auch in den hohen Differenzen zwischen den Gruppen der Hoch- und der Niedriggebildeten nieder. Der gleiche Effekt zeigt sich ebenso für das Haushaltseinkommen (vgl. Hauptbericht, Abb. 4.12 und 7.74).

Wie verteilt sich freiwilliges Engagement räumlich?
Bei der räumlichen Verteilung freiwilligen Engagements weist Sachsen-Anhalt wie die meisten anderen Länder eine *Stadt-Land-Differenz* auf (vgl. Hauptbericht, Abb. 4.17). Zwischen ländlichen (41 %) und städtischen (35 %) Räumen liegen hier 6 Prozentpunkte.

Beim Blick auf die nach Raumtypus und Gemeindegröße differenzierte regionale Landkarte des hier ausgeübten Engagements fällt die mit zunehmender Siedlungsdichte abnehmende Engagementhäufigkeit auf (vgl. Abb. 7.75). Mit Ausnahme der Randbereiche mit 100.000 bis 500.000 Einwohnerinnen und Einwohnern wird eine nach Gemeindegröße linear leicht abnehmende Häufigkeit freiwilligen Engagements erkennbar.

3. Kontexteffekte und freiwilliges Engagement

Erkenntnisse der Sozialforschung (vgl. Gabriel und Neller 2010) sprechen für die Annahme, dass die Art und Weise, wie die Menschen im Land Zugänglichkeit, Professionalität und Vertrauenswürdigkeit der staatlichen beziehungsweise öffentlichen Institutionen wahrnehmen, zu freiwilligem Engagement ermutigen oder dieses auch hemmen kann. Im Folgenden werden daher den landesbezogenen Daten des Freiwilligensurveys 2019 zusätzliche, ebenfalls landesspezifisch aufgeschlüsselte Umfragedaten gegenübergestellt, welche auf mögliche Umfeldbedingungen freiwilligen Engagements verweisen. Einbezogen werden hierfür die seitens der Bürgerinnen und Bürger wahrgenommenen Beteiligungs- und Mitsprachemöglichkeiten auf lokaler Ebene sowie das Vertrauen in die Akteurinnen und Akteure aus kommunaler Politik und Verwaltung (vgl. Hauptbericht, Kap. 5).

In Sachsen-Anhalt werden alle 3 betrachteten Umfeldindikatoren negativ beurteilt. Sowohl bei der Bewertung der Partizipationschancen als auch bezüglich des in die Kommunalpolitiker und -politikerinnen gesetzten Vertrauens belegt das Land den vorletzten Platz des bundesweiten Rankings (vgl. Hauptbericht, Abschn. 5.3.2).

Auf einem additiven Index, der die Rangplätze zusammenfasst, welche die Bundesländer bei *guter* Bewertung der Variablen lokale Partizipation, kommunales Politikvertrauen und Verwaltungsvertrauen jeweils einnehmen, liegt

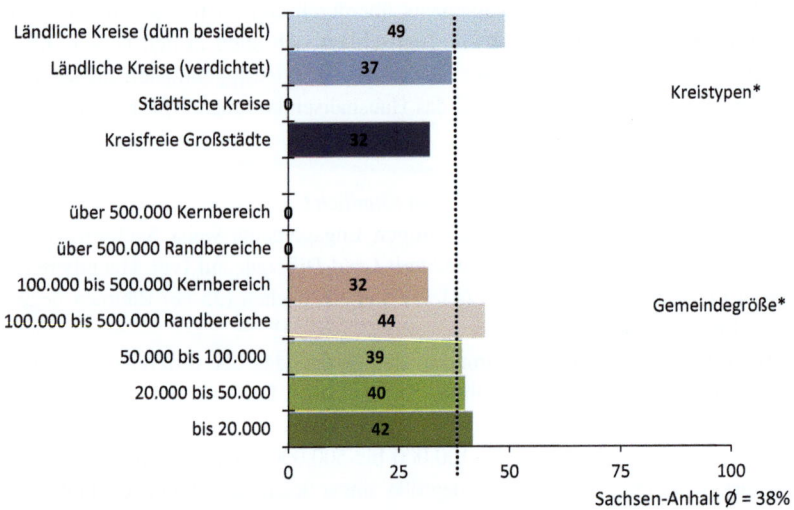

* Unterschiede sind auf einem Niveau von ≤ 5 % signifikant.

Abb. 7.75 Wo ist man ehrenamtlich engagiert? – Standarddifferenzierung (Kontext) für Sachsen-Anhalt (Anteile *engagiert* in %). (Quelle: Eigene Berechnungen, Grundlage: FWS-Datensatz 2019)

Sachsen-Anhalt folglich auf dem vorletzten Rangplatz (vgl. Abb. 7.76). Die oberhalb der Balkendiagramme des Kontextindex mit abgebildete lineare Trendlinie der länderspezifischen Engagementquoten lässt für Sachsen-Anhalt eine Koinzidenz von negativer Einschätzung des lokalen Lebensumfelds und vergleichsweise unterdurchschnittlichem freiwilligem Engagement erkennen. Dies deutet auf eine Wechselwirkung beider Einstellungsebenen hin.

4. Stand und Perspektiven des Engagements

Sachsen-Anhalt lässt sich im deutschlandweiten Vergleich als nachholende Engagementlandschaft kennzeichnen. Dafür sprechen folgende Faktoren: eine bundesweit etwas unterdurchschnittliche, aber in den letzten Jahren gestiegene Engagementquote; eine in der Langzeitbetrachtung der letzten zwei Jahrzehnte kontinuierlich angestiegene grundsätzliche Bereitschaft, künftig ein Engagement aufzunehmen; ein insgesamt relativ gefestigtes Budget der für Engagement aufgewandten Zeit, wobei die Kategorie des Kurzzeitengagements (unter 2 h) nur

7.14 Landesprofil Sachsen-Anhalt

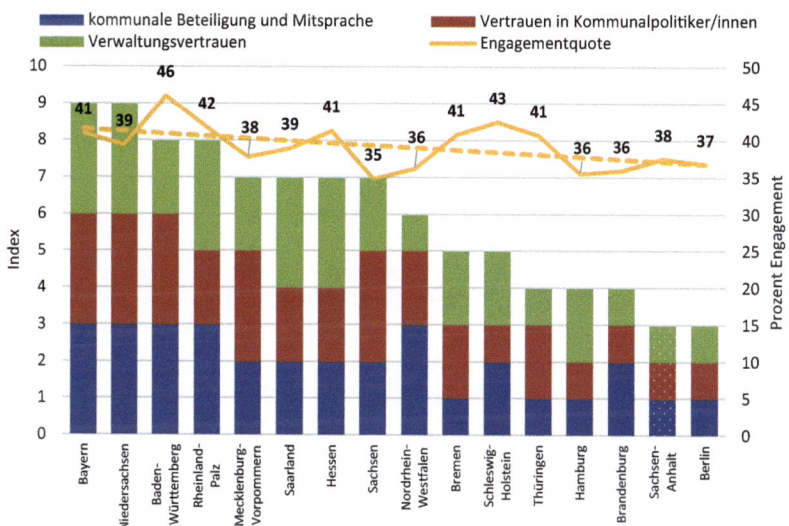

Abb. 7.76 Index aus Beteiligung und Mitsprache *(gut)* sowie Verwaltungs- und Kommunalpolitikvertrauen *(vertraue)* in Gegenüberstellung des freiwilligen Engagements (in %). (Quelle: Eigene Berechnungen, Grundlage: FWS 2019 und info-Erhebung 2020)

moderat angewachsen ist; eine durchschnittlich häufige Anbindung freiwilliger Aktivitäten an Vereine und Verbände sowie ein im bundesweiten Vergleich niedriges Spendenaufkommen.

Dass soziodemografische Merkmale wie Bildung und Einkommen das Engagement vergleichsweise stark bestimmen, weist auf einen vergleichsweise niedrigen Grad gesellschaftlicher Durchdringung der Engagementnorm hin. Hiermit ist gemeint, dass ein freiwilliges Engagement (noch) keine allgemein verinnerlichte Maxime (wie dies in Teilen z. B. für die Ausübung des Wahlrechts gilt) darstellt, sondern häufig von bestimmten individuellen Merkmalen (u. a. Alter, Bildung oder auch Einkommen) geleitet wird.[9]

In mittel- bis langfristiger Perspektive bedeutet der demografische Wandel für Sachsen-Anhalt eine vergleichsweise moderate Herausforderung. Statistischen Prognosen zufolge wird die Zahl der Menschen im Rentenalter in den westdeutschen Flächenländern bis 2035 mit 25 % Zuwachs überproportional zunehmen. Für Sachsen-Anhalt ist in dieser Altersgruppe der 67-Jährigen und

---

[9] Mit Abstufungen gilt dies für alle Länder.

Älteren mit einem Plus von etwa 8 Prozentpunkten zu rechnen (vgl. Destatis 2021). Vergleichsweise handhabbar erscheint angesichts dieses Zukunftsszenarios die Aufgabe des Landes, die aktuell positiven Entwicklungsansätze weiter auszubauen oder wenigstens zu stabilisieren. Dennoch sollten die Angebote für altengerechtes Engagement rechtzeitig erweitert werden, um die Engagementbereitschaft auch in dieser gleichwohl wachsenden Gruppe der Seniorinnen und Senioren nachhaltig zu aktivieren.

7.15 Landesprofil Schleswig-Holstein

1. **Öffentlich gemeinschaftliche Aktivitäten** sind nicht gleichzusetzen mit freiwilligem Engagement, haben jedoch das Potenzial, für dieses als ein ‚Türöffner' beziehungsweise als eine Vorstufe desselben zu wirken (vgl. Hauptbericht, Abschn. 2.1).

Welche Größenordnung weist diese Form zivilgesellschaftlichen Handelns in Schleswig–Holstein bezogen auf die Gesamtheit der Bundesländer zum Erhebungszeitpunkt 2019 auf? Wie stellt sich die Entwicklung ländervergleichend im Zeitverlauf dar?
Mit einer Beteiligungsrate von rund 71 % an Befragten, die angeben, öffentlich gemeinschaftliche Aktivitäten auszuüben, belegt Schleswig–Holstein wie schon in den beiden vorherigen FWS-Wellen den ersten Platz und liegt damit deutlich über dem Bundesdurchschnitt von 66 % (vgl. Hauptbericht, Abb. 3.1). Im Zeitverlauf betrachtet stieg die Aktivitätsrate bis 2009 stark überdurchschnittlich an und überschreitet trotz seither leicht sinkender Quote 2019 um 7 Prozentpunkte den Ausgangswert von 1999 (dieser betrug rund 64 %, vgl. Hauptbericht, Abb. 3.2).

In welchen Bereichen werden diese Aktivitäten im Land bevorzugt ausgeübt?
In allen Bundesländern sind mit Abstand die meisten Menschen im Bereich *Sport und Bewegung* öffentlich gemeinschaftlich aktiv (vgl. Hauptbericht, Abb. 3.3). Das gilt auch für Schleswig–Holstein: Mit einem Anteil von 45 % verzeichnet das Land im Vergleich der Bundesländer in diesem Bereich die meisten Aktiven. Zu 18 % ist die Landesbevölkerung im *kulturellen und musikalischen Bereich* am zweithäufigsten aktiv. Im *sozialen Bereich* beteiligen sich die Menschen in Schleswig–Holstein mit 17 % ähnlich häufig wie im Bereich *Freizeit und*

7.15 Landesprofil Schleswig-Holstein

Geselligkeit (16 %), im Bereich *Schule oder Kindergarten* sind es 14 %, was wiederum dem bundesweit zweithöchsten Wert entspricht (für eine Auflistung aller Engagementbereiche vgl. auch Abb. 7.78).

2. **Freiwilliges Engagement** ist gekennzeichnet als Engagement, bei welchem über eine öffentlich gemeinschaftliche Aktivität hinaus noch weitere Aufgaben und Tätigkeiten freiwillig übernommen werden (vgl. Hauptbericht, Abschn. 3.2).

Verglichen mit anderen Bundesländern: Wie viele Menschen in Schleswig–Holstein engagieren sich freiwillig?
Schleswig–Holstein liegt 2019 im bundesweiten Vergleich mit einer Engagementquote von 42,6 % auf dem zweiten Platz und damit deutlich über dem Bundesdurchschnitt von 39,7 % (vgl. Abb. 7.77).

Wie hat sich freiwilliges Engagement im Zeitverlauf und im Vergleich mit den anderen Bundesländern entwickelt?
Zu Beginn des Surveys im Jahr 1999 nahm Schleswig–Holstein mit rund 31 % im Ländervergleich einen Platz im oberen Mittelfeld ein. Seit Beginn der Umfrage

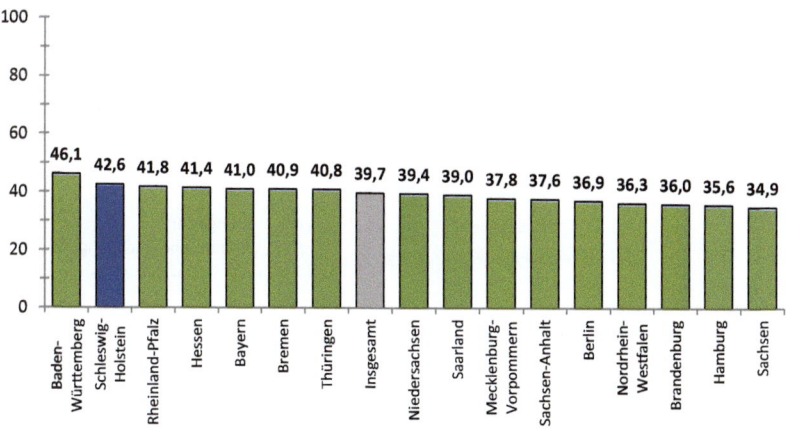

Abb. 7.77 Freiwilliges Engagement: Schleswig–Holstein im Vergleich der Bundesländer in Prozent (Eta^2 = 0,005). (Quelle: Eigene Berechnungen, Grundlage: FWS-Datensatz 2019, Länderunterschiede sind auf einem Niveau von ≤ 1 % signifikant)

ist die Quote wie in den meisten Ländern deutlich angestiegen. Der Anstieg fiel in Schleswig–Holstein leicht überdurchschnittlich aus. Von 1999 bis 2019 hat sich der Anteil freiwillig Engagierter um fast 12 Prozentpunkte erhöht (vgl. Abb. 3.5, Hauptbericht).

In welchen Bereichen wird freiwilliges Engagement bevorzugt ausgeübt?
Wie in den meisten anderen Bundesländern (mit Ausnahme Berlins) ist in Schleswig–Holstein freiwilliges Engagement im Bereich *Sport und Bewegung* mit 15 % am häufigsten angesiedelt (vgl. Abb. 7.78; vgl. auch Hauptbericht, Abb. 3.6). Am zweithäufigsten engagieren sich die Menschen in Schleswig–Holstein im Bereich *Schule oder Kindergarten* (11 %), nirgends sind dies mehr Menschen. Im *sozialen* und im *kulturellen Bereich* engagieren sich 10 beziehungsweise 8 %. 7 % der Landesbewohnerinnen und -bewohner üben ihr freiwilliges Engagement im *kirchlich-religiösen Bereich* aus.

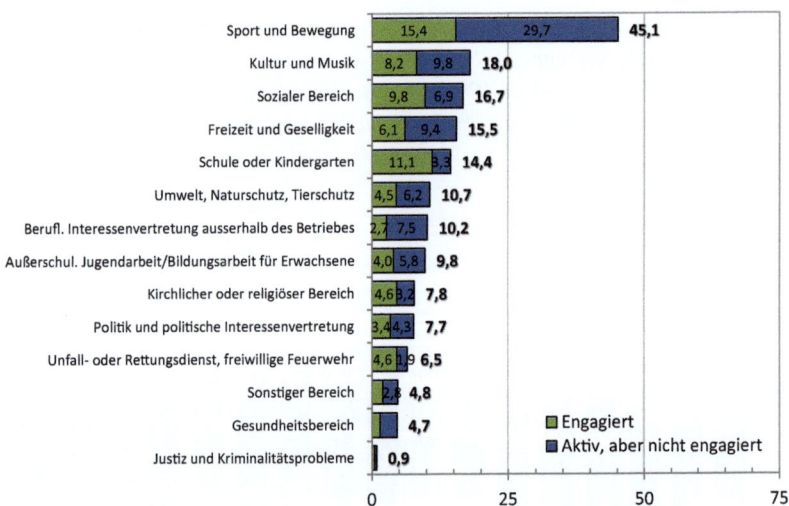

Hinweis: Die Zahlen neben den Balken geben den jeweiligen Anteil aller öffentlich gemeinschaftlich Aktiven an.

Abb. 7.78 Anteile ehrenamtlich engagierter und öffentlich gemeinschaftlich aktiver Personen in den 14 Bereichen – Schleswig–Holstein (Angaben in %). (Quelle: Eigene Berechnungen, Grundlage: FWS-Datensatz 2019)

7.15 Landesprofil Schleswig-Holstein

Wieviel Zeit wird für freiwilliges Engagement aufgewendet? Wie verändert sich das Zeitbudget in der Längsschnittbetrachtung?

Wie in allen anderen Bundesländern auch gibt in Schleswig-Holstein eine deutliche Mehrheit der befragten Engagierten (63 %) ihren Zeitaufwand für freiwilliges Engagement mit bis zu 2 h in der Woche an (vgl. Hauptbericht, Abb. 3.7). 3 bis 5 h Zeit nehmen sich 22 % der Engagierten, 6 h und mehr wenden wöchentlich etwa 16 % auf. Diese Anteile entsprechen in ihrem Verhältnis dem Bundesdurchschnitt.

Es kennzeichnet die bundesweite Entwicklung, dass bei insgesamt gestiegener Engagementquote der Anteil der Personen, die für ihr freiwilliges Engagement höchstens 2 h pro Woche aufbringen, im Zeitverlauf seit 1999 allgemein gewachsen ist (vgl. Hauptbericht, Abb. 3.8). Die entsprechende Kurve steigt in Schleswig-Holstein insgesamt stärker an als in allen anderen Bundesländern. Ordneten sich hier in diese untere Zeitkategorie 1999 noch knapp 40 % ein, liegt dieser Wert 2019 bereits rund 22 Prozentpunkte höher.

Welche Beweggründe für freiwilliges Engagement werden am häufigsten genannt?

Spaß am Engagement – das ist auch in Schleswig-Holstein wie in allen anderen Bundesländern mit Abstand das Hauptmotiv dafür, sich freiwillig zu engagieren (vgl. Hauptbericht, Abb. 3.9). Dahinter rangieren die Motive, *anderen Menschen zu helfen* und *etwas für das Gemeinwohl zu tun.* Mit Abstand folgen dann der Wunsch, *die Gesellschaft mitzugestalten,* und zu guter Letzt *das Zusammenkommen mit anderen Menschen.* Die Prioritätensetzung bei den Beweggründen für Engagement ist in allen Bundesländern ähnlich verteilt.

An welche Zielgruppen richtet sich freiwilliges Engagement?

Das Saarland ausgenommen sind in allen Bundesländern Kinder und Jugendliche die bevorzugte Zielgruppe freiwilligen Engagements. Schleswig-Holstein liegt hier mit 48 % Nennungen im Bundesvergleich im unteren Mittelfeld (vgl. Hauptbericht, Abb. 3.10). Weitere Zielgruppen sind hier Familien (36 %), ältere Menschen (29 %), sozial Schlechtergestellte (16 %) sowie Hilfe- und Pflegebedürftige (12 %) (vgl. ebd.). Der Anteilswert Schleswig-Holsteins in letztgenannter Gruppe ist der geringste im Bundesvergleich.

Wie organisiert sich freiwilliges Engagement?

In Schleswig-Holstein ist freiwilliges Engagement so wie in ausnahmslos allen anderen Bundesländern auch hauptsächlich vereins- oder verbandsförmig organisiert (vgl. Hauptbericht, Abb. 3.11), der Anteil entspricht mit rund 51 % dem Bundesdurchschnitt. 17 % der Gruppe freiwillig Engagierter organisieren sich in Schleswig–Holstein hingegen eigenständig und 14 % greifen auf andere Formen der Organisation zurück (vgl. Hauptbericht, Abb. 3.11). Etwas weniger Nennungen entfallen auf Organisationsformen im staatlichen beziehungsweise kommunalen Bereich (9 %), in dem sich in Schleswig–Holstein wie auch in Thüringen mehr Menschen organisieren als andernorts, sowie auf solche im kirchlichen Bereich (6 %).

Welche organisatorischen Verbesserungsbedarfe werden gesehen?
Freiwillig Engagierte in Schleswig–Holstein wünschen sich an organisatorischen Verbesserungen wie in ganz Deutschland vor allem mehr und besser ausgestattete Räumlichkeiten (38 %, vgl. Hauptbericht, Abb. 3.12). In diesem Punkt und bei weiteren genannten Desideraten (fachliche Unterstützung (35 %), Weiterbildungsmöglichkeiten (29 %), Anerkennung seitens Hauptamtlicher (28 %) und unbürokratische Kostenerstattung (27 %)) weicht die entsprechende Wunschliste in Schleswig–Holstein nur leicht vom gesamtdeutschen Durchschnitt ab, wenngleich die einzelnen Bedarfsanmeldungen für Verbesserungen außer für die fachliche Unterstützung im Ländervergleich am geringsten ausfallen.

Welche Verbesserungswünsche richten sich an staatliche und öffentliche Stellen?
Eine bessere Information und Beratung durch staatliche und öffentliche Stellen (57 %) steht in Schleswig–Holstein an der Spitze der von den Befragten geäußerten Vorschlagsliste (vgl. Hauptbericht, Abb. 3.13). Dahinter folgen annähernd gleichauf die Vereinbarkeit von Ehrenamt und Beruf sowie die Anerkennung des Engagements als Praktikum bzw. Weiterbildung mit jeweils rund 49 %. Das sind die bundesweit wenigsten Nennungen bei diesen Bedarfsanmeldungen. An nächster Stelle folgen eine steuerfreie Aufwandsentschädigung (48 %) und die Absicherung durch Haftpflicht- und Unfallversicherung (47 %).

Was steht freiwilligem Engagement entgegen?
In Schleswig–Holstein sind es wie überall in Deutschland vor allem zeitliche Gründe, die von den Befragten als Hindernis für ein freiwilliges Engagement genannt werden. Mit 73 % entsprechender Nennungen liegt das Land hier bundesweit verglichen im oberen Drittel (vgl. Abb. 3.14). Berufliche Belastungen werden wie in allen anderen Bundesländern deutlich weniger als Hindernisse angeführt (44 %). Die Abneigung, Verpflichtungen einzugehen, wurde in Schleswig–Holstein am seltensten bekundet, immerhin aber von rund jeder dritten nichtengagierten Person (31 %). Auch diese Verteilungen sind in allen Bundesländern ähnlich (ebd.).

7.15 Landesprofil Schleswig-Holstein

Wie groß ist das Potenzial der Bereitschaft zum Engagement?
Die Größenordnung des Engagementpotenzials wird im FWS mit der Frage erhoben, wer sich sicher oder vielleicht vorstellen kann, sich künftig freiwillig zu engagieren. In Schleswig-Holstein liegt dieses Potenzial bei Befragten, die bisher noch nicht oder nicht mehr engagiert sind, mit rund 56 % etwas unter dem Bundesdurchschnitt (vgl. Hauptbericht, Abb. 3.16). Das dürfte jedoch der vergleichsweise hohen Engagementquote geschuldet sein.

Im Zeitverlauf der letzten 2 Jahrzehnte stieg die Bereitschaft, ein Engagement aufzunehmen, in Schleswig-Holstein im Verhältnis zu den anderen Bundesländern insgesamt leicht unterdurchschnittlich an, nahm nach 2009 leicht ab, erhöhte sich aber zuletzt wieder etwas (vgl. Hauptbericht, Abb. 3.17). Die Grundbedingung dafür, dieses Potenzial zukünftig weiter auszuschöpfen, hat sich in Schleswig-Holstein folglich geringfügig verbessert.

Wie häufig wird für gemeinnützige oder soziale Zwecke Geld gespendet?
Im gesamtdeutschen Vergleich liegt Schleswig-Holstein mit rund 52 % bei den Spendentätigkeiten im Mittelfeld des Länderrankings und knapp unter dem Bundesdurchschnitt (vgl. nachfolgende Abbildung; vgl. auch Hauptbericht, Abb. 3.18). Wie in allen anderen Bundesländern war die Zahl der Spendenden nach 2004 zunächst stark eingebrochen. Sie sinkt seither moderat, aber kontinuierlich weiter (vgl. Hauptbericht, Abb. 3.19 und 7.79).

Wie viele Menschen engagierten sich für Geflüchtete?
In den dem Befragungszeitpunkt 2019 vorausgegangenen 5 Jahren engagierten sich in Schleswig-Holstein fast 15 % der Befragten nach eigener Aussage für Geflüchtete. Damit liegt das Land im Bundesvergleich im oberen Drittel (vgl. Hauptbericht, Abb. 3.22). Das ist insofern bemerkenswert, als der Migrationsanteil in Schleswig-Holstein der niedrigste in den westlichen Bundesländern ist (vgl. Hauptbericht, Abschn. 5.4, Abb. 5.7).

Welche individuellen Einflussfaktoren fördern beziehungsweise hemmen freiwilliges Engagement?
In der nachstehenden Abbildung wird dargestellt, wie sich freiwilliges Engagement gemäß ausgewählten soziodemografischen Merkmalen der befragten Personen aus Schleswig-Holstein (Standarddifferenzierung) verteilt. Ersichtlich ist dabei: In der jüngsten Altersgruppe (14 bis 19 Jahre) sowie in der mittleren Kohorte der berufsaktiven Jahrgänge (20 bis 65 Jahre) wird ein solches Engagement am häufigsten ausgeübt. Je höher das Einkommen und der Grad formaler Bildung, desto eher engagieren sich Menschen freiwillig. Arbeitslosigkeit und

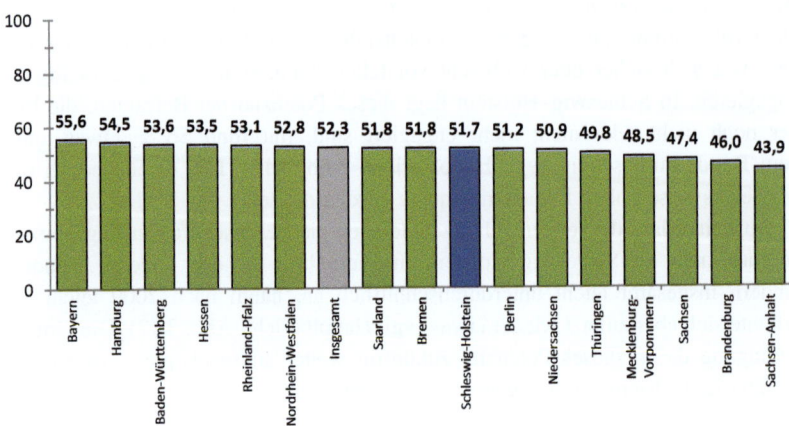

Abb. 7.79 Spendentätigkeit in Schleswig–Holstein im letzten Jahr vor der Befragung im Vergleich der Bundesländer in Prozent (Eta^2 = 0,003). (Quelle: Eigene Berechnungen, Grundlage: FWS-Datensatz 2019, Länderunterschiede sind auf einem Niveau von ≤ 1 % signifikant)

Ruhestand gehen deutlich seltener mit Engagement einher als eine Berufstätigkeit, Ausbildung oder Heimtätigkeit. Wer der katholischen oder protestantischen Konfession angehört, engagiert sich im Schnitt häufiger als Konfessionslose oder Angehörige anderer Glaubensgemeinschaften. Leben Kinder im Haushalt, ist freiwilliges Engagement ebenfalls wahrscheinlicher. Befragte mit Migrationshintergrund entschließen sich hingegen seltener zu einem Engagement. Im Schnitt engagieren sich in Schleswig–Holstein Frauen etwas häufiger als Männer (vgl. Abb. 7.80).

Von den Standarddifferenzierungen verdienen die Merkmale Alter, Schulbildung und Einkommen in ihren Auswirkungen auf freiwilliges Engagement für den Länderbericht Schleswig–Holstein besondere Beachtung (vgl. die vollständige Präsentation im Hauptbericht, Abschn. 4.3). Mit steigendem Alter nimmt dieses Engagement in allen Bundesländern ab, wobei sich dieses individuelle Merkmal in Schleswig–Holstein stärker auswirkt als in den meisten anderen Ländern (vgl. Hauptbericht, Abb. 4.13). Wie in allen Bundesländern auch ist in Schleswig–Holstein zudem ein Bildungsbias signifikant. Hierdurch führt höhere Schulbildung häufiger zur Ausübung freiwilligen Engagements. Im Ländervergleich betrachtet ist dieser Effekt in diesem Bundesland überdurchschnittlich stark ausgeprägt (vgl. Hauptbericht, Abb. 4.11). Insofern fällt der formale Bildungsgrad

7.15 Landesprofil Schleswig-Holstein

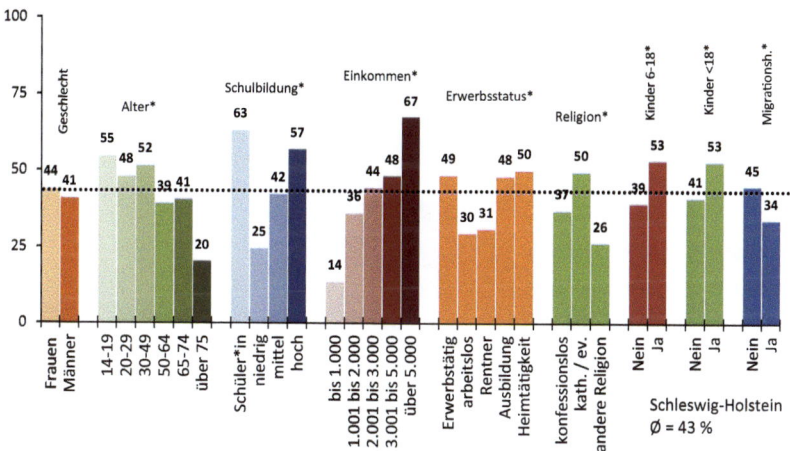

* Unterschiede sind auf einem Niveau von ≤ 5 % signifikant.

Abb. 7.80 Wer ist in Schleswig-Holstein ehrenamtlich engagiert? – Standarddifferenzierung (Anteile *engagiert* in %). (Quelle: Eigene Berechnungen, Grundlage: FWS-Datensatz 2019)

einer Person bei der Erklärung freiwilligen Engagements überdurchschnittlich stark ins Gewicht (vgl. ebd.). Das schlägt sich auch in den hohen Differenzen zwischen den Gruppen der Hoch- und der Niedriggebildeten nieder (vgl. Abb. 7.80) Der gleiche Effekt gilt auch für das Haushaltseinkommen (vgl. Hauptbericht, Abb. 4.12), auch hier steigt die Wahrscheinlichkeit, sich freiwillig zu engagieren, mit höherem Einkommen stark an.

Wie verteilt sich freiwilliges Engagement räumlich?
Bei der räumlichen Verteilung freiwilligen Engagements weist Schleswig-Holstein wie die meisten anderen Länder eine *Stadt-Land-Differenz* auf (vgl. Hauptbericht, Abb. 4.17).

Beim Blick auf die nach Raumtypus und Gemeindegröße differenzierte regionale Landkarte des Engagements fällt die mit zunehmender Siedlungsdichte im Land zunehmende Engagementdichte auf (vgl. Abb. 7.81). Eine nach Gemeindegröße linear zu- oder abnehmende Häufigkeit von Engagement ist hingegen weniger deutlich erkennbar.

3. Kontexteffekte und freiwilliges Engagement

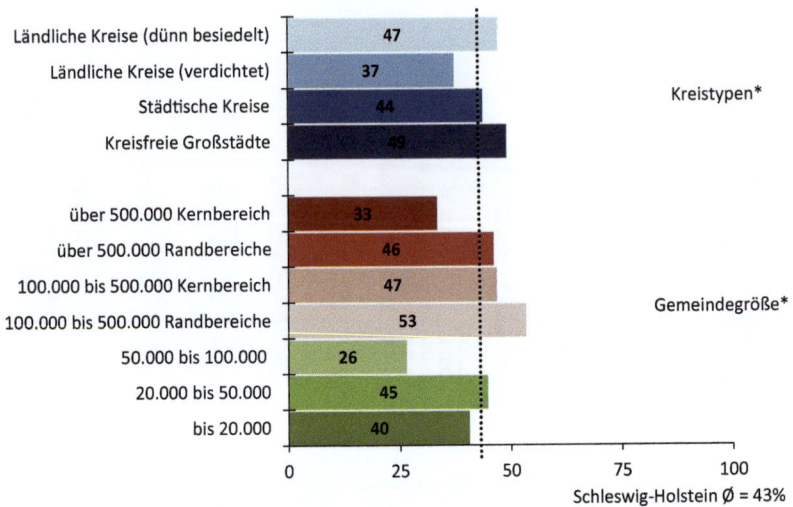

* Unterschiede sind auf einem Niveau von ≤ 5 % signifikant.

Abb. 7.81 Wo ist man ehrenamtlich engagiert? – Standarddifferenzierung (Kontext) für Schleswig–Holstein (Anteile *engagiert* in %). (Quelle: Eigene Berechnungen, Grundlage: FWS-Datensatz 2019)

Erkenntnisse der Sozialforschung (vgl. Gabriel und Neller 2010) sprechen für die Annahme, dass die Art und Weise, wie die Menschen im Land Zugänglichkeit, Professionalität und Vertrauenswürdigkeit der staatlichen beziehungsweise öffentlichen Institutionen wahrnehmen, zu freiwilligem Engagement ermutigen oder dieses auch hemmen kann. Im Folgenden werden daher den landesbezogenen Daten des Freiwilligensurveys 2019 zusätzliche, ebenfalls landesspezifisch aufgeschlüsselte Umfragedaten gegenübergestellt, welche auf mögliche Umfeldbedingungen freiwilligen Engagements verweisen. Einbezogen werden hierfür die seitens der Bürgerinnen und Bürger wahrgenommenen Beteiligungs- und Mitsprachemöglichkeiten auf lokaler Ebene sowie das Vertrauen in die Akteurinnen und Akteure aus kommunaler Politik und Verwaltung (vgl. Hauptbericht, Kap. 5).

In Schleswig–Holstein werden 2 von 3 zusätzlich betrachteten Umfeldindikatoren überwiegend positiv beurteilt. Insbesondere bei der Bewertung der Partizipationschancen und hinsichtlich des Verwaltungsvertrauens liegt das Land im Mittelfeld des bundesweiten Rankings (vgl. Hauptbericht, Abschn. 5.3.2).

7.15 Landesprofil Schleswig–Holstein

Auf einem additiven Index, der die Rangplätze zusammenfasst, welche die Bundesländer bei *guter* Bewertung der Variablen lokale Partizipation, kommunales Politikvertrauen und Verwaltungsvertrauen jeweils einnehmen, positioniert sich Schleswig–Holstein im hinteren Mittelfeld (vgl. Abb. 7.82). Die oberhalb der Balkendiagramme des Kontextindex mit abgebildete lineare Trendlinie der länderspezifischen Engagementquoten lässt für Schleswig–Holstein eine Koinzidenz von positiver Einschätzung des lokalen Lebensumfelds einerseits und vergleichsweise häufigem freiwilligem Engagement andererseits nur bedingt erkennen. Dies deutet auf eine eher geringe Wechselwirkung beider Einstellungsebenen hin.

4. Stand und Perspektiven des Engagements

Im deutschlandweiten Vergleich lässt sich Schleswig–Holstein als eine sich positiv entwickelnde Engagementlandschaft mit Potenzial kennzeichnen. Folgende Faktoren stützen diese Einschätzung: eine bundesweit überdurchschnittlich hohe Aktivitäts- und Engagementquote; eine in der Langzeitbetrachtung der letzten 2

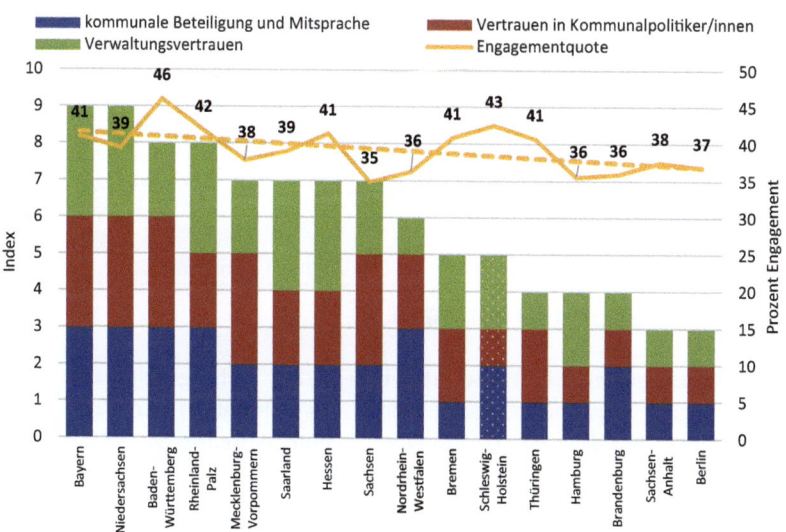

Abb. 7.82 Index aus Beteiligung und Mitsprache *(gut)* sowie Verwaltungs- und Kommunalpolitikvertrauen *(vertraue)* in Gegenüberstellung des freiwilligen Engagements (in %). (Quelle: Eigene Berechnungen, Grundlage: FWS 2019 und info-Erhebung 2020)

Jahrzehnte leicht angestiegene grundsätzliche Bereitschaft, künftig ein Engagement aufzunehmen; ein insgesamt relativ gefestigtes Budget der für Engagement aufgewandten Zeit, wobei die Kategorie des Kurzzeitengagements (unter 2 h) jedoch sehr stark angewachsen ist; eine durchschnittlich häufige Anbindung freiwilliger Aktivitäten an Vereine und Verbände sowie ein bundesweit leicht unterdurchschnittliches Spendenaufkommen.

Dass soziodemografische Merkmale wie Alter, Bildung und Einkommen vergleichsweise starke Effekte zeitigen, zeigt einen vergleichsweise niedrigen Grad gesellschaftlicher Durchdringung der Engagementnorm an. Hiermit ist gemeint, dass ein freiwilliges Engagement (noch) keine allgemein verinnerlichte Maxime (wie dies in Teilen z. B. für die Ausübung des Wahlrechts gilt) darstellt, sondern von bestimmten individuellen Merkmalen (u. a. Alter, Bildung oder auch Einkommen) geleitet wird.[10]

In mittel- bis langfristiger Perspektive bedeutet der demografische Wandel für Schleswig–Holstein eine Herausforderung. Statistischen Prognosen zufolge wird die Zahl der Menschen im Rentenalter in den westdeutschen Flächenländern bis 2035 mit 25 % Zuwachs überproportional zunehmen. Für Schleswig–Holstein ist in dieser Altersgruppe der 67-Jährigen und Älteren mit einem Plus von rund 24 Prozentpunkten zu rechnen (vgl. Destatis 2021). Vergleichsweise gewichtig stellt sich dem Land angesichts dieses Zukunftsszenarios die Aufgabe, das aktuell erreichte Ausmaß freiwilligen Engagements zu halten oder auszubauen. Empfehlen dürfte sich, die Angebote für altengerechtes Engagement rechtzeitig zu erweitern, um die Engagementbereitschaft auch in dieser wachsenden Gruppe der Seniorinnen und Senioren nachhaltig zu aktivieren bzw. wenigstens zu stabilisieren.

7.16 Landesprofil Thüringen

1. **Öffentlich gemeinschaftliche Aktivitäten** sind nicht gleichzusetzen mit freiwilligem Engagement, haben jedoch das Potenzial, für dieses als ein ‚Türöffner' beziehungsweise als eine Vorstufe desselben zu wirken (vgl. Hauptbericht, Abschn. 2.1).

---

[10] Mit Abstufungen gilt dies für alle Länder.

7.16 Landesprofil Thüringen

Welche Größenordnung weist diese Form zivilgesellschaftlichen Handelns in Thüringen bezogen auf die Gesamtheit der Bundesländer zum Erhebungszeitpunkt 2019 auf? Wie stellt sich die Entwicklung ländervergleichend im Zeitverlauf dar?

Mit einer Beteiligungsrate von rund 68 % an Befragten, die angeben, öffentlich gemeinschaftliche Aktivitäten auszuüben, liegt Thüringen im vorderen Mittelfeld und leicht über dem Bundesdurchschnitt von 66 % (vgl. Hauptbericht, Abb. 3.1). Im Zeitverlauf betrachtet steigt die Aktivitätsrate über die Jahre hinweg in Thüringen bundesweit am zweitstärksten an und überschreitet 2019 um mehr als 14 Prozentpunkte den Ausgangswert von 1999 (dieser betrug rund 53 %, vgl. Hauptbericht, Abb. 3.2).

In welchen Bereichen werden im Land diese Aktivitäten bevorzugt ausgeübt?
In allen Bundesländern sind mit Abstand die meisten Menschen im Bereich *Sport und Bewegung* öffentlich gemeinschaftlich aktiv (vgl. Hauptbericht, Abb. 3.3). Das ist auch in Thüringen so, allerdings hat das Land mit einem Anteil von 35 % im Vergleich der Bundesländer neben Sachsen-Anhalt und Mecklenburg-Vorpommern in diesem Bereich die wenigsten Aktiven. Im Unterschied zu den meisten Bundesländern ist die Landesbevölkerung Thüringens mit 20 % im Bereich *Freizeit und Geselligkeit* am zweithäufigsten aktiv. Im *kulturellen und musikalischen Bereich* sowie im Bereich *Schule oder Kindergarten* beteiligen sich die Menschen in Thüringen mit jeweils rund 15 % weniger häufig, im *sozialen Bereich* sind es noch etwa 11 % (für eine Auflistung aller Engagementbereiche vgl. auch Abb. 7.84). In den Bereichen *Freizeit und Geselligkeit* sowie *Schule oder Kindergarten* belegt das Land jeweils bundesweite Spitzenpositionen.

2. **Freiwilliges Engagement** ist gekennzeichnet als Engagement, bei welchem über eine öffentlich gemeinschaftliche Aktivität hinaus noch weitere Aufgaben und Tätigkeiten freiwillig übernommen werden (vgl. Hauptbericht, Abschn. 3.2).

Verglichen mit anderen Bundesländern: Wie viele Menschen in Thüringen engagieren sich freiwillig?
Thüringen liegt 2019 im bundesdeutschen Vergleich mit einer Engagementquote von 40,8 % im oberen Mittelfeld und knapp über dem Bundesdurchschnitt von 39,7 % (vgl. Abb. 7.83). Damit stellt das Land unter den ostdeutschen Bundesländern, welche allesamt unter dem bundesweiten Durchschnitt liegen, einen Ausnahmefall dar.

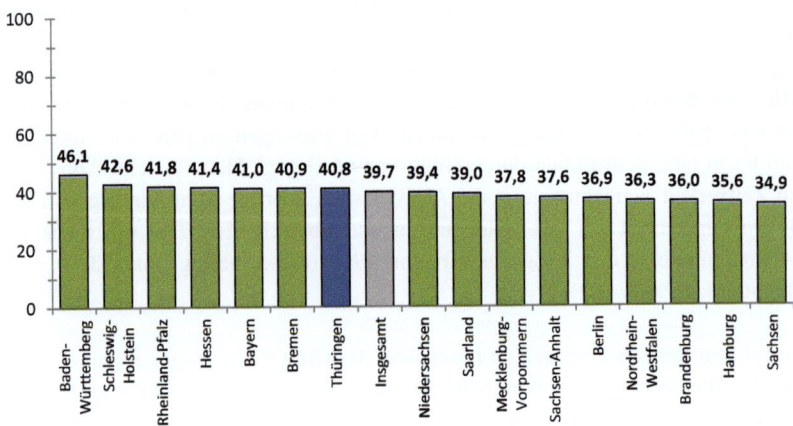

Abb. 7.83 Freiwilliges Engagement: Thüringen im Vergleich der Bundesländer in Prozent (Eta^2 = 0,005). (Quelle: Eigene Berechnungen, Grundlage: FWS-Datensatz 2019, Länderunterschiede sind auf einem Niveau von ≤ 1 % signifikant)

Wie hat sich freiwilliges Engagement im Zeitverlauf und im Vergleich mit den anderen Bundesländern entwickelt?
Zu Beginn des Surveys im Jahr 1999 lag Thüringen mit rund 27 % im Ländervergleich im unteren Drittel. Seit Beginn der Umfrage ist die Engagementquote genau wie schon bei den öffentlich gemeinschaftlichen Aktivitäten hier von allen Ländern am zweitstärksten angestiegen und erhöhte sich von 1999 bis 2019 um mehr als 14 Prozentpunkte (vgl. Hauptbericht, Abb. 3.5,). Einen größeren Zuwachs erreichte in dieser Zeit nur Berlin.

In welchen Bereichen wird freiwilliges Engagement bevorzugt ausgeübt?
Wie in den meisten anderen Bundesländern (mit Ausnahme Berlins) ist in Thüringen freiwilliges Engagement im Bereich *Sport und Bewegung* mit 12 % am häufigsten angesiedelt (vgl. Abb. 7.84; vgl. auch Hauptbericht, Abb. 3.6). Am zweithäufigsten engagieren sich die Menschen in Thüringen im Bereich *Schule oder Kindergarten* (11 %); nur in Schleswig–Holstein sind es etwas mehr in diesem Bereich. Es folgt der *kulturelle Bereich* (9 %), dahinter liegen der *kirchliche und religiöse* sowie der *soziale Bereich* mit rund 6 bzw. 5 %. Im *sozialen Bereich* engagieren sich nur in Sachsen weniger Menschen als hier.

7.16 Landesprofil Thüringen

Hinweis: Die Zahlen neben den Balken geben den jeweiligen Anteil aller öffentlich gemeinschaftlich Aktiven an.

Abb. 7.84 Anteile ehrenamtlich engagierter und öffentlich gemeinschaftlich aktiver Personen in den 14 Bereichen – Thüringen (Angaben in %). (Quelle: Eigene Berechnungen, Grundlage: FWS-Datensatz 2019)

Wieviel Zeit wird für freiwilliges Engagement aufgewendet? Wie verändert sich das Zeitbudget in der Längsschnittbetrachtung?

Wie in allen anderen Bundesländern auch gibt in Thüringen eine deutliche Mehrheit der befragten Engagierten (62 %) ihren Zeitaufwand für freiwilliges Engagement mit bis zu 2 h in der Woche an (vgl. Hauptbericht, Abb. 3.7). 21 % der Landesbewohnerinnen und -bewohner engagieren sich im Schnitt 6 und mehr Wochenstunden, und 18 % geben an, 3 bis 5 h wöchentlich für freiwilliges Engagement aufwenden.

Es kennzeichnet die bundesweite Entwicklung, dass bei insgesamt gestiegener Engagementquote der Anteil der Personen, die für ihr freiwilliges Engagement höchstens 2 h pro Woche aufbringen, im Zeitverlauf seit 1999 allgemein gewachsen ist (vgl. Hauptbericht, Abb. 3.8). Die entsprechende Kurve verläuft auch in Thüringen kontinuierlich aufwärts und stieg seit 1999 deutlich an. Ordneten sich in diese untere Zeitkategorie 1999 rund 50 % der Befragten ein, sind es

2019 schon fast 12 % mehr. Das Zeitbudget für Engagement entspricht in seiner anteiligen Differenzierung weitgehend dem Bundestrend.

Welche Beweggründe für freiwilliges Engagement werden am häufigsten genannt?
Spaß am Engagement – das ist auch in Thüringen wie in allen anderen Bundesländern mit Abstand das Hauptmotiv dafür, sich freiwillig zu engagieren (vgl. Hauptbericht, Abb. 11). Dahinter rangieren die Motive, *etwas für das Gemeinwohl zu tun* und *anderen Menschen zu helfen*. Mit Abstand folgen dann der Wunsch, *die Gesellschaft mitzugestalten,* und zu guter Letzt das *Zusammenkommen mit anderen Menschen*. Diese Prioritätensetzung der Beweggründe verteilt sich in allen Bundesländern ähnlich.

An welche Zielgruppen richtet sich freiwilliges Engagement?
Das Saarland ausgenommen sind in allen Bundesländern Kinder und Jugendliche die bevorzugte Zielgruppe freiwilligen Engagements, Thüringen liegt mit 51 % Nennungen in diesem Zielgruppenbereich im Bundesvergleich im vorderen Mittelfeld (vgl. Hauptbericht, Abb. 3.10). Weitere relevante Zielgruppen sind hier Familien (48 %), ältere Menschen (41 %), Hilfe- und Pflegebedürftige (18 %) sowie sozial Schlechtergestellte (15 % (vgl. ebd.).

Wie organisiert sich freiwilliges Engagement?
In Thüringen ist freiwilliges Engagement wie in ausnahmslos allen Bundesländern hauptsächlich vereins- oder verbandsförmig organisiert (vgl. Hauptbericht, Abb. 3.11) und liegt hierbei mit rund 50 % leicht unter dem Bundesdurchschnitt. Weitere Formen der Organisation folgen mit deutlichem Abstand. So organisieren sich rund 17 % der Befragten individuell und 15 % in anderen Organisationsformen. Etwa 10 % wählen den organisatorischen Weg über kirchliche Vereinigungen, in staatlichen oder kommunalen Einrichtungen sind etwa 8 % mit ihrem Engagement organisiert.

Welche organisatorischen Verbesserungsbedarfe werden gesehen?
Freiwillig Engagierte in Thüringen wünschen sich an organisatorischen Verbesserungen deutschlandweit am häufigsten vor allem mehr und besser ausgestattete Räumlichkeiten (54 %, vgl. Hauptbericht, Abb. 3.12). In diesem Punkt und bei den weiteren genannten Desideraten (unbürokratische Kostenerstattung (39 %), fachliche Unterstützung (38 %), Anerkennung durch Hauptamtliche (36 %) sowie Weiterbildungsmöglichkeiten (34 %)) weicht die Wunschliste in Thüringen nur leicht vom gesamtdeutschen Durchschnitt ab. Dabei ruht das Augenmerk der

7.16 Landesprofil Thüringen

Befragten im Land etwas stärker als im bundesweiten Schnitt auf dem Abbau bürokratischer Hürden und der Anerkennung durch Hauptamtliche.

Welche Verbesserungswünsche richten sich an staatliche und öffentliche Stellen?
Eine bessere Information und Beratung durch staatliche und öffentliche Stellen (56 %) steht in Thüringen an der Spitze der ermittelten Vorschlagsliste (vgl. Hauptbericht, Abb. 3.13). Dahinter folgen die Absicherung durch Haftpflicht- und Unfallversicherung (55 %), eine steuerfreie Aufwandsentschädigung (53 %), die Anerkennung des Ehrenamts als Praktikum bzw. Weiterbildung (52 %) sowie die Vereinbarkeit von Ehrenamt und Beruf (50 %).

Was steht freiwilligem Engagement entgegen?
In Thüringen sind es wie überall in der Bundesrepublik vor allem zeitliche Gründe, welche von den Befragten als Hindernis für ein freiwilliges Engagement genannt werden. Mit 68 % entsprechender Nennungen liegt das Land hier bundesweit verglichen im unteren Drittel (vgl. Hauptbericht, Abb. 3.14). Berufliche Belastungen sowie die Abneigung, Verpflichtungen einzugehen, werden wie in allen anderen Bundesländern seltener angeführt (jeweils rund 40 %). Auch die Verteilungen sind in allen Bundesländern ähnlich (vgl. ebd.).

Wie groß ist das Potenzial der Bereitschaft zum Engagement?
Die Größenordnung des Engagementpotenzials wird im FWS mit der Frage erhoben, wer sich sicher oder vielleicht vorstellen kann, zukünftig ein freiwilliges Engagement aufzunehmen. In Thüringen liegt dieses Potenzial bei Befragten, die bisher noch nicht oder nicht mehr engagiert sind, mit rund 47 % bundesweit am niedrigsten (vgl. Hauptbericht, Abb. 3.16). Bei der Einschätzung dieses Befunds ist zu berücksichtigen, dass das Land wie zuvor bereits dargelegt die höchste Engagementquote aller ostdeutschen Bundesländer aufweist.

Entsprechend einzuordnen ist auch die Entwicklung der Engagementbereitschaft im Zeitverlauf der letzten 2 Jahrzehnte. Entgegen dem bundesweiten Trend stieg sie in Thüringen in den letzten 10 Jahren vergleichsweise geringfügig an und weist dabei seit 2009 eine abnehmende Tendenz auf (vgl. Hauptbericht, Abb. 3.17). Die Grundbedingung dafür, dieses Potenzial auch zukünftig weiter auszuschöpfen, hat sich in Thüringen folglich erschwert.

Wie häufig wird für gemeinnützige oder soziale Zwecke Geld gespendet?
Im gesamtdeutschen Vergleich liegt Thüringen mit fast 50 % bei den Spendentätigkeiten beim Länderranking im hinteren Drittel (vgl. nachfolgende Abbildung; vgl. auch Hauptbericht, Abb. 3.18). Wie in allen anderen Bundesländern war die

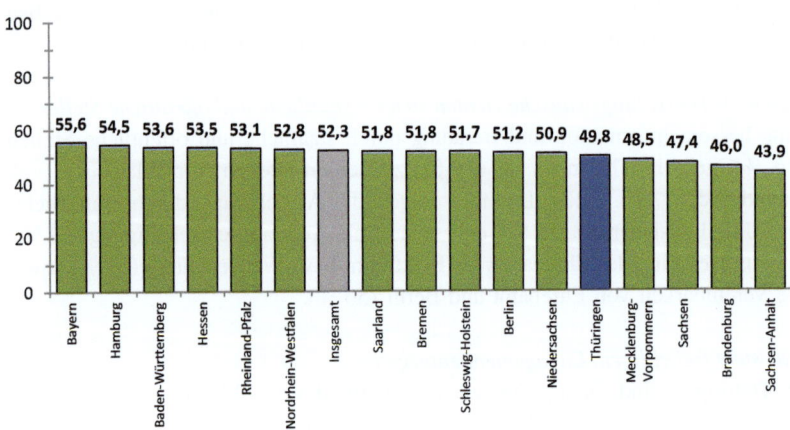

Abb. 7.85 Spendentätigkeit in Thüringen im letzten Jahr vor der Befragung im Vergleich der Bundesländer in Prozent (Eta^2 = 0,003). (Quelle: Eigene Berechnungen, Grundlage: FWS-Datensatz 2019, Länderunterschiede sind auf einem Niveau von $\leq$ 1 % signifikant)

Zahl der Spendenden nach 2004 zunächst stark eingebrochen. Sie stieg danach bis 2019 wieder deutlich an und liegt 2019 in etwa auf dem Ausgangsniveau von 1999 (vgl. Hauptbericht, Abb. 3.19 und 7.85).

Wie viele Menschen engagierten sich für Geflüchtete?
In den dem Befragungszeitpunkt 2019 vorausgegangenen 5 Jahren engagierten sich in Thüringen etwa 9 % der Befragten nach eigener Aussage für Geflüchtete. Damit nimmt das Land bundesweit den vorletzten Platz ein (vgl. Hauptbericht, Abb. 3.22). Dies kann wie in allen anderen ostdeutschen Ländern zum Teil auf den vergleichsweise deutlich geringeren Anteil an dort lebenden Migrantinnen und Migranten von nur rund 5 % sowie zum Teil auf die gegenüber dieser Gruppe vorhandenen Vorbehalte zurückzuführen sein (vgl. Hauptbericht, Abb. 5.7, sowie neuestens Kösman und Wieland 2022).

Welche individuellen Einflussfaktoren fördern beziehungsweise hemmen freiwilliges Engagement?
In der nachstehenden Abbildung wird dargestellt, wie sich freiwilliges Engagement gemäß ausgewählten soziodemografischen Merkmalen der befragten Personen in Thüringen (Standarddifferenzierung) verteilt. Ersichtlich ist dabei: In der jüngsten Altersgruppe (14 bis 19 Jahre) und leicht abgeschwächt in der

7.16 Landesprofil Thüringen

mittleren Kohorte der berufsaktiven Jahrgänge (20 bis 65 Jahre) ist entsprechendes Engagement am häufigsten angesiedelt. Je höher das Einkommen und der Grad formaler Bildung, desto eher engagieren sich Menschen zudem. Arbeitslosigkeit geht deutlich seltener mit Engagement einher als eine Berufstätigkeit, Ausbildung und Heimtätigkeit oder ein Ruhestand. Wer der katholischen oder evangelischen Konfession angehört, engagiert sich im Schnitt häufiger als Konfessionslose oder Angehörige anderer Glaubensgemeinschaften. Leben Kinder im Haushalt, ist freiwilliges Engagement ebenfalls wahrscheinlicher. Befragte mit Migrationshintergrund entschließen sich hingegen seltener zu einem freiwilligen Engagement. Im Schnitt engagieren sich in Thüringen Männer häufiger als Frauen (vgl. Abb. 7.86).

Von den Standarddifferenzierungen verdienen die Merkmale Alter, Einkommen, Schulbildung und Kinder im Haushalt in ihren Auswirkungen auf freiwilliges Engagement für den Landesbericht Thüringen besondere Beachtung (vgl. Hauptbericht, Kap. 4). Mit steigendem Alter nimmt freiwilliges Engagement in allen Bundesländern ab, wobei sich dieses individuelle Merkmal in Thüringen stärker auswirkt als in den anderen Ländern (vgl. Hauptbericht, Abb. 4.13). Höhere Einkommen sind ebensolchem Engagement in allen Bundesländern

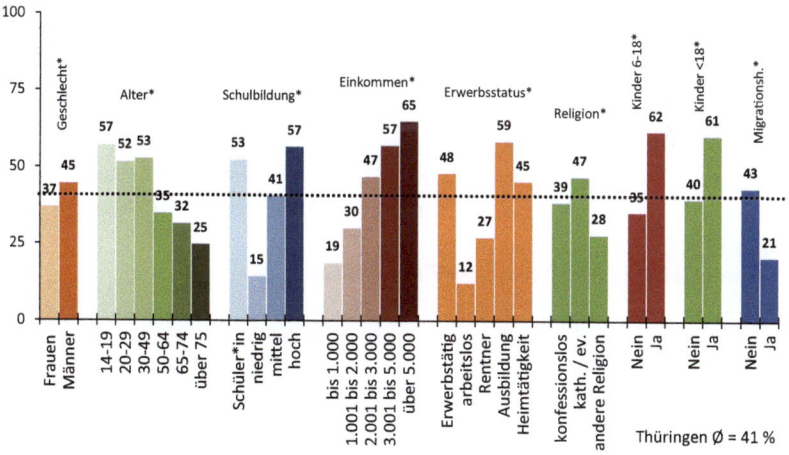

* Unterschiede sind auf einem Niveau von ≤ 5 % signifikant.

Abb. 7.86 Wer ist in Thüringen freiwillig engagiert? – Standarddifferenzierung (Anteile *engagiert* in %). (Quelle: Eigene Berechnungen, Grundlage: FWS-Datensatz 2019)

durchwegs förderlich, dieser Effekt ist in Thüringen am stärksten ausgeprägt. Zudem wird es hier stärker als in allen anderen Ländern vom Haushaltseinkommen einer Person bestimmt, und dies spiegelt sich auch in der höheren Differenz der Engagementquoten zwischen hohen und niedrigen Einkommensgruppen wieder (vgl. Abb. 7.86 sowie Hauptbericht, Abb. 4.12). Ähnliches gilt für Kinder im Haushalt: Diese führen insbesondere in Thüringen zu einer erhöhten Ausübung freiwilligen Engagements, welches in diesem Land entsprechend häufiger im Bereich Schule oder Kindergarten angesiedelt ist (vgl. Abb. 7.86 sowie Hauptbericht, Abb. 4.15).

Wie in allen Bundesländern ist auch in Thüringen ein Bildungsbias signifikant. Das bedeutet, höhere Schulbildung führt häufiger zu Engagement. Im Ländervergleich ist dieser Effekt in Thüringen überdurchschnittlich stark ausgeprägt. Der formale Bildungsgrad fällt hier für die Erklärung von Engagement überdurchschnittlich stark ins Gewicht (vgl. Abb. 4.11, Hauptbericht). Das drückt sich auch in den hohen Differenzen zwischen den Gruppen der Hoch- beziehungsweise Niedriggebildeten aus (Abb. 7.86). Dieser Effekt ist nur in Hamburg und Brandenburg noch stärker ausgeprägt.

Wie verteilt sich freiwilliges Engagement räumlich?
Bei der räumlichen Verteilung freiwilligen Engagements weist Thüringen wie die meisten anderen Länder eine *Stadt-Land-Differenz* auf (vgl. Hauptbericht, Abb. 4.17). Zwischen ländlichen (40 %) und städtischen (47 %) Räumen liegen hier 7 Prozentpunkte.

Beim Blick auf die nach Raumtypus und Gemeindegröße differenzierte regionale Landkarte des Engagements ist weder eine mit zunehmender Siedlungsdichte abnehmende Engagementhäufigkeit noch eine nach Ortsgröße linear zu- oder abnehmende Häufigkeit von Engagement deutlich erkennbar (vgl. Abb. 7.87).

3. Kontexteffekte und freiwilliges Engagement

Erkenntnisse der Sozialforschung (vgl. Gabriel und Neller 2010) sprechen für die Annahme, dass die Art und Weise, wie die Menschen im Land Zugänglichkeit, Professionalität und Vertrauenswürdigkeit der staatlichen beziehungsweise öffentlichen Institutionen wahrnehmen, zu freiwilligem Engagement ermutigen oder dieses auch hemmen kann. Im Folgenden werden daher den landesbezogenen Daten des Freiwilligensurveys 2019 zusätzliche, ebenfalls landesspezifisch aufgeschlüsselte Umfragedaten gegenübergestellt, welche auf mögliche Umfeldbedingungen freiwilligen Engagements verweisen. Einbezogen werden hierfür die

7.16 Landesprofil Thüringen

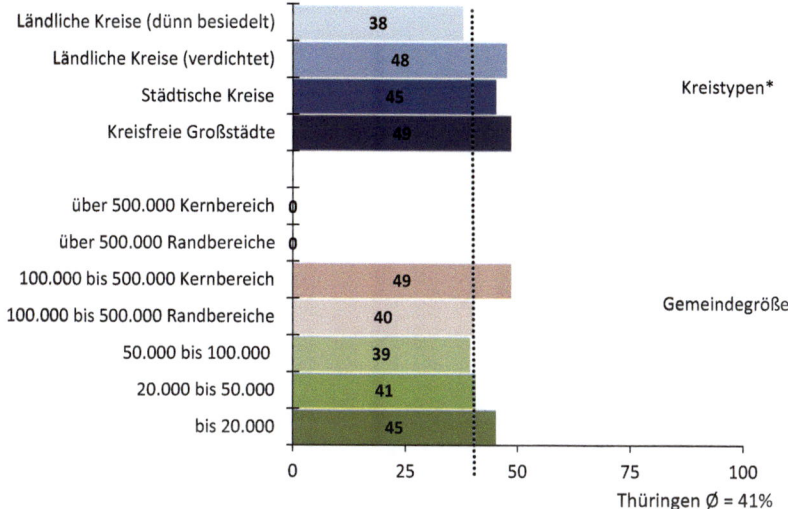

* Unterschiede sind auf einem Niveau von ≤ 5 % signifikant.

Abb. 7.87 Wo ist man eher ehrenamtlich engagiert? – Standarddifferenzierung (Kontext) für Thüringen (Anteile *engagiert* in %). (Quelle: Eigene Berechnungen, Grundlage: FWS-Datensatz 2019)

seitens der Bürgerinnen und Bürger wahrgenommenen Beteiligungs- und Mitsprachemöglichkeiten auf lokaler Ebene sowie das Vertrauen in die Akteurinnen und Akteure aus kommunaler Politik und Verwaltung (vgl. Hauptbericht, Kap. 5).

In Thüringen werden 2 von 3 zusätzlich herangezogenen Umfeldindikatoren negativ beurteilt. Sowohl bei der Bewertung der Partizipationschancen als auch bezüglich des in Kommunalpolitiker und -politikerinnen gesetzten Vertrauens liegt das Land im unteren Viertel des bundesweiten Rankings (vgl. Hauptbericht, Abschn. 5.3.2).

Auf einem additiven Index, der die Rangplätze zusammenfasst, welche die Bundesländer bei *guter* Bewertung der Variablen lokale Partizipation, kommunales Politikvertrauen und Verwaltungsvertrauen jeweils einnehmen, nimmt Thüringen den fünften Rangplatz ein (vgl. Abb. 7.88). Die oberhalb der Balkendiagramme des Kontextindex mit abgebildete lineare Trendlinie der länderspezifischen Engagementquoten lässt für Thüringen keine Koinzidenz von negativer

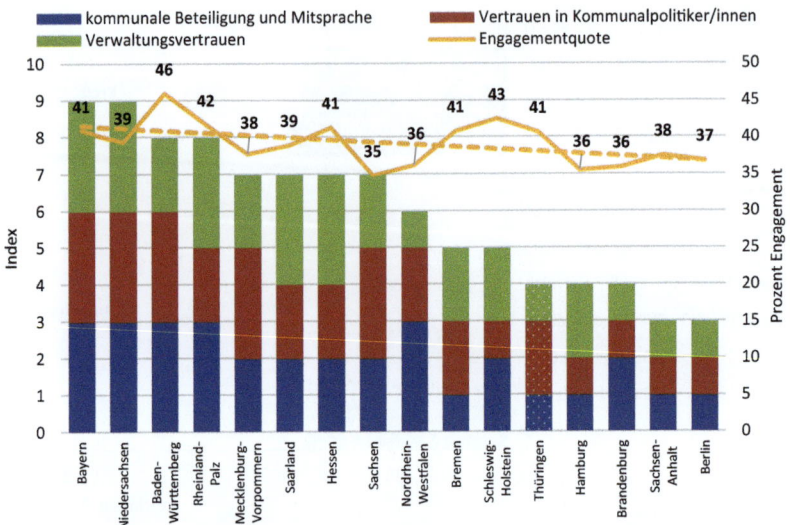

Abb. 7.88 Index aus Beteiligung und Mitsprache *(gut)* sowie Verwaltungs- und Kommunalpolitikvertrauen *(vertraue)* in Gegenüberstellung des freiwilligen Engagements (in %). (Quelle: Eigene Berechnungen, Grundlage: FWS 2019 und info-Erhebung 2020)

Einschätzung des lokalen Lebensumfelds und vergleichsweise seltenem freiwilligem Engagement erkennen. Dies deutet auf eine eher geringe Wechselwirkung beider Einstellungsebenen hin.

4. **Stand und Perspektiven des Engagements**

Thüringen weist im deutschlandweiten Vergleich eine Engagementlandschaft mit positiven Entwicklungsansätzen und Potenzial auf. Diese Einschätzung wird gestützt durch folgende Faktoren: eine bundesweit durchschnittliche, aber in der Langzeitbetrachtung der letzten 2 Jahrzehnte rapide gestiegene Engagement- wie auch Aktivitätsquote; eine in der Langzeitbetrachtung der letzten 2 Jahrzehnte allerdings vergleichsweise gering angestiegene grundsätzliche Bereitschaft, künftig ein freiwilliges Engagement aufzunehmen; des Weiteren ein insgesamt relativ gefestigtes Budget der für Engagement aufgewandten Zeit, wobei die Kategorie des Kurzzeitengagements (unter 2 h) deutlich angewachsen ist, sowie ein in bundesweiter Betrachtung unterdurchschnittliches, aber gleichwohl gestiegenes Spendenaufkommen.

7.16 Landesprofil Thüringen

Dass soziodemografische Merkmale wie Alter, Einkommen und Bildung das Engagement in Thüringen vergleichsweise stark bestimmen, weist auf einen vergleichsweise niedrigen Grad gesellschaftlicher Durchdringung der Engagementnorm hin. Hiermit ist gemeint, dass ein freiwilliges Engagement (noch) keine allgemein verinnerlichte Maxime (wie dies in Teilen z. B. für die Ausübung des Wahlrechts zutrifft) darstellt, sondern von bestimmten individuellen Merkmalen (u. a. Alter, Bildung oder auch Einkommen) geleitet wird.[11]

In mittel- bis langfristiger Perspektive bedeutet der demografische Wandel für Thüringen eine kontrollierbare Herausforderung. Statistischen Prognosen zufolge wird die Zahl der Menschen im Rentenalter in den westdeutschen Flächenländern bis 2035 mit 25 % überproportional zunehmen. Für Thüringen ist in dieser Altersgruppe der 67-Jährigen und Älteren jedoch mit einem Plus von nur etwa 11,1 Prozentpunkten zu rechnen (vgl. Destatis 2021). Vergleichsweise beherrschbar erscheint angesichts dieses Zukunftsszenarios die Aufgabe des Landes, die aktuell positiven Entwicklungsansätze weiter auszubauen oder wenigstens zu stabilisieren. Trotzdem sollten die Angebote für altengerechtes Engagement rechtzeitig erweitert werden, um die Engagementbereitschaft auch in dieser dennoch wachsenden Gruppe der Seniorinnen und Senioren nachhaltig zu aktivieren.

Open Access Dieses Kapitel wird unter der Creative Commons Namensnennung 4.0 International Lizenz (http://creativecommons.org/licenses/by/4.0/deed.de) veröffentlicht, welche die Nutzung, Vervielfältigung, Bearbeitung, Verbreitung und Wiedergabe in jeglichem Medium und Format erlaubt, sofern Sie den/die ursprünglichen Autor(en) und die Quelle ordnungsgemäß nennen, einen Link zur Creative Commons Lizenz beifügen und angeben, ob Änderungen vorgenommen wurden.

Die in diesem Kapitel enthaltenen Bilder und sonstiges Drittmaterial unterliegen ebenfalls der genannten Creative Commons Lizenz, sofern sich aus der Abbildungslegende nichts anderes ergibt. Sofern das betreffende Material nicht unter der genannten Creative Commons Lizenz steht und die betreffende Handlung nicht nach gesetzlichen Vorschriften erlaubt ist, ist für die oben aufgeführten Weiterverwendungen des Materials die Einwilligung des jeweiligen Rechteinhabers einzuholen.

---

[11] Mit Abstufungen gilt dies für alle Länder.

Tabellenband

Tab. A1.1: Anteile öffentlich gemeinschaftlich aktiver Personen

Siehe Tab. A1.1a, A1.1b und A1.1c.

Tab. A1.2: Anteile freiwillig engagierter Personen

Siehe Tab. A1.2a, A1.2b und A1.2c.

Tab. A1.3: Engagementbereitschaft *(ja, sicher)* nichtengagierter Personen

Siehe Tab. A1.3a, A1.3b und A1.3c.

Tab. A1.4: Anteile von Personen, die Geld gespendet haben (in den letzten 12 Monaten)

Siehe Tab. A1.4a, A1.4b und A1.4c.

Tab. A1.1a Anteile öffentlich gemeinschaftlich aktiver Personen, 2019 (in %)

	Gesamt	Geschlecht		Alter (in Jahren)						Bildung			
		Frauen, inklusive divers	Männer	14 bis 19	20 bis 29	30 bis 49	50 bis 64	65 bis 74	über 75	noch in Schule	niedrig	mittel	hoch
Schleswig-Holstein	71,0	72,1	69,6	88,1	71,5	73,0	72,6	61,7	62,5	88,0	59,1	67,7	82,7
Hamburg	64,8	65,9	63,6	*	64,0	61,2	71,2	66,2	57,4	*	34,1	62,2	76,9
Niedersachsen	69,3	71,7	66,7	83,6	67,0	68,2	66,6	75,4	65,0	83,6	62,4	69,9	73,5
Bremen	68,6	63,8	73,5	*	63,9	70,1	71,7	67,9	57,1	*	52,5	68,1	75,2
Nordrhein-Westfalen	63,2	64,1	62,2	69,7	63,2	60,5	62,8	68,5	61,1	72,5	52,5	59,5	72,9
Hessen	67,8	68,9	66,6	86,4	65,8	63,6	72,1	72,2	56,4	94,3	57,8	61,7	74,7
Rheinland-Pfalz	65,5	65,0	66,1	63,0	59,7	70,1	64,5	67,2	63,4	71,6	55,5	60,4	79,5
Baden-Württemberg	68,3	69,5	67,0	76,7	64,2	72,2	68,1	67,5	59,7	84,2	55,7	66,4	78,0
Bayern	67,4	66,9	67,8	79,0	70,3	65,7	67,0	69,9	59,0	80,6	59,3	68,0	74,5
Saarland	63,1	63,4	62,8	*	*	66,3	65,9	63,6	*	*	50,7	67,6	72,9
Berlin	66,6	67,7	65,4	74,6	74,9	66,0	68,2	61,4	55,8	74,0	51,3	56,5	75,0
Brandenburg	63,4	63,7	63,0	*	50,0	68,8	67,5	64,1	48,3	*	40,8	60,8	75,3
Mecklenburg-Vorpommern	63,7	65,7	61,7	*	56,6	66,7	60,8	67,6	59,3	*	50,0	64,0	67,9
Sachsen	62,2	64,4	60,0	89,6	71,0	64,6	57,1	63,8	49,3	*	41,6	60,9	73,5

(Fortsetzung)

Tab. A1.1a (Fortsetzung)

	Gesamt	Geschlecht		Alter (in Jahren)							Bildung			
		Frauen, inklusive divers	Männer	14 bis 19	20 bis 29	30 bis 49	50 bis 64	65 bis 74	über 75	noch in Schule	niedrig	mittel	hoch
Sachsen-Anhalt	59,1	58,5	59,9	*	50,0	63,9	56,9	64,5	52,5	*	35,1	60,3	74,9
Thüringen	67,5	65,9	69,1	*	78,6	75,1	62,3	62,4	59,5	*	48,1	67,4	80,1
Deutschland	**66,0**	**66,8**	**65,3**	**76,9**	**65,6**	**66,2**	**65,8**	**68,1**	**58,9**	**80,5**	**54,8**	**63,8**	**75,1**

Tab. A1.1b Anteile öffentlich gemeinschaftlich aktiver Personen, 2019 (in %)

	Gesamt	Haushaltseinkommen					Erwerbsstatus					Personen/Kinder unter 18 Jahren im Haushalt		Personen/Kinder 6 bis 18 Jahre im Haushalt	
		bis 1000 €	1001 € bis 2000 €	2001 € bis 3000 €	3001 € bis 5000 €	über 5000 €	erwerbstätig	Arbeitslos	Rente, Pension, Vorruhestand	In Ausbildung, Studium, Schule	Hausfrau/Hausmann; Mutterschutz; Elternzeit	keine	ja	keine	ja
Schleswig-Holstein	71,0	37,2	67,4	75,1	77,3	88,0	76,1	*	62,7	77,2	*	69,7	80,9	68,1	80,5
Hamburg	64,8	40,0	57,1	60,3	77,8	80,0	71,1	*	61,9	72,9	*	66,2	68,4	62,8	73,0
Niedersachsen	69,3	49,3	60,1	70,6	81,2	77,0	71,4	50,8	65,6	76,2	66,2	69,8	74,1	68,2	73,7
Bremen	68,6	*	58,0	*	79,2	*	75,0	*	64,4	77,8	*	68,3	71,9	67,0	*
Nordrhein-Westfalen	63,2	52,3	52,1	65,8	74,7	80,8	65,4	29,4	65,6	72,3	48,3	63,8	65,0	62,1	67,4
Hessen	67,8	51,0	56,3	68,2	74,8	80,5	73,7	32,8	63,9	76,3	54,7	67,4	70,3	66,0	74,4
Rheinland-Pfalz	65,5	44,2	61,3	74,1	68,4	81,1	66,6	*	65,4	68,2	70,4	65,0	67,5	64,3	70,5
Baden-Württemberg	68,3	55,8	58,2	69,4	75,0	76,2	70,8	41,5	65,1	74,2	65,3	68,6	73,5	66,0	76,9

(Fortsetzung)

Tabellenband 297

Tab. A1.1b (Fortsetzung)

	Haushaltseinkommen						Erwerbsstatus					Personen/Kinder unter 18 Jahren im Haushalt		Personen/Kinder 6 bis 18 Jahre im Haushalt	
	Gesamt	bis 1000 €	1001 € bis 2000 €	2001 € bis 3000 €	3001 € bis 5000 €	über 5000 €	erwerbstätig	Arbeitslos	Rente, Pension, Vorruhestand	In Ausbildung, Studium, Schule	Hausfrau/Hausmann; Mutterschutz; Elternzeit	keine	ja	keine	ja
Bayern	67,4	39,4	59,4	67,6	77,8	75,2	69,9	43,1	63,1	79,6	60,5	68,8	72,7	65,4	74,6
Saarland	63,1	*	58,5	58,8	76,1	*	70,9	*	63,1	*	*	68,7	58,8	62,1	67,2
Berlin	66,6	51,6	58,3	68,9	76,3	79,0	68,6	63,2	60,0	77,6	65,6	66,8	69,9	65,3	71,4
Brandenburg	63,4	42,7	60,6	62,1	78,0	81,0	65,8	*	57,7	69,9	*	64,6	71,9	60,4	76,9
Mecklenburg-Vorpommern	63,7	46,8	55,1	71,9	75,5	*	67,5	*	60,5	66,1	*	61,9	71,6	59,8	80,0
Sachsen	62,2	41,8	55,2	69,6	72,2	79,7	67,1	27,7	55,2	83,8	*	61,2	75,4	58,7	76,8
Sachsen-Anhalt	59,1	41,5	52,7	57,1	75,0	*	66,4	25,5	57,1	69,1	*	60,2	64,7	57,9	66,4
Thüringen	67,5	42,1	64,3	70,3	82,4	*	75,3	*	59,1	76,5	*	68,3	83,2	63,6	82,7
Deutschland	**66,0**	**47,3**	**57,3**	**68,0**	**76,0**	**78,7**	**69,3**	**39,2**	**63,1**	**75,0**	**58,7**	**66,5**	**70,8**	**64,2**	**73,3**

* aufgrund N<50 keine Angabe des Anteils

Tab. A1.1c Anteile öffentlich gemeinschaftlich aktiver Personen, 2019 (in %)

	Gesamt	Religion			Migrationshintergrund		BBSR Kreistyp				Gemeindegröße						
		keine	Katholisch/ evangelisch	Andere	Nein	Ja	Kreisfreie Großstädte	Städtische Kreise	Ländliche Kreise mit Verdichtungsansätzen	Dünn besiedelte ländliche Kreise	bis 20.000	20.000 bis 50.000	50.000 bis 100.000	100.000 bis 500.000 Randbereiche	100.000 bis 500.000 Kernbereiche	über 500.000 Randbereiche	über 500.000 Kernbereiche
Schleswig-Holstein	71,0	64,4	77,7	66,7	73,2	64,1	75,5	75,0	68,4	73,8	76,6	70,6	63,1	81,0	71,2	71,3	66,2
Hamburg	64,8	59,2	76,8	63,2	74,3	47,4	67,2										67,2
Niedersachsen	69,3	66,2	73,3	52,0	73,9	53,2	65,5	69,9	72,5	72,8	78,8	67,0	71,7	72,6	66,2	68,6	69,2
Bremen	68,6	63,1	75,6	*	75,5	54,9	69,3								70,6		69,0
Nordrhein-Westfalen	63,2	54,4	69,7	50,9	71,0	47,6	62,2	68,6	69,2		70,5	73,4	66,9	72,3	61,5	66,4	64,1
Hessen	67,8	59,9	74,6	55,2	72,7	56,5	71,6	67,0	72,2	72,4	77,4	66,2	63,9	63,8	72,9	68,9	67,1
Rheinland-Pfalz	65,5	58,6	69,1	59,8	70,1	51,9	72,3	68,2	66,2	58,1	66,2	71,9	59,6	72,6	64,7	71,4	69,6
Baden-Württemberg	68,3	59,9	73,9	58,3	74,0	57,1	70,6	71,2	65,6	*	72,0	69,9	62,7	72,4	69,4	70,4	72,8
Bayern	67,4	56,3	73,2	54,0	71,7	54,7	63,4	70,9	71,6	70,6	70,6	72,0	73,2	69,9	67,8	72,2	64,8
Saarland	63,1	50,0	63,2	*	64,7	58,0		65,1			*	*	*	60,4	62,7		
Berlin	66,6	63,0	74,4	67,4	69,8	59,7	66,1										66,1
Brandenburg	63,4	61,6	68,9	*	63,7	63,2	*	66,8	65,0	64,7	70,1	61,9	61,0	65,5	65,8	68,6	
Mecklenburg-Vorpommern	63,7	63,3	66,7	*	66,4	44,0	64,4	62,2	65,7	64,0	65,5	65,8	64,5		*	
Sachsen	62,2	60,1	70,3	*	63,0	55,0	67,4	64,4	59,3	62,9	58,0	67,1	59,3	53,0	73,1	64,8	64,7
Sachsen-Anhalt	59,1	58,2	64,5	*	61,8	48,9	59,6		57,5	66,3	57,0	59,0	59,7	65,3	59,6	*	
Thüringen	67,5	65,3	73,2	*	68,5	61,8	73,7	76,6	73,4	65,9	65,7	69,0	70,5	75,3	73,7		
Deutschland	**66,0**	**59,8**	**72,1**	**56,1**	**70,7**	**53,4**	**65,9**	**69,3**	**67,6**	**68,7**	**70,3**	**69,5**	**65,9**	**70,0**	**66,0**	**69,0**	**66,5**

* aufgrund N<50 keine Angabe des Anteils

Tab. A1.2a Anteile freiwillig engagierter Personen, 2019 (in %)

	Gesamt	Geschlecht		Alter (in Jahren)							Bildung			
		Frauen, inklusive divers	Männer	14 bis 19	20 bis 29	30 bis 49	50 bis 64	65 bis 74	über 75		noch in Schule	niedrig	Mittel	hoch
Schleswig-Holstein	42,6	44,1	41,0	55,2	48,0	51,7	39,4	40,6	20,3		62,7	24,6	42,5	57,0
Hamburg	35,6	35,7	35,7	*	38,0	31,4	43,2	37,9	25,0		*	13,5	25,9	47,9
Niedersachsen	39,4	41,4	37,4	48,1	33,5	47,9	38,0	41,7	22,1		54,7	26,6	40,7	49,1
Bremen	41,0	34,5	47,3	*	*	50,7	37,7	*	*		*	22,0	*	50,4
Nordrhein-Westfalen	36,3	37,1	35,4	40,5	34,7	41,2	37,1	34,7	24,2		41,2	23,2	31,2	49,2
Hessen	41,4	40,3	42,6	52,9	40,3	40,4	48,5	44,0	21,2		62,9	27,6	37,1	50,2
Rheinland-Pfalz	41,8	40,4	43,2	42,9	44,3	46,5	42,5	45,7	22,1		44,1	29,4	39,1	57,0
Baden-Württemberg	46,1	46,4	45,8	50,6	44,5	53,2	45,5	43,9	31,9		51,7	33,7	43,5	57,5
Bayern	41,0	39,2	42,8	48,8	40,0	44,5	43,9	39,3	23,2		55,8	31,6	42,0	49,2
Saarland	39,0	33,1	45,1	*	*	44,3	40,9	35,2	*		*	26,5	43,3	53,3
Berlin	36,9	36,9	37,0	58,2	35,6	38,9	39,8	33,1	20,3		56,9	16,2	27,2	45,7
Brandenburg	36,0	34,7	37,4	*	34,2	40,3	39,4	35,0	16,7		*	12,1	30,3	53,3

(Fortsetzung)

Tab. A1.2a (Fortsetzung)

	Geschlecht			Alter (in Jahren)						Bildung			
	Gesamt	Frauen, inklusive divers	Männer	14 bis 19	20 bis 29	30 bis 49	50 bis 64	65 bis 74	über 75	noch in Schule	niedrig	Mittel	hoch
Mecklenburg-Vorpommern	37,8	33,7	42,1	*	28,8	46,0	37,3	37,1	27,2	*	14,0	39,2	45,9
Sachsen	34,9	33,3	36,6	55,8	38,6	41,4	34,1	33,0	17,2	*	12,2	33,9	49,3
Sachsen-Anhalt	37,7	35,2	40,2	*	33,3	46,5	34,4	35,5	26,3	*	14,3	38,9	50,8
Thüringen	40,8	37,1	44,7	*	51,4	52,7	35,1	31,9	24,5	*	14,6	40,8	56,7
Deutschland	**39,7**	**39,2**	**40,2**	**48,2**	**38,9**	**44,8**	**40,6**	**38,7**	**23,6**	**51,3**	**26,3**	**37,4**	**51,0**

* aufgrund N<50 keine Angabe des Anteils

* aufgrund N<50 keine Angabe des Anteils

Tab. A1.2b Anteile freiwillig engagierter Personen, 2019 (in %)

	Haushaltseinkommen						Erwerbsstatus					Personen/Kinder unter 18 Jahren im Haushalt		Personen/Kinder 6 bis 18 Jahre im Haushalt	
	Gesamt	bis 1000 €	1001 € bis 2000 €	2001 € bis 3000 €	3001 € bis 5000 €	über 5000 €	erwerbstätig	Arbeitslos	Rente, Pension, Vorruhestand	In Ausbildung, Studium, Schule	Hausfrau/Hausmann; Mutterschutz; Elternzeit	keine	ja	keine	ja
Schleswig-Holstein	42,6	13,7	36,1	44,6	48,2	67,4	48,7	*	31,2	48,4	*	41,2	53,2	39,4	53,3
Hamburg	35,6	22,5	28,3	31,9	47,8	50,7	40,5	*	32,4	40,8	*	36,4	39,2	33,5	45,2
Niedersachsen	39,4	18,1	31,0	38,5	55,8	55,0	45,3	23,8	31,1	41,4	41,0	37,7	54,2	34,9	58,3
Bremen	41,0	*	28,0	*	49,1	*	46,6	*	29,3	*	*	42,5	49,1	38,9	*
Nordrhein-Westfalen	36,3	19,7	25,9	37,6	50,8	53,5	41,6	12,5	30,8	43,0	30,3	35,0	44,1	33,7	46,1
Hessen	41,4	23,4	26,3	44,9	50,9	59,4	49,4	17,2	33,3	47,3	25,3	42,3	47,7	38,9	51,8
Rheinland-Pfalz	41,8	27,9	32,9	44,1	46,8	63,2	45,6	*	35,9	47,4	42,3	39,6	49,9	39,0	52,8
Baden-Württemberg	46,1	26,3	37,6	47,2	56,1	52,3	51,5	28,6	38,6	48,5	42,8	45,1	53,5	43,4	56,6

(Fortsetzung)

Tab. A1.2b (Fortsetzung)

	Haushaltseinkommen						Erwerbsstatus						Personen/ Kinder unter 18 Jahren im Haushalt		Personen/ Kinder 6 bis 18 Jahre im Haushalt	
	Gesamt	bis 1000 €	1001 € bis 2000 €	2001 € bis 3000 €	3001 € bis 5000 €	über 5000 €	erwerbs-tätig	Arbeits-los	Rente, Pension, Vorruhe-stand	In Aus-bildung, Studium, Schule	Haus-frau/ Haus-mann; Mutter-schutz; Eltern-zeit	keine	ja	keine	ja
Bayern	41,0	10,7	33,3	39,8	54,0	52,2	46,5	17,4	31,7	49,6	38,3	40,9	50,5	37,5	54,0
Saarland	39,0	*	40,0	33,8	58,2	55,3	50,4	*	33,0	50,0	*	43,6	42,9	36,8	48,4
Berlin	36,9	23,8	25,4	34,4	48,2	58,5	40,9	34,3	28,2	46,9	26,2	36,8	45,3	34,5	46,4
Brandenburg	36,0	20,4	26,6	36,9	47,7	57,6	39,8	*	27,9	50,7	*	36,8	43,9	33,3	48,1
Mecklenburg-Vorpommern	37,8	17,7	32,0	40,0	55,3	*	44,9	*	29,5	35,1	*	35,6	44,4	33,9	54,5
Sachsen	34,9	15,4	27,8	42,3	50,6	54,7	42,9	7,7	24,7	44,6	*	35,5	47,4	30,7	52,9
Sachsen-Anhalt	37,7	21,3	24,6	38,3	52,7	*	46,9	8,0	29,0	52,7	*	37,9	47,1	35,2	49,6
Thüringen	40,8	18,9	30,3	46,9	57,0	*	48,3	*	27,4	58,8	*	39,7	60,5	35,4	62,0
Deutschland	**39,7**	**19,5**	**30,1**	**40,5**	**52,3**	**55,2**	**45,6**	**19,1**	**31,7**	**46,3**	**35,4**	**39,2**	**48,8**	**36,6**	**52,1**

* aufgrund N<50 keine Angabe des Anteils

Tabellenband

Tab. A1.2c Anteile freiwillig engagierter Personen, 2019 (in %)

	Gesamt	Religion			Migrationshintergrund		BBSR Kreistyp				Gemeindegröße					
		keine	Katholisch/ evangelisch	andere	Nein	Ja	Kreisfreie Großstädte	Städtische Kreise	Ländliche Kreise mit Verdichtungsansätzen	Dünn besiedelte ländliche Kreise	bis 20.000	20.000 bis 50.000	50.000 bis 100.000	100.000 bis 500.000 Randbereiche	100.000 bis 500.000 Kernbereiche	über 500.000 Randbereiche	über 500.000 Kernbereiche
Schleswig-Holstein	42,6	37,1	49,8	26,0	44,9	34,0	49,1	43,6	37,3	47,0	40,5	45,1	26,2	53,0	46,5	46,1	33,3
Hamburg	35,6	31,1	43,8	35,1	45,0	19,2	38,3										38,3
Niedersachsen	39,4	35,3	43,5	26,5	43,6	25,3	33,7	40,6	41,4	43,6	40,5	43,5	47,5	39,4	35,9	43,1	40,9
Bremen	41,0	35,2	47,2	*	45,2	32,4	41,2								35,3		42,1
Nordrhein-Westfalen	36,3	28,6	42,1	24,8	42,9	23,4	34,6	41,5	44,8		44,0	43,1	41,5	47,4	36,1	38,2	35,2
Hessen	41,4	34,5	47,4	34,0	46,9	29,0	39,6	41,2	55,8	48,1	51,2	45,8	33,3	45,1	49,0	41,0	33,1
Rheinland-Pfalz	41,8	38,0	44,5	30,6	46,2	28,8	41,7	42,3	44,7	48,1	47,3	44,3	38,6	44,1	40,1	45,2	36,2
Baden-Württemberg	46,1	39,6	51,3	32,2	53,1	31,9	46,4	48,5	51,9	*	47,5	48,8	48,1	53,8	45,1	51,4	46,4
Bayern	41,0	31,2	46,5	25,1	45,5	27,9	35,0	44,4	47,4	46,2	47,5	46,9	52,7	46,5	36,1	47,7	35,4
Saarland	39,0	33,8	40,5	*	41,7	30,9		42,3			52,8	39,1	52,4	38,7	41,6		
Berlin	36,9	32,0	50,0	28,3	41,1	28,1	37,2										37,2
Brandenburg	36,0	33,7	42,7	*	36,9	29,5	*		37,0	37,6	37,4	39,4	38,1	26,8		39,7	37,1

(Fortsetzung)

Tab. A1.2c (Fortsetzung)

	Religion			Migrations-hintergrund		BBSR Kreistyp				Gemeindegröße						
	Gesamt	keine	Katholisch/ evangelisch	andere	Nein	Ja	Kreisfreie Großstädte	Städtische Kreise	Ländliche Kreise mit Ver-dichtungs-ansätzen	Dünn besiedelte ländliche Kreise	bis 20.000	20.000 bis 50.000	50.000 bis 100.000	100.000 bis 500.000 Rand-bereiche	100.000 bis 500.000 Kern-bereiche	über 500.000 Rand-bereiche	über 500.000 Kern-bereiche
Mecklen-burg-Vor-pommern	37,8	37,2	38,9	*	41,2	21,1	35,6		36,6	40,2	40,0	37,6	40,0	36,8	38,9	*	
Sachsen	34,9	31,7	45,3	*	35,7	26,8	36,8	35,6	34,5	42,3	31,8	40,3	39,0	31,8	38,9	33,9	36,5
Sachsen-Anhalt	37,7	36,9	44,0	*	40,3	23,9	31,5		37,0	49,2	41,8	40,0	39,4	44,6	31,5	*	
Thüringen	40,8	38,6	47,2	*	43,4	21,1	48,5	45,0	47,7	37,9	45,1	40,6	39,5	40,3	48,5		
Deutsch-land	**39,7**	**33,8**	**45,7**	**28,6**	**44,4**	**27,0**	**37,6**	**43,3**	**43,1**	**43,6**	**44,6**	**43,8**	**43,1**	**45,3**	**39,4**	**43,3**	**37,4**

* aufgrund N<50 keine Angabe des Anteils

Tab. A1.3a Engagementbereitschaft *(ja, sicher)* nichtengagierter Personen, 2019 (in %)

	Gesamt	Geschlecht		Alter (in Jahren)						Bildung			
		Frauen, inklusive divers	Männer	14 bis 19	20 bis 29	30 bis 49	50 bis 64	65 bis 74	über 75	noch in Schule	niedrig	mittel	hoch
Schleswig-Holstein	56,3	57,6	55,0	*	68,3	73,4	61,3	40,8	22,5	*	44,7	53,7	75,4
Hamburg	64,5	64,2	64,9	85,7	76,2	75,5	73,0	*	20,0	*	42,2	60,0	79,9
Niedersachsen	60,1	55,9	64,1	92,9	77,9	78,7	56,8	41,5	23,1	89,7	47,5	57,6	76,6
Bremen	64,7	64,0	65,5	*	*	*	*	*	*	*	*	*	87,3
Nordrhein-Westfalen	59,2	57,7	60,8	77,6	78,6	74,6	59,9	44,9	15,6	79,3	43,7	58,1	76,8
Hessen	61,4	59,8	63,0	92,3	87,9	73,2	63,8	38,7	18,9	*	41,2	58,9	79,3
Rheinland-Pfalz	55,4	53,2	58,0	65,4	86,0	70,6	56,6	42,0	14,2	*	33,9	67,2	77,0
Baden-Württemberg	62,0	57,8	66,4	77,0	86,5	79,1	64,3	44,0	12,4	89,0	48,8	57,9	79,2
Bayern	59,0	57,9	60,2	89,7	82,8	75,4	56,0	35,5	17,3	89,7	41,7	61,9	79,9
Saarland	57,1	58,4	55,6	*	*	*	56,9	*	*	*	51,9	*	68,0
Berlin	66,3	63,4	69,3	*	95,8	79,8	66,2	47,8	16,4	*	54,5	53,8	78,0
Brandenburg	49,0	43,9	54,5	*	*	60,3	50,7	45,3	16,3	*	31,5	47,6	64,7
Mecklenburg-Vorpommern	53,1	48,1	59,1	*	*	72,8	56,1	*	8,5	*	31,1	52,4	72,9

(Fortsetzung)

Tab. A1.3a (Fortsetzung)

		Geschlecht		Alter (in Jahren)						Bildung			
	Gesamt	Frauen, inklusive divers	Männer	14 bis 19	20 bis 29	30 bis 49	50 bis 64	65 bis 74	über 75	noch in Schule	niedrig	mittel	hoch
Sachsen	52,7	51,5	54,1	*	85,2	73,2	56,9	30,1	16,5	*	35,8	51,0	68,7
Sachsen-Anhalt	54,8	52,4	57,2	*	*	81,0	60,0	35,3	14,9	*	43,5	52,6	73,6
Thüringen	47,2	43,9	50,5	*	*	61,1	51,1	34,4	12,0	*	34,2	42,4	68,6
Deutschland	**58,7**	**56,5**	**61,1**	**82,4**	**82,5**	**75,1**	**59,3**	**40,2**	**16,5**	**85,9**	**43,2**	**56,2**	**77,0**

* aufgrund N<50 keine Angabe des Anteils

Tab. A1.3b Engagementbereitschaft (*ja, sicher*) nichtengagierter Personen, 2019 (in %)

	Gesamt	Haushaltseinkommen					Erwerbsstatus					Personen/Kinder unter 18 Jahren im Haushalt		Personen/Kinder 6 bis 18 Jahre im Haushalt	
		bis 1000 €	1001 € bis 2000 €	2001 € bis 3000 €	3001 € bis 5000 €	über 5000 €	erwerbs-tätig	arbeits-los	Rente, Pension, Vorruhe-stand	In Aus-bildung, Studium, Schule	Hausfrau/Hausmann; Mutter-schutz; Elternzeit	keine	ja	keine	ja
Schleswig-Holstein	56,3	48,8	55,5	57,3	55,8	*	66,1	*	32,3	87,7	*	54,0	75,2	52,0	74,3
Hamburg	64,5	50,9	57,8	70,9	72,9	*	77,5	*	29,0	*	*	70,7	67,7	63,3	71,4
Niedersachsen	60,1	55,4	52,5	61,7	69,2	78,3	68,2	82,6	32,7	90,9	60,7	56,8	77,7	57,1	79,9
Bremen	64,7	*	*	*	*	*	77,8	*	*	*	*	60,3	*	59,8	*
Nordrhein-Westfalen	59,2	62,4	54,0	56,4	66,9	72,9	67,9	78,6	31,6	85,3	64,1	57,8	72,6	56,9	69,7
Hessen	61,4	54,0	51,7	55,1	74,8	89,3	72,7	88,9	29,8	94,1	60,9	60,2	77,6	58,6	73,5
Rheinland-Pfalz	55,4	49,5	47,6	57,6	63,0	*	67,9	*	25,7	71,9	*	48,9	71,4	54,8	58,5
Baden-Württemberg	62,0	58,5	55,5	56,5	72,4	71,8	73,2	77,1	32,1	85,0	65,3	59,0	78,6	59,4	75,3
Bayern	59,0	55,2	48,9	55,4	69,3	76,1	69,8	75,9	26,5	93,4	70,6	56,6	74,5	55,5	76,2

(Fortsetzung)

Tab. A1.3b (Fortsetzung)

	Gesamt	Haushaltseinkommen					Erwerbsstatus					Personen/Kinder unter 18 Jahren im Haushalt		Personen/Kinder 6 bis 18 Jahre im Haushalt	
		bis 1000 €	1001 € bis 2000 €	2001 € bis 3000 €	3001 € bis 5000 €	über 5000 €	erwerbstätig	arbeitslos	Rente, Pension, Vorruhestand	In Ausbildung, Studium, Schule	Hausfrau/Hausmann; Mutterschutz; Elternzeit	keine	ja	keine	ja
Saarland	57,1	*	*	*	*	*	71,0	*	19,1	*	*	53,0	*	54,1	*
Berlin	66,3	51,1	65,7	71,0	74,8	*	78,8	*	32,7	*	84,4	65,5	77,0	65,9	67,5
Brandenburg	49,0	42,0	41,1	48,5	67,4	*	55,2	*	31,2	*	*	47,8	64,3	46,9	61,7
Mecklenburg-Vorpommern	53,1	61,5	44,4	54,4	65,2	*	66,7	*	24,8	*	*	47,8	73,1	52,2	*
Sachsen	52,7	50,9	42,5	56,4	71,5	*	66,6	90,6	22,8	87,3	*	49,0	73,2	48,9	75,4
Sachsen-Anhalt	54,8	43,8	43,9	63,4	69,6	*	69,6	*	29,3	*	*	51,8	76,1	52,0	70,5
Thüringen	47,2	41,6	34,9	58,8	60,3	*	63,3	*	25,6	*	*	50,9	67,1	42,9	73,7
Deutschland	**58,7**	**54,7**	**51,6**	**58,1**	**68,8**	**75,9**	**69,4**	**77,5**	**29,4**	**87,0**	**66,6**	**56,5**	**74,5**	**56,0**	**72,3**

* aufgrund N<50 keine Angabe des Anteils

Tabellenband

Tab. A1.3c Engagementbereitschaft *(ja, sicher)* nichtengagierter Personen, 2019 (in %)

	Gesamt	Religion			Migrationshintergrund		BBSR Kreistyp				Gemeindegröße						
		keine	Katholisch/ evangelisch	andere	Nein	Ja	Kreisfreie Großstädte	Städtische Kreise	Ländliche Kreise mit Verdichtungsansätzen	Dünn besiedelte ländliche Kreise	bis 20.000	20.000 bis 50.000	50.000 bis 100.000	100.000 bis 500.000 Randbereiche	100.000 bis 500.000 Kernbereiche	über 500.000 Randbereiche	über 500.000 Kernbereiche
Schleswig-Holstein	56,3	58,0	49,6	*	52,4	69,3	63,0	54,4	54,3	59,6	61,5	*	*	*	59,6	52,2	64,0
Hamburg	64,5	65,4	61,5	*	59,0	72,7	66,6										66,6
Niedersachsen	60,1	65,2	55,1	66,1	58,5	62,9	67,9	58,9	63,5	62,6	56,3	54,6	71,8	59,9	67,3	57,2	67,5
Bremen	64,7	67,9	*	*	56,0	*	67,2								*		69,1
Nordrhein-Westfalen	59,2	63,0	52,6	80,1	53,3	68,0	63,9	58,1	67,9		67,2	59,7	60,9	52,3	60,1	63,3	62,4
Hessen	61,4	66,6	53,7	76,0	57,3	68,3	73,1	59,7	67,5	54,3	55,2	59,0	*	61,7	66,2	53,8	70,5
Rheinland-Pfalz	55,4	56,4	53,9	64,1	51,6	65,2	64,3	61,8	57,4	55,2	58,0	*	64,7	59,5	58,6	*	*
Baden-Württemberg	62,0	66,0	55,4	83,8	54,4	75,0	68,7	64,0	62,2	*	58,6	73,8	63,9	64,8	68,4	58,6	64,8
Bayern	59,0	63,6	54,2	77,2	53,6	71,4	65,2	61,9	58,1	58,2	63,3	51,5	50,4	56,9	59,5	68,0	65,4
Saarland	57,1	*	54,9	*	49,7	75,0	62,7				*	*	*	*	*		
Berlin	66,3	66,2	63,6	77,3	61,1	75,5	66,2										66,2
Brandenburg	49,0	50,5	41,9	*	47,7	58,2	*		56,6	50,0	39,8	56,8	*	59,3		53,6	
Mecklenburg-Vorpommern	53,1	52,1	52,3	*	51,1	57,6	*		51,9	52,4	50,6	57,7	*	*	47,1		65,2

(Fortsetzung)

Tab. A1.3c (Fortsetzung)

	Gesamt	Religion			Migrationshintergrund		BBSR Kreistyp				Gemeindegröße						
		keine	Katholisch/ evangelisch	andere	Nein	Ja	Kreisfreie Großstädte	Städtische Kreise	Ländliche Kreise mit Verdichtungsansätzen	Dünn besiedelte ländliche Kreise	bis 20.000	20.000 bis 50.000	50.000 bis 100.000	100.000 bis 500.000 Randbereiche	100.000 bis 500.000 Kernbereiche	über 500.000 Randbereiche	über 500.000 Kernbereiche
Sachsen	52,7	52,0	48,0	*	49,4	75,5	60,8	49,6	50,5	60,9	52,7	51,7	48,0	*	62,1	56,5	58,1
Sachsen-Anhalt	54,8	54,2	49,4	*	51,7	71,4	54,6		55,6	55,9	*	54,8	51,1	53,7	54,6		
Thüringen	47,2	48,3	43,0	*	44,0	64,4	56,9	53,3	42,1	47,4	37,8	49,0	56,8	*	56,9		
Deutschland	**58,7**	**60,5**	**53,6**	**77,7**	**53,7**	**69,7**	**65,2**	**60,0**	**57,0**	**56,0**	**57,2**	**58,3**	**58,8**	**58,1**	**60,9**	**59,8**	**64,7**

* aufgrund N<50 keine Angabe des Anteils

Tab. A1.4a Anteile von Personen, die Geld gespendet haben, 2019 (in %)

	Gesamt	Geschlecht		Alter (in Jahren)						Bildung			
		Frauen, inklusive divers	Männer	14 bis 19	20 bis 29	30 bis 49	50 bis 64	65 bis 74	über 75	noch in Schule	niedrig	mittel	hoch
Schleswig-Holstein	51,8	56,2	47,0	28,4	40,7	46,2	50,0	68,0	73,4	36,0	45,6	54,2	57,8
Hamburg	54,5	53,2	56,0	*	46,5	49,8	66,9	60,6	70,1	*	37,7	53,1	65,0
Niedersachsen	50,9	54,8	46,9	29,3	32,5	49,4	50,4	67,2	70,9	18,8	44,0	53,1	60,8
Bremen	51,8	50,0	53,6	*	*	47,8	58,5	*	*	*	44,1	*	58,9
Nordrhein-Westfalen	52,8	57,8	47,5	19,6	36,2	50,4	56,0	68,4	73,3	18,3	48,4	51,9	61,3
Hessen	53,5	55,9	51,0	26,4	38,6	46,8	61,8	64,5	74,1	22,9	44,7	53,8	62,3
Rheinland-Pfalz	53,2	58,3	47,8	22,0	27,2	48,2	61,1	63,3	80,2	16,4	54,5	46,8	61,5
Baden-Württemberg	53,6	59,5	47,6	27,2	37,5	54,7	54,5	59,9	78,5	27,1	48,1	56,8	59,5
Bayern	55,6	58,6	52,5	22,0	37,2	51,5	61,0	73,7	77,7	22,6	52,3	57,4	62,2
Saarland	51,8	53,5	50,0	*	*	51,7	55,7	60,0	*	*	45,3	47,8	68,2
Berlin	51,2	54,7	47,6	*	44,4	49,0	54,0	60,9	66,4	27,5	41,2	49,1	57,0
Brandenburg	46,0	50,8	40,9	*	34,7	42,2	51,8	47,9	62,0	*	37,9	45,7	56,1
Mecklenburg-Vorpommern	48,4	52,4	44,4	*	36,5	45,3	44,9	62,0	67,9	*	43,0	47,3	55,7
Sachsen	47,4	51,2	43,5	36,5	30,2	47,9	43,2	53,2	62,4	*	45,4	42,1	58,4

(Fortsetzung)

Tab. A1.4a (Fortsetzung)

		Geschlecht		Alter (in Jahren)						Bildung			
	Gesamt	Frauen, inklusive divers	Männer	14 bis 19	20 bis 29	30 bis 49	50 bis 64	65 bis 74	über 75	noch in Schule	niedrig	mittel	hoch
Sachsen-Anhalt	43,9	48,2	39,5	*	19,4	36,3	47,4	59,4	62,1	*	41,2	41,3	55,4
Thüringen	49,8	54,5	45,0	*	25,4	51,7	44,4	60,2	68,2	*	42,6	50,3	55,7
Deutschland	**52,3**	**56,4**	**48,1**	**23,8**	**36,1**	**49,7**	**55,0**	**64,9**	**72,4**	**22,1**	**47,8**	**51,3**	**60,5**

* aufgrund N<50 keine Angabe des Anteils

Tab. A1.4b Anteile von Personen, die Geld gespendet haben, 2019 (in %)

	Haushaltseinkommen						Erwerbsstatus						Personen/Kinder unter 18 Jahren im Haushalt		Personen/Kinder 6 bis 18 Jahre im Haushalt	
	Gesamt	bis 1000 €	1001 € bis 2000 €	2001 € bis 3000 €	3001 € bis 5000 €	über 5000 €	erwerbs-tätig	arbeits-los	Rente, Pension, Vorruhe-stand	In Aus-bildung, Studium, Schule	Haus-frau/Haus-mann; Mutter-schutz; Eltern-zeit	keine	ja	keine	ja
Schleswig-Holstein	51,8	33,3	49,3	54,3	63,6	59,8	50,8	*	69,5	31,5	*	54,5	44,9	54,6	42,3
Hamburg	54,5	30,3	53,2	56,0	69,4	70,4	62,2	*	65,2	34,3	*	55,7	57,0	53,3	59,6
Niedersachsen	50,9	25,6	40,9	57,5	67,1	75,5	52,3	19,3	65,0	31,4	43,4	55,9	47,7	51,2	49,9
Bremen	51,8	*	48,0	*	52,8	*	57,3	*	66,1	*	*	51,7	46,4	52,4	*
Nordrhein-Westfalen	52,8	29,8	50,0	58,0	63,6	71,7	55,2	16,1	69,1	29,2	50,2	56,8	46,0	54,4	47,1
Hessen	53,5	28,2	47,4	59,7	62,9	68,8	55,3	35,7	65,2	28,0	56,8	57,6	47,3	54,6	48,5
Rheinland-Pfalz	53,2	35,8	47,5	63,8	53,6	70,6	53,6	*	69,9	27,2	56,9	59,0	45,8	54,6	47,8
Baden-Württemberg	53,6	30,7	52,6	58,4	61,4	58,9	55,9	19,3	66,7	30,1	61,7	55,1	52,4	53,5	54,1

(Fortsetzung)

Tab. A1.4b (Fortsetzung)

	Gesamt	Haushaltseinkommen					Erwerbsstatus					Personen/Kinder unter 18 Jahren im Haushalt		Personen/Kinder 6 bis 18 Jahre im Haushalt	
		bis 1000 €	1001 € bis 2000 €	2001 € bis 3000 €	3001 € bis 5000 €	über 5000 €	erwerbs-tätig	arbeits-los	Rente, Pension, Vorruhestand	In Ausbildung, Studium, Schule	Hausfrau/Hausmann; Mutterschutz; Elternzeit	keine	ja	keine	ja
Bayern	55,6	30,3	55,4	54,2	64,7	70,5	56,8	22,0	71,3	28,7	55,6	58,6	51,5	56,5	52,2
Saarland	51,8	*	50,8	51,5	59,7	63,2	58,9	*	60,2	*	*	57,3	42,9	53,7	44,6
Berlin	51,2	28,1	43,9	54,4	64,9	70,5	56,0	30,9	60,6	23,2	59,0	54,5	45,8	52,2	47,0
Brandenburg	46,0	24,0	50,2	45,8	57,1	71,2	44,2	*	55,7	21,9	*	47,4	46,0	47,9	37,8
Mecklenburg-Vorpommern	48,4	38,8	44,2	54,4	53,9	*	49,2	*	58,9	33,3	*	54,9	44,4	49,9	42,4
Sachsen	47,4	34,6	46,0	52,2	53,4	70,8	45,0	35,6	56,3	32,8	*	47,2	50,3	47,1	48,8
Sachsen-Anhalt	43,9	24,5	48,9	47,1	56,1	*	43,6	9,8	57,6	16,1	*	48,3	39,2	45,6	36,0
Thüringen	49,8	26,3	50,0	52,7	57,7	*	50,4	*	59,5	30,9	*	52,8	51,1	48,6	54,7
Deutschland	**52,3**	**30,0**	**49,3**	**56,2**	**62,1**	**68,6**	**54,0**	**23,1**	**65,8**	**29,1**	**52,2**	**55,6**	**48,3**	**53,1**	**49,0**

* aufgrund N<50 keine Angabe des Anteils

Tab. A1.4c Anteile von Personen, die Geld gespendet haben, 2019 (in %)

	Gesamt	Religion			Migrationshintergrund		BBSR Kreistyp				Gemeindegröße						
		keine	Katholisch/ evangelisch	andere	Nein	Ja	Kreisfreie Großstädte	Städtische Kreise	Ländliche Kreise mit Verdichtungsansätzen	Dünn besiedelte ländliche Kreise	bis 20.000	20.000 bis 50.000	50.000 bis 100.000	100.000 bis 500.000 Randbereiche	100.000 bis 500.000 Kernbereiche	über 500.000 Randbereiche	über 500.000 Kernbereiche
Schleswig-Holstein	51,8	46,0	59,0	40,0	54,3	40,9	57,2	64,7	48,8	47,9	51,0	54,9	51,6	54,0	54,4	57,0	48,1
Hamburg	54,5	48,9	67,6	49,1	60,6	43,8	58,8										58,8
Niedersachsen	50,9	47,8	54,3	37,8	55,8	35,4	48,3	54,7	53,5	53,8	44,1	54,7	52,1	55,8	50,2	62,1	52,7
Bremen	51,8	46,7	65,2	*	55,5	43,7	54,6								*		54,7
Nordrhein-Westfalen	52,8	44,5	58,1	46,6	60,2	37,7	53,2	56,8	50,5		58,1	58,5	49,2	61,3	53,7	62,6	53,5
Hessen	53,5	46,1	58,5	52,8	58,3	42,8	55,7	55,3	51,7	47,0	50,0	50,7	*	53,7	53,5	57,9	59,1
Rheinland-Pfalz	53,2	47,4	57,1	39,1	57,0	40,8	58,6	53,4	58,1	48,1	51,0	63,9	56,0	57,2	54,3	49,4	53,6
Baden-Württemberg	53,6	45,4	58,9	45,6	58,0	44,5	57,8	55,3	47,1	*	57,9	41,5	51,9	56,3	58,8	65,0	55,2
Bayern	55,6	46,8	61,0	37,2	59,5	44,4	58,0	58,4	56,7	57,2	60,4	53,4	58,2	56,1	54,7	59,3	58,8
Saarland	51,8	40,6	54,4	*	54,8	44,4	*	54,3			*	*	*	54,5	53,9		
Berlin	51,2	48,0	57,1	51,6	53,0	47,5	52,1										52,1
Brandenburg	46,0	42,3	61,3	*	47,0	40,0	*		48,3	45,8	45,3	42,9	41,3	38,6		55,8	45,7
Mecklenburg-Vorpommern	48,4	43,9	65,0	*	50,4	33,3	52,5		35,4	52,1	56,1	52,4	44,3	43,4	46,4	*	
Sachsen	47,4	43,9	59,6	*	48,3	40,0	47,3	47,6	52,9	47,6	50,8	46,8	52,3	50,0	47,2	52,7	47,9
Sachsen-Anhalt	43,9	39,8	64,3	*	45,2	40,2	47,6		45,8	42,5	39,2	43,9	46,1	46,3	47,6	*	
Thüringen	49,8	44,5	62,3	*	51,9	33,8	49,5	47,6	51,9	51,6	44,0	58,5	45,6	55,3	49,5		
Deutschland	**52,3**	**45,3**	**58,7**	**43,7**	**56,3**	**41,2**	**54,2**	**55,8**	**51,9**	**52,0**	**52,9**	**52,1**	**50,5**	**55,4**	**53,3**	**59,5**	**54,5**

* aufgrund N<50 keine Angabe des Anteils

Tab. A1.5: Anteile von Personen, die Mitglieder in Vereinen oder gemeinnützigen Organisationen sind

Siehe Tab. A1.5a, A1.5b und A1.5c.

Tab. A1.6: Beendet: *Der zeitliche Aufwand war zu groß*

Siehe Tab. A1.6a, A1.6b und A1.6c.

Tab. A1.7: Beendet: *Aus familiären Gründen*

Siehe Tab. A1.7a, A1.7b und A1.7c.

Tab. A1.8: Beendet: *Aus beruflichen Gründen*

Siehe Tab. A1.8a, A1.8b und A1.8c.

Tab. A1.9: Grund für Nichtengagement: Zeitliche Gründe

Siehe Tab. A1.9a, A1.9b und A1.9c.

Tab. A1.10: Grund für Nichtengagement: Berufliche Gründe

Siehe Tab. A1.10a, A1.10b und A1.10c.

Tab. A1.11: Grund für Nichtengagement: *Will keine Verpflichtung eingehen*

Siehe Tab. A1.11a, A1.11b und A1.11c.

Tab. A1.5a Anteile von Personen, die Mitglieder in Vereinen oder gemeinnützigen Organisationen sind, 2019 (in %)

	Gesamt	Geschlecht		Alter (in Jahren)							Bildung			
		Frauen, inklusive divers	Männer	14 bis 19	20 bis 29	30 bis 49	50 bis 64	65 bis 74	über 75	noch in Schule	niedrig	mittel	hoch
Schleswig–Holstein	43,2	42,1	44,2	35,3	39,8	45,3	44,0	48,4	39,1	38,0	34,2	47,9	48,5
Hamburg	33,7	32,5	35,0	*	28,0	33,0	40,9	36,9	30,9	*	20,0	25,9	42,1
Niedersachsen	44,4	45,6	43,2	41,8	34,4	43,3	44,8	51,2	51,4	52,3	37,1	42,9	51,8
Bremen	38,9	34,2	43,8	*	25,8	38,5	39,6	*	*	*	22,0	*	46,8
Nordrhein-Westfalen	37,2	34,2	40,4	35,2	34,5	36,5	37,6	48,2	41,3	36,1	31,3	35,9	43,0
Hessen	45,4	42,9	48,1	58,7	34,5	41,0	52,4	53,3	39,2	66,0	36,5	41,6	51,0
Rheinland-Pfalz	45,6	43,3	47,8	29,7	32,1	48,4	49,7	54,1	45,1	25,0	41,5	45,1	53,6
Baden-Württemberg	45,6	43,0	48,3	49,4	37,9	44,8	48,2	52,5	42,9	54,2	36,2	43,9	53,6
Bayern	47,3	41,4	53,3	52,3	43,3	43,6	51,1	53,7	43,0	50,0	47,2	44,0	49,3
Saarland	45,1	45,3	44,8	*	*	48,9	51,1	50,0	*	*	33,1	47,8	60,7
Berlin	31,2	28,6	33,8	23,5	32,6	32,4	32,3	29,5	29,0	23,5	16,2	24,5	39,2
Brandenburg	33,8	30,3	37,2	*	38,9	32,1	34,1	38,8	25,8	*	21,0	30,3	43,5
Mecklenburg-Vorpommern	33,7	29,3	38,2	*	13,5	40,7	33,5	30,0	32,9	*	17,4	33,8	39,2
Sachsen	32,0	30,5	33,5	36,8	31,3	34,6	31,9	31,4	26,8	*	19,1	30,7	40,4

(Fortsetzung)

Tab. A1.5a (Fortsetzung)

		Geschlecht		Alter (in Jahren)						Bildung			
	Gesamt	Frauen, inklusive divers	Männer	14 bis 19	20 bis 29	30 bis 49	50 bis 64	65 bis 74	über 75	noch in Schule	niedrig	mittel	hoch
Sachsen-Anhalt	33,0	26,7	39,6	*	22,2	37,1	33,5	39,3	27,1	*	17,5	34,4	42,5
Thüringen	38,2	31,9	44,8	*	45,7	39,3	36,5	39,8	30,0	*	22,3	35,7	52,7
Deutschland	**41,1**	**38,1**	**44,1**	**42,2**	**33,8**	**40,4**	**43,1**	**47,6**	**39,3**	**45,0**	**35,2**	**38,4**	**47,4**

* aufgrund N<50 keine Angabe des Anteils

Tab. A1.5b Anteile von Personen, die Mitglieder in Vereinen oder gemeinnützigen Organisationen sind, 2019 (in %)

	Haushaltseinkommen						Erwerbsstatus					Personen/Kinder unter 18 Jahren im Haushalt		Personen/Kinder 6 bis 18 Jahre im Haushalt	
	Gesamt	bis 1000 €	1001 € bis 2000 €	2001 € bis 3000 €	3001 € bis 5000 €	über 5000 €	erwerbs-tätig	arbeits-los	Rente, Pension, Vorruhe-stand	In Aus-bildung, Studium, Schule	Hausfrau/Haus-mann; Mutter-schutz; Elternzeit	keine	ja	keine	ja
Schleswig-Holstein	43,2	12,6	40,7	50,5	50,5	56,0	50,0	*	43,1	31,3	*	46,7	45,7	42,4	45,8
Hamburg	33,7	14,1	26,0	32,8	42,5	50,7	40,3	*	35,3	28,2	*	34,4	40,5	32,5	38,6
Niedersachsen	44,4	26,4	32,0	48,6	57,8	62,4	45,4	22,1	48,1	42,6	46,9	48,4	46,1	43,1	49,7
Bremen	38,9	*	29,4	*	52,8	*	42,7	*	36,2	*	*	40,0	44,4	38,6	*
Nordrhein-Westfalen	37,2	21,3	27,4	40,3	49,7	52,8	39,4	10,4	43,7	31,9	31,5	39,4	37,9	36,8	39,1
Hessen	45,4	27,5	30,3	45,4	53,5	58,8	51,3	14,5	44,7	46,1	34,7	47,5	46,2	44,2	50,7
Rheinland-Pfalz	45,6	23,8	44,0	52,1	50,0	62,9	49,8	*	48,4	34,7	39,4	46,6	47,8	43,9	52,1
Baden-Württemberg	45,6	27,6	36,2	45,2	51,8	53,1	48,7	20,2	46,4	47,2	26,9	46,9	48,1	44,0	51,7
Bayern	47,3	27,4	39,0	45,7	58,6	55,8	50,7	21,0	47,4	48,6	38,9	48,8	51,5	45,4	53,8

(Fortsetzung)

Tab. A1.5b (Fortsetzung)

	Haushaltseinkommen						Erwerbsstatus					Personen/Kinder unter 18 Jahren im Haushalt		Personen/Kinder 6 bis 18 Jahre im Haushalt	
	Gesamt	bis 1000 €	1001 € bis 2000 €	2001 € bis 3000 €	3001 € bis 5000 €	über 5000 €	erwerbstätig	arbeitslos	Rente, Pension, Vorruhestand	In Ausbildung, Studium, Schule	Hausfrau/Hausmann; Mutterschutz; Elternzeit	keine	ja	keine	ja
Saarland	45,1	*	38,5	41,2	65,7	*	52,5	*	48,1	*	*	48,0	47,1	42,6	55,4
Berlin	31,2	23,0	20,9	31,2	39,4	55,3	32,8	32,4	29,5	33,8	16,4	31,5	31,3	31,3	29,5
Brandenburg	33,8	17,5	35,8	29,0	41,5	50,0	34,0	*	32,6	47,2	*	36,7	36,2	33,7	34,0
Mecklenburg-Vorpommern	33,7	20,3	27,9	35,1	47,1	*	39,1	*	31,4	33,3	*	33,2	36,9	31,8	42,0
Sachsen	32,0	17,3	30,7	35,1	39,7	41,5	36,9	14,1	27,5	36,6	*	31,0	40,1	29,2	43,6
Sachsen-Anhalt	33,0	13,8	29,4	23,9	43,6	*	41,2	3,9	32,7	27,3	*	36,5	34,1	32,7	35,2
Thüringen	38,2	25,3	29,7	38,3	47,7	52,0	42,4	*	32,1	58,2	*	42,7	42,2	36,6	44,0
Deutschland	**41,1**	**22,9**	**32,3**	**41,8**	**51,3**	**55,2**	**44,6**	**17,1**	**42,2**	**40,2**	**32,5**	**43,1**	**43,6**	**39,9**	**46,0**

* aufgrund N<50 keine Angabe des Anteils

Tab. A1.5c Anteile von Personen, die Mitglieder in Vereinen oder gemeinnützigen Organisationen sind, 2019 (in %)

	Gesamt	Religion			Migrationshintergrund		BBSR Kreistyp				Gemeindegröße					
		keine	Katholisch/ evangelisch	andere	Nein	Ja	Kreisfreie Großstädte	Städtische Kreise	Ländliche Kreise mit Verdichtungsansätzen	Dünn besiedelte ländliche Kreise	bis 20.000	20.000 bis 50.000	50.000 bis 100.000	100.000 bis 500.000 Randbereiche	100.000 bis 500.000 Kernbereiche	über 500.000 Randbereiche	über 500.000 Kernbereiche
Schleswig-Holstein	43,2	39,0	49,4	24,0	47,9	20,8	45,9	49,3	40,0	47,9	38,3	62,7	44,6	54,0	44,2	39,1	42,3
Hamburg	33,7	32,5	43,2	14,0	41,6	19,2	34,9										34,9
Niedersachsen	44,4	35,8	51,8	23,8	50,7	24,1	40,4	45,6	46,4	46,5	50,0	50,4	45,2	50,3	37,3	43,6	37,5
Bremen	38,9	33,6	48,3	*	47,1	20,6	40,6								*		39,9
Nordrhein-Westfalen	37,2	28,5	45,3	14,6	47,6	16,4	32,6	44,0	50,0		51,9	53,8	42,6	45,8	35,4	39,0	33,6
Hessen	45,4	35,8	55,0	21,5	54,7	24,1	39,9	47,3	62,2	50,4	54,1	49,3	*	49,0	45,0	51,2	41,3
Rheinland-Pfalz	45,6	38,6	51,8	19,6	52,8	21,9	45,7	46,9	49,3	48,8	50,6	61,9	35,7	48,5	44,6	55,4	30,3
Baden-Württemberg	45,6	37,5	52,7	20,4	53,9	28,6	43,5	49,5	52,5	*	52,2	53,7	50,1	56,3	39,9	43,6	43,9
Bayern	47,3	34,6	54,8	18,0	53,8	28,4	34,0	49,6	53,2	57,7	58,8	54,6	55,6	55,5	37,5	54,9	35,1
Saarland	45,1	35,3	51,7	*	51,4	25,9		46,4		34,5	*	*	*	46,4	39,6		
Berlin	31,2	28,4	39,4	20,7	36,7	19,1	31,8			36,8							31,8
Brandenburg	33,8	32,9	39,0	*	35,7	18,9	*		38,1	34,7	38,1	33,9	27,0	45,1	28,6	38,9	21,9
Mecklenburg-Vorpommern	33,7	33,1	39,6	*	36,7	18,7	25,4		29,3	44,2	38,6	32,1	28,8	40,8		*	
Sachsen	32,0	30,9	37,2	*	33,8	16,1	33,1	32,1	32,5	38,6	25,4	40,0	41,9	31,3	31,5	28,5	31,8
Sachsen-Anhalt	33,0	31,8	40,4	*	36,3	14,1	25,5		30,1	46,0	41,8	31,4	35,5	33,9	25,5	*	
Thüringen	38,2	37,1	43,4	*	39,9	26,7	48,5	32,4	44,0	38,6	37,6	37,1	41,0	38,2	48,5		
Deutschland	**41,1**	**33,4**	**49,8**	**17,8**	**47,8**	**22,4**	**35,3**	**46,3**	**45,2**	**46,0**	**48,9**	**48,6**	**43,7**	**49,9**	**38,0**	**44,5**	**35,5**

* aufgrund N<50 keine Angabe des Anteils

Tab. A1.6a Beendet: Der zeitliche Aufwand war zu groß, 2019 (in %)

	Gesamt	Geschlecht		Alter (in Jahren)							Bildung			
		Frauen, inklusive divers	Männer	14 bis 19	20 bis 29	30 bis 49	50 bis 64	65 bis 74	über 75	noch in Schule	niedrig	mittel	hoch
Schleswig-Holstein	41,9	41,4	42,2	*	*	*	47,8	*	*	*	26,3	50,0	51,5
Hamburg	32,1	34,8	29,4	*	*	*	*	*	*	*	*	*	35,9
Niedersachsen	41,5	37,6	45,7	*	42,5	51,0	39,8	48,4	23,8	*	43,7	39,2	41,5
Bremen	49,0	*	*	*	*	*	*	*	*	*	*	*	*
Nordrhein-Westfalen	39,5	38,3	40,7	*	45,1	45,2	47,3	33,0	23,7	*	32,4	41,0	46,5
Hessen	41,4	40,9	41,7	*	32,8	51,7	41,8	46,0	32,4	*	37,4	49,1	41,8
Rheinland-Pfalz	43,8	45,0	42,7	*	*	55,7	47,1	*	39,7	*	47,5	33,8	49,0
Baden-Württemberg	43,4	42,4	44,4	*	46,0	47,1	44,3	42,4	43,3	*	47,0	40,3	43,8
Bayern	43,9	45,6	42,1	*	49,0	50,4	39,4	34,7	46,9	*	41,2	44,2	46,8
Saarland	39,0	*	*	*	*	*	*	*	*	*	*	*	*
Berlin	38,4	39,3	*	*	44,7	39,5	44,8	*	*	*	*	36,5	40,2
Brandenburg	31,3	30,4	32,1	*	*	*	44,8	*	*	*	*	29,1	34,0
Mecklenburg-Vorpommern	34,2	44,0	25,0	*	*	*	*	*	*	*	*	33,9	32,7
Sachsen	37,8	37,2	38,2	*	*	51,5	34,1	32,8	39,0	*	50,0	27,1	42,9
Sachsen-Anhalt	33,6	37,1	30,5	*	*	*	34,5	*	*	*	*	31,0	*
Thüringen	34,5	34,4	34,1	*	*	*	43,3	*	*	*	*	33,3	*
Deutschland	**40,4**	**40,4**	**40,5**	**30,4**	**44,4**	**45,7**	**42,5**	**35,2**	**33,7**	**23,6**	**39,5**	**38,5**	**43,7**

* aufgrund N<50 keine Angabe des Anteils

Tab. A1.6b Beendet: *Der zeitliche Aufwand war zu groß*, 2019 (in %)

	Gesamt	Haushaltseinkommen					Erwerbsstatus					Personen/ Kinder unter 18 Jahren im Haushalt		Personen/ Kinder 6 bis 18 Jahre im Haushalt	
		bis 1000 €	1001 € bis 2000 €	2001 € bis 3000 €	3001 € bis 5000 €	über 5000 €	erwerbstätig	arbeitslos	Rente, Pension, Vorruhestand	In Ausbildung, Studium, Schule	Hausfrau/ Hausmann; Mutterschutz; Elternzeit	keine	ja	keine	ja
Schleswig-Holstein	41,9	*	41,4	*	*	*	51,7	*	35,4	*	*	35,7	*	40,3	*
Hamburg	32,1	*	*	*	*	*	34,7	*	*	*	*	25,4	*	32,5	*
Niedersachsen	41,5	26,9	50,0	44,9	41,7	*	51,4	*	34,3	*	*	41,3	44,3	40,7	*
Bremen	49,0	*	*	*	*	*	*	*	*	*	*	*	*	*	*
Nordrhein-Westfalen	39,5	40,7	40,3	34,2	47,8	41,5	50,6	*	29,4	33,0	*	39,6	47,1	38,6	45,6
Hessen	41,4	*	37,1	36,4	48,6	*	45,8	*	37,5	*	*	36,6	54,1	39,6	50,7
Rheinland-Pfalz	43,8	*	41,8	47,8	50,7	*	54,1	*	35,8	*	*	43,3	53,6	42,4	*
Baden-Württemberg	43,4	47,8	41,3	45,2	36,2	49,2	47,7	*	43,5	37,4	*	40,9	46,5	42,6	47,9

(Fortsetzung)

Tab. A1.6b (Fortsetzung)

	Gesamt	Haushaltseinkommen					Erwerbsstatus					Personen/Kinder unter 18 Jahren im Haushalt		Personen/Kinder 6 bis 18 Jahre im Haushalt	
		bis 1000 €	1001 € bis 2000 €	2001 € bis 3000 €	3001 € bis 5000 €	über 5000 €	erwerbs-tätig	arbeits-los	Rente, Pension, Vorruhe-stand	In Aus-bildung, Studium, Schule	Haus-frau/Haus-mann; Mutter-schutz; Eltern-zeit	keine	ja	keine	ja
Bayern	43,9	29,3	40,1	44,5	50,2	52,6	46,7	*	42,5	50,6	28,8	39,8	58,0	42,6	51,4
Saarland	39,0	*	*	*	*	*	*	*	*	*	*	*	*	36,5	*
Berlin	38,4	*	33,8	40,3	49,1	*	41,0	*	28,0	*	*	37,3	*	36,9	*
Brandenburg	31,3	*	25,4	*	*	*	38,9	*	22,7	*	*	27,8	*	31,1	*
Mecklenburg-Vorpommern	34,2	*	*	*	*	*	42,4	*	22,1	*	*	36,7	*	33,1	*
Sachsen	37,8	45,1	34,8	34,9	*	*	41,6	*	33,6	*	*	33,7	*	37,2	*
Sachsen-Anhalt	33,6	*	*	*	*	*	38,1	*	31,9	*	*	35,7	*	33,8	*
Thüringen	34,5	*	37,5	*	*	*	42,4	*	28,6	*	*	36,6	*	33,1	*
Deutschland	**40,4**	**35,3**	**39,4**	**40,3**	**44,6**	**47,6**	**47,3**	**33,1**	**34,4**	**37,5**	**34,4**	**38,5**	**49,4**	**39,3**	**48,6**

* aufgrund N<50 keine Angabe des Anteils

Tab. A1.6c Beendet: Der zeitliche Aufwand war zu groß, 2019 (in %)

	Gesamt	Religion			Migrationshintergrund		BBSR Kreistyp					Gemeindegröße					
		keine	Katholisch/ evangelisch	andere	Nein	Ja	Kreisfreie Großstädte	Städtische Kreise	Ländliche Kreise mit Verdichtungsansätzen	Dünn besiedelte ländliche Kreise	bis 20.000	20.000 bis 50.000	50.000 bis 100.000	100.000 bis 500.000 Randbereiche	100.000 bis 500.000 Kernbereiche	über 500.000 Randbereiche	über 500.000 Kernbereiche
Schleswig-Holstein	41,9	36,0	48,0	*	45,0	*	*	*	38,7	*	*	*	*	*	35,1	*	*
Hamburg	32,1	35,4	25,0	*	32,6	33,3	33,6										33,6
Niedersachsen	41,5	42,5	40,8	*	43,3	31,9	*	39,8	35,6	50,7	47,5	31,3	52,9	45,2	44,9	42,5	*
Bremen	49,0	*	*	*	*	*	*	38,2	*						*		*
Nordrhein-Westfalen	39,5	41,2	39,0	40,0	41,0	36,6	42,0	38,2	*		*	31,7	53,0	29,2	47,8	26,7	38,9
Hessen	41,4	36,6	46,4	*	44,5	31,5	33,3	48,8	*	*	60,7	*	*	44,9	41,4	*	38,1
Rheinland-Pfalz	43,8	47,2	43,1	*	45,8	*	50,9	46,8	*	*	41,4	*	46,2	*	*	*	*
Baden-Württemberg	43,4	39,8	47,2	*	42,8	44,8	39,7	42,8	*	*	51,2	54,1	*	36,1	36,0	42,4	38,0
Bayern	43,9	39,1	46,5	*	44,2	43,4	44,8	48,1	49,0	41,0	50,0	43,2	48,2	53,0	41,5	35,8	46,7
Saarland	39,0	*	38,2	*	43,8	*	*	42,2	*	*	*	*	*	*	*	*	*
Berlin	38,4	38,9	37,5	*	37,9	39,4	36,8			35,7							36,8
Brandenburg	31,3	30,9	*	*	30,4	*	*		29,9	37,0	*	*	*	*		39,2	*
Mecklenburg-Vorpommern	34,2	34,0	*	*	36,8	*	*		*	*	*	*	*	*	*		
Sachsen	37,8	41,8	28,2	*	36,0	*	28,9		41,0	*	*	*	*	*	*	*	28,8
Sachsen-Anhalt	33,6	33,9	*	*	32,6	*	*		28,6	*	*	*	*	*	*		
Thüringen	34,5	30,9	40,3	*	35,1	*	*	*	*	34,8	*	35,7	*	*	*		
Deutschland	**40,4**	**38,5**	**42,5**	**32,0**	**41,1**	**38,1**	**39,7**	**42,4**	**39,0**	**41,6**	**45,9**	**38,3**	**43,1**	**41,8**	**41,7**	**37,2**	**39,3**

* aufgrund N<50 keine Angabe des Anteils

Tab. A1.7a Beendet: *Aus familiären Gründen*, 2019 (in %)

	Gesamt	Geschlecht		Alter (in Jahren)							Bildung			
		Frauen, inklusive divers	Männer	14 bis 19	20 bis 29	30 bis 49	50 bis 64	65 bis 74	über 75	noch in Schule	niedrig	mittel	hoch
Schleswig-Holstein	29,3	35,7	24,1	*	*	*	24,6	*	*	*	31,2	28,2	28,8
Hamburg	14,7	19,1	10,3	*	*	*	*	*	*	*	*	*	12,5
Niedersachsen	27,7	31,4	23,6	*	9,6	28,5	27,3	43,6	26,7	*	24,3	37,5	24,4
Bremen	20,4	*	*	*	*	*	*	*	*		*	*	*
Nordrhein-Westfalen	26,0	33,5	18,2	*	7,6	24,8	32,8	28,3	29,5	*	28,0	25,7	25,6
Hessen	28,1	32,3	24,3	*	0,0	28,1	35,2	44,4	32,9	*	40,0	31,9	19,9
Rheinland-Pfalz	30,4	39,6	20,4	*	*	34,4	37,6	*	25,4	*	36,1	29,2	25,8
Baden-Württemberg	24,8	32,3	17,8	*	8,0	21,8	33,3	30,1	29,9	*	24,2	32,7	22,3
Bayern	27,7	35,5	18,9	*	10,3	27,0	40,5	34,0	19,0	*	36,4	32,2	15,8
Saarland	31,7	*	*	*	*	*	*	*	*	*	*	*	*
Berlin	22,8	28,4	16,4	*	*	18,2	36,2	*	*	*	*	35,5	18,3
Brandenburg	24,2	33,3	15,7	*	*	*	20,3	*	*	*	*	23,3	28,3
Mecklenburg-Vorpommern	28,3	30,7	26,3	*	*	*	*	*	*	*	*	32,3	15,4

(Fortsetzung)

Tab. A1.7a (Fortsetzung)

		Geschlecht		Alter (in Jahren)						Bildung			
	Gesamt	Frauen, inklusive divers	Männer	14 bis 19	20 bis 29	30 bis 49	50 bis 64	65 bis 74	über 75	noch in Schule	niedrig	mittel	hoch
Sachsen	27,8	41,4	15,9	*	*	20,0	30,9	23,8	29,9	*	23,8	30,1	28,9
Sachsen-Anhalt	25,3	31,0	20,5	*	*	*	22,4	*	*	*	*	25,9	*
Thüringen	29,4	37,5	19,8	*	*	*	39,3	*	*	*	*	35,4	*
Deutschland	**26,6**	**33,6**	**19,4**	**14,4**	**10,5**	**24,7**	**33,2**	**31,3**	**28,0**	**3,6**	**29,8**	**30,5**	**21,8**

* aufgrund N<50 keine Angabe des Anteils

Tab. A1.7b Beendet: *Aus familiären Gründen*, 2019 (in %)

		Haushaltseinkommen					Erwerbsstatus					Personen/Kinder unter 18 Jahren im Haushalt		Personen/Kinder 6 bis 18 Jahre im Haushalt	
	Gesamt	bis 1000 €	1001 € bis 2000 €	2001 € bis 3000 €	3001 € bis 5000 €	über 5000 €	erwerbstätig	arbeitslos	Rente, Pension, Vorruhestand	In Ausbildung, Studium, Schule	Hausfrau/Hausmann; Mutterschutz; Elternzeit	keine	ja	keine	ja
Schleswig-Holstein	29,3	*	36,2	*	*	*	37,1	*	34,2	*	*	24,0	*	25,8	*
Hamburg	14,7	*	*	*	*	*	12,0	*	*	*	*	13,2	*	15,1	*
Niedersachsen	27,7	17,9	42,5	29,3	26,9	*	27,0	*	31,4	*	*	25,8	38,3	25,1	54,0
Bremen	20,4	*	*	*	*	*	*	*	*	*	*	*	*	*	*
Nordrhein-Westfalen	26,0	15,8	23,5	33,8	26,8	25,8	27,8	*	27,5	2,2	*	24,9	30,9	24,7	35,4
Hessen	28,1	*	29,9	36,6	*	26,5	29,2	*	37,5	*	*	29,6	32,9	26,7	35,6
Rheinland-Pfalz	30,4	*	25,9	19,1	*	10,0	35,1	*	29,4	*	*	23,5	44,6	28,4	*
Baden-Württemberg	24,8	16,5	34,4	22,3	23,9	28,0	30,9	*	27,4	4,3	*	22,3	26,6	24,4	27,4
Bayern	27,7	29,6	30,9	32,1	31,9	13,5	28,2	*	26,8	12,8	53,8	26,4	40,4	26,7	33,6

(Fortsetzung)

Tab. A1.7b (Fortsetzung)

	Haushaltseinkommen						Erwerbsstatus					Personen/Kinder unter 18 Jahren im Haushalt		Personen/Kinder 6 bis 18 Jahre im Haushalt	
	Gesamt	bis 1000 €	1001 € bis 2000 €	2001 € bis 3000 €	3001 € bis 5000 €	über 5000 €	erwerbstätig	arbeitslos	Rente, Pension, Vorruhestand	In Ausbildung, Studium, Schule	Hausfrau/Hausmann; Mutterschutz; Elternzeit	keine	ja	keine	ja
Saarland	31,7	*	*	*	*	*	*		*	*	*	*	*	*	*
Berlin	22,8	*	26,2	15,1	27,3	*	26,5	*	23,4	*	*	20,0	*	31,1	*
Brandenburg	24,2	*	19,7	*	*	*	23,3	*	25,6	*	*	22,8	*	20,7	*
Mecklenburg-Vorpommern	28,3	*	*	*	*	*	40,7	*	23,5	*		32,5	*	23,9	*
Sachsen	27,8	21,2	23,9	30,2	*	*	24,8	*	27,8	*	*	28,1	*	26,4	*
Sachsen-Anhalt	25,3	*	*	*	*	*	24,2	*	29,2	*	*	28,3	*	24,3	*
Thüringen	29,4	*	28,6	*	*	*	31,8	*	28,6	*		24,3	*	28,5	*
Deutschland	**26,6**	**21,2**	**28,8**	**29,0**	**27,6**	**22,4**	**28,7**	**28,7**	**28,4**	**6,9**	**31,5**	**25,3**	**33,4**	**25,3**	**35,4**

* aufgrund N<50 keine Angabe des Anteils

Tab. A1.7c Beendet: *Aus familiären Gründen*, 2019 (in %)

	Gesamt	Religion			Migrationshintergrund		BBSR Kreistyp				Gemeindegröße						
		keine	Katholisch/ evangelisch	andere	Nein	Ja	Kreisfreie Großstädte	Städtische Kreise	Ländliche Kreise mit Verdichtungsansätzen	Dünn besiedelte ländliche Kreise	bis 20.000	20.000 bis 50.000	50.000 bis 100.000	100.000 bis 500.000 Randbereiche	100.000 bis 500.000 Kernbereiche	über 500.000 Randbereiche	über 500.000 Kernbereiche
Schleswig-Holstein	29,3	26,1	34,0	*	25,0	*	*	*	29,2	*	*	*	*	*	29,3	*	*
Hamburg	14,7	9,8	*	*	18,0	*	15,1										15,1
Niedersachsen	27,7	31,1	27,4	*	27,7	25,6	*	27,1	36,4	27,0	31,3	25,4	28,0	37,8	24,1	34,2	*
Bremen	20,4	*	*	*	*	*	*							*			*
Nordrhein-Westfalen	26,0	21,7	28,6	12,5	27,3	22,9	24,8	25,1	*		*	33,7	17,4	25,8	22,4	27,1	27,4
Hessen	28,1	20,4	34,5	*	32,0	17,9	24,5	27,3	*	*	37,9	*	*	30,9	31,0	*	16,4
Rheinland-Pfalz	30,4	37,5	28,7	*	30,8	*	28,6	30,9	*	*	29,0	*	*	*	*	*	*
Baden-Württemberg	24,8	25,6	24,7	*	26,7	19,1	21,4	27,4	8,9	*	16,5	28,4	*	32,3	20,2	37,3	23,8
Bayern	27,7	17,9	30,7	*	30,1	20,4	20,7	24,3	36,5	38,6	39,1	31,7	41,8	39,0	15,7	32,1	19,7
Saarland	31,7	*	32,4	*	37,5	*	*	33,3	*		*	*	*	*	*		
Berlin	22,8	24,7	16,7	*	25,1	16,7	22,6		25,4	24,3	*	*	*	*	*		22,6
Brandenburg	24,2	23,0	*	*	22,8	*	*		*	35,0	*	*	*	*	*	21,6	*
Mecklenburg-Vorpommern	28,3	37,6	*	*	27,4	*	*	*			*	*	*	*	*		
Sachsen	27,8	26,7	31,4	*	27,2	*	34,4		25,0	*	*	*	*	*	*	*	26,0
Sachsen-Anhalt	25,3	26,2	*	*	26,3	*	*		30,2	*	*	*	*	*	*		
Thüringen	29,4	30,3	28,8	*	30,7	*	*	*	*	30,4	*	30,4	*	*			
Deutschland	**26,6**	**24,7**	**28,4**	**13,5**	**27,9**	**21,7**	**23,3**	**27,0**	**30,4**	**29,9**	**29,1**	**31,5**	**25,5**	**31,6**	**22,9**	**30,9**	**22,9**

* aufgrund N<50 keine Angabe des Anteils

Tab. A1.8a Beendet: *Aus beruflichen Gründen*, 2019 (in %)

	Gesamt	Geschlecht		Alter (in Jahren)						Bildung			
		Frauen, inklusive divers	Männer	14 bis 19	20 bis 29	30 bis 49	50 bis 64	65 bis 74	über 75	noch in Schule	niedrig	mittel	hoch
Schleswig-Holstein	43,7	39,4	47,9	*	*	*	43,5	*	*	*	35,5	40,8	59,1
Hamburg	49,3	41,8	57,4	*	*	*	*	*	*	*	*	*	55,0
Niedersachsen	43,4	37,7	49,6	*	42,5	51,7	50,9	26,6	40,0	*	41,9	39,6	50,2
Bremen	40,4	*	*	*	*	*	*	*	*		*	*	*
Nordrhein-Westfalen	44,2	41,2	47,3	*	53,4	55,7	48,4	31,8	33,3	*	38,4	47,0	50,1
Hessen	41,1	43,6	38,7	*	53,0	58,7	44,3	18,8	20,8	*	25,4	47,9	48,8
Rheinland-Pfalz	40,6	38,7	43,0	*	*	46,7	58,3	*	25,4	*	39,3	47,7	41,2
Baden-Württemberg	46,5	46,0	47,0	*	48,2	64,5	53,1	30,1	33,1	*	45,7	36,0	57,3
Bayern	44,4	39,0	50,4	*	47,3	61,3	40,9	29,3	36,6	*	39,2	39,7	53,2
Saarland	45,1	*	*	*	*	*	*	*	*	*	*	*	*
Berlin	40,5	31,4	50,4	*	*	48,7	44,8	*	*	*	*	33,9	46,6
Brandenburg	39,3	32,4	45,9	*	*	*	44,1	*	*	*	*	40,5	*

(Fortsetzung)

Tab. A1.8a (Fortsetzung)

		Geschlecht		Alter (in Jahren)						Bildung			
	Gesamt	Frauen, inklusive divers	Männer	14 bis 19	20 bis 29	30 bis 49	50 bis 64	65 bis 74	über 75	noch in Schule	niedrig	mittel	hoch
Mecklenburg-Vorpommern	36,2	34,7	38,2	*	*	*	*	*	*	*	*	35,5	46,2
Sachsen	43,4	42,1	44,4	*	*	50,0	48,1	33,9	32,1	*	30,1	46,6	51,0
Sachsen-Anhalt	38,6	29,6	46,3	*	*	*	44,8	*	*	*	*	44,0	*
Thüringen	37,7	36,8	38,8	*	*	*	45,9	*	*	*	*	42,3	*
Deutschland	**43,2**	**40,0**	**46,6**	**21,7**	**48,8**	**54,4**	**47,9**	**31,5**	**32,1**	**13,6**	**38,1**	**42,1**	**50,4**

* aufgrund N<50 keine Angabe des Anteils

Tab. A1.8b Beendet: Aus beruflichen Gründen, 2019 (in %)

	Gesamt	Haushaltseinkommen					Erwerbsstatus					Personen/Kinder unter 18 Jahren im Haushalt		Personen/Kinder 6 bis 18 Jahre im Haushalt	
		bis 1000 €	1001 € bis 2000 €	2001 € bis 3000 €	3001 € bis 5000 €	über 5000 €	erwerbstätig	Arbeitslos	Rente, Pension, Vorruhestand	In Ausbildung, Studium, Schule	Hausfrau/Hausmann; Mutterschutz; Elternzeit	keine	ja	keine	ja
Schleswig-Holstein	43,7	*	33,3	*	*	*	48,3	*	39,2	*	*	47,7	*	43,3	*
Hamburg	49,3	*	*	*	*	*	60,0	*	*	*	*	44,1	*	49,2	*
Niedersachsen	43,4	44,3	42,2	41,1	46,3	*	53,7	*	34,3	*	*	41,6	43,2	43,3	44,0
Bremen	40,4	*	*	*	*	*	*	*	*	*	*	*	*	*	*
Nordrhein-Westfalen	44,2	55,5	37,9	43,2	50,0	41,8	54,4	*	32,9	31,9	*	44,4	48,3	44,5	42,1
Hessen	41,1	*	44,8	44,7	45,5	60,0	57,3	*	22,8	*	*	43,3	37,6	41,7	37,0
Rheinland-Pfalz	40,6	*	33,3	38,2	47,3	*	56,7	*	28,4	*	*	38,8	44,6	41,2	*
Baden-Württemberg	46,5	27,5	40,4	56,1	44,4	59,3	60,4	*	32,5	34,8	*	45,7	59,4	44,3	60,3
Bayern	44,4	38,3	42,5	39,1	51,6	47,7	53,6	*	35,1	39,7	40,4	42,4	46,4	44,6	42,9
Saarland	45,1	*	*	*	*	*	*	*	*	*	*	*	*	45,3	*

(Fortsetzung)

Tab. A1.8b (Fortsetzung)

	Haushaltseinkommen						Erwerbsstatus						Personen/Kinder unter 18 Jahren im Haushalt		Personen/Kinder 6 bis 18 Jahre im Haushalt	
	Gesamt	bis 1000 €	1001 € bis 2000 €	2001 € bis 3000 €	3001 € bis 5000 €	über 5000 €	erwerbstätig	Arbeitslos	Rente, Pension, Vorruhestand	In Ausbildung, Studium, Schule	Hausfrau/Hausmann; Mutterschutz; Elternzeit		keine	ja	keine	ja
Berlin	40,5	*	36,9	31,0	57,1	*	50,9	*	30,9	*	*		42,2	*	40,0	*
Brandenburg	39,3	*	32,8	*	*	*	51,1	*	26,4	*	*		41,2	*	40,7	*
Mecklenburg-Vorpommern	36,2	*	*	*	*	*	28,8	*	33,8	*	*		39,2	*	34,5	*
Sachsen	43,4	28,3	40,7	50,8	*	*	52,2	*	35,1	*	*		42,5	*	40,7	*
Sachsen-Anhalt	38,6	*	*	*	*	*	46,8	*	31,9	*	*		46,9	*	38,5	*
Thüringen	37,7	*	*	*	*	*	51,5	*	32,6	*	*		41,4	*	38,9	*
Deutschland	**43,2**	**37,3**	**38,1**	**44,8**	**48,5**	**51,2**	**54,4**	**33,3**	**32,6**	**38,2**	**40,6**		**43,4**	**47,1**	**43,0**	**45,0**

* aufgrund N<50 keine Angabe des Anteils

Tab. A1.8c Beendet: *Aus beruflichen Gründen*, 2019 (in %)

	Gesamt	Religion			Migrationshintergrund		BBSR Kreistyp				Gemeindegröße						
		keine	Katholisch/ evangelisch	andere	Nein	Ja	Kreisfreie Großstädte	Städtische Kreise	Ländliche Kreise mit Verdichtungsansätzen	Dünn besiedelte ländliche Kreise	bis 20.000	20.000 bis 50.000	50.000 bis 100.000	100.000 bis 500.000 Randbereiche	100.000 bis 500.000 Kernbereiche	über 500.000 Randbereiche	über 500.000 Kernbereiche
Schleswig-Holstein	43,7	44,1	*	33,3	45,6	*	*	*	38,7	*	*	*	*	*	53,4	*	*
Hamburg	49,3	52,4	*	*	51,7	*	48,3	*			*	*	*				48,3
Niedersachsen	43,4	46,0	45,0	*	45,4	31,9	*	44,2	35,6	46,7	46,8	46,3	42,0	42,9	52,6	38,4	*
Bremen	40,4	*	*	*	*	*	*	43,2	=		*			*	*		*
Nordrhein-Westfalen	44,2	45,5	44,7	33,8	45,1	41,7	42,8	43,2	*		*	51,0	40,9	34,5	40,0	44,0	48,2
Hessen	41,1	45,7	39,1	*	39,5	44,1	39,2	40,1	*	*	50,0	*	*	49,3	28,1	*	44,0
Rheinland-Pfalz	40,6	45,8	39,4	*	40,9	*	44,6	46,0	*	*	40,0	*	*	*	*	*	*
Baden-Württemberg	46,5	47,2	47,9	*	48,6	41,3	53,4	46,3	39,3	*	44,6	45,3	*	52,6	48,7	37,3	48,5
Bayern	44,4	45,0	43,6	*	42,5	50,7	51,2	42,9	49,8	37,0	45,1	37,0	60,0	40,7	48,2	39,3	48,9
Saarland	45,1	*	45,6	*	51,6	*	*	40,6			*	*	*		*		
Berlin	40,5	41,6	38,9	*	41,2	37,9	39,7				*	*	*	*	*		39,7
Brandenburg	39,3	41,6	*	*	42,4	*	*		47,0	34,2	*	*	*	*		36,5	*
Mecklenburg-Vorpommern	36,2	38,3	*	*	36,8	*	*		*	39,4	*	*	*	*	*		
Sachsen	43,4	42,5	46,5	*	41,7	*	48,9	*	40,4	*	*	*	*	*	*	*	
Sachsen-Anhalt	38,6	38,4	*	*	41,4	*	*		36,5	*	*	*	*	*	*	*	41,9
Thüringen	37,7	36,7	40,0	*	38,8	*	*	*	*	35,6	*	33,3	*	*	*		
Deutschland	**43,2**	**43,9**	**43,8**	**27,8**	**43,8**	**41,3**	**45,6**	**43,8**	**41,5**	**40,0**	**42,4**	**41,1**	**43,6**	**43,3**	**44,4**	**38,7**	**45,7**

* aufgrund N<50 keine Angabe des Anteils

Tab. A1.9a Grund für Nichtengagement: Zeitliche Gründe, 2019 (in %)

		Geschlecht		Alter (in Jahren)							Bildung			
	Gesamt	Frauen, inklusive divers	Männer	14 bis 19	20 bis 29	30 bis 49	50 bis 64	65 bis 74	über 75	noch in Schule	niedrig	mittel	hoch
Schleswig-Holstein	72,7	72,5	72,9	*	*	81,2	78,2	*	55,6	*	64,5	76,1	86,3
Hamburg	69,7	72,9	65,8	*	*	73,8	*	*	*	*	47,7	82,2	81,3
Niedersachsen	69,9	69,8	70,0	69,0	72,3	77,1	74,4	60,0	54,4	*	66,7	72,8	73,8
Bremen	66,7	*	*	*	*	*	*	*	*	*	*	*	*
Nordrhein-Westfalen	70,5	70,0	71,1	62,6	73,5	78,3	76,3	58,4	53,2	52,8	66,0	68,0	83,7
Hessen	68,4	72,3	63,9	76,9	76,6	71,0	73,3	54,3	53,5	*	61,4	66,7	75,3
Rheinland-Pfalz	65,6	67,1	63,8	*	64,6	71,7	66,7	75,0	56,7	*	53,8	80,5	78,7
Baden-Württemberg	77,4	79,4	75,2	88,5	80,6	84,8	71,3	62,3	76,9	*	74,7	79,0	79,0
Bayern	73,0	76,3	69,5	81,4	78,5	84,1	70,1	63,8	51,7	75,8	69,8	72,5	79,5
Saarland	72,7	74,6	71,7	*	*	*	*	*	*	*	67,8	*	*
Berlin	71,3	69,2	73,7	*	69,5	84,2	73,7	52,9	53,3	*	64,8	71,6	75,0
Brandenburg	70,1	68,8	71,2	*	*	80,0	77,3	*	*	*	52,2	75,6	76,9

(Fortsetzung)

Tab. A1.9a (Fortsetzung)

	Gesamt	Geschlecht		Alter (in Jahren)						Bildung			
		Frauen, inklusive divers	Männer	14 bis 19	20 bis 29	30 bis 49	50 bis 64	65 bis 74	über 75	noch in Schule	niedrig	mittel	hoch
Mecklenburg-Vorpommern	74,4	75,7	72,7	*	*	*	78,0	*	*	*	*	76,2	*
Sachsen	72,1	72,5	71,5	*	78,7	83,7	71,9	69,4	45,9	*	52,3	76,3	78,6
Sachsen-Anhalt	69,5	66,9	72,7	*	*	86,7	75,3	*	*	*	55,1	75,0	*
Thüringen	68,3	71,5	64,6	*	*	83,9	66,7	*	*	*	53,5	74,2	*
Deutschland	71,4	72,3	70,3	70,0	75,8	80,2	73,5	61,4	53,7	65,1	65,1	73,3	79,6

* aufgrund N<50 keine Angabe des Anteils

Tab. A1.9b Grund für Nichtengagement: Zeitliche Gründe, 2019 (in %)

	Gesamt	Haushaltseinkommen					Erwerbsstatus					Personen/ Kinder unter 18 Jahren im Haushalt		Personen/ Kinder 6 bis 18 Jahre im Haushalt	
		bis 1000 €	1001 € bis 2000 €	2001 € bis 3000 €	3001 € bis 5000 €	über 5000 €	erwerbstätig	arbeitslos	Rente, Pension, Vorruhestand	In Ausbildung, Studium, Schule	Hausfrau/ Hausmann; Mutterschutz; Elternzeit	keine	ja	keine	ja
Schleswig-Holstein	72,7	63,5	74,3	78,9	89,6	*	85,0	*	59,1	*	*	81,4	71,3	74,2	67,5
Hamburg	69,7	*	57,4	*	*	*	87,7	*	57,7	*	*	73,7	72,1	69,3	*
Niedersachsen	69,9	57,8	67,5	80,7	*	82,2	80,3	*	52,3	*	*	73,1	77,0	68,8	75,3
Bremen	66,7	*	*	*	*	*	*	*	*	*	*	*	*	64,9	*
Nordrhein-Westfalen	70,5	56,0	69,6	78,2	85,6	84,1	84,9	42,4	57,5	71,6	69,7	71,4	73,8	69,5	74,3
Hessen	68,4	58,5	57,9	82,0	77,7	74,1	83,8	45,7	46,8	81,6	69,8	72,9	69,2	68,0	68,7
Rheinland-Pfalz	65,6	33,3	75,0	72,3	83,2	*	74,3	*	65,2	47,0	*	63,9	74,6	64,1	71,9
Baden-Württemberg	77,4	62,1	70,2	84,2	86,0	85,2	86,0	41,0	63,6	87,4	87,1	76,3	86,3	74,4	90,5
Bayern	73,0	41,5	71,8	78,8	84,3	89,1	84,9	60,2	55,2	80,3	78,5	75,9	83,0	69,8	88,0

(Fortsetzung)

Tab. A1.9b (Fortsetzung)

		Haushaltseinkommen					Erwerbsstatus					Personen/ Kinder unter 18 Jahren im Haushalt		Personen/ Kinder 6 bis 18 Jahre im Haushalt	
	Gesamt	bis 1000 €	1001 € bis 2000 €	2001 € bis 3000 €	3001 € bis 5000 €	über 5000 €	erwerbstätig	arbeitslos	Rente, Pension, Vorruhestand	In Ausbildung, Studium, Schule	Hausfrau/ Hausmann; Mutterschutz; Elternzeit	keine	ja	keine	ja
Saarland	72,7	*	*	*	*	*	*	*	*	*	*	74,1	*	75,8	*
Berlin	71,3	57,5	67,8	77,1	91,5	*	84,7	*	53,3	*	*	67,3	84,0	68,8	82,6
Brandenburg	70,1	*	75,0	72,9	*	*	82,1	*	47,9	*	*	69,8	87,3	65,5	88,5
Mecklenburg-Vorpommern	74,4	*	69,0	*	*	*	86,5	*	58,7	*	*	72,1	*	71,1	*
Sachsen	72,1	56,1	66,2	82,9	85,7	*	85,8	*	51,1	*	*	73,2	89,0	68,8	90,4
Sachsen-Anhalt	69,5	55,8	65,2	74,6	*	*	92,6	*	46,9	*	*	69,0	86,1	66,9	80,4
Thüringen	68,3	*	*	*	*	*	83,3	*	48,1	*	*	69,2	*	65,4	*
Deutschland	**71,4**	**54,3**	**68,6**	**78,3**	**85,2**	**85,6**	**84,3**	**50,5**	**55,3**	**75,4**	**76,3**	**72,7**	**79,0**	**69,5**	**79,4**

* aufgrund N<50 keine Angabe des Anteils

Tab. A1.9c Grund für Nichtengagement: Zeitliche Gründe, 2019 (in %)

	Gesamt	Religion			Migrationshintergrund		BBSR Kreistyp					Gemeindegröße						
		keine	Katholisch/ evangelisch	andere	Nein	Ja	Kreisfreie Großstädte	Städtische Kreise	Ländliche Kreise mit Verdichtungsansätzen	Dünn besiedelte ländliche Kreise		bis 20.000	20.000 bis 50.000	50.000 bis 100.000	100.000 bis 500.000 Randbereiche	100.000 bis 500.000 Kernbereiche	über 500.000 Randbereiche	über 500.000 Kernbereiche
Schleswig-Holstein	72,7	78,6	*	45,5	73,0	69,7	*	77,4	82,5	*		83,6	*	*	*	80,7	*	76,5
Hamburg	69,7	73,1	*	43,8	73,6	66,9	70,2											70,2
Niedersachsen	69,9	72,4	69,3	64,7	73,6	63,8	81,3	71,6	75,1	65,7		56,2	75,9	69,5	72,9	75,0	80,0	70,3
Bremen	66,7	70,0	*	*	62,7	*	67,6									*		66,7
Nordrhein-Westfalen	70,5	70,4	72,2	66,2	77,2	63,9	73,5	73,7	*			76,1	82,5	68,6	84,8	77,0	60,8	70,2
Hessen	68,4	63,0	72,9	75,0	71,3	64,5	72,4	71,8	*	54,9		60,0	50,0	*	81,1	66,3	72,2	72,7
Rheinland-Pfalz	65,6	57,2	68,4	75,4	64,5	67,8	67,9	67,7	74,6	*		73,6	*	66,1	83,1	55,8	*	*
Baden-Württemberg	77,4	76,2	77,3	80,4	76,2	78,6	80,7	80,0	65,0	*		81,9	80,4	68,5	71,2	78,3	89,5	82,5
Bayern	73,0	69,2	76,3	67,8	74,2	71,7	75,0	72,0	72,9	76,5		62,6	82,6	80,0	77,2	77,7	63,6	75,2
Saarland	72,7	*	68,5	*	70,4	*	70,9	72,3		70,5		*	*	*	*	*		
Berlin	71,3	71,9	68,0	75,0	71,8	70,6	*			69,4		*	*	*	*	*		70,9
Brandenburg	70,1	71,3	*	*	75,7	*	*		76,3	*		*	*	68,8	*	*	78,2	*
Mecklenburg-Vorpommern	74,4	76,1	*	*	74,5	*	*		*	67,7		80,0	70,2	79,7	*	*		
Sachsen	72,1	74,4	69,9	*	75,5	52,4	70,6	72,2	72,3	*		*	75,4	*	*	*	74,6	68,0
Sachsen-Anhalt	69,5	69,2	*	*	68,8	*	59,3		79,1	70,7		*	*	56,4	*	59,3		
Thüringen	68,3	69,9	63,0	*	69,8	*	*	*	*							*		
Deutschland	**71,4**	**71,0**	**72,5**	**68,3**	**73,8**	**67,7**	**73,0**	**73,8**	**73,8**	**70,9**		**70,9**	**76,3**	**70,0**	**76,1**	**74,2**	**73,2**	**72,2**

* aufgrund N<50 keine Angabe des Anteils

Tabellenband

Tab. A1.10a Grund für Nichtengagement: Berufliche Gründe, 2019 (in %)

	Gesamt	Geschlecht		Alter (in Jahren)						Bildung			
		Frauen, inklusive divers	Männer	14 bis 19	20 bis 29	30 bis 49	50 bis 64	65 bis 74	über 75	noch in Schule	niedrig	mittel	hoch
Schleswig–Holstein	43,8	48,9	37,8	*	*	52,9	51,9	*	19,0	*	39,5	52,2	52,1
Hamburg	40,1	30,1	50,9	*	*	39,4	*	*	*	*	24,1	43,5	57,5
Niedersachsen	38,2	38,5	37,8	17,9	45,8	41,1	45,1	34,6	26,5	18,0	40,2	37,5	39,7
Bremen	38,1	*	*	*	*	*	*	*	*	16,7	*	*	*
Nordrhein-Westfalen	40,2	36,2	44,2	16,2	42,6	44,2	52,5	32,7	24,9	16,7	37,0	38,5	51,8
Hessen	39,1	37,3	41,0	27,5	42,5	49,8	43,1	28,2	20,2	*	35,9	41,7	41,9
Rheinland-Pfalz	39,9	36,4	43,9	*	25,8	57,2	43,6	41,7	30,3	*	40,9	50,4	35,2
Baden-Württemberg	43,3	39,9	47,0	23,1	31,1	51,9	46,4	39,0	46,6	*	41,6	44,1	47,4
Bayern	42,0	40,4	43,7	17,3	50,2	46,4	51,3	33,7	27,5	11,6	43,1	40,6	46,9
Saarland	40,7	38,8	43,1	*	*	*	*	*	*	*	35,7	*	*
Berlin	44,4	39,0	49,6	*	39,8	58,8	46,5	35,8	26,7	*	45,3	39,2	50,5
Brandenburg	48,3	44,5	52,7	*	*	61,1	55,1	*	*	*	31,9	54,2	49,2

(Fortsetzung)

Tab. A1.10a (Fortsetzung)

	Geschlecht			Alter (in Jahren)						Bildung		
	Gesamt	Frauen, inklusive divers	Männer	14 bis 19	20 bis 29	30 bis 49	50 bis 64	65 bis 74	über 75	noch in Schule	niedrig	mittel	hoch
Mecklenburg-Vorpommern	38,1	34,6	43,4	*	*	*	54,2	*	*	*	*	41,9	*
Sachsen	43,5	39,5	48,5	*	42,6	56,2	53,0	26,7	24,1	*	31,8	51,3	40,2
Sachsen-Anhalt	45,5	45,2	45,4	*	*	66,7	60,5	*	*	*	38,5	54,2	*
Thüringen	40,3	35,4	46,0	*	*	58,1	33,3	*	*	*	32,4	42,9	*
Deutschland	**41,4**	**38,6**	**44,3**	**19,6**	**43,3**	**49,1**	**49,4**	**34,5**	**26,2**	**17,2**	**38,6**	**43,6**	**47,4**

* aufgrund N<50 keine Angabe des Anteils

Tabellenband

Tab. A1.10b Grund für Nichtengagement: Berufliche Gründe, 2019 (in %)

	Gesamt	Haushaltseinkommen					Erwerbsstatus					Personen/ Kinder unter 18 Jahren im Haushalt		Personen/ Kinder 6 bis 18 Jahre im Haushalt	
		bis 1000 €	1001 € bis 2000 €	2001 € bis 3000 €	3001 € bis 5000 €	über 5000 €	erwerbs-tätig	arbeits-los	Rente, Pension, Vorruhe-stand	In Aus-bildung, Studium, Schule	Hausfrau/ Hausmann; Mutter-schutz; Elternzeit	keine	ja	keine	ja
Schleswig-Holstein	43,8	45,3	39,2	36,8	58,8	*	65,9	*	29,1	*	*	43,4	43,0	45,1	39,0
Hamburg	40,1	*	31,7	*	*	*	55,7	*	33,3	*	*	42,4	35,3	42,8	*
Niedersachsen	38,2	36,7	40,1	40,1	50,4	*	54,0	23,3	26,9	31,5	*	42,5	35,5	38,8	34,6
Bremen	38,1	*	*	*	*	*	*	*	*	*	*	*	*	37,8	*
Nordrhein-Westfalen	40,2	29,6	36,1	47,1	59,2	54,9	61,4	7,6	30,2	30,2	15,4	39,0	37,4	41,6	34,1
Hessen	39,1	20,0	34,9	35,1	62,3	48,1	57,0	42,9	21,5	38,8	22,6	40,9	37,6	38,5	39,7
Rheinland-Pfalz	39,9	34,8	45,4	61,4	37,4	*	47,2	*	37,9	19,4	*	43,2	33,8	44,1	21,3
Baden-Württemberg	43,3	34,4	43,4	50,9	50,2	41,6	57,7	11,7	35,4	34,5	15,9	50,0	32,3	45,9	32,1
Bayern	42,0	25,0	40,2	44,2	55,2	57,1	58,0	23,1	29,0	28,0	42,1	42,2	41,9	41,7	43,7

(Fortsetzung)

Tab. A1.10b (Fortsetzung)

	Gesamt	Haushaltseinkommen					Erwerbsstatus					Personen/ Kinder unter 18 Jahren im Haushalt		Personen/ Kinder 6 bis 18 Jahre im Haushalt	
		bis 1000 €	1001 € bis 2000 €	2001 € bis 3000 €	3001 € bis 5000 €	über 5000 €	erwerbs- tätig	arbeits- los	Rente, Pension, Vorruhe- stand	In Aus- bildung, Studium, Schule	Hausfrau/ Hausmann; Mutter- schutz; Elternzeit	keine	ja	keine	ja
Saarland	40,7	*	*	*	*	*	*	*	*	*	*	41,5	*	*	*
Berlin	44,4	38,4	38,8	51,4	61,1	*	62,3	*	24,8	*	*	40,6	49,2	38,0	43,5
Brandenburg	48,3	*	40,2	55,9	*	*	61,9	*	21,9	*	*	43,8	67,1	44,7	75,4
Mecklenburg- Vorpommern	38,1	*	32,8	*	*	*	64,4	*	20,6	*	*	36,9	*	41,7	*
Sachsen	43,5	34,2	40,5	49,2	58,4	*	61,0	*	24,3	*	*	38,7	61,8	34,2	65,1
Sachsen- Anhalt	45,5	29,4	38,2	58,1	*	*	71,9	*	25,3	*	*	41,6	62,5	39,6	65,4
Thüringen	40,3	*	31,0	*	*	*	60,2	*	25,3	*	*	39,7	*	40,7	*
Deutschland	**41,4**	**32,0**	**38,4**	**47,3**	**55,2**	**52,2**	**58,9**	**22,7**	**28,5**	**30,7**	**23,3**	**41,9**	**41,1**	**37,0**	**40,2**
														41,5	

* aufgrund N<50 keine Angabe des Anteils

Tab. A1.10c Grund für Nichtengagement: Berufliche Gründe, 2019 (in %)

	Gesamt	Religion			Migrationshintergrund		BBSR Kreistyp				Gemeindegröße						
		keine	Katholisch/ evangelisch	andere	Nein	Ja	Kreisfreie Großstädte	Städtische Kreise	Ländliche Kreise mit Verdichtungsansätzen	Dünn besiedelte ländliche Kreise	bis 20.000	20.000 bis 50.000	50.000 bis 100.000	100.000 bis 500.000 Randbereiche	100.000 bis 500.000 Kernbereiche	über 500.000 Randbereiche	über 500.000 Kernbereiche
Schleswig-Holstein	43,8	52,1	42,3	*	46,0	30,3	*	37,0	54,9	*	49,2	*	*	*	42,9	*	42,3
Hamburg	40,1	41,3	41,8	*	48,8	30,8	42,3										42,3
Niedersachsen	38,2	39,4	40,6	21,8	43,4	29,1	31,1	36,8	47,4	42,9	43,4	47,8	42,4	46,4	33,3	34,7	32,5
Bremen	38,1	41,2	*	*	42,3	*	39,2										36,7
Nordrhein-Westfalen	40,2	42,2	43,1	25,9	46,5	33,6	43,6	40,8	*		31,5	56,0	37,8	46,5	42,6	32,2	42,0
Hessen	39,1	36,6	39,1	48,1	42,3	34,8	35,6	42,1	*	40,0	38,7	24,1	*	52,8	41,9	30,1	40,9
Rheinland-Pfalz	39,9	45,3	37,7	35,0	40,5	38,0	27,3	46,3	43,1	*	45,7	*	47,5	47,2	31,0	*	*
Baden-Württemberg	43,3	48,0	43,0	30,4	47,0	40,3	50,9	43,5	45,8	*	47,4	55,7	30,8	44,0	43,0	*	45,7
Bayern	42,0	42,4	44,5	23,5	46,1	34,9	47,2	44,1	38,1	44,6	44,2	44,6	63,5	33,8	43,6	48,1	43,9
Saarland	40,7	*	37,8	*	38,3	*	*	40,2									
Berlin	44,4	47,6	41,3	37,3	48,6	37,8	44,4										44,4
Brandenburg	48,3	50,5	*	*	50,5	*	*		44,9	49,7	*	*	*	*	*	46,0	*
Mecklenburg-Vorpommern	38,1	40,8	*	*	37,3	*	*		*	39,8	36,6	33,3	*	*	*		
Sachsen	43,5	43,9	42,4	*	46,3	28,0	37,6	50,0	47,9	*	52,1	42,1	46,0	*	*	45,5	38,8
Sachsen-Anhalt	45,5	45,9	*	*	45,2	*	29,1		51,5	48,4	46,7	62,3	41,3	*	29,1		
Thüringen	40,3	39,0	37,7	*	40,6	*	*	*	*	43,4	*	*	32,7	*	*		
Deutschland	**41,4**	**43,5**	**41,9**	**29,7**	**45,3**	**35,0**	**42,4**	**42,0**	**44,7**	**43,9**	**44,6**	**48,8**	**40,1**	**43,8**	**40,1**	**41,8**	**42,4**

* aufgrund N<50 keine Angabe des Anteils

Tab. A1.11a Grund für Nichtengagement: *Will keine Verpflichtung eingehen*, 2019 (in %)

	Gesamt	Geschlecht		Alter (in Jahren)							Bildung			
		Frauen, inklusive divers	Männer	14 bis 19	20 bis 29	30 bis 49	50 bis 64	65 bis 74	über 75	noch in Schule	niedrig	mittel	hoch
Schleswig-Holstein	30,7	29,9	31,6	*	*	31,8	31,3	*	36,1	*	31,8	37,0	22,2
Hamburg	36,5	37,6	35,6	*	*	29,1	*	*	*	*	33,0	46,6	35,0
Niedersachsen	35,6	35,3	36,1	28,2	24,1	26,0	41,4	38,3	56,7	22,0	43,4	33,3	28,8
Bremen	38,1	*	*	*	*	*	*	*	*	*	*	*	*
Nordrhein-Westfalen	40,7	41,3	40,0	29,8	36,1	34,9	44,0	51,2	51,0	28,6	44,2	45,7	34,0
Hessen	34,8	38,1	30,8	13,7	27,4	32,3	25,2	68,0	46,4	*	42,0	24,0	39,4
Rheinland-Pfalz	37,9	35,3	40,6	*	28,8	32,6	45,0	47,5	40,0	*	45,9	35,3	31,5
Baden-Württemberg	36,7	43,5	29,2	43,6	19,9	25,1	44,4	49,3	54,6	*	38,6	40,4	30,6
Bayern	38,7	39,8	37,5	29,5	25,8	30,8	47,0	52,3	49,0	25,4	38,8	41,8	37,7
Saarland	40,5	31,3	51,9	*	*	*	*	*	*	*	40,7	*	*
Berlin	38,6	34,5	42,3	*	30,5	36,3	37,8	48,0	55,9	*	40,3	30,8	44,0
Brandenburg	38,9	41,6	35,2	*	*	34,7	35,2	*	*	*	44,1	38,4	34,4

(Fortsetzung)

Tab. A1.11a (Fortsetzung)

	Gesamt	Geschlecht		Alter (in Jahren)						Bildung			
		Frauen, inklusive divers	Männer	14 bis 19	20 bis 29	30 bis 49	50 bis 64	65 bis 74	über 75	noch in Schule	niedrig	mittel	hoch
Mecklenburg-Vorpommern	34,6	35,0	34,2	*	*	*	37,9	*	*	*	*	34,3	*
Sachsen	36,0	35,7	36,3	*	27,9	30,1	38,6	41,0	47,7	*	43,2	33,6	37,3
Sachsen-Anhalt	40,1	38,2	42,5	*	*	32,0	40,3	*	*	*	46,2	39,4	*
Thüringen	40,2	37,0	43,8	*	*	46,8	50,0	*	*	*	38,8	44,5	*
Deutschland	**37,9**	**38,7**	**37,0**	**29,6**	**29,7**	**31,7**	**41,5**	**49,0**	**48,5**	**24,6**	**41,5**	**38,3**	**34,4**

* aufgrund N<50 keine Angabe des Anteils

Tab. A1.11b Grund für Nichtengagement: Will keine Verpflichtung eingehen, 2019 (in %)

	Gesamt	Haushaltseinkommen					Erwerbsstatus					Personen/ Kinder unter 18 Jahren im Haushalt		Personen/ Kinder 6 bis 18 Jahre im Haushalt	
		bis 1000 €	1001 € bis 2000 €	2001 € bis 3000 €	3001 € bis 5000 €	über 5000 €	erwerbstätig	arbeitslos	Rente, Pension, Vorruhestand	In Ausbildung, Studium, Schule	Hausfrau/ Hausmann; Mutterschutz; Elternzeit	keine	ja	keine	ja
Schleswig-Holstein	30,7	34,0	19,2	47,4	43,3	*	30,9	*	38,5	*	*	31,3	24,7	34,1	19,5
Hamburg	36,5	*	36,1	*	*	*	34,6	*	52,9	*	*	41,2	26,5	37,3	*
Niedersachsen	35,6	34,2	36,5	40,7	45,0	*	37,8	17,8	47,0	20,8	*	36,8	24,4	37,9	24,1
Bremen	38,1	*	*	*	*	*	*	*	*	*	*	*	*	39,2	*
Nordrhein-Westfalen	40,7	30,3	39,6	46,4	46,5	36,1	37,9	33,3	52,8	30,6	40,0	44,2	37,6	41,9	36,3
Hessen	34,8	20,4	42,8	30,9	47,0	25,9	30,3	13,2	51,5	32,0	25,5	39,1	29,9	35,3	34,4
Rheinland-Pfalz	37,9	54,4	28,0	30,1	*	55,6	36,1	*	41,1	39,4	*	39,2	33,8	36,9	42,7
Baden-Württemberg	36,7	35,9	35,6	34,1	38,0	31,8	34,6	3,3	44,8	34,5	41,4	38,6	31,7	37,5	33,3
Bayern	38,7	41,8	43,9	34,7	36,1	50,4	36,9	23,7	50,1	31,1	36,9	42,5	26,1	41,2	28,0

(Fortsetzung)

Tab. A1.11b (Fortsetzung)

	Gesamt	Haushaltseinkommen					Erwerbsstatus					Personen/Kinder unter 18 Jahren im Haushalt		Personen/Kinder 6 bis 18 Jahre im Haushalt	
		bis 1000 €	1001 € bis 2000 €	2001 € bis 3000 €	3001 € bis 5000 €	über 5000 €	erwerbs-tätig	arbeits-los	Rente, Pension, Vorruhestand	In Ausbildung, Studium, Schule	Hausfrau/Hausmann; Mutterschutz; Elternzeit	keine	ja	keine	ja
Saarland	40,5	*	*	*	*	*	*	*	*	*	*	37,0	*	30,5	*
Berlin	38,6	49,3	30,3	45,9	33,8	*	40,4	*	49,6	*	*	38,6	31,3	42,0	23,9
Brandenburg	38,9	*	34,4	44,1	*	*	37,9	*	41,7	*	*	38,1	39,2	36,4	49,2
Mecklenburg-Vorpommern	34,6	*	26,3	*	*	*	34,2	*	41,3	*	*	35,0	*	33,8	*
Sachsen	36,0	36,9	38,2	32,5	33,8	*	30,2	*	46,0	*	*	38,0	27,2	38,6	20,5
Sachsen-Anhalt	40,1	*	48,3	45,2	*	*	34,4	*	44,8	*	*	39,6	39,7	41,0	36,5
Thüringen	40,2	*	32,4	*	*	*	35,2	*	37,3	*	*	39,7	*	39,5	*
Deutschland	**37,9**	**36,8**	**37,6**	**39,7**	**40,3**	**35,4**	**35,9**	**25,1**	**47,6**	**29,8**	**38,4**	**40,3**	**32,0**	**39,1**	**32,9**

* aufgrund N<50 keine Angabe des Anteils

Tab. A1.11c Grund für Nichtengagement: Will keine Verpflichtung eingehen, 2019 (in %)

	Gesamt	Religion			Migrationshintergrund		BBSR Kreistyp				Gemeindegröße						
		keine	Katholisch/ evangelisch	andere	Nein	Ja	Kreisfreie Großstädte	Städtische Kreise	Ländliche Kreise mit Verdichtungsansätzen	Dünn besiedelte ländliche Kreise	bis 20.000	20.000 bis 50.000	50.000 bis 100.000	100.000 bis 500.000 Randbereiche	100.000 bis 500.000 Kernbereiche	über 500.000 Randbereiche	über 500.000 Kernbereiche
Schleswig-Holstein	30,7	35,1	27,9	*	32,1	30,3	*	43,4	31,7	*	27,4	*	*	*	42,9	*	34,0
Hamburg	36,5	37,7	40,0	*	42,5	30,6	40,4										40,4
Niedersachsen	35,6	38,6	34,5	33,7	39,3	28,9	38,6	37,2	32,3	34,6	41,0	34,5	16,1	41,5	37,6	34,0	27,6
Bremen	38,1	*	*	*	43,1	*	39,7								*		37,3
Nordrhein-Westfalen	40,7	42,6	41,6	34,0	45,1	36,2	40,2	44,3	*		31,8	43,4	51,8	51,0	47,0	38,6	35,5
Hessen	34,8	35,2	39,4	18,4	38,4	30,9	34,8	35,9	*	*	33,3	36,5	*	56,6	31,5	43,1	29,6
Rheinland-Pfalz	37,9	35,8	46,0	8,3	45,6	24,1	28,6	35,0	49,3	*	27,4	*	23,7	40,3	44,2	*	*
Baden-Württemberg	36,7	39,1	38,1	25,2	41,4	30,8	32,9	38,3	29,8	*	37,1	37,8	37,1	29,0	33,3	28,1	40,5
Bayern	38,7	40,3	40,0	19,5	42,1	32,8	36,4	44,2	44,8	38,8	47,9	38,1	33,8	44,1	46,8	37,0	37,1
Saarland	40,5	*	41,9	*	46,9	*	*	41,2			*	*	*	*	*		
Berlin	38,6	41,6	35,6	30,0	42,3	33,2	39,3										39,3
Brandenburg	38,9	37,0	*	*	40,8	*	*		38,8	35,9	*	*	*	*	*	33,3	*
Mecklenburg-Vorpommern	34,6	34,8	*	*	34,9	*	*		*	40,2	*	*	*	*	*		
Sachsen	36,0	34,7	46,7	*	34,6	43,2	35,9	31,5	34,8	*	32,0	46,4	38,1	*	*	19,7	34,0
Sachsen-Anhalt	40,1	40,6	*	*	39,6	*	38,0		44,8	33,9	*	24,6	52,4	*	38,0		
Thüringen	40,2	39,1	38,9	*	42,6	*	*	*	*	51,5	*	*	30,9	*	*		
Deutschland	**37,9**	**38,9**	**39,7**	**27,1**	**41,1**	**32,8**	**38,2**	**40,0**	**38,2**	**36,9**	**37,9**	**38,6**	**37,5**	**42,1**	**42,9**	**34,9**	**36,6**

* aufgrund N<50 keine Angabe des Anteils

Glossar

Abhängige und unabhängige Variablen „Untersucht man den Zusammenhang zwischen mehreren Variablen, werden als **unabhängige** (exogene) **Variablen** diejenigen Variablen bezeichnet, mit deren Werten die Ausprägungen einer oder mehrerer anderer Variablen (abhängige Variablen) erklärt werden sollen. […]"
„Die **abhängige Variable** verändert sich in Abhängigkeit von einer oder mehreren unabhängigen Variablen. Sie wird auch Reaktionsvariable (endogene Variable) genannt, weil sie eine Reaktion auf Veränderungen der unabhängigen (exogenen) Variable aufzeigt."
(https://de.statista.com/statistik/lexikon/definition/15/abhaengige_variable/, abgerufen am 08.02.2022)

Dummy-Variablen Eine **Dummy-Variable** ist eine „dichotome Design-Variable mit den Ausprägungen 0 und 1, wobei der Wert 1 für die Realisierung der Ausprägung einer inhaltlich interessierenden Variable steht" (Kühnel und Krebs 2012, S. 613). Ein Beispiel hierfür ist die Umcodierung der Frage nach freiwilligem Engagement in eine neue Variable mit lediglich den Ausprägungen 1 = *engagiert* und 0 = *nicht engagiert,* so wie es für alle Formen und Indikatoren von Engagement im FWS erfolgt ist.

Eta-Quadrat Definition „Der Eta-Quadrat-Koeffizient als Zusammenhangsmaß misst, inwieweit die gesamte Varianz einer abhängigen metrischen *Variablen* (z. B. [Anteil Engagierter]) durch eine unabhängige kategoriale Variable (z. B. [Bundesland]) erklärt wird. Eta-Quadrat ähnelt dem Pearson-Korrelationskoeffizienten [(*Pearson's r*)], setzt allerdings im Gegensatz zu diesem keinen linearen Zusammenhang voraus und es müssen auch nicht beide Variablen metrisch sein. Eta-Quadrat – mit dem Zeichen η^2 – liegt im Intervall 0 bis 1."
(https://welt-der-bwl.de/Eta-Quadrat, abgerufen am 08.02.2022, Ergänzungen: Verf.)

Grundgesamtheit Die Gesamtheit (Anzahl) der statistischen Einheiten, über die eine Aussage getroffen werden soll, wird als Grundgesamtheit bezeichnet. Ein Beispiel wäre *Bevölkerung in Privathaushalten ab 14 Jahren in Deutschland*. Da für eine Befragung nicht alle diese Menschen befragt werden können, wird eine *Stichprobe* ausgewählt (Teilerhebung), mittels derer die Einstellungen von *allen Personen in Privathaushalten ab 14 Jahren in Deutschland* festgestellt werden kann.

(vgl. https://de.statista.com/statistik/lexikon/definition/60/grundgesamtheit/, abgerufen am 08.02.2022)

Korrelation „Eine Korrelation misst die Stärke einer statistischen Beziehung von zwei Variablen zueinander. Bei einer positiven Korrelation gilt ‚je mehr Variable A… desto mehr Variable B' bzw. umgekehrt, bei einer negativen Korrelation ‚je mehr Variable A… desto weniger Variable B' bzw. umgekehrt. […] Korrelationen sind immer **ungerichtet,** das heißt, sie enthalten **keine** Information darüber, welche Variable eine andere bedingt – beide Variablen sind gleichberechtigt. Die Stärke des statistischen Zusammenhangs wird mit dem Korrelationskoeffizienten ausgedrückt, der zwischen -1 und $+1$ liegt. Die Art eines gerichteten Zusammenhangs wird durch die Regression beschrieben. Korrelationen sind ein Hinweis aber **kein** Beweis für Kausalitäten, also bewiesene Ursachen- und Wirkungszusammenhänge."

(https://de.statista.com/statistik/lexikon/definition/77/korrelation/, abgerufen am 08.02.2022, Hervorh.: Verf.)

Mittelwert/arithmetisches Mittel „Der Mittelwert beschreibt den statistischen Durchschnittswert und zählt zu den Lageparametern in der Statistik. Für den Mittelwert addiert man alle Werte eines Datensatzes und teilt die Summe durch die Anzahl aller Werte."

(https://de.statista.com/statistik/lexikon/definition/91/mittelwert_und_arithm etisches_mittel/, abgerufen am 08.02.2022)

Pearson's r Der Pearson-Korrelationskoeffizient r ist ein Maß zur Berechnung der Stärke eines linearen Zusammenhangs zwischen zwei metrischen Variablen. Dieser kann Werte zwischen -1 (vollständig negativer linearer Zusammenhang) und $+1$ (vollständig positiver linearer Zusammenhang) annehmen. Bei Werten von $<\pm0,05$ ist der Zusammenhang praktisch vernachlässigbar, bei Werten zwischen $\pm0,05$ und $<\pm0,25$ spricht man von einem geringen linearen Zusammenhang, zwischen $\pm0,25$ und $<\pm0,5$ von einem mittleren linearen Zusammenhang, und ein Wert $\geq \pm0,5$ zeigt einen starken linearen Zusammenhang an. Der Wert 0 bedeutet hingegen, dass keinerlei linearer Zusammenhang besteht.

(vgl. Kühnel und Krebs 2012, S. 433–435)

Probandinnen und Probanden Bei Probandinnen und Probanden handelt es sich um die Befragten (Teilnehmenden) im Rahmen einer Umfrage oder Studie, wie hier des Freiwilligensurveys.

Regression/Regressionsanalysen „Die Regression gibt einen Zusammenhang zwischen zwei oder mehr Variablen an. Bei der linearen Regressionsanalyse wird vorausgesetzt, dass es einen gerichteten linearen Zusammenhang gibt, das heißt, es existieren eine abhängige Variable und mindestens eine unabhängige Variable. […] Regressionsanalysen werden häufig für Variablen durchgeführt, die miteinander korrelieren, für die also ein statistischer Zusammenhang ermittelt wurde."

(https://de.statista.com/statistik/lexikon/definition/112/regression/, abgerufen am 08.02.2022)

Signifikanz „Wird ein statistisches Ergebnis als signifikant bezeichnet, so drückt dies aus, dass die Irrtumswahrscheinlichkeit, eine angenommene Hypothese treffe auch auf die Grundgesamtheit zu, nicht über einem festgelegten Niveau liegt. Einfach gesagt: Ein gemessener Zusammenhang zwischen zwei Variablen tritt in der Stichprobe nicht einfach zufällig auf, sondern trifft auch für die Grundgesamtheit zu. […] Um dies zu ermitteln, muss festgelegt werden, wie hoch die Irrtumswahrscheinlichkeit (p-Wert) für die Hypothese (hier die positive Korrelation) maximal sein darf. Die Obergrenze für die Irrtumswahrscheinlichkeit wird mit dem Signifikanzniveau (α) angegeben. Allgemein werden maximal 5 % Irrtumswahrscheinlichkeit als zulässig anerkannt, also $\alpha = 5\ \%$."

(https://de.statista.com/statistik/lexikon/definition/122/signifikanz/, abgerufen am 08.02.2022)

Spearman's Rho Spearman's Rho, auch Rangkoeffizient nach Spearman genannt, ist ein Zusammenhangsmaß, das verwendet wird, um einen ungerichteten Zusammenhang zwischen zwei Variablen zu berechnen. Voraussetzung für die Verwendung von Spearman's Rho ist, dass die beiden Variablen mindestens ordinalskaliert sind, d. h., dass die Beobachtungen jeder Variablen in eine Rangfolge gebracht werden können.

(vgl. https://www.statsoft.de/glossary/S/SpearmanR.htm, abgerufen am 08.02.2022)

Standardisierte Koeffizienten Um die Effekte verschiedener unabhängiger Variablen, die nicht in vergleichbaren Einheiten gemessen wurden, zu vergleichen, können die Werte standardisiert werden. „Dadurch wird bei allen Variablen der Abstand der Realisierungen von ihrem jeweiligen Mittelwert in Standardabweichungen gemessen. Nach der Standardisierung haben die abhängige Variable und alle erklärenden Variablen einen Stichprobenmittelwert von null und eine Varianz von eins." (Kühnel und Krebs 2012, S. 502–503)

Stichprobe „Eine Stichprobe ist die Auswahl an Personen, welche stellvertretend für eine *Grundgesamtheit* Auskunft gibt. Von den Befragten einer Stichprobe wird auf die Grundgesamtheit geschlossen. Voraussetzung für ein statistisch aussagekräftiges Ergebnis ist, dass die Stichprobe einem repräsentativen Querschnitt der Grundgesamtheit entspricht. Für die Auswahl von Stichproben gibt es verschiedene Methoden, zum Beispiel wie beim FWS die repräsentative Zufallsauswahl."
(https://de.statista.com/statistik/lexikon/definition/128/stichprobe/, abgerufen am 08.02.2022)

Sozioökonomisches Panel (SOEP) „Mit Hilfe der Längsschnitt-Stichprobe SOEP (Sozio-oekonomisches Panel) können politische und gesellschaftliche Veränderungen in Deutschland beobachtet und analysiert werden. Die Daten helfen soziologische, ökonomische, psychologische, demographische, gesundheitswissenschaftliche und geographische Fragestellungen zu beantworten. Die Stichprobe umfasste im Erhebungsjahr 2008 gut 10.000 Haushalte mit mehr als 20.000 Befragungspersonen (und über 6.000 Kindern, die in den Haushalten leben). Themenschwerpunkte sind unter anderem Haushaltszusammensetzung, Erwerbs- und Familienbiographie, Erwerbsbeteiligung und berufliche Mobilität, Einkommensverläufe, Gesundheit und Lebenszufriedenheit. Die Befragten werden nicht nur zu objektiven Merkmalen wie beispielsweise ihrem Einkommen oder der Beschaffenheit ihrer Wohnung befragt, sondern geben auch Auskunft zu subjektiven Einstellungen. So enthält das SOEP z. B. Merkmale zu Sorgen und Lebenszufriedenheit."
(https://de.statista.com/statistik/lexikon/definition/165/soep/, abgerufen am 08.02.2022)

Variablen „Eine statistische Variable ist ein Merkmal. Der Wert einer Variablen ist die Merkmalsausprägung."
(https://de.statista.com/statistik/lexikon/definition/137/variable/, abgerufen am 08.02.2022)

Varianz „Die Varianz ist ein Streuungsmaß, welches die Verteilung von Werten um den Mittelwert kennzeichnet. Sie ist das Quadrat der Standardabweichung. Berechnet wird die Varianz, indem die Summe der quadrierten Abweichungen aller Messwerte vom arithmetischen Mittel durch die Anzahl der Messwerte dividiert wird."
(https://de.statista.com/statistik/lexikon/definition/138/varianz/, abgerufen am 08.02.2022)

Literatur

Allport, Gordon W. (1954): The Nature of Prejudice, Cambridge: Addison Wesley.
Burkhardt, Luise (2019): Die Politik sollte allen Menschen ermöglichen, sich zu engagieren, in: DIW Wochenbericht Nr. 42/2019, S. 774.
Burkhardt, Luise/Schupp, Jürgen (2019): Wachsendes ehrenamtliches Engagement: Generation der 68er häufiger auch nach dem Renteneintritt aktiv, in: DIW Wochenbericht Nr. 42/2019, S. 765–773.
Brachert, Matthias/Holtmann, Everhard/Jaeck, Tobias (2020): Einflüsse des Lebensumfelds auf politische Einstellungen und Wahlverhalten. Eine vergleichende Analyse der Landtagswahlen 2019 in drei ostdeutschen Bundesländern (FES Empirische Sozialforschung 12), Bonn: Friedrich-Ebert-Stiftung.
Cohen, Jacob (1988): Statistical power analysis for the behavioral sciences (2. Aufl.), Hillsdale: L. Erlbaum Associates.
Destatis (2021a): Statistisches Bundesamt, Bevölkerung am 31.21.2020 nach Nationalität und Bundesländern, https://www.destatis.de/DE/Themen/Gesellschaft-Umwelt/Bevoelkerung/Bevoelkerungsstand/Tabellen/bevoelkerung-nichtdeutsch-laender.html (abgerufen am 28.04.2022).
Destatis (2021): Statistisches Bundesamt, Pressemitteilung Nr. 459 vom 30. September 2021, https://www.destatis.de/DE/Presse/Pressemitteilungen/2021/09/PD21_459_12411.html (abgerufen am 28.04.2022).
Deutsches Zentrum für Altersfragen (DZA) (2016): Länderbericht zum Deutschen Freiwilligensurvey 2014, September 2016, Berlin (Selbstverlag).
Diekmann, Andreas (2003) Empirische Sozialforschung. Grundlagen, Methoden, Anwendungen (10. Aufl.), Reinbek bei Hamburg: Rowohlt.
Durkheim, Emile (2020): Der Selbstmord (15. Aufl.), Frankfurt/Main: Suhrkamp.
Easton, David A. (1965): A Systems Analysis of Political Life, New York u. a.: Wiley.
Gabriel, Oscar W./Neller, Katja (2010): Bürger und Politik in Deutschland, in: *Oscar W. Gabriel./Fritz Plasser* (Hrsg.) (2010): Deutschland, Österreich und die Schweiz im neuen Europa. Bürger und Politik, Baden-Baden: Nomos, S. 57–146.
Gabriel, Oscar W./Holtmann, Everhard, Jaeck, Tobias/Leidecker-Sandman, Melanie/Maier, Jürgen/Maier, Michaela 2015): Deutschland 25. Gesellschaftliche Trends und politische Einstellungen (bpb Zeitbilder), Bonn: Bundeszentrale für politische Bildung.

Gensicke, Thomas/Geiss, Sabine (2010): Hauptbericht des Freiwilligensurveys 2009. Zivilgesellschaft, soziales Kapital und freiwilliges Engagement in Deutschland 1999–2004–2009, https://nbn-resolving.de/urn:nbn:de:kobv:109-opus-99211 (abgerufen am 28.04.2022).

Habekuß, ritz (2017): Regionale Auswirkungen des demografischen Wandels, in: Bpb.de, http://www.bpb.de/politik/innenpolitik/demografischer-wandel/195358/regionale-auswirkungen (abgerufen am 28.04.2022).

Heyme, Rebekka/Holtmann, Everhard/Jaeck, Tobias/Körner, Astrid (2018): Demokratie lokal: Engagement-Landkarte Sachsen-Anhalt. Stand und Potential bürgerschaftlicher und politischer Beteiligung auf Gemeindeebene, Halle-Wittenberg: Universitätsverlag Halle-Wittenberg.

Hoff, Kai/Krimmer, Holger/Kuhn, David/Thamaz, Birthe (2021): Ländlich Engagiert, Wirtschaftlich Aktiv, Professionalisiert (ZiviZ Policy Paper 07/10. Mai 2021), Essen.

Holtmann, Everhard/Jaeck, Tobias (2015): Sachsen-Anhalt-Monitor 2015. Nichtwahl. Strukturmerkmale, Motivlagen und sozialräumliche Verankerung, Halle (Saale): Landeszentrale für politische Bildung.

Holtmann, Everhard (2019): Politische Partizipation und Effekte des Lebensumfelds, in: Holtmann, Everhard (Hrsg.) (2019): Die Umdeutung der Demokratie. Politische Partizipation in Ost- und Westdeutschland, Frankfurt/New York: Campus, S. 57–108.

Holtmann, Everhard/Khachatryan, Kristine/Krappidel, Adrienne/Plassa, Rebecca/Rademacher, Christian/Runberger, Maik (2012): „Die Anderen" – Parteifreie Akteure in der lokalen Risikogesellschaft, in: H. Best/E. Holtmann (Hrsg.) (2012): Aufbruch der entsicherten Gesellschaft. Deutschland nach der Wiedervereinigung, Frankfurt/New York: Campus, S. 150–171.

Holtmann, Everhard/Jaeck, Tobias/Voelkl, Kerstin (2020): Sachsen-Anhalt-Monitor 2020. 30 Jahre Deutsche Einheit, Halle (Saale): Landeszentrale für politische Bildung.

Huebener, Mathias et al. (2021): Kein „Entweder – oder": Eltern sorgen sich im Lockdown um Bildung *und* Gesundheit ihrer Kinder, in: DIW aktuell Nr. 59, 17. Februar 2021, https://www.diw.de/documents/publikationen/73/diw_01.c.810996.de/diw_aktuell_59.pdf (abgerufen am 29.04.2022).

Kausmann, Corinna/Simonson, Julia/Ziegelmann, Jochen P./Vogel, Claudia/Tesch-Römer, Clemens (2016): Länderbericht zum Deutschen Freiwilligensurvey 2014. Deutsches Zentrum für Altersfragen (DZA), Berlin (Selbstverlag).

Kösemen, Orkan/Wieland, Ulrike (2022): Willkommenskultur zwischen Stabilität und Aufbruch. Aktuelle Perspektive der Bevölkerung auf Migration und Integration in Deutschland, Gütersloh: Bertelsmann Stiftung.

Kühnel, Steffen-M./Krebs, Dagmar (2012): Statistik für Sozialwissenschaften. Grundlagen, Methoden, Anwendungen, Reinbek bei Hamburg: Rowohlt.

Olk, Thomas/Backhaus-Maul, Holger (1995): Transformation der freien Wohlfahrtspflege: Strategien west- und ostdeutscher Akteure beim Aufbau der freien Wohlfahrtspflege in den neuen Bundesländern, in: *Keim, Dieter* (Hrsg.) (1995): Aufbruch der Städte, Bonn: Verlag Bild und Kunst, S. 187–201.

Pickel, Gert (2019): Kirchenbindung und Religiosität in Ost und West, https://www.bpb.de/geschichte/deutsche-einheit/lange-wege-der-deutschen-einheit/47190/kirchennaehe (abgerufen am 28.04.2022).

Putnam, Robert D. (2000): Bowling Alone. The Collapse and Revival of American Community, New York: Simon & Schuster.
Schäfer, Armin (2012): Beeinflusst die sinkende Wahlbeteiligung das Wahlergebnis? Eine Analyse kleinräumiger Wahldaten in deutschen Großstädten, in: Politische Vierteljahresschrift 53/2012, S. 240–264.
Schäfer, Armin (2015): Der Verlust politischer Gleichheit. Warum die sinkende Wahlbeteiligung der Demokratie schadet (Schriften aus dem Max Planck-Institut für Gesellschaftsforschung Band 81), Frankfurt/Main.
Schäfer, Armin/Vehrkamp, Robert/Gagné, Jérémie Felix (2013): Milieus und soziale Selektivität der Wahlbeteiligung bei der Bundestagswahl 2013, Gütersloh: Bertelsmann Stiftung.
Schäfer, Anne/Schmitt-Beck, Rüdiger (2017): A Vicious Circle of Demobilization? Context Effects on Turnout at the 2009 and 2013 German Federal Election, in: *Roßteutscher, Sigrid/Schmitt-Beck, Rüdiger/Schön, Harald* (Hrsg.) (2017): Zwischen Polarisierung und Beharrung: Die Bundestagswahl 2017, Baden-Baden: Nomos, S. 109–128.
Simonson, Julia/Kelle, Nadiya/Kausmann, Corinna/Tesch-Römer, Clemens (2021a): Freiwilliges Engagement in Deutschland. Zentrale Ergebnisse des Fünften Deutschen Freiwilligensurveys (FWS 2019), Berlin: Bundesministerium für Familie, Senioren, Frauen und Jugend.
Simonson, Julia/Kelle, Nadiya/Kausmann, Corinna/Tesch-Römer, Clemens (2021b): Freiwilliges Engagement in Deutschland. Der Deutsche Freiwilligensurvey 2019, Berlin: DZA.
Statistisches Bundesamt (2016): Ältere Menschen in Deutschland und der EU, Wiesbaden, https://www.destatis.de/DE/Themen/Gesellschaft-Umwelt/Bevoelkerung/Bevoelkerungsstand/Publikationen/Downloads-Bevoelkerungsstand/broschuere-aeltere-menschen-0010020169004.pdf?__blob=publicationFile (abgerufen am 28.04.2022).
Stifterverband (2021): Werden Unternehmen politischer? Wie sich Unternehmen gesellschaftlich positionieren (Diskussionspapier Ausgabe 01/09. September), Essen: Stifterverband für die deutsche Wissenschaft.
Unzicker, Kai/Boehnke, Klaus (2019): Radar gesellschaftlicher Zusammenhalt: Sozialer Zusammenhalt in Deutschland 2017, Gütersloh: Bertelsmann.
ZiviZ-Survey (2017a): Vereine, Stiftungen und Co: Die neuen Bildungspartner? Autorinnen: *Primmer, Jana/Mohr, Veronika*, Essen o. J.
ZiviZ-Survey (2017b): Vielfalt verstehen. Zusammenhalt stärken, Autor*innen: *Primmer, Jana/Krimmer, Holger/Labigne, Anael*, Essen 2017.

Internetquellen

Datenzugang
https://www.dza.de/forschung/fdz/fws/fws-datennutzung
Hauptbericht des FWS:
https://www.dza.de/fileadmin/dza/Dokumente/Forschung/Freiwilliges_Engagement_in_Deutschland_-_der_Deutsche_Freiwilligensurvey_2019.pdf
Kurzbericht des FWS:

https://www.bmfsfj.de/resource/blob/176836/7dffa0b4816c6c652fec8b9eff5450b6/frewil
liges-engagement-in-deutschland-fuenfter-freiwilligensurvey-data.pdf
Methodenbericht:
https://www.dza.de/fileadmin/dza/Dokumente/Forschung/FDZ_FWS-Doku/FWS2019_M
ethodenbericht_infas.pdf
Fragebogen:
https://www.dza.de/fileadmin/dza/Dokumente/Forschung/FDZ_FWS-Doku/FWS2019_Inst
rument_Deutsch.pdf
Kurzbeschreibung Datensatz:
www.dza.de/fileadmin/dza/Dokumente/Forschung/FDZ_FWS-Doku/FWS2019_Kurzbeschr
eibung_Deutsch.pdf

MIX
Papier aus verantwortungsvollen Quellen
Paper from responsible sources
FSC® C105338

If you have any concerns about our products,
you can contact us on
ProductSafety@springernature.com

In case Publisher is established outside the EU,
the EU authorized representative is:
**Springer Nature Customer Service Center GmbH
Europaplatz 3, 69115 Heidelberg, Germany**

Printed by Libri Plureos GmbH
in Hamburg, Germany